庫

東京裁判 幻の弁護側資料

却下された日本の弁明

小堀桂一郎 編

筑摩書房

目次

第二部　弁護側反証の一般及び個別段階

第三部　弁護側最終弁論及び付録

東京裁判　幻の弁護側資料

却下された日本の弁明

東京裁判　幻の弁護側資料　解説

小堀桂一郎

1　東京裁判の法的根拠

本書は平成七年刊行の『東京裁判却下未提出辯護側資料』という長い題名の資料集の抜粋版である。その資料集は題名が長いばかりでなく、全八巻総頁数五千五百頁という大部な文献であって、従って値段も高く、専門的な現代史研究者というわけではない所謂《いわゆる》一般読者に、是非一セットを座右に具えて御繙読を——と、お願いできる様な気楽な出版物ではない。該資料集の編纂刊行者（この文庫本の編者もその一人であるが）一同は、これを現代史研究のためには必須不可欠の重要なる基礎資料であると信じてその刊行に従事してきたのではあるけれども、それでもなお、万人必読の文献と言いたてるのは稍《やや》憚《はばか》られる。そこでこの様な抜粋版の一書を編むことにした。それだけに本書の原本であるその大冊の資料集の性格とこれが出版されたことの意味について、一言御説明に及んでおくことが必要であろうかと思う。

原本の標題の意味するところは、東京裁判（正式には「極東国際軍事裁判」と呼ぶ）の法廷に提出すべく作成し、準備しておいたのに、検察官の異議乃至裁判長の裁量によって却下処分に付され、法廷証として審理に供することを拒否された証拠資料、及び準備はしたものの却下処分にあうことを予想して法廷への提出を見合せ、弁護人団の文庫の中に埋もれたままになってしまった資料、といったことである。故に、改めて言うまでもなく、この資料集が成立することになった大前提は東京裁判という敗戦国日本の体験した歴史的事件である。

いったい東京裁判とは如何なる裁判だったのか？　本書を手にされるほどの方々に対しては、この様な初歩的な事項の説明は元来不要であろう。だがここでは謂わば形式上の首尾を整えるためといった意味をこめて、敢《あ》えてこの基礎的な事項から解題を進めてみたい。

ポツダム宣言受諾による終戦の閣議決定成立当時、やがて戦勝国による戦争犯罪裁判が行われるのではないかという予想は既にあった。対日最後通牒《つうちょう》たるポツダム宣言の第十項には〈吾等ノ俘虜ヲ虐待《ぎゃくたい》セル者ヲ含ム一切ノ戦争犯罪人ニ対シテハ厳重ナル処罰ヲ加ヘラルベシ〉という一節があり、帝国政府はもちろんこの様な項があることを承知の上でこの最後通牒を受諾しているからである。この〈厳重ナル処罰〉の原語は stern justice で、〈厳重ナル裁判〉と訳す方が適当である。事実東京裁判開廷後間もない検察側冒頭陳述の段階でこの訳語の適否が法廷の問題となり、結局以後〈裁判〉に統一されるのだが、そうでなくとも、これが裁判を意味することは当初からわかっていた。八月九日深夜から十日未明にかけての歴史的な御前会議の席上、参謀総長、軍令部総長、陸軍大臣の三人が、ポツダム宣言受諾に際しては、戦争犯罪人の裁判は日本側の手で行う、との条件を提示せんと主張したというよく知られた事実にもそのことは読みとれる。しかし我方からのこの条件提示は、保障占領の回避、武装解除は日本側の手で自主的に行う、という他の二条件と共に結局抑制され、我国の側からつける条件は国体護持、即ち天皇の法的地位に変更なき事の唯一項に絞られることになった。だから、占領直後に早くも開始された戦争犯罪容疑者逮捕の動きに対し、ポツダム宣言の延長上にある停戦協定に調印（九月二日）済の帝国政府は、何ら抗議をする権限を有さなかった。

B・C級の通例の戦争犯罪裁判と並んでA級被告を訴追した東京裁判も亦、その起源をポツダム宣言に有することは確かであるが、戦勝国が敗戦国の戦争犯罪容疑者に対して裁判の結果処罰を加えるという発想自体は、昭和二十年四月、サンフランシスコで開かれた米、英、仏、ソ四国外相会議への、米国の戦犯処理に関する議定書案の提議の中に既に見られる。そしてこの思想は、更に溯《さかのぼ》れば昭和十八年十月三十日の、米、英、ソ三国外相会議での討議の結果としてのモスクワ宣言の中に現れている。

ポツダム宣言に謳《うた》われてあった「処罰」も前記の如く元来「裁判」の意味だったが、これを裁判所設立という構想にまで具体化してみせたのは、それより少し後の、二十年八月八日のロンドン協定である。これも米、英、仏、ソ四箇国の代表によって構成された会議であり、そこで〈ヨーロッパ枢軸諸国の重大戦争犯罪人の審理および処罰のための裁判所を設置する〉との協定が締結され、そのための「国際軍事裁判所条例」を公布する旨が宣言されている。

ただし日本に於いて予想されるこの種の条例が如何なる形をとることになるのかは、占領開始当時、皆目見当がついていなかったし、やがて日本の場合の前例となるものであることがわかったニュルンベルク国際軍事裁判も、その起訴状発布は二十年十月十九日のことだったのだから、例えばその少し前九月十一日に東条英機元首相が戦争犯罪容疑によって逮捕され、現場での自殺未遂事件を起した際にも、東条氏の問われる「罪状」とは如何なるものであるのか、具体的には是亦《これまた》見当がつかなかった。ただ東条氏が米、英に対する戦争の開戦責任者であることだけは当時小児といえども知っていたのであるから、宣戦布告と緒戦の日本軍連勝状況の責任者・勲功者が第一次逮捕者の筆頭に上っていたということは、これは中世風の野蛮《やばん》なる「復讐」の開始ではないかと思わせるものがあり、有力な政治家・外交官・軍人といった、自ら「心当り」のある人々のみならず、国民一般に鈍い、陰気な恐怖を感じさせる動向であった。ポツダム宣言に見る限り、〈吾等ノ俘虜ヲ虐待セル者ヲ含ム一切ノ戦争犯罪人〉という表現が使われており、それならばそこで問われるべき戦争犯罪とは、戦時国際法違反といった通例の戦争犯罪だろう、という推定になる。ところが、開戦と戦争遂行の責任者であることは確かだが、どうも「犯罪」とは関係の無さそうな東条大将が先ず逮捕される。いったい連合国は戦争犯罪の概念をどの様に拡張し、どの様に恣意《しい》的に適用せんとしているのであるか、という不安が広がり始めた。

所詮《しょせん》「事後法」という不条理な法規範であるにせよ「極東国際軍事裁判所条例」が公布された段階でならば、連合国が「戦争犯罪」の呼び方をどんな政治・外交・軍事的行為に適用せんとしているものであるかの見当はつく。しかし昭和二十年秋の占領初期の段階では、それがわからなかった。ポツダム宣言の逐条を検討した当時の内閣総理大臣鈴木貫太郎氏も、翌二十一年五月の宣誓供述書の中で、宣言第十項に謂う戦争犯罪とは国際法上の既成の概念として誰も疑念を持たなかった為、閣議に於いても議論の対象にならなかった、と証言している。〈平和に対する罪〉が戦争犯罪であるなどという、そんな拡大解釈があり得ようとは誰も思わなかった、という意味である。又戦時中の日本に於いて誰がどの様な役割を果していたかという占領軍の側での事実調査は、それほど迅速に進捗《しんちょく》してゆくはずがない、と思われた。然るに容疑者の逮捕だけは第一次から第四次まで次々と拡大的に進展してゆく。俘虜《ふりょ》虐待《ぎゃくたい》等の事実を踏まえたB・C級戦争犯罪の容疑ならともかくも、戦争遂行、指導の責任者たるA級犯罪容疑者の逮捕動機の曖昧《あいまい》、不可解さはやがて開かれるであろう裁判の性格にも深い疑惑を投げかけるものだった。

容疑者の逮捕のみならず、検察団の日本入国も条例の公布に先立っていた。ジョゼフ・キーナンを首席検察官とする四十人に近いアメリカの検事・書記官・事務官から成る一行は二十年の十二月六日に日本に到着し、直ちに検察側証拠書類の蒐集、整理、分析の作業を開始した。条例はまだ出ていないのだが、ニュルンベルク裁判のときの条例という前例があるため、裁判開始のための準備としてどの様な作業をすればよいかはよく承知していたのである。

年が明けて昭和二十一年の一月十九日付で〈連合国軍最高司令官　陸軍元帥　ダグラス・マッカーサー〉の署名を有する特別宣言書を以て先ず「極東国際軍事裁判所」の設立が発令され、その裁判所が依拠《いきょ》し、適用する法としての、問題の「条例」(憲章という訳語も行われたことがあるが大仰で不適当である。原語はCharter) が制定・公布された。この宣言の前文に当る部分で、予想通り、この裁判所の設置が七月二十六日のポツダム宣言、九月二日に調印された降伏文書に根拠を有するものであること、そして更に十二月二十六日のモスクワ会議に於いて、この裁判に関しては連合国軍最高司令官としてのマッカーサー元帥が全的に権限を付与されることが決定されたものである旨が明言されていた。そしてこの決定に基いて、マッカーサーは〈降伏条項遂行ノタメ〉次の三条の基本的命令を発した、というのである。これによって初めて、日本人はこの裁判所が敗戦国の政治指導者達を復讐的に断罪するために振りかざすであろう口実が〈平和に対する罪〉というものであることを知った。なるほどこれならば、戦争を遂行すること自体を犯罪だと決めつけることも可能になるわけである。

第一条　平和ニ対スル罪又ハ平和ニ対スル罪ヲ含ム犯罪ニ付キ訴追セラレタル個人又ハ団

体員又ハ其ノ双方ノ資格ニ於ケル人々ノ審理ノタメ、極東国際軍事裁判所ヲ設置ス

第二条　本裁判所ノ構成、管轄及ビ任務ハ本官ニヨリ本日承認セラレタル極東国際軍事裁判所条例中ニ規定セラレタル所ニ依ルモノトス

第三条　本命令中ノ如何ナル事項モ戦争犯罪人ノ審理ノタメ日本又ハ日本ガ戦争状態ニアリタル連合国ノ如何ナル領土内ニ設置セラレ又ハ設置セラルベキ他ノ如何ナル国際、国内若クハ占領地法廷、委員会又ハ其ノ他ノ裁判所ノ管轄ヲモ妨グルコトナキモノトス

条例の各項の本文は次の様な構成になっていた。

第一章は〈裁判所ノ構成〉と題し、第一条から第四条までに裁判所を構成する裁判官及び書記局についての人事上の規則を呈示している。

第二章は〈管轄及ビ一般規定〉とし、第五条から第八条までの計四箇条で、裁かるべき犯罪の定義、被告人の責任、検察官の職責等を定義的に述べている。

第三章は〈被告人ニ対スル公正ナル審理〉と題し、即ちこの裁判が適法にして公正な司法裁判であるかの如き外見を取り繕《つくろ》うため、審理の手続きについて具体的に詳述した第九、第十の二箇条から成る。

第四章〈裁判所ノ権限及ビ審理ノ執行〉は第十一条から第十五条までの四箇条に題名通り審理の実際の運営上の技術につき詳述しているが、就中第十三条「証拠」についての規定は注目に値する。

第五章〈有罪無罪ノ判決及ビ刑ノ宣告〉は第十六、第十七の二箇条でこの裁判所及び裁判所の設立責任者である連合国軍最高司令官に刑の宣告と執行の権限があることを宣言したものである。

この条例に基いて、昭和二十一年二月十五日付で、連合国軍最高司令官マッカーサーはこの裁判所の裁判官となる連合十一箇国（その内九箇国）が派遣する判事の人選の結果と、かつ裁判長の任命を発表、これで人事面での極東国際軍事裁判所は成立したと見られる。

四月下旬に入るとこの裁判所は実質的に活動を開始し、弁護団の結成、手続規定公布、判事二名の追加公認等の事があり（これによりフィリピン判事と共に、インド代表のパル判事の着任が決るという、この裁判にとっての実に不思議な運命の転回が準備された）、そして四月二十九日（天長節）という日をトして「起訴状」の公布に到るわけである。

2　東京裁判の進行経過

東京裁判法廷の開廷は昭和二十一年五月三日のことであり、この日早速に検察側起訴状の朗読が行われた。それは米国がどの様な恣意的な視角から日本の対外政策を眺めていたかを示す絶好の文献である。起訴状全文の訳文は清瀬一郎氏の名著『秘録・東京裁判』（昭和四十二年初版）に収録されて以来広く世の知る所となったはずであるが、そのわりにはその米国の特異な恣意的観点についての日本人の認識は大して深くも広くもなっていない様である。

ここでは連合国側（もちろん主役は米国であるが）の抱いていた「東京裁判の思想」というべきものを先ず理解しておくために、少々の煩《わずら》わしさを我慢して、殊に特徴的なその「前文」に眼を通しておこう。

起訴状

以下本起訴状の言及せる期間に於て日本の対内対外政策は犯罪的軍閥に依り支配せられ且《かつ》指導せられたり。斯《かか》る政策は重大なる世界的紛争及び侵略戦争の原因たると共に平和愛好諸国民の利益並に日本国民自身の利益の大なる毀損《きそん》の原因をなせり。

日本国民の精神はアジア否全世界の他の諸民族に対する日本の民族的優越性を主張する有害なる思想に依り組織的に蠹毒《とどく》せられたり。日本に存したる議会制度は広汎なる侵略の道具として使用せられ且《かつ》当時ドイツに於てヒットラー及びナチ党に依りイタリアに於てファシスト党に依り確立せられたると同様の組織が導入せられたり。日本の経済的及び財政的資源は大部分戦争目的に動員せられ、為めに日本国民の福祉は阻害せらるるに至れり。

被告間に於ける共同謀議《きょうどうぼうぎ》は他の侵略国即ちナチ・ドイツ並にファシスト・イタリアの統治者の参加を得て約定せられたり。本共同謀議の主たる目的は侵略国家に依る世界の他の部分の支配と搾取《さくしゅ》との獲得及び本目的の為め本裁判所条例中に定義せられたるが如き平和に対する罪、戦争犯罪並に人道に対する罪を犯し又は犯す事を奨励《しようれい》するにありたり。斯くて自由の基本原則と人格に対する尊敬を脅威し毀損したり。

　該企図の促進並に達成に対し此等《これら》被告は其の権力公職及び個人的声望及び勢力を利用してアメリカ合衆国、中華民国、大ブリテン・北アイルランド連合王国、ソヴェート社会主義共和国連邦、オーストラリア連邦、カナダ、フランス共和国、オランダ王国、ニュージーランド、印度、フィリッピン国並に他の平和的諸国家に対し国際法並に神聖なる条約上の誓約、義務並に保証に違背して侵略戦争の計画、準備、開始乃至遂行《すいこう》を意図し且《かつ》之を実行せり。該計画は俘虜、一般収容者並に洋上漂流者を殺害毀傷《きしよう》並に虐待し此等に対し適当なる食糧収容所衣服、医療手当又は其の他の適当なる処置を与へず此等を非人道的条件下の強制労役に服せしめ、且恥辱《ちじよく》を与へ以て広く承認せられたる戦争法規慣例の侵犯を企図し且之を実行せり。又日本の利益の為めに被征服国民の人的並に経済的資源を搾取《さくしゆ》し公私の財産を掠奪《りやくだつ》し都市村落に対し軍事上の必要以上濫《みだ》りに破壊を加へ蹂躙《じゆうりん》せられたる諸国の無力の一般民衆に対し大量虐殺、凌辱《りようじよく》、掠奪、劫掠《ごうりやく》、拷問《ごうもん》其の他の野蛮的なる残虐《ざんぎやく》行為を加へ日本国政府の官吏並に機関に対する陸海軍の威令及び制圧を強め彼の翼賛会なるものを創設し国家主義的膨張《ぼうちよう》政策を教へ戦争宣伝物を頒布《はんぷ》し新聞及びラヂオに厳格なる統制を加へ以て日本国民の輿論を精神的に侵略戦争に備へしめ被征服諸国に「傀儡《かいらい》」政権を樹立し武力に依る日本の膨張計画を推進する為めドイツ及びイタリアと軍事同盟を締結せり。

> 故に上記諸国家は一九四五年（昭和二十年）七月二十六日のポツダム宣言、一九四五年（昭和二十年）九月二日の降伏文書及び本裁判所条例に従ひ、重大なる戦争犯罪人に対する被疑事実の調査並に之が訴追に付き各自の政府を代表すべく正当に任命せられたる下記署名の代表者に依りて上記の凡ての者を以下列挙の諸点に付き本裁判所条例中に凡て定義せるが如き平和に対する罪、戦争犯罪、人道に対する罪並に以上の罪の共通計画又は共同謀議の罪ありとして玆《ここ》に摘発し此の故に本訴訟に於ける被告とし且其の氏名が夫々記載せられたる後述の訴因に拠り起訴せられたるものとして指名す。

特徴的だという「東京裁判の思想」の要点は以下の様な発想を指す。

即ち、昭和三年から二十年に至る（東京裁判が審理の対象とすると宣言していた期間）の国内及び対外政策は、一握りの「犯罪的軍閥」によって支配されていたのであり、この軍閥による強圧的な支配の下で勝目のない戦争に引摺《ひきず》り込まれた日本国民も亦その限りに於いては被害者の立場にある、という。そしてこの犯罪的軍閥はドイツのナチス、イタリアのファシストと同質の全体主義的政治組織だったのだ、と見る。

この把握の為方は一九四三年（昭和十八年）公けにされたアメリカ合衆国国務省編纂の『平和と戦争・米国外交政策——一九三一～四一年』という国策宣伝文書の示す説明図式に忠実に添ったものだった。この文書は、第二次世界大戦の構造を、日・独・伊三国から成る全体主義国家が企てた世界制覇の野望実現の動きであり、自由主義・民主主義を国是とする連合国（「国際連合」と同じ単語）は、この挑戦を受けて起って専《もつぱ》ら防衛的対処に終始したのだ、と定義している。帝国主義的領土拡張の中核たるアングロサクソンの両国と、世界共産化を企むソ連という全体主義国との連帯自体が、抑々《そもそも》不思議な組合せなのだが、ドイツの脅威に戦々兢々たるイギリスと、日本憎しの情念に逆上しているアメリカと、この両者の思わくが元来別方向を向いていたにも拘らず、当面の目標達成の必要から、更にはまるで異質のソ連とさえ連帯を組むという構図も、国際社会という現実政治の場に於いては必ずしもそれほど不思議ではない。元来相容《い》れぬ仲である米英両国とソ連との間には、既にして東京裁判の進行中に所謂「冷戦」の兆しが現れ始めることとやがて見る通りだが、東京裁判開幕当時には、とにかくこの連帯を通じて宿敵の日本とドイツを屈服せしめることができたのだという祝福の気分が両者を結びつけていた。

そこで、正体のはっきりわからない日本の「軍閥」の実体を把握するのに、ナチスからの類推を以てするというのは便利な、手取り早い解法だった。現実に、日本はナチ・ドイツ及びファシスト・イタリアと確かに軍事同盟を結んでいたのだから、この解釈は客観的にも説得力を持ちそうである。この「犯罪的軍閥」の一味が、結局〈日本国国民を欺瞞《ぎまん》し之をして世界征服の挙に出づるの過誤を犯さしめた〉（「ポツダム宣言」第六項の文言）と断じ、更には〈日本国政府の官吏並に機関〉に対しても軍の威令を以て制圧を加え、国を挙げての対外膨張政策を推進したのだ、と説明する。

この説明の下心は、謂ってみれば、軍国主義的指導者と国民との間を分断し、互いに疎隔し、つまりは後者から前者に向けての怨念《おんねん》と憎悪を煽《あお》り立てる、そしてそれによって東京裁判に対する日本国民の感情的支持を取りつけ、以て日本国占領という戦略的大事業の円滑な推進を図る——思えばなかなかに手の込んだ謀略的宣伝工作なのだが、日本国民は見事にこの工作に乗せられた。

この論法は人間にありがちな精神的弱点を巧妙に衝《つ》いている。国民の多くが、殊に知識人がこの罠《わな》に引懸った。——君たちに罪はない、真犯人は一握りの軍国主義者共で、君たちも亦その被害者だったのだ——と、この阿《おも》ねる様な声の後について ゆけば、彼等は自分が免罪されるのだとの誘惑に抗しきれなかった。そして次々とこの擬餌《ぎじ》に釣り上げられた。

而してこれはまさに擬餌であった。既に前年の秋、治安維持法・思想犯保護観察法を廃止せしめ、釈放された政治犯たちから「解放軍」と讃えられ、財閥解体・農地改革・労働組合法の公布といった国際法無視の一連の占領行政を通じて、〈日本国国民の間に於ける民主主義的傾向の復活強化に対する一切の障礙を除去〉すべく、あたかも善意を以て努めてくれているかに見えたアメリカの国家意志は、やがて始まる検察側立証の過程に於いて、今度は執《しつ》拗《よう》且つ陰湿に、日本国民に対する〈戦争責罪周知徹底計画〉(War Guilt Information Programme) を展開することになる。その過程を以下簡単に概観してみよう。

検察側の立証に入る前に、五月六日の開廷第三日の午前のこと、清瀬弁護人から、裁判長その他個々の裁判官に対し、裁判官としてこの法廷に立つ資格を欠く者との理由で忌避申立がなされる。ウェッブ裁判長の場合、同氏が既にオーストラリア政府の命令でニューギニアに於ける日本軍の戦時国際法規違反事例を調査し、報告書を提出しているという前歴があった。東京裁判法廷でも当然その事案は審理の対象となるであろう。その場合、ウェッブ氏は同じ事件について検察官と裁判官の二役を務めていることになる。この忌避申立は従って法律的には極めて当然のものなのだが、この裁判所では「条例」制定命令権者マッカーサー元帥の意志の力が一般的法理に優先するとの理由でこの動議は却下され、その他の裁判官に向けての忌避も具体的な名前が出ないうちに却下された形になる。

五月十三日、開廷第四日目にこれも著名なものである裁判所の管轄権をめぐっての清瀬弁護人の動議提出が行われる。首席検事とイギリス人検事からの応酬《おうしゆう》、次いでアメリカ人弁護人からの清瀬動議を支持する反駁《はんばく》があり、興味深い論戦が三日間にわたって展開されるが、第七日目の五月十七日にこの動議は裁判長から却下を言い渡される。なおこの五月十七日から新たに到着したインドのパル判事が裁判官席に坐ることになる。

五月十四日、管轄権に関する動議で法廷が揺れているさ中に、東京裁判の全公判中でも最も注目すべき挿話の一であるブレイクニ弁護人の爆弾発言が生じている。「爆弾発言」とは一般にその場に居合わせた人々の耳目を驚かす衝撃的発言という意味だが、この場合同人の発言の内容が又まさに原子爆弾の投下を主題としたものだった。その内容を一言に要約するならば、広島・長崎への原爆投下という空前の残虐《ざんぎゃく》（これこそ起訴状に謂う「人道に対する罪」だった）を犯した国の人間にはこの法廷の被告を裁く資格はない、というものだった。

この発言が裁判所全体にとってどんなに衝撃的であったかは、「条例」に定めてあるはずの法廷に於ける日本語への同時通訳が俄かに停止し、最後まで復活しなかったことからもわかる。それは機器の故障等の技術的な理由からではない。日本語に通訳されればそれは日本語の法廷速記録に留められて後世に伝わるであろうし、第一法廷の日本人傍聴者の耳に入り、その噂は忽ち巷間に広がってゆくであろう。そしてその発言にひそむ道理の力は、反転してかかる非人道的行為を敢えてしたアメリカという国の国威と、欺瞞《ぎまん》に満ちたこの裁判所の威信を決定的に傷つけ、原爆の被害を受けた日本人の憤激の情を新たに著しく刺激するだろう。裁判所からすれば、それは何としても回避したい打撃である。そこで（どう考えても意図的に）同時通訳は瞬時に停止せしめられ、早口の英語の弁論を理解する用意のない日本人傍聴者には、現在そこで何が生じているのか見当がつかぬ、という仕儀となった。一般に人々がその弁論の内容を知ったのは、実にそれから三十六年余を過ぎた昭和五十七年の九月、講談社の企画・製作に係る長編記録映画『東京裁判』が公開上映された時に、その字幕を通じてのことである。

ブレイクニはそこで以下の如くに論じていた。

〈国家の行為である戦争の個人責任を問ふ事は法律的に誤りである。なぜならば、国際法は国家に対して適用されるのであつて個人に対してではない。個人による戦争行為といふ新しい犯罪をこの法廷が裁くのは誤りである。

戦争での殺人は罪にならない。それは殺人罪ではない。戦争は合法的だからです。つまり合法的な人殺しなのです。殺人行為の正当化です。たとひ嫌悪すべき行為でも、犯罪としての責任は問はれなかつたのです。キッド提督の死が真珠湾爆撃による殺人罪になるならば、我々は広島に原爆を投下した者の名を挙げる事ができる。投下を計画した参謀長の名も承知してゐる。その国の元首の名前も我々は承知してゐる。彼等は殺人罪を意識してゐたか。してはゐまい。我々もさう思ふ。それは彼等の戦闘行為が正義で、敵の行為が不正義だからではなく、戦争自体が犯罪ではないからである。

何の罪科で、いかなる証拠で、戦争による殺人が違反なのか。原爆を投下した者がゐる！　この投下を計画し、その実行を命じこれを黙認した者がゐる！　その者達が裁いてゐるのだ！〉

この件《くだ》りは英文の速記録には載せられてある。だから英文版に眼を通す機会を持った人には別に謎の場面だったわけではない。だがそうした人は専門的研究者以外には極く少数だったであろう。だから特筆すべきこの挿話も、昭和五十七年までは一般には知られることのないままに歴史の行間に埋没していたわけである。

検察側の立証開始は六月四日であった。キーナン首席検事がまず冒頭陳述を朗読するが第一日はそれだけで終り、実際の実証作業が始まったのは八日間の休廷を間にはさんで六月十三日である。法廷には夏休みといったものはなく、検察側立証作業が翌昭和二十二年一月二十四日まで八箇月にわたって進められる。

それは大日本帝国憲法の詮議から始まって、審理対象期間における日本国の内政・外交が経済・教育・情報といったあらゆる分野を含めて全て戦争の準備・実行のために編成替えされて行ったとし、それを推進したのが被告達の所謂「共同謀議」であった、とする「一般段階」の訴追を以て始まる。そしてそのあとに、満洲事変、支那事変、対ソ国境紛争、日独伊三国同盟、対米英戦争といった各段階を追っての「犯罪」事実の訴追立証が試みられる。連日新聞紙上に報ぜられて全国民の注視を集めた各段階の審理過程の中、殊に印象深かったのが、満洲国建国事情をめぐっての審理で検察側証人として出廷した廃帝溥儀《ふぎ》氏の錯乱した言動（八月の後半）、そしてその少し前七月下旬に突如として法廷に登場し九月初めまで尾を曳《ひ》くことになる「南京問題」である。これは全ての日本国民にとって寝耳に水の衝撃だった。南京問題の証言に法廷に呼び出された検察側証人達は、簡単に言えばそこで思う存分に法螺《ほら》を吹きまくり、見て来た様な嘘をつき放題に言い散らす。新聞報道を通じて唯一方的にその虚構を耳に吹きこまれる一般の市民、法廷内で直接それを聞かされる弁護人、記者、傍聴人達、いずれも遺憾《いかん》ながらそれに反駁《はんばく》する力も手段も持ち合せていない。凡そ或る事実が「あった」という証明は証拠さえあれば誰にもできるが、「なかった」という証明は極めて困難である。それは汝が「知らなかった」だけのこと、と言われればそれまでだからだ。かくてこの巨大な「うそ」が世界の眼を欺く「まこと」に仕立て上げられてゆくからくりはそれ自体極東国際軍事裁判所が抱えこんだ大醜聞《だいしゆうぶん》であり、永く歴史に残る不名誉な失策となった。南京問題が全く検察側証人達の噓言《きよげん》から捏造《ねつぞう》された架空の事件であるとの実証的及び文献的研究は数多くあるが、その虚構が成立することになった現場としての東京裁判法廷内部の経過に焦点を絞った研究としては冨士信夫氏の『「南京大虐殺」はこうして作られた――東京裁判の欺瞞《ぎまん》』（平成七年四月、展転社刊）が初めてのものであると言ってよい。

この南京問題の場合に典型的に表れてきたことだが、検察側の立証に八箇月も日時を費し、その間に提出される個々の事項について弁護側の反駁立証を即座に行う機会が与えられていない、という構造は非常な問題である。たしかに検察側立証が全て終了した後、弁護側には十分の時間が与えられており、単純に所要日数を言えば、検察側の八箇月に対して十箇月半の時間が与えられていた、という言い方もできよう。

だが検察側の立証が弁護側からの即時の反駁を受けることなしに蜿蜒《えんえん》と続いてゆくという審理のあり方は、その報道を無批判に受取るままの状態に置かれていた日本人の間に、その審理内容に関る強固な「先入見」を植えつけるのに絶大の効果を発揮した。この場合に法廷内の出来事を「無批判に」報道せしめられ且つ聞かされるがままになっていた状態というのが又極めて問題である。何故ならばこの状態は他ならぬ占領軍が意図的に作り出したものであって、強制される情報に対してのこの無抵抗状態を作り出す手段が、新聞・放送及び一切の情報・言論機関に加えられた悪名高き「検閲」であった。

改めて言うまでもないことだが、占領軍により日本の報道機関全般に向けて実施された検閲制度は、事前の綿密な準備段階を経て、昭和二十年九月の占領の開始と殆ど同時に発足した。占領政策の急速な展開につれて、事前検閲の対象となる項目も次々と具体的に定められて行ったわけだが、その中には当然〈極東国際軍事裁判に対する一切の一般的批判〉が、削除又は掲載・発行・放送の禁止の対象として掲げられていた。従って昭和二十一年七月から八月にかけての東京裁判法廷に於ける南京問題の検察側証言が、全て如何に悪質な捏造《ねつぞう》と誇張の所産であるか、仮令《たとい》いづれかの報道機関が感知し得たとしても、それを紙上に報ずることはできなかった。——これは東京裁判批判に当る、仍《よっ》て掲載を禁止する、と裁定されればそれで終りである。弁護側の反駁《はんばく》立証の段階に入って、そこで立証が南京問題に及んだのは昭和二十二年五月上旬のことである。検察側の立証で証人達が言いたい放題の嘘言を吐き、それが何の疑念を付せられることもなく派手に新聞紙上に報ぜられてから十箇月の月日が経過している。この間にかつて昭和十二年の冬、南京では日本軍による「大虐殺事件」が発生したのだという虚構の認識は普く日本国民の間に広まり、動かし難い史実と思われて定着してしまったといえよう。一旦固定してしまった先入見を、程経ての後から訂正するのは実に難かしいものである。南京の問題に限らない。弁護側の反駁立証努力の全てが、こうしたハンディキャップを負わされていたということができるだろう。つまり既に定着している先入見との戦いであって、かつ繰返すが、この先入見は当時の検閲体制による万全の支援を受け、何らの疑念を呈されることもなく人々の脳裡に刷込まれることができた。弁護団側の苦戦も当然のことである。

　何分事件全体が虚構なのであるから、事件の不存在を直接証明する形の証拠資料もあり得ないわけで、弁護側の提出した南京問題に関係する反証は、その様な事が起り得るはずがない、そんな事実を見た人はいない、といった形の消極的なものばかりで、且つ点数も少い。従って却下されたり未提出に終ったものも点数からいえば僅少であり、本書原本の資料集も、その点では別段の新しい論拠を提出するものとはなっていない。

　検察側の立証が終ったところで、一月二十七日に弁護側から公訴《こうそ》棄却《ききやく》の動議申立がある。これは、検察側は被告の有罪の立証に失敗している故、これを以て公訴棄却の手続が取られるべきだという、弁護の戦術の一手である。もちろんこの申立が認められるはずはなく、二月三日付で動議は却下される。

　二十二年二月二十四日に弁護側の反駁立証が始まり、翌年の一月十二日の終了まで十箇月半続く。その口火を切ったのが高名な清瀬一郎氏の「冒頭陳述」で、前記同氏の『秘録・東京裁判』に収録された同書中での白眉の一章である。清瀬冒陳を筆頭として、この段階で初めて、東京裁判が対象とした期間の日本帝国の政策と行動についての「日本側の言分」が存分に展開されるはずであった。

昭和二十二年の日本は、前記の「検閲」を主要手段とする占領軍の厳しい情報管理体制下に置かれ、マッカーサー憲法（現日本国憲法）の白々しい謳《うた》い文句とは裏腹に、言論・報道の自由という権利は日本国民になかった。皮肉なことに、日本国内で唯一、この自由を表向き保証されていた空間が市ケ谷台上の東京裁判法廷であった。清瀬氏初め、鵜沢総明（弁護団長）、高柳賢三、岡本敏男といった有力弁護人が、当時の法廷外の社会ではとても公表できない様な堂々たる祖国弁護の、又之に対応する脈絡での連合国糾弾《きゆうだん》の議論を展開した。

但しこの段階に於いて「日本の言分」の正当性を裏付ける証拠資料が、裁判所によって法廷証としての受理、採用を拒否され、却下の憂目《うきめ》に遭うという事例が大量に発生した。この事例こそが、本書の原本をなす全八巻の資料集の編纂・刊行が企図されざるを得なかった経緯の抑々の発端である。清瀬弁護人の冒頭陳述に於いてさえ、法廷での朗読を禁止され、結局同氏の『秘録・東京裁判』でも復元されなかった部分があったのだし、後にふれる高柳賢三弁護人の大弁論とても、初め清瀬氏のそれに続く冒頭陳述第二弾として提出されてあったのが、二十二年二月段階では朗読を認められず、一年後の二十三年三月の弁護側最終弁論の段階に至ってやっと法廷での朗読を認められたのだが、時既に遅しであり、それは実際上の効果としては却下扱いを受けたままであるのと同じことであった。

昭和二十三年一月十二日に弁護側の反証作業が終了するや翌十三日に直ちに検察側の反駁立証開始、一月三十日に終了、即日弁護側の再反駁立証開始、二月十日終了という日程であった。そして、その翌日紀元節を期して検察側は最終論告に入り、三月二日にこれを終了した。

三月二日から四月十五日までにわたった弁護側の最終弁論の後、四月十五・十六の両日、検察側の反駁、最終回答が比較的短時間のうちに与えられ、十一月の判決文朗読、刑の宣告という最終段階に入るまで、法廷は六箇月余の休廷に入る。東京裁判の審理それ自体は二十一年五月三日から二十三年四月十六日までの正味二年間だったと考えてよいであろう。

3　東京裁判に於ける証拠の扱い方

ところで前記の如く、本書の原本をなす資料集の編纂・刊行の抑々の動機は、弁護側反駁立証段階に於ける提出証拠文書の大量却下という事態である。

証拠の扱いについては、「極東国際軍事裁判所条例」の第三章「被告人ニ対スル公正ナル審理」の第九条「公正ナル審理ノ為ノ手続」の（ニ）（ホ）の項で定める所があった。その二項の本文は次の通りである。

（ニ）　防禦ノ為ノ証拠　被告人ハ自ラ又ハ弁護人ヨリ（但両者ニ依ルヲ得ズ）凡テノ人証

ヲ訊問スル権利ヲ含メ防禦ヲナスノ権利ヲ有ス。但当裁判所ガ定ムルトコロノ適当ナル制限ニ従フモノトス。

（ホ）防禦ノ為ノ証拠ノ顕出　被告人ハ本裁判所ニ対シ書面ヲ以テ人証又ハ文書ノ顕出ヲ申請スルコトヲ得。右申請書ニハ人証又ハ文書ノ存在スト思料セラルル場所ヲ記載スベシ。

尚右申請書ニハ人証又ハ文書ニヨリ立証セントスル事実並ニ該事実ト防禦トノ関連性ヲ記載スベシ。

本裁判所ガ右申請ヲ許可シタル場合ニ於テハ、本裁判所ハ右証拠ノ顕出ヲ得ルニツキ情況上必要トスル助力ヲ与ヘラルベキモノトス。

又「条例」の第四章「裁判所ノ権限及ビ審理ノ執行」ではその第十三条「証拠」で、その扱いについて詳しく規定を述べている。

第十三条　証拠

（a）証拠能力　本裁判所ハ証拠ニ関スル技術的法則ニ拘束セラルルコトナシ。本裁判所ハ迅速且機宜ノ手続ヲ最大限度ニ採用且適用スベク、本裁判所ニ於テ証明力アリト認ムル限リ、如何ナル証拠ヲモ採用スルモノトス。被告人ノ表示シタル承認又ハ陳述ハ、総テ証拠トシテ採用スルコトヲ得。

（b）証拠ノ関連性　本裁判所ハ証拠ノ関連性ノ有無ヲ判定スル為メ証拠ノ提出前証拠ノ

性質ニ付説明ヲ徴スルコトヲ得ルモノトス

（c） 採用シ得ベキ具体的証拠ノ例示　左ニ掲グルモノハ何レモ証拠トシテ採用シ得ルモノトス。

(1) 機密上ノ種別如何ニ拘ラズ、且発行又ハ署名ニ関スル証明ノ有無ヲ問ハズ、或政府ノ軍隊ニ属スル将校、官庁、機関乃至構成員ノ発行又ハ署名ニ係ルモノト本裁判所ニ於テ認メラルル文書。

(2) 国際赤十字社又ハソノ社員、医師又ハ医務従事者、調査員又ハ情報官、其ノ他当該報告書ニ記載セラレタル事項ヲ直接知得セリト本裁判所ニ認メラルル者ノ署名又ハ発行ニ係ルモノト本裁判所ニ於テ認メラルル報告書。

(3) 宣誓始末書、聴取書、其ノ他署名アル陳述書。

(4) 本裁判所ニ於テ起訴事実ニ関係アル資料ヲ包含スト認メラルル日記、書状若ハ宣誓又ハ非宣誓陳述ヲ含ム其ノ他ノ文書。

(5) 原本ヲ即時提出シ得ザル場合ニ於テハ文書ノ写、其ノ他原本ノ内容ヲ第二次的ニ証明スル証拠物。

（d） 裁判所ニ顕著ナル事項　本裁判所ハ公知ノ事実乃至ハ或国家ノ公式ノ文書及ビ報告書ノ真実性乃至ハ或「国際連合」加盟国ノ軍事機関又ハ其ノ他ノ機関ノ作成ニ係ル調書、記録及ビ決定書ノ真実性ニ付テハ、ソノ立証ヲ要セザルモノトス。

更に、第十五条「裁判手続ノ進行」にもその（d）項に次の規定が見える。

（d）　検察官及ビ被告人側ハ証拠ノ提出ヲ為スコトヲ得ベク、裁判所ハ該証拠ノ採否ニ付決定スベシ

「証拠」についての「条例」の諸規定は、パル判事によって、〈法廷は通例ならば伝聞証拠として却下されうる様な材料をも受理したのである〉と指摘され、所謂「反対訊問」によって吟味される機会を欠いた証言や証拠が検察側の法廷証として受理されてしまう危険を招いたとして厳しく批判された。この問題はパル氏の『判決書』に全てを任せることにしてここでは触れない。

我々の立場から今注目すべき点は、第十三条（b）項に曰う、〈証拠ノ関連性〉について裁判所が判断を下す権限、第十五条（d）〈裁判所ハ該証拠ノ採否ニ付決定スベシ〉との規定である。この規定の運用の次第如何によっては、裁判長は、提出されてくる証拠文書の採否を、〈関連性〉の有無を口実として甚だ恣意的に決定することができた。そしてそのことは、この法廷に於いて現に頻々《ひんぴん》と生じたのだった。

証拠の採用の状況については当の裁判所自身が判決文の中で次の様に述べている。

〈提出された証拠のうち、特に弁護側によつて提出されたものは、大部分が却下された。それは主として証明力がほとんどないか、全くなかつたからであり、または、全く関連性がないか、非常に稀薄な関連性しかないために、裁判所の助けにならなかつたからであり、

さらには、すでに受理された類似の証拠を不必要に集積するものであつたからである〉即ち裁判所自身に、弁護側提出の証拠はその〈大部分〉を却下した、との認識があった。

この事態を弁護団側から眺めるとどの様に映ったか。東京裁判研究会編『共同研究・パル判決書』の中で、裁判当時板垣征四郎被告の補佐弁護人を務めた阪埜淳吉氏が「パル判決書と東京裁判の証拠および手続」と題する章を設けて記しているところによると、この条例に基いての裁判長の証拠採否に係る訴訟指揮は〈時には恣意的に、また、時には当事者のいずれかに偏頗《へんぱ》に自由自在に発揮できるわけで、東京裁判の全過程を通じ弁護団側は、その訴訟指揮に悩まされて向う所を知らないといつた状態におかれがちであつた〉という。従って、〈このような事情のもとで弁護団側が準備し提出せんとした証拠のうち、その約三分の二は証明力なし、関連性なし、重要性なし等の訴訟指揮により却下される運命となり、一方では検察団側には木戸日記、原田・西園寺回顧録など多数の伝聞証拠の提出を許容し、弁護団側には最良証拠提出を要求して、このような証拠は却下するという事態にもなつたのである。弁護団はこの困難な事態にたいし、なかばあきらめつつも、その間隙をぬつて日本の立場と行動の実体を闡明すべく努めたのであつた〉

とある様に、当事者たる弁護団から見れば、用意した証拠文書の三分の二が却下された、との印象が生じていたわけである。

日本人弁護団の副団長であった清瀬一郎氏は「日本週報」(昭和三十一年四月五日発行・第

三五九号）が催した「極東裁判の五大秘密」と題する座談会の中で、〈却下された証拠書類は相当の量になりますか〉との司会者の質問に答えてこう語っている。

清瀬　それは膨大なものです。なかでも日本政府の声明、これはセルフ・サービング、つまり自分で自分を弁明するものだといつて初めから却下されてしまうのです。中国との戦争、これは日本では事変と言っているが、あの時分の蔣介石政府なり汪兆銘政府との間の合意によつてできた声明、これも歴史上の記録ですが、みな却下です。おそらく弁護団側の出した証拠は十通のうち八通まで却下されたと思うのです。

つまりこれも印象的記憶とでも称すべきものであろうが、それによれば却下比率は三分の二以上、約八割だったということになる。又当時の日本政府の公的声明が全て却下というのは、この法廷が「日本の言分」には当初から耳を貸す姿勢がなかったことを物語る事実の証言として興味深い。「被告に対する審理の公正」を特に謳っている「条例」の下での審理の実態がこれであった。

採用された証拠と却下されたものとの比率は、算定尺度を点数によるか分量によるかで差異も生じ、厳密な数値を求めても大して意味はないが、本資料集の編纂過程で必要限度まで明らかになった。採用の基準・判定が緩やかだった分野もあるから、全体を平均してみれば実際にはそれほどではなかったにせよ、重要な部門に於いて三分の二以上が却下された、という印象が生じたのはもっともなことであったと思われる。

それではいったいどの様な証拠なら採用され、どの様なものが却下されたのか。「判決文」の文言を借りて言えば、証明力及び審理事項との関連性があって〈裁判所の助け〉になると思われたものは受理され、そうでないものは却下された、ということになるのだが、その却下された文書類を、『パル判決書』の第三部「証拠および手続に関する規則」に記された内容分類を借用して表示すれば次の通りである。

㈠　日本軍が行動を開始した以前における中国本土の状態に関する証拠。

㈡　在中国の日本軍が中国に平和を恢復し、静謐《せいひつ》をもたらしたことを示す証拠。

この点に関してつぎのような観察があつた。すなわち、「たんに在中国日本軍が中国に平和を恢復し静謐をもたらしたということがかりに示されたとしても、示されたということだけでは被告のなんびとも免罪とはならない。弁護側の証明しなければならないことは……日本軍が……その行動する権限、名分のたつ口実、または正当な理由をもっていたという点である」。

㈢　一九二七年における中国の対英紛争に関する証拠。

㈣　満洲国が日本の生命線であるという日本国民の輿論を示す証拠。

この点に関して「かような形式の輿論は役に立たない。もし日本国民が中国の一部を必要とすると考えていたとしたところで……それがどうなるのか。中国の一部を必要とするということに関する日本国民の偽りのない信念というものは、それが正直な信念であつたとしても、侵略戦争を正当化するものではない」という観察があつた。

(五)（a）ソビエト連邦とフィンランド、ラトヴィア、エストニア、ポーランドおよびルーマニアとの関係に関する証拠。

（b）米国およびデンマーク対グリーンランドならびにアイスランドの関係に関する証拠。

（c）ロシアおよび大英帝国ならびにイランの関係に関する証拠。

(六)原子爆弾決定に関する証拠。

(七)パリ条約の調印にさいして、数カ国のなした留保に関する証拠。

(八)（a）国際連盟規約。

（b）ランシング・スコット報告書。

(九)（a）新聞のための当時の日本政府の声明、すなわち、新聞発表。法廷は以上の声明はプロパガンダ用として起草されたものであつて、その結果、なんら証明力がないという理由によつてこれを却下した。

（b）当時の日本外務省の発した声明。これは自己の利益のためだけの一方的な声明であるという理由で却下されたのであつた。

(十)中国における共産主義に関する証拠。法廷の意見は、中国または中国以外の土地における共産主義、あるいはその他のいかなるイデオロギーの存在または伝播の証拠は、どんなものにしても、すべて、一般立証段階に関連がないとするにあつた。日本の国民または財産にたいする中国共産党または、共産党以外の中国人による実際行われた攻撃の証拠は、日本の行動を正当化するものとして提出しうるとされた。

被告が証人台で証言をするにいたつたときに、かれらは共産主義にたいする恐怖をかれらの行動を説明するものとして申立ててよいとされた。この点は一九四七年四月二十九日、多数決によつて定められたのであつた。その後、「攻撃」とは、ゆゆしい脅威《きょうい》であり、緊迫したものであり、かつ、その脅威者がこれを実行に移す実力を有する場合においては、その脅威をもふくむという採択があつた。

(十一) 以上にあげたもの以外の理由によつて証明力がないと考えられた証拠。

4 弁護側証拠資料作成の苦心

以上の内容分類に添って却下資料の性格を概説する前に、弁護団がこれらの証拠文書を作成し提出の準備をするに至るまでの苦心のほどにも一瞥《いちべつ》を投げておきたい。

却下されたり、却下を予想して未提出に終ってしまった文書類の総量は、本書の原本をなす資料集の七巻にわたる本文総計約四千八百ページという数字が示している通りであるが、この他に法廷証として採用されたものを含めて考えてみれば、当時の弁護団全体としての作業量が如何に厖大《ぼうだい》なものであったかは大凡《おおよそ》想像がつくと言えよう。

日本人弁護団の基本方針は、国家弁護の線を優先し、個人弁護は二の次にする、ということである。或る弁護論が或る被告の無罪立証に有利に作用するとしても、それによって国家の行為に不利な判定が導出される様であればそれは避ける、ということになる。裁判に於ける被告の弁護とは、元来が被告個人の利益を護るということなのだから、この方針には異論があって当然である。米国人弁護士達は基本的人権を守るという強い職業意識と英米法の習慣からくる線に添って個人弁護に重点を置いた。日本人弁護士の中にも、受けた教育によってであろうか、個人弁護こそが弁護士という職業の本来の責務であると考える人はもちろん居たが、大体に於いて国家弁護の線での意思統一は出来た。中でも天皇を証人として法廷に招請《しょうせい》するという様な事態を絶対に避ける、という点では全員一致の合意に達していた。

当時日本人弁護人達が置かれていた生活上職務上の悪条件は、米国人の検察官・裁判官・弁護人達のそれと比べて筆舌に尽くし難いものであった。例えば代表的人物たる清瀬一郎氏自身空襲の罹災《りさい》者であり、自宅焼跡近くの寮に仮住いを求め、焼跡にドラム缶をおいて据風呂とし、南瓜《かぼちゃ》を栽えて食糧を自給するといった生活であり、資料の蒐集・整理に助手として働いてくれる人達に日当を払いたくとも資金がなく、自らのポケットマネーで賄《まかな》い得る限り遣《や》り繰《く》りし、企業を廻って資金援助を懇請《こんせい》して歩いたりした。豊富に蒐集した史料の調査の上に立つ実証的歴史研究を「足で書いた」などと表現することがあるが、裁判の証拠資料の蒐集もそれと同じで探索者の機動力に、従って先ず資金力に依る所が多大である。日本人弁護団にはそれが欠けていた。前記の「日本週報」の座談会でも、林逸郎、三文字正平の両氏が、証拠資料の広汎・敏速な蒐集、その的確な翻訳、法廷での正確な通訳雇傭等のための資金として一千万円があったとしたら、死刑者は一人も出さずに済むほどの弁護活動ができただろう、と述懐している。

その悪条件にも拘らず、日本人弁護団の作成した証拠文書群の資料としての質は驚くべく敬服すべきほどに水準の高いものである。高名な清瀬一郎氏の冒頭陳述も、決して氏個人の頭の中から出た作文というわけではなく、弁護団に加わった多勢のひとの叡智《えいち》と見識とを寄せ集めて出来た合作である、と清瀬氏自身が回想しており、我々も読者としてその様に感ずる他ない。それは当時の日本国として、昭和三年から二十年までの日本の政治・外交・戦争史についての日本側の言分の凝縮された集大成と評するに足る。

この様な力の籠った冒頭陳述——それは十箇月前に二十八被告を代表とする日本国の国家と国民につきつけられた、傲慢《ごうまん》で挑戦的な「起訴状」に対する痛烈な反撃であり、一年後に来る検察側最終論告に対しての予めの反駁《はんばく》として十分なるもの、と言ってよいのだが、これが成立し得た背後には、日本側の関係機関の当時としては可能な最大限の力を尽した支援があった。日本人弁護人で弁護士会に所属していた専門家達は、当時外務省が、多く独逸《ドイツ》法学を専攻して英米法に精通せず英語を使いこなせるわけでもない弁護団を軽視して、信頼を寄せてくれなかった、との不満を懐《いだ》いていたらしい。そういう微妙な感情的齟齬《そご》は存したかもしれないが、証拠文書の蒐集・準備に外務省が大いに力を入れて協力したであろうことは、今に遺《のこ》された資料の内容からして明らかである。それに清瀬氏が個人弁護を担当した東条被告自身の供述をはじめ陸軍省その他旧陸海軍の高級軍人、各報道機関、通信社、そして学界・経済界・産業界等を挙げて、当時の日本の最高級の知性と博識の頭脳がこれらの証拠作成に直接間接に携《たずさ》わっていたのであり、その意味でもこれらは東京裁判に登場した夫々《それぞれ》の論点を核として蒐集された貴重な現代史史料集だと性格づけることができよう。

国内の機関と個人のみならず、米国人弁護人の努力によって集められた国際的広がりを有する情報の価値も大きい。それらは現在の視点から見れば現今の日本人研究者にも努力次第で蒐集可能な範囲のもの、と言えるかもしれないが、当時の日本人には到底入手不可能と思われた貴重な資料である。そしてその多くが、正・負いずれの方向に於いてにせよ直接被告達の行動の説明に役立つわけではないとの、「関連性稀薄」の理由を以て却下の扱いを受け、判決に影響を与え得る力とはならなかった。

5　弁護側反証段階の三部分と本書への収録史料

さきに東京裁判の進行経過・日程を述べた節でふれた如く、弁護側の反駁《はんばく》立証は昭和二十二年二月二十四日に始まり、翌年の一月十二日まで続くのであるが、この部分は、一般問題、戦争及び戦時外交の各段階、被告の個人立証という三部分から成る。全体の総論に当る清瀬冒頭陳述が、起訴状、論告、従って予想される東京裁判の判決文それ自体と四つに組んでの格闘を挑んでいる体《てい》の大論文であることは前記の通りだが、これに続いて朗読しようとしていた高柳賢三弁護人の「冒頭陳述・総論B」は却下された。その理由はこの論文の第一章「ポツダム宣言ト本裁判所条例ノ規定」が法を遡及《そきゅう》的に適用することはできないという原則に触れ、〈事後立法ハ裁判ノ仮面ヲカブツタ私刑ニ他ナラナイ〉との痛烈な警句を以て「裁判所条例」そのものの不能を突いていたからである。裁判所にしてみればこの議論は昭和二十一年五月十三日開廷第四日の公判で清瀬弁護人が提出した裁判所の管轄《かんかつ》権をめぐる動議の再提出であると思われた。それならば、五月十七日第七日の公判に於いて、〈その理由は将来に宣言する〉との理由にならぬ理由を以て裁判長が却下した動議と同じ性格のものであり、これに対する（答にならぬ）答も既に出ているわけである。これも却下扱いにしないと却って筋が通らない。清瀬氏のそれと並ぶ高柳冒陳は〈最終弁論の段階では朗読できるが、今は朗読できない〉ということで、弁護側反証段階では却下の扱いとなった。

そこで法廷で朗読された冒頭陳述の第二陣は、却下された高柳弁護人の陳述を飛び越してウィリアム・ローガン弁護人のそれである様に映じた。そしてこれにも清瀬氏の場合と同様、法廷での朗読を禁ぜられ、謂《い》わば部分却下の扱いとなったところがあった。

本書では、この三篇の総論的冒頭陳述を、却下された部分を原文通りに復元して収録することにした。即ち「第一部　弁護側反証段階の総論」をなす三篇である。但《ただ》し、細かいことは各篇の「解題」で具体的にふれることになるが、高柳冒頭陳述の場合、本書に採録したのは、一旦却下された高柳陳述が一年余の雌伏《しふく》期間に相当量の増補改訂を施され、弁護側最終弁論の段階に至って再び法廷に姿を現した、その第二稿の方の稿態である。

総論的な冒頭陳述朗読のあと、弁護側の反駁《はんばく》立証作業は具体的な挙証を通じて検察側立証への反論を展開してゆく。最初に「一般段階」として、「大日本帝国憲法その他の諸法規」「諸外国との間の条約の取扱い」「外交的責任に関る諸問題」「日本の政治機構と共同謀議（などが存在したはずのないこと）」「八紘一宇《はっこういちう》の思想と大東亜共栄圏の構想」「経済・教育・情報」の諸項目についての反駁立証が為される。

この段階で準備された証拠資料のうち却下されたもの五十二点、未提出に終ったもの百五十九点、計二百十一点が活用されることなく半世紀近い年月を眠り続けていたことになる。本書ではこの二百点余の中から徳富蘇峰《とくとみそほう》宣誓供述書唯《ただ》一篇を選び出して収録した。他にも収録したい史料はもちろん多くあったのだが、（例えば孫文の講演「大亜細亜主義」の速記録全文、之は却下）、単なる頁数の制約という理由からのみならず、謂《い》ってみれば無味乾燥という例の多い政府・官庁発出の公文書や外交文書、或いは新聞・雑誌記事の抄出といった類は一切省略した。此等に比べるとき、一つのまとまった論文としての体裁を具《そな》えている蘇峰の供述書は、例えば清瀬冒頭陳述にも比肩すべき好《よ》き読み物と思えたのが、その他の全てを割愛した上で唯一これを選出した動機である。

以下昭和前期日本の対外紛争及び戦時外交の各段階について、弁護側の試みた反駁《はんばく》立証とそのための証拠資料、そしてその中から選び出して本書に収録したものに関し簡単な説明を加えてゆく。

〈満洲事変及び満洲国建国前夜〉

これはパル意見書の分類で（一）日本軍が行動を開始した以前における中国本土の状態に関する証拠、（四）満洲が日本の生命線であったという日本国民の輿論を示す証拠、の二項に関っている故に却下されたものである。

東京裁判では満洲事変を端緒とする満洲国の建設という行動が全被告の共同謀議に基く中華民国への侵略行為であり、その共同謀議の第一段階が「満洲支配の獲得」の手がかりとしての柳条湖《りゆうじようこ》事件だった、と糾弾《きゆうだん》された。そこで弁護側の反論は、満洲国独立、その直接的手続として清《しん》王朝復辟《ふくへき》運動は満洲の地の住民の間に生じた自発的な運動であり、日本の謀略に発するものではないとの事実を数々の証拠文書を以て立証しようとした。辛亥《しんがい》革命後の中国の内情は殆《ほとん》ど無政府状態に近い混乱を呈し、素質の劣悪な傭兵《ようへい》を抱えて各地に割拠する軍閥相互の内戦状態、住民に対する悪政の弊《へい》甚しく、大正十五年には既に清朝最後の皇帝であった宣統帝溥儀《ふぎ》を推戴《すいたい》して中国に君主制を復活せしめようとする動きが生じていた。もしこの事実が法廷で立証された場合には、東京裁判の全公判中でも最も特異な存在として注目を浴びていた検察側証人廃帝溥儀の証言を一支点とした、満洲国皇帝政府は関東軍の侵略拠点として作られた傀儡《かいらい》政権にすぎなかった、という裁判起訴状の筋書が大きく崩れてしまう。そこで満洲国独立運動は満洲人自らが夙《つと》に計画していた民族主義的運動であったことを示す書証は、悉《ことごと》くが証拠能力なし、重要性なしとの口実の下に却下されている。

この脈絡で却下された証拠文書の一つに、近年映画の原作として有名になった、溥儀の家庭教師であったイギリス人R・F・ジョンストンの回想録『紫禁城《しきんじょう》の黄昏《たそがれ》』の抄録がある。この書の中で著者ジョンストンは、満洲事変勃発《ぼっぱつ》以前に満洲独立運動は存在しなかった、とするリットン報告書に対し、それはリットン調査団が知らなかっただけだ、との反駁《はんばく》を加えており、又、蔣介石《しょうかいせき》麾《き》下《か》の国民党革命軍が北京東陵を爆破して西太后《せいたいこう》の遺骸を冒瀆《ぼうとく》した蛮行に対する溥儀の怒りの如何に激しく、これが復辟《ふくへき》への決意に如何に大きく影響したかを述べている。しかしこの著述も法廷証としての採用を拒否され、溥儀傀儡皇帝の即位は専《もっぱ》ら関東軍の脅迫によるもの、という東京裁判独特の神話的虚構が法廷に於いて形成されて行った。

この段階からは、前掲と同じ理由で、或る程度の専門的予備知識なしでは扱い難い公文書類の史料を省き、読み物としての独立性を有している、フランクリン・ワーレン、岡本敏男両弁護人の分担になる冒頭陳述と、それに加えてアメリカの「クリスチャン・サイエンス・モニター」紙編集主幹ウィリアム・アボット記者の昭和六年十二月に於ける満洲視察のレポートが、当時（昭和七年一月）大阪毎日新聞に訳載されたことがあるのを採録した。

これも本書原本に収録されている百九十八点という多量の却下未提出資料の中からの唯二点の選出である。満洲問題は多くの現代史家の咽喉《のど》に刺さった棘《とげ》の様なものだ。支那事変と対米英戦争に関しては東京裁判史観の呪縛《じゅばく》から解放されてかなり自由に物を言う様になっている史家達も、満洲事変となるとどうしても通俗の侵略戦争理論に囚《とら》われて、歴史の真実を見る眼が曇り舌も渋る様である。従ってこの段階に関しては本書収録の二篇をほんの誘い水として、是非本書原本に収録された二百点近い未公開資料の源泉から十分の情報を汲んで頂きたいと考えている。なお『紫禁城の黄昏』の現行邦訳中岩波文庫版には、東京裁判史観の禁忌《きんき》にふれることを恐れた自己規制が働いて、原書の本文の一部省略がある（渡部昇一氏指摘）が、省略なしの完訳版が平成十七年に中山理訳、渡部昇一監修の上・下二巻本として祥伝社から刊行されている。

〈支那事変前夜と開戦後の不拡大方針〉

この段階での却下資料の特徴は、広汎《こうはん》に生じていた組織的な排日運動とその根底にある侮日思想が在留邦人と在支日本権益に及ぼした被害の証拠、又中国共産党の策動と共産主義思想防遏のために日本側の払った努力の証跡等が全く無視され、更には事変の不拡大と現地に於ける局地的解決とを切望して日本政府が次々と可能な限りの譲歩的・宥和《ゆうわ》的な手を打ったその努力を示す種々の声明や交換覚書の類が、それは元来自己弁護の性質を有しているのだからとの理由で大量に採用を拒否されてしまったことである。

中共の活動と排日運動に関しては、日貨排斥等による当時の被害状況調査や在外機関から内地に向けての訴え等の現実性に富んだ証拠文書は、これは念の為に算定してみたところ、総数七十四点のうち受理されたものはわずかに七点で、あとは全て却下及び却下文書と性質が同じであるため却下を予想しての未提出ということに終っている。

中共の活動についても略同様で、これも総数七十五点のうち採用されたものは何と一点のみである。清瀬一郎氏に、自分達が用意したものは十通のうち八通まで却下された、との記憶があるのも尤もな次第であり、又東京裁判法廷に於いて、共産党の暴虐《ぼうぎゃく》と共産主義の危険性を指摘し批判することが如何《いか》に強い禁忌《きんき》となっていたかが、此を以てしてもよくわかる次第である。

一つ興味を惹くのは、満洲問題に於けるジョンストンの『紫禁城の黄昏』と同じ様な価値を有するものとして、米人ジョン・B・パウエル（「チャイナ・ウィークリー・レビュー」誌主筆）の著になる『在支二十五年』（“My Twenty Five Years in China”）という書物がある。これも平成二十年に「米国人記者が見た戦前のシナと日本」との副題を付し中山理訳、渡部昇一監修の上・下二巻本として祥伝社から完訳本が刊行されたが、当時は英文原書しかなかった。本書は特に西安事件から国共合作にかけての中国現代史の運命的大転換を、現地に居て観察し記録した実に貴重な証言である。弁護団はこの書から十六箇所を抄出して証拠資料を作成したが、中共の活動について述べた部分の抄記四点の提示が却下されたのを見てあとは未提出に終った。

中共の暗躍《あんやく》が国府軍をどの様に危険な方向に操作してゆくか、又第三国はそれに対しどう対応しつつあるか、といった情勢については、在上海、漢口、広東の各総領事が外務大臣宛に秘密電報を以て詳しい情報を送っていた。それらは現在の眼から見ても極めて正確な見通しを示したものとして評価できる。斯々《かくかく》の情報があったが故に、日本は然々《しかじか》の対応をしたのだ、という意味でこれは貴重にして正当な弁明の根拠である。だがこれ等は全て却下された。

盧溝橋《ろこうきょう》事件は今となってこそ、中国共産党が自らの謀略によって日本軍と国府軍の双方を罠《わな》にはめ、自らは漁夫《ぎょふ》の利《り》を占めようと図ったのだという陰謀の内幕を自ら認め、むしろ誇っている様な形勢になっている。だが東京裁判当時はこの事件は歴史の謎の中の謎ともいうべき難題で、とにかく当事者の実体験を証言として再構成し、責任の所在を判定してゆくより他に黒白のつけ様がなかったものである。そのために証拠資料の却下率はそう高くない。その代りにと言うか、事件の不拡大に懸命の努力をした日本政府の方針を立証すべき内閣、外務省、現地部隊等の公式声明や見解表明の類は、例の自己弁護なりとの理由を以て多くが却下となった。

第二次上海事変についても、その発端をなす大山海軍中尉惨殺《ざんさつ》事件、無差別誤爆事件に関する弁護側の証拠がなぜ多く却下されたのか理解に苦しむ。これは通州に於ける、酸鼻《さんび》を極めた日本人居留民大量虐殺事件に関しての日本側の証拠が七割方却下されているのと同じ事例であって、結局、この裁判は日本軍の戦争犯罪を裁く場であって、連合国側のそれを問題にしているのではない、という裁判所の抑々の発想に起因するものであったろう。殺し合いを本質とする戦争である以上、「お互い様」ということもあるではないか、といった発想は封殺《ふうさつ》された。そうなると、もし仮に日本軍将兵の心理に、これまでに同胞が受けた残虐《ざんぎやく》行為に対する復讐心の幾分かが混入していたとしても、それは一切情状酌量の対象とはならず、連合国側の人道に対する罪は一切不問に付し、唯日本人にのみ、神か仏に対してでもなければあり得ないほどの人道主義的完璧性を求め、その尺度を以て裁いたのがこの裁判であった。

この段階の却下・未提出資料からは、本書編纂の基本方針に則して先ずアリスティド・G・ラザラス弁護人の冒頭陳述を採録し、それに加えてイギリスのオックスフォード大学刊行になる、一九三六年八月十五日より二十九日迄行われた、カリフォルニア州ヨセミテ国立公園での第六回太平洋会議議事録たる『一九三六年の太平洋の諸問題』という学術報告書からの抄録、そしてこれは先に述べた〈読みにくい公文書〉の型に入るには違いないのだが、昭和六年在支重光葵《しげみつまもる》公使から幣原喜重郎《しではらきじゅうろう》外務大臣にあてた機密報告書「排日及日貨ボイコットの実状」を採録した。この部門での未公刊資料全三百六十三点のうち、冒頭陳述は別格としてこの二点の史料を選抜した動機を問われたとすると、編者も多少説明に苦しむ点があるのだが、個別の事件に関る対応の問題は一応考慮の外とし、事変当時の支那の内政と対外感情についての実情が推測できる様な資料を重視するという観点からしてこの選択となったものである。而して結果として中共の赤化戦術と国民党中心の排外（実は専ら排日）運動を一般的な視点から簡潔に概観している資料を一点ずつ紹介する次第となった。

〈対ソ連邦段階〉

この段階で審理の対象となったのは、防共協定、張鼓峰《ちょうこほう》・ノモンハンの武力衝突事件、日本の対ソ軍備、日ソ中立条約の諸項目であるが、この場合でもこの法廷の基本的空気である共産主義批判への遠慮が、弁護側提出の書証の採否を大きく左右していた。裁判長は、欧洲の共産主義活動は東洋の問題には関係がない、との前提を公言しており、我々は全世界の共産主義理念に対して裁決を与える権利或いは義務があると考えてはいない——という様な表現もした。そういうわけで、防共協定に関して弁護側が提出した二十一通の証拠文書のうち十三通はこの前提的規定に合致しない、即ち共産主義思想そのものの批判に当るからとの理由で却下される、といった工合であった。

但し、中華民国関係の段階での中国共産党の運動をめぐる弁護側の反証の事例の場合と比べると、裁判所側の態度には微妙な変化が生じたことが看取《かんしゅ》できた。要するに米ソの対立、冷戦の最初の兆候が法廷に於ける共産主義の脅威《きょうい》に対する認識にも微かに影響を与え始めていたのである。之に加えて、ヤルタ秘密協定の暴露を含むブレイクニ弁護人の大活躍が、ノモンハン事件、日ソ中立条約に関わる審理を通じて、ソ連検察官団に対する不信の念を法廷全体に喚起するといった効果もあった。それは取りも直さずソ連邦という国の外交姿勢自体に対する深い疑惑につながるのだが、もちろん法廷でそれが直ちにあらわになったわけではない。ただこのことが、共産主義の脅威とその犯罪性の黙過《もっか》・曲庇《きょくひ》といったこの裁判の最大の欠陥の一端が、辛うじて法廷に自覚された一契機であったことは注目に値するであろう。

この段階でも張鼓峰《ちょうこほう》事件、ノモンハン事件等の国境紛争、及びソ連の条約侵犯・対日開戦をめぐる外交文書を中心とした史料の未公開点数は百十二点に上っているのだが、何といっても対ソ関係では常にソ連側に非のあったことは国際的に明らかであり、日本は抑々《そもそも》弁明すべき非違行為を有していない。そこでこの部門からの収録もA・G・ラザラス弁護人による冒頭陳述の一点のみにとどめた。

〈日米戦争段階〉

この段階ではその初期のものに属する争点として三国同盟は好戦的な条約であったのか、それとも平和維持を目的としたものだったのか、米国の貿易制限・輸出統制・在米日本資産凍結措置等が日本経済にとってどれほどの痛手であったか、等が挙げられる。次いで日米交渉関係、真珠湾奇襲《しんじゅわんきしゅう》と対米開戦通告の遅延《ちえん》等の問題、開戦後の問題としては俘虜《ふりょ》の取扱いに関するいわゆる通例の戦争犯罪が主な争点である。

この段階で却下率の高さが目立つのは、日独伊三国同盟が連合国に対する戦争準備を意味するものではなく、防衛的・平和維持的な志向から生じたものであることを立証せんとした証拠文書、開戦前夜の日本経済の弱体にしてかつ逼迫《ひっぱく》せる基本的性格を立証した資料、そして、米国の対日輸出統制が日本経済に如何に大きな打撃を与えたかを示す資料である。

更に平成六年にその詳細な研究・解説書の邦訳（エドワード・ミラー著、沢田博訳、新潮社）も出現したことで俄かに注目を浴びた『オレンジ計画』なる「アメリカの対日進攻五十年戦略」が存在し、その飛沫《ひまつ》的現象とでも称すべき対日作戦計画の一端は随所に看取できたのである。日本の戦争準備と映ずる様々の動きは、アメリカのこの長期戦略の兆候に対する反応として理解すべきであろう。そのアメリカの対日作戦計画の蠢動《しゅんどう》を示す証拠文書が是亦大量に却下されている。この法廷は日本を裁いているのであって連合国を裁くのではない、との論理を貫けば必然的にそういうことになる。

興味を惹《ひ》くのは「真珠湾奇襲の成功は、開戦通告の故意の遅延の上に仕組まれた計画的な騙《だま》し討《う》ちだったのか？」という争点である。本書原本の資料集には米上院で行われた真珠湾攻撃合同調査委員会の報告書の邦訳が収録されているが、この報告書を頂点とし、陸・海軍の個別の査問委員会での聴取を始めとする「真珠湾の悲劇」の責任を追及する作業は、米国内では事件の直ぐ後に既に開始されていた。それらは現在、修正主義史観の名で呼ばれている一群の現代史家達の第三期に属する人々（J・トーランド、J・ラスブリッジャー等）の浩瀚《こうかん》な業績によって広く世人の知るところとなっている。その真珠湾攻撃合同調査委員会の調査報告書は、日本海軍航空隊の奇襲が「騙《だま》し討《う》ち」にあらざることの証拠として各種が提出されたのだが、それらは殆どが却下された。ところが、それにも拘らず、これは東京裁判の判決文に眼を通した人ならば知っていることであるが、結果的に「騙し討ち」と映ずる原因となった開戦通告の遅延は陰謀《いんぼう》でも計画的なものでもなく、現地大使館員の怠慢《たいまん》と不注意から来た過失にすぎない、ということが認められているのである。これは一般問題に関する弁護側の立証段階に於いて、既に検察側の共同謀議説を突き崩すのに成功した結果であり、法廷審理の現場で弁護側が勝利を占めた、裁判の全過程を通じて稀な事例の一つであった。そして再度それにも拘らず、真珠湾五十周年という記念日の前後に、日米両国の双方に於いて「真珠湾を忘れるな」「騙し討ちを反省する」という古びた決り文句が取沙汰《とりざた》されたのは、甚だ奇妙なことと言わなくてはならない。

この部門で本書原本に収録された未公刊資料は七百二十六点の多きに達する。そこで、ここに於いても、本書への選抜採録は先ず大東亜戦争勃発に到るまでの三段階夫々の冒頭陳述を採ることにした。即ち、

「総論」としての高橋義次弁護人による「太平洋段階」全般の冒頭陳述。

太平洋段階の一、「三国同盟」　オウエン・カニンガム弁護人。

太平洋段階の二、「日本に対する連合国の圧迫」　ウィリアム・ローガン弁護人。

太平洋段階の三、「外交部門」（日米交渉）　ベン・ブルース・ブレイクニ弁護人。

以上の四点である。それに加えて駐日アメリカ大使ジョゼフ・グルーによる、日米開戦前夜の、経済圧迫と日米交渉のゆき詰りからくる日本政府の未曾有の危機感を如実に伝えている報告書の一部分を採った。これは一つには開戦前夜とポツダム宣言発出直前という日米戦争の両端の部分に於いて極めて重要な外交的役割を果した、当時随一の知日派外交官たるグルー氏の記念を本文庫版の中にもせめて一点留めておきたいとの編者の感情に発する選択でもあった。

それともう一点、冒頭陳述以外での必読の重要資料と思われた石橋湛山《いしばしたんざん》宣誓供述書「日本の工業化、侵略戦準備に非ず」を採録した。これはそのまま日本近代史の教科書にでもしたい様なすぐれた考察と実証を含む文献なのだが、かかる冷静で淡泊な、謂わば学究的姿勢を以て為された客観的記述が、この法廷ではやはり証拠としては採用されず、却下の扱いを受けたのだった。

個人関係の立証に入る前に、通例の既成国際法の枠内での戦争犯罪、即ち俘虜虐待《ふりょぎゃくたい》問題についての弁護側立証がある。

俘虜虐待の事件に関しては、B・C級戦争犯罪の裁判での扱いが圧倒的に多く、A級被告に対してはその最高命令権者と見做された場合にのみ追及が及んできた。弁護側は一般論の段階で、日本国内で俘虜がむしろ厚遇され、感謝をうけてもいたという証拠文書を何点か提出しているが、それは関連性なしということで却下されている。残虐《ざんぎゃく》行為という点での問題は、非戦闘員・一般市民に対する殺人の罪ならば広島、長崎への原子爆弾投下、東京の下町住宅地への夜間大空襲、各府県の大都市や中規模の非武装都市への爆撃の事実により、米軍を主とする連合軍の犯罪の方がはるかに重大であるとの日本側の言分である。

非戦闘員大量虐殺を結果した原子爆弾の投下こそが最悪の戦争犯罪なり、とする痛烈な発言は二十一年五月十四日の第五回公判に於いてアメリカ人ブレイクニ弁護人の口から出、さすがのキーナン首席検事も沈黙して答えず、検察側からの反論はなかった。この、ブレイクニ弁護人の原子爆弾に関する発言が、法廷では日本語に通訳されることなく、速記録にも「(以下通訳なし)」ということで日本文の記録が欠けているという事実は既に本稿第二節で指摘した。裁判所はブレイクニの勇気ある正論が日本人の間に伝わることを恐れたのである。

原子爆弾と共産主義の脅威は法廷の二つの禁忌《きんき》として話題になるのを避ける訴訟指揮がなされていたが、ブレイクニ弁護人は二十二年三月三日弁護側の反駁立証の段階で再びこれを法廷に持ち出した。原子爆弾投下はヘーグ条約第四条への明白な違反であり、それは日本軍による同条約違反を相殺する性格のものであるが、裁判長は、この法廷は日本を裁く法廷であって連合国を裁く場ではない、との十八番の論理を以て、ブレイクニが証拠として提出した「スチムソン陸軍長官の原子爆弾使用決定」を報ずる新聞記事を却下し、証拠として受理することを拒否した。

その他に日米開戦に至った直接の責任問題での証拠にも却下例が生じているが、此処では弁護団側の提出証拠却下の問題よりも、かの最大の挑発的最後通牒《さいごつうちょう》文書たるハル・ノートが裁きの対象にならなかったことの方が、むしろ勝者の裁きとしての東京裁判の歪んだ性格を語るのだと言ってよいであろう。徳富蘇峰《とくとみそほう》の筆になる供述書、日本の自衛戦争論も証拠資料としては却下され、今回この資料集で半世紀ぶりに陽の目を見ることになった次第である。

なお俘虜関係の立証の終了後約四箇月に亙った被告の個人立証の段階の証拠資料からは本書には一点も収録していない。

弁護側の反駁立証が終了したあと、さきに記した様に、検察側からも之に対する反駁立証があり、それに対して又弁護側が再反駁立証を試み、そこで一日も間を置かずに検察側が最終論告を行う。そして又そのあとに弁護側に最終弁論の機会が与えられる。昭和二十三年三月二日から四月十五日に亙るこの段階のうち三月十五日迄に朗読を終了した一般弁論（被告個人の弁護論ではなく謂わば国家弁護の分という意味である）の中にも極めて重要な、是非とも後世に伝えたい名論文がいくつかある。それらは全て、もはや裁判所による証拠としての採否判定の対象ではなく、全文の朗読が認められたのであるが、全体として未公刊資料であるという理由で本書原本の資料集第七巻に一括収録されている。

これも既に記した如く、この段階での最も重要なものの一として本書に収録した高柳賢三《たかやなぎけんぞう》弁護人の法律論「検察側の国際法論に対する弁護側の反駁」は元来、弁護側立証の冒頭陳述「総論・B」として起草されたのだったが、それとしては朗読を許されず、その間十分に補筆して謂わば満を持してここで法廷に向って放たれた強弩《きょうど》の征矢と称すべきものである。もしこれが清瀬弁護人の「総論・A」の直後に、続いて朗読を許されていたとしたら、如何に鉄面皮の裁判所と雖も、爾後審理を続行する勇気が挫けてしまったのであるまいか。それほどの法理的・論理的迫力を具えた力作なのである。

高柳陳述との関連で、これは却下されたものではないが、昭和二十三年三月二日午後、弁護側最終弁論の開幕劈頭に朗読された鵜沢総明弁護団長の「総論」にふれておく意味はあるであろう。その全文は既に「東京裁判法廷速記録」に掲載せられ、趣旨の要約は冨士信夫氏の『私の見た東京裁判』（昭和六十三年、講談社学術文庫）に記述があるので、本書に収録することを控えたのだが、その緒言の中で、〈首席検察官は最終弁論に於て我々は「門戸を閉鎖する」段階に到達したと述べられた。若し卑見《ひけん》を許されるならば、我々は理性及法律の支配への門戸を開放すべき段階に到達したと申上げたい〉と昂然《こうぜん》と述べていることが注意を惹く。これはかなり激しい皮肉であるが、ひねりの利《き》いたものというよりはむしろ堂々たる修辞の術に属する皮肉であろう。これまでの審理は理性と法律の支配に対する門戸を閉ざした体のものであった、と論断したに等しいからである。

全体の叙述は「第一　世界の危機と東洋の不安」「第二　正義と責任」「第三　平和と王道」の三章に分れ、第一章では十九世紀後半以降、欧米の植民地支配勢力が極東アジアへの進出の速度を一段と強めて来たのに対し、日本が国際協調の精神を第一義として欧米の圧迫を如何に〈忍耐と寛容〉を以て堪《た》え忍んで来たか、その極限まで追い詰められて遂に自衛のために立ち上った挙を捉えて侵略戦争であるとの誹謗《ひぼう》は司法の正義が決して許さざるところである――と、黙示録を引いたチャーチルに対して自らは周易を引いて切々と訴えた文章である。その中で〈世界新革命〉の渦巻に捲き込まれそうになった日本の苦境という意味の奇妙な表現があるが、これはもちろんロシアの共産主義革命の日本への波及の危険を指しているものである。後に触れる如く、共産主義運動と中国共産党の脅威に関する証拠は大部分が却下扱いになった。それはソ連の検察官・判事、後に中共に走ることになる中華民国の判事が必ずこれに異議を申し立て、裁判長が又ソ連判事・検察官に迎合し、気《き》を遣《つか》うこと甚しく、この法廷では共産主義批判が禁忌《きんき》として支配する様な空気があったからである。

第二章では、清瀬冒頭陳述にも出て来た「八紘一宇《はっこういちう》」の理念が、出典の『淮南子』に即して語られ、それが大東亜共栄圏の思想の根底をなす文化思想であり、平和思想である所以が論じられる。続いて第三章ではこれを受けて王道と覇道《はどう》の比較研究を鵜沢氏自身の過去の論文(一九二五年)から引いて説明し、被告達は皆、覇道ならぬ王道の教養に培《つちか》われた人々だったのだと弁ずる。全体の調子はパル判事『意見書』の「勧告」の部分にも似た歴史哲学的な格調を具えたものであり、これは却下のねらい撃ちに遭う様な急所を全て巧妙に押し隠した（上記の〈世界新革命〉といった表現の如く）、甚だ手の込んだ苦心の作文であった。鵜沢博士と同じく本来法哲学の専門家であるパル判事は、この東洋の王道哲学を論じた主旨に深く共感し、弁論終了後直ちに弁護人控室に鵜沢を訪ね、賛同の意を表明した事を、瀧川政次郎が著書『東京裁判をさばく』（昭和五十三年、創拓社刊）で伝えている。なお、鵜沢総明の「最終弁論」の再検討すべき意義については、小堀桂一郎『「國家理性」考』（平成二十三年、錦正社刊）の第六章に追論がある。

一般関係の最終弁論は合計十五篇（但し個人関係の部の総論に当る「個人責任論」もこれに含める）が資料集原本第七巻に収められており、岡本敏男弁護人の「満洲段階」、神崎正義、A・G・ラザラス弁護人の「支那事変」等、本書に採録したいものが多かったが、いづれも長篇であり、頁数の制約上残念ながら割愛し、W・ローガン弁護人の「自衛戦論」のみを採録した。〈日本は挑発せられ自衛の戦争に起ちたるものなり〉との付題が添えられてあることからもその内容のいかなるものかは推測できよう。

最後に、これも本書に収録できなかったものだが、B・B・ブレイクニ弁護人の「日米交渉」の末節からハル・ノートに関し後世甚だ有名になった次の一句を引用しておこう。

〈即ち十一月二十六日此の覚書を手交すると共にハル長官は問題を「陸海軍」の手に移したのである。之は長官其の人の言葉である。翌二十七日長官は「会談は殆ど再開の見込なき状態に於て打切られた」旨明らかにして居る。米国の自由ある新聞もハル・ノートに就て同じ見解を示した。十一月二十六日及二十七日の特別記者会見に於てハル長官は交渉に於て両政府の取つて来た方針を打捨て其の全貌を公表した。而して米国新聞はノートを受諾するや戦争に訴ふるやは日本に懸つて居る旨報道したのである。之を日本側から見ればホブソンの撰択即ち撰択の余地がなかつたのである。日本は即時降伏するか又は勝目なくとも戦に訴ふるかの何れか一を撰ばされたのである。ハル・ノートは今や歴史となつた。されば之を現代史家の語に委ねよう。

「本次戦争に就ていへば真珠湾の前夜国務省が日本政府に送つた様な覚書を受け取ればモナコやルクセンブルグでも米国に対し武器を取つて立つたであらう」〉

ここで挙げられている〈現代史家〉とはA・J・ノックという決して高名ならざる人物で、彼が一九四三年に著した"Memoirs of a Superfluous Man"(『無用者の回想』)という文明批評的・精神的自叙伝の中にこの一句が出てくる。この句は法廷でブレイクニの最終弁論を聴いていたパル判事にも強い印象を与えたらしく、高名な『パル判決書』の第四部「全面的共同謀議」(の存在を否定する長大な論述)の中でのハル・ノートに付したコメントに於いて、〈現代の歴史家でさえも次の様に考えることがあり得たのである〉として、このA・ノックの言葉をそのままに引用している。日本人の間では、ブレイクニの最終弁論が公開されていなかった故に、むしろまずパル判事の引用した句として、この警句が広く知られるに至った。

結果的に非常に有名なものとなったこの警句の原著者たる〈現代史家〉とはいったい誰であるかをつきとめ、日本の読書人社会に紹介したのは『「文明の裁き」をこえて』（平成十二年、中央公論新社刊）の著者牛村圭氏である。

6 終りに

冒頭に記した如く、本書はどこまでも、原本の資料集全八巻の紹介的意味を主眼とした抄本である。所謂一斑を以て全豹を推して頂くためのよすがである。だがそれと同時に、その厖大な資料集を繙くだけの余裕を持たれない一般の読書人諸氏のために、一個独立の書物として、東京裁判に於ける日本の「弁明」の概略を知って頂きたいとの念願をも有している。読者の中には或いは「弁明」という表現に、「弁解」に近い消極的退嬰的な姿勢を看取して首を傾げられる向があるかもしれない。だが「弁明」とは「ソクラテスの弁明」以来の格調正しき古典的概念である。この語には、それが成立した暁にはそのまま積極的で強力な命題に変身し得るもの、といった含蓄が具わっている。そして言うまでもなく編者は、その日本の「弁明」は立派に成立つもの、との前提を踏まえた上で本書の編纂に、そして資料集原本の復元・刊行の業に携った。本書は文庫本という手軽な姿・形ではあるが、「東京裁判史観」という現代の悪霊に立ち向い、正々堂々の思想戦を展開した上でこれを打ち負かす武器としての鋭利な切れ味を示している。

終りに、もはや蛇足に類することかもしれないが、本資料集に収められた弁護側の反証文書が審理の過程から締め出されたことの意味（それは本書刊行の意義の裏返しの姿になるわけであるが）について、既に各条で触れたことであるが、総括の形で一言しておく。

大きく分けてこれには二つの側面がある。その一つは清瀬一郎氏の回想として引用しておいた如く、日本の政府（内閣情報局）、外務省、軍部等の公式の声明や新聞を通じての見解表明の類が、元来宣伝と自己弁護の性格を有するものとして初めから却下の枠内に入っていた、ということである。又グルー大使、クレーギー卿、ジョンストン、パウエル等の著書からの引用も、それらは或る事件についての「個人の意見」を述べたにすぎないとの理由で多くが却下されている。しかし個人の意見はその時代の見方の一斑を代表して語っているものであり、検察側の立証に於いては個人の日記や回想録や見聞の証言が重要な、時には決定的な判定資料として参考されていた事実と対比してみても著しく公正を欠く。

一言にして言えばこの様にして「日本側の言分」は大部分が封殺《ふうさつ》され、法廷はそれに耳を藉そうとはしなかった。裁判所は「日本側の言分」を除外して、事実として顕出し記録せられた証跡のみを以てして客観的判定を下し得ると考えていた。それは如何にも「客観的」公正を装った如くであるが、被告・弁護団側の言分を斟酌《しんしゃく》せず、検察側の中立は結果として大幅に承認しているという点に於いて、明らかに公正を欠いた審理だった。

第二の側面はパル判決書で第十の内容分類に挙げられている、中国における共産主義の運動に対する日本側の対処を根拠づける証拠である。共産主義の運動が日本に与えた脅威については、パル判決書はリットン報告書を精密に分析することにより、極めて適切な見解を提出している。それは端的に、日本人弁護団側の提出した証拠は考慮さるべき範囲内に入っていたという、検察側に向けての反駁である。それを排除してしまった以上、中国に於ける共産主義運動に関して検察側論告が述べていることは一方的な言分になってしまい、論理的に成立を容認できないものになった、と言う。中国における共産主義の運動とその脅威については、これに対応する日本の動きが、防衛的なものであったのか、(共同謀議による)侵略的な性格のものであったのかを判定する上で重要な争点であり、従ってこれに関する弁護側提出証拠が関連性稀薄どころではない重要な判定資料であることは、法廷でローガン弁護人が力説したところであった。しかしそれらの証拠は要するに無視された。その背景にソ連裁判官・検察官に対する裁判所の極めて政治的な気兼ねがあったことは、これも前述した通りである。

大きく捉えてこの二つの側面を中心に、原本の資料集及びその抄本たる本書が東京裁判の「勝者による報復的私刑」たるの性格を改めて明らかにし、その根本的修正を迫る思想戦の武器として役立つことは確実であり、又この線に沿って活用されるであろうことは編者が心から期待する所である。

凡例

一、本書は「解説」に記した如く『東京裁判却下未提出辯護側資料』全八巻（国書刊行会、平成七年二月二十日〔第一—四巻〕、平成七年四月二十日〔第五—八巻〕刊）の抜粋版である。但し、一部に原本とは別の資料から採録した章もある。

二、原本からの選抜・採録に当り、一般的な読み易さを考慮して、原本に於いて本文がカタカナで印刷されている諸篇は此を全てひらがなに入れ換えて印刷した。

三、原本は史料の原型を尊重して全て正漢字で印刷されているが、本文庫本では漢字の字体は通用の新字体に入れ換えることで統一を図った。但しかな表記は原本通りの正仮名遣を守った。

四、原本では厳密な校訂結果を示すために明らかな誤記も訂正せず、存疑字の傍に括弧つきルビで正しいと推定される字を傍記するという処置を施した場合が多いが、本書では正誤関係の明らかなものについては概して正しい字に訂正して印刷した。而し中には原本通り存疑字と正しいと推測される字とを並記した場合もある。

五、原本の存疑字中、訂正を加えず（ママ）とルビで傍記した箇所については、本書の編者の校訂責任に於いて訂正を加えた場合もあり、又（ママ）を敢えて残した場合もある。
六、原本の漢字をかなに開いた例はない。
七、同じく読み易さを考慮して、原本の切れ目なしに余りに長く続く文節には、編者の裁量により、新たに句読点を施した場合がある。
八、欧文固有名詞のカタカナ表記につき、本書全篇を通じてみるとき不統一が生じている場合があるが、これは原本の史料の表記の原型を尊重したためである。

（講談社学術文庫版より）

ちくま学芸文庫版凡例

一、本書は『東京裁判　日本の弁明――「却下未提出弁護側資料」抜粋』（講談社学術文庫、一九九五年）の再文庫化である。
一、再文庫化にあたり、解説および各史料の解題部分は旧仮名遣いから新仮名遣いに改めた。

（ちくま学芸文庫編集部）

第一部　弁護側反証段階の総論

一　清瀬一郎弁護人　冒頭陳述（総論A）

○法廷での陳述　昭和二十二年二月二十四日、第一六六回公判。
　結果——部分却下（一部朗読禁止）

　本書巻頭の「解説」で述べた通り、昭和二十一年六月四日から二十二年一月二十四日までの八箇月に亙った検察側立証の後を受け、一箇月の間を置いて二月二十四日に開始された弁護側反駁立証段階の文字通りの冒頭で述べられたもの。清瀬氏自身が昭和四十二年二月読売新聞社から刊行されたその回想記『秘録・東京裁判』の中に「冒頭陳述とその批判」なる一章を設けて全篇の趣旨と反響とについて語っている。〈当時、日本国内で、自由率直の発言ができたのはこの法廷だけであったから、私の発言（実は多数弁護士の合作）について、心から共鳴する人も多く、また外国筋よりは反駁《はんばく》の声も聞こえた〉とある通り、日本人弁護団が衆知を集めて研究し、構想を練った結果の成文化であり、大きな反響を呼んだ。八箇月間検察側の立証を聞かされ続けたのであるから、彼等の用いる論理、論法は十分に理解できていた。そこでこの冒頭陳述も検察側の立証の構成順序に符節を合せ、一般問題─満洲事変─支那事変─対ソ紛争─対米英戦争という五部構成で検察側論証への逐次的反論を提示してゆく。前記『秘録・東京裁判』には法廷当時の回想のみならず巻末に冒頭陳述の全文を収録している。同著は昭和六十一年以後中公文庫の一冊として流布しているのであるからこの一文の趣旨は今更本書を通じて再紹介するまでもない様にも思われるが、而し、法廷での陳述当時、部分的に朗読を禁止された節が二箇所あり、従来の流布本にはそこが欠けたままになっていた。却下された二箇所を復元して全文が復刻されるのは本書原本が初めてのことである。却下された部分は本書本文のページ内で罫線を以て囲って示してある。それは昭和二十一年五月十三日、開廷第四日目の法廷で清瀬氏が提出した所謂「管轄権動議」と同様の趣旨を述べているものであることがわかる。──この裁判所はポツダム宣言及び現時の国際法に照らして考うるに、ここにA級被告として出廷している二十八人を裁判する権限を持っては居ない──との異議申立ては、実際に法理の上からは正しいのであって、この動議がまともに取上げられて審議にかけられた場合、その時から東京裁判そのものが成立しなくなってしまう可能性が多分にある。そこで裁判所は、その理由は将来述べる機会があろう、との理由にならぬ理由を以てこの動議を却下した。従ってこの冒頭陳述中、ポツダム宣言と一九四五年迄の国際法の解釈を述べて裁判所の法的不備を衝いている部分（本書の罫線囲み内）は、既に法廷が却下している動議のむし返しとも映ずるわけで、その限りでは朗読をさし止められても致し方なかった。而して本書の如く、その部分を原文通りに復元して読んでみることにより、改めてこの裁判の法的根拠の脆弱性が再認識されるであろう。なお本冒頭陳述の内容とその趣旨については『秘録・東京裁判』の本文及び読売新聞社版にも中公文庫版にも付せられている長尾龍一氏の解説が、既に十分にその役割を尽していると思われるので、ここではこれ以上ふれない。

裁判長閣下並《ならび》に裁判官各位

起訴状記載の公訴事実並に之を支持するために提出せられたる諸証拠に対し、被告より防《ぼう》禦《ぎょ》方法を提出するの時期に到達いたしました。裁判所に於《お》かれては、過去数月の間、周到なる注意を以《もっ》て検察側の主張を聴取せられました。裁判所は、其の懐抱せらるゝ所の衡《こう》平《へい》と正義に合する訴訟手続といふ概念の限界内に於て、被告をして、この訴訟の歴史的重要性にふさはしき態度を以て、其の主張を陳弁する事を得せしめられることは非常にありがたく存じます。言ふ迄《まで》もなく、被告は今後の訴訟行為を御判断を受くべき争点に限局して、能《あた》ふ限り迅速に事件を進行せしめようと考へて居ります。ただ、吾々が為さねばならぬ事柄は重大で且《かつ》新奇なる意義を含むものでありまするが為《た》め、万一吾々が思はず自ら定めた標準を超え、又裁判所御裁定の法則に外《は》づるゝ場合があらうとも御《ご》寛《かん》恕《じょ》あらんことを予《あらかじ》め要請しておきます。

昨年の五月六日、当裁判所の法廷に於て大川以外の各被告人は総《すべ》て起訴事実に対し、一斉に「無罪」とお答へを致して居ります。被告等は右総ての公訴事実を否定する為の反証を挙げるでありませう。

起訴に係る事実は五十五の訴因に分れて居ります。尤《もつと》もその多くは、同一の起訴の事実を他の角度から観《み》て別個の訴因として表現したものであります。此等《これら》の訴因中の或るものは被告の全部に関係し、他のものは一部に関係して居ります。此の場合被告の一人一人が個々別々に右等多数の訴因につき反証を提出致しまするときは、非常なる重複と、混乱を生じまするが為に、被告等及《および》弁護人等は共通事項については出来得る限り共通に証拠を挙げることに協定致しました。此の協定の結果、共通事項として次の段階に区分して、証拠が提出せられるでありませう。

第一部は一般問題

第二部は満洲及満洲国に関する事項

第三部は中華民国に関する事項

第四部はソビエット聯邦に関する事項

第五部は太平洋戦争に関する事項

であります。

此等の各事項に関する証拠提出を終りました後に、各被告人は其の立場に依《よ》つて個人的に関係ある事実を立証するのであります。被告中或者《あるもの》の間にはその利益、見解及行動に於て相反するものもありますから、相反する証拠を提出する事もあり得るのであります。かくて各被告の立場に依つて前示第一部乃至《ないし》第五部に現はれたる事実並に証拠につき除外例を求め又個人固有の立場として、追加の証拠を提出することもあります。此の段階を便宜上第六部「個人ケーセス又は個人弁護」と称することが出来ます。

以下暫《しば》らく第一部門に於て取扱はるべき事実の中、主なものを表示してこれが立証方針を説明致します。無論ここに陳述致しますことは此の部門で取扱ふことが、これで尽きるといふ意味ではございません。

第二部門以下で陳述することについても同様であります。

検察官は日本国政府が一九二八年即ち昭和三年より一九四五年即ち昭和二十年の間に日本政府の採用した軍事措置が国際公法から観てそれ自体犯罪行為であるとして居られます。検察官は日本の政策が犯罪であると論ずるのみならず、もし国家が侵略戦争又は条約違反の戦争を起した場合に偶々《たまたま》其局に当り戦争遂行の決定に参加した個人は犯罪者としての責任を免かれぬといふのであります。言ひ換へますれば本件に於ては被告を含む日本国家が検察官の指摘する十七箇年の全期間に亙《わた》つて国際法的の犯罪を続行して居つたといふ事が検察側の根本の主張であるのであります。

被告は先《ま》づこれを極力否定するものであります。又弁護人の方では、主権ある国家が、主権の作用として為した行為に関して或者《あるもの》が当時国家の機関たりしとの故を以て個人的に責任を負ふと云ふが如きは国際法の原理としては一九二八年に於ては無論のこと、その後に於ても成立して居なかつたことを上申するものであります。

この前例とてもなき本件に於て日本国が一九二八年以来採り来《きた》つた防衛措置、陸海軍の準備的措置が侵略の性質を帯《お》びたりや否やといふことが重大な問題であります。

各国の準備的措置は必ずや常に他の国の行動を眼中に置きまして作成せられるものであることは特にこゝで申上ぐる必要もなきほどに原則的な事柄であります。此の重要事を念頭に置かずして準備的措置に不正の目的があつたか否かを判定することは出来ませぬ。一国が常備軍を倍加したといふことだけを聞きまするとその国は侵略者なるが如く攻撃せられるかも知れませぬが、其の後に至り、その隣邦が常備軍を三倍に致して居つたといふ事実が明白になりますれば前者の行為は道理もあり、尤もなことであると考へられます。この事はあり得べきことでもあり、又歴史上、現に発生した事でもあります。

本件に於ては日本陸海軍の防備行動が裁かれるのでありまして、外国わけても本件に原告となつて居る一部の国家のそれは審判の対象でないことは、弁護人はよく理解して居ります。しかし乍《なが》ら日本の採りたる施策及措置の性質を決定する必要の限度に於ては、他国の同一行動を簡単に証明することは許されるであらうと予期いたして居ります。

更に起訴にかかる期間中の日本の対内、対外政策の本質を正当に理解して頂くために必要な三つの重大事項について本劈頭《へきとう》陳述に於て略述せねばなりませぬ。この三点といふのは、独立主権の拡張、人種的差別の廃止、並に外交の原理、この三つであります。それは単に此間の特定の内閣（それは随分多数でありましたが）が立てた方針でもなく、又特定の党派の主張でもありませぬ。それは一八五三年日本が外国と交際して以来全国民に普遍的に抱かれてゐた国民的、永続的且《かつ》確乎たる熱望であります。言論、教育、信教の自由と同じ重要性を有してをるものであります。

この国民的特徴の第一は、日本国民は此の国家を完全なる独立国家として保持して行きたいと云ふ熾烈《しれつ》なる念願であります。ペルリ提督と徳川将軍との間に結ばれましたかの安政条約は一方に於ては治外法権を認めて国家主権を傷害し、他方においては自主権を侵犯いたしました。それ故にこれは深刻なる国民の苦悩でありました。明治時代を通じて日本の有力指導者の念願は此国の地位を向上進展せしめて完全なる独立の自主の国家たらしむるにあったのであります。此の理想は前大戦の後のウヰルソン大統領に依て唱導《しょうどう》せられました主義とも相合するものでありますから、この正当性については容易に当法廷の御承認を受け得ると思ってをります。

弁護人の方では此の考が国民の間に普遍の念願であり待望であったことを証明しようと期して居ります。

その二は人種差別廃止の主張であります。一体差別待遇《さべつたいぐう》は之を為すものよりも受けるものの方に非常に強く響くものであります。差別待遇の廃止を為し遂ぐるためには、こちらの方で修養教養の水準を昂《たか》めねばなりません。日本朝野《ちょうや》は此の事の必要性につき盲目であつたのではありませぬ。道徳や慣習に改むべきものがあつたならば快よくこれを改める必要を認め且《かつ》その改革を実行いたしてをります。ただ世界の文化は唯一ではなく、民族と人種の数に応じて多数であります。各民族は各々其の歴史と伝統を持つて居ります。従《したがつ》て茲《ここ》に文化は発生し且進化するのであります。

東亜には東亜固有の文化がありますから、これを保持し、醇化《じゅんか》し東洋人全体の地位をいづれの点に於ても世界の他の人種、国民と平等な水準迄に向上確保して以て人類の進歩発展に貢献したいといふのが日本人の念願でありました。人種平等の理想はたゞ日本人だけを欧米人と同一の地位に達せしめましてもその目的は達しませぬ。差別の完全撤廃のためには事の性質上東亜全域の同胞の地位を高揚《こうよう》しなければなりませぬ。或る少数の著者は、此の理想の表現に誇張の言を用ひた場合もあります。しかし斯《かか》る事は例外でありまして、日本人は東亜諸民族と共に欧米人と対等の地位に進まなければならぬといふことは国民の間に於ける普遍的の念願でありました。このことも亦《また》日本人が人種的優越感を抱きたりとの意味の検察側主張の誤りなることを明《あきら》かにする為に立証することを期して居るのであります。我々は中国革命の父孫逸仙《そんいつせん》博士、インド其他の地方の先覚者に於ても、之に対して共鳴の思想を表示された事実をも併せて明かにするでありませう。もし右に関する真意が正しく諒解《りょうかい》せらるれば他の人民や他の国家との間に反目は必ず消失した筈《はず》でありました。

第三の事柄は日本で「外交の要義」と名づけて居つたものであります。明治時代この方、我官民の間に外国との関係に於て普遍的に存在した理想は東洋の平和を維持し、之に依て世界の康寧《こうねい》に寄与するといふことであります。これは公文書や御詔勅《ごしょうちょく》では日本国交の要義と書かれて居ります。この意味は日本の外交を指導する根本的理念といふことであります。一八九四年から五年への清国との戦争、一九〇四年、五年の日露戦争も、それが為に戦はれたのであります。このことは各々開戦の詔勅にも明記せられて居ります。当年の東亜の情勢から見ますれば日本は欧米の文明を先きに導入して、完全なる近代国家としての資格を備へた唯一の国家でありました。中国は地大物博の国ではありますが、当時は各国の勢力範囲に分割せらるゝ危険に瀕《ひん》して居りました。南方諸地域は既に西洋各国の支配下に立つに至つて居ります。かゝる状況の下に於て日本人は心から我国が所謂《いわゆる》安定勢力たるの使命をもつものと考へたのであります。これは被告等のみに依つて考へられたものではありません。それより二世代も前からの日本国民の基礎的主張であります。此の原則は世界の大国に依つて承認せられて居るものと了解して居ります。何となれば日英同盟は之を承認して結ばれ、又更新されたものであることが立証されます。此の使命遂行のために戦はれた日露戦争には、米国の朝野を挙げて好意を寄せたことは今日に至るもわれ〳〵日本人の忘れざるところであります。右の東亜安定の主張は決して侵略的のものではありません。一方に於ては東亜に於ける政治的、経済的の混乱を防止し、他方に於ては亜細亜《アジア》種族の共通的発達を助け、之に依て究極的には世界人類の進歩発展に寄与するのであります。以上の観念に照すことによつてのみ日本と隣邦との関係が理解し得らるるのであります。

日本の朝野は隣邦中国の自存と発展に対しては、格別の同情を寄せて参りました。此のことは、明治以来の度々の公私の文書にもよく表現せられて居ります。当時中国と我国との関係を表示するため、譬喩《ひゆ》として用ひられました「脣歯輔車《しんしほしゃ》」といふ格言がありますが、これは脣が亡びれば歯は自ら寒きを感ずる。車の両輪は相互に輔《たす》けあふといふ意味であります。更に「同文同種」といふのは両国が同じ文字を用ひ同じ儒教の道徳を尊重する同じ人種の国であることを表す格言であります。一九〇〇年代の初め頃から我国は多数の中国留学生を招きました。蔣《しょう》主席もそのうちの一人であられました。一九一一年、すなはち辛亥《しんがい》の中国革命以来我国朝野《ちょうや》は孫文先生の志業に非常に好意を寄せました。我参謀本部並に軍令部では年次作戦計画といふものを作つて居つたことは検事御指摘の通りでありますが、たゞ中国に対しては斯《かく》の如き全面的な仮定的作戦計画さへも立てたことはありません。以上の事柄の立証は起訴状に記載せられある数個の主張並に記録中の証拠を否定するために御判断の助けとなり得ることと思ひます。

起訴状訴因第五に於ては附属書Aの全体及附属書のB、C条約及保障を引用しまして、被告等は指導者、組織者、教唆者《きようさ》または共犯者として独逸《ドイツ》及伊太利《イタリア》と相結んで全世界を支配する陰謀――コンスピラシイを為し又実行したと糾弾《きゆうだん》して居ります。これより大きな誤解は世の中にはありませせぬ。日本と独伊との関係については防共協定、三国同盟を取扱ふ段階に於て我々の同僚より我々の主張を開陳《かいちん》するであります。私は茲《ここ》に一方に於て日本と他方に於て独伊と、この間の理念及願望の差違について一般的事項を取扱はうとするものであります。

前記の誤解は多分に日独伊三国同盟の前文並に其の締結のときに渙発《かんぱつ》せられました詔書の中に「八紘一宇《はつこういちう》」の字句を使つてをるその解釈に基くものと考へます。我国の公文書に於ては好んで荘重な古典的の辞句が引用されるのが慣例であります。之は文章に重みをつける効力はありますが、それがため我国人自体においても十分了解せられざる場合も生ずるのであります。況《いわ》んや言語を異にし理念を同じくせざる外国の人々には尚更のことであります。三国同盟締結の際に渙発せられた詔書は更に「八紘一宇」の文字を分解――パラフレイズしまして、「大義を八紘に宣揚《せんよう》し、坤輿《こんよ》を一宇たらしむるは実に皇祖皇宗の大訓にして、朕《ちん》が夙《しゆく》夜拳々措《やけんけんお》かざる所なり」と仰せられて居ります。茲《ここ》に「大義」といふのは普遍的の真理といふ意味であります。宣揚するといふのは世界に明かにし表現するといふことであります。「坤輿を一宇たらしむ」といふのは、全世界人類が一家族中の兄弟姉妹と同一の心持をもつて、交際するといふ意味でございます。

前に述べました通り、我国の文化は欧米諸国のそれとは源流を異にしますから、その表現の方法は必然的に違つて居り、また奇異にさへ感ぜられるものでありませう。

一九四一年ハル長官と野村大使との間の交渉の基礎となつた日米了解案には「八紘一宇」は世界同胞主義――ユニバーサル・ブラザフツドといふ翻訳がされて居ります。

三国同盟条約の前文も、此の正しき意味に於て解釈すべきであります。此の条約締結の際、独伊に於て如何《いか》なる考へをもつて居つたにしても我国の当事者に於て独伊と共同して世界を征服するなどといふ考はなかつたのであります。更に具体的に証明せられるでありませう。

同条約第二条には独伊は日本国の大東亜に於ける新秩序建設に関して指導的地位を認め之を尊重するといふ文字があります。「東亜新秩序」又は「大東亜共栄圏」といふ文字くらゐ大きな誤解の種を蒔《ま》いた字句はその外に類例はありません。検察官は新秩序は民主政治並に其の基礎たる自由、人格尊重を破壊する思想であるとまで極言せられました。これは日本の思想とほかの国に於ける思想とを混同せられたものではなからうかと思ひます。少くとも日本の思想と他国のそれとを聯想《れんそう》せられたための誤解でなからうか。しかしここでは只、当年我国に於て用ひられた右の特殊な日本的な字句の含蓄並にそれに関する日本的な思想のみが必要なのであります。

「東亜新秩序」といふ文字が公式に用ひられたのは一九三八年十一月三日、同年の十二月二十二日、この両回の近衛《このえ》声明であります。此の声明に現はれた「東亜新秩序」の意味は書面自体が自らを証明してをります。すなはち善隣友好、共同防共、経済提携、この理想の下に日満支三国相携へて進むといふことであります。又第三国との関係についてはこの声明は「日支経済関係について日本は何等《なんら》支那に於て経済的独占を行はんとするものにあらず」というて居るのであります。即ち機会均等の原則を排斥しては居りませぬ。ただ検事も御主張に相なる通り此の当時は中日両国間には百万以上の兵を動かした大戦闘の行はれて居る最中であることを記憶せねばなりませぬ。此の大争闘の間に於ては当事国の国民のみならず第三国人も自ら各種の制限を蒙《こうむ》ることは免かれません。此点に関して一九三九年七月に有田外務大臣とクレーギー英国大使との共同声明を証拠として提出いたします。右共同声明の一部に於ては「英国政府は大規模の戦闘行為進行中なる支那に於ける現実の事実を完全に承認し、又斯《かか》る事態の存続する限り、支那に於ける日本軍が自己の安全を確保し、其の勢力下に在る地域に於ける治安を維持する為に特殊の要求を有することを承認す」とあるのであります。

新秩序思想の内包的の意義は「皇道」であります。皇道は時々インペリヤル・ウエーとも翻訳せられて居ります。この皇道の本旨は仁愛、公正、及び道徳的勇気であります。それは更に礼儀と廉恥《れんち》を重んずることであります。各人をして各々其の本分を完《まっと》うし本務を完遂することを得せしめるを理想といたして居ります。またこれは治者と被治者が一心となることを予期して居ります。国務は全国民の真実なる翼賛《よくさん》に依り行はるることを期して居ります。これはそれ故に軍国主義又は専制主義の正反対であります。これを他国の国語に表現することは非常に困難であります。しかし、人間の尊重といふことについては、皇道とデモクラシーも、二つの思想との間に本質的な差異はありませぬ。裁判所の法廷に於て斯《かく》の如き無形の事柄を立証することは異常のことではありますが、本件に於てはこれを実行しなければなりませぬ。曾《かっ》て被告人の一人が帝国議会に於て我《わが》皇道と独伊の全体主義との相違を声明したことがありますから、これを証拠として提出いたします。

我国には独逸《ドイツ》に於けるが如き人種的優越感情は存在いたしませぬ。寧《むし》ろ之とは反対に我民族は常に自ら未だ及ばざることを認めて東亜の同胞と共に世界の水準に迄《まで》到達せんとの念願に燃えて居るのであります。新秩序は各国の独立を尊重するのでありますから決して世界侵略といふが如き思想を含んでをりません。又個人の自由を制限するが如き思想でもありません。指導といふ用語は同等の者の間の先導者又は案内者としてのイニシアチーブを採るといふの意味に外なりませぬ。斯の如き国民的根本思想は一の条約又は数個の条約の文字の用法の巧拙《こうせつ》等に依りて変化するものでは決してありません。其の後満洲国、中国のみならず其他の東亜の諸国をも包含する「大東亜新秩序」「大東亜共栄圏」といふ文字が用ひられるやうになりましたが、根本の考へは右と同一であります。一九四三年十一月東京に於て開かれました大東亜会議に於ける共同宣言中の綱領五ケ条、これが大東亜新秩序の本旨を簡潔に表明して居ります。曰《いわ》く、

一、大東亜各国は協同して大東亜の安全を確保し道義に基く共存共栄の秩序を建設す

二、大東亜各国は相互に自主独立を尊重し、互助敦睦《とんぼく》の実を挙げ大東亜の親和を確立す
三、大東亜各国は相互に伝統を尊重し、各民族の創造性を伸暢《しんちょう》し、大東亜の文化を昂揚《こうよう》す
四、大東亜各国は互恵の下緊密に提携し其の経済の発展を図り大東亜の繁栄を増進す
五、大東亜各国は万邦との交誼《こうぎ》を篤うし人種的差別を撤廃し、普《あまね》く文化を交流し、進んで資源を開発し世界の進運に貢献す

右の決議は右会議に於ける各国代表の演説と共に証拠として提出いたします。この決議は政治生活に於ては東亜の協力を必要とする一の家族と考へて居りますが、各国との交際、資源の開発、文化の交流については、これを世界大に考へて居ることが認められます。特にその第五条に御注意を願ひ上げます。当時考へられた事の一はこの我等の世界――プラネットは政治的単位としては之を一つと見るにはあまりにも広きに過ぎる。しかし経済的単位としては之を多数の単位に分つにはあまりにも狭きに過ぎる、かういふ見方であります。斯くて我等のいふ新秩序は世界征服の思想を含んでをらざることが証明せられます。

私が責任をもつて居ることは被告のケースに於て提出すべき事実を解明することでありまず。従つて法律的論議は出来得る限り之を避けます。然《しか》し乍《なが》ら首席検察官も指摘された如く本法廷憲章中の第一の犯罪たる共同謀議《ぼうぎ》――コンスピラシイといふ罪は法廷憲章中に其の名称が挙げられてあるのみで定義が下されて居りません。共同謀議を処罰するチヤーターの規定が適法であるか不適法であるかは別として何か定義を下さなければ検察官に於て犯罪であ

ると して主張せられる事実を定める事が出来ません。同時に被告側が如何なる証拠を提出せねばならぬかを知ることが出来ませぬ。

検察側は合衆国の下級聯邦裁判所の判例を引用して共同謀議を定義せんと試みられました。而《しこう》してかゝる裁判所の判例には議論の余地がないと主張せらるるごとくであります。この裁判所は国際裁判所であります。また裁判官御自身既にこの裁判所がその地位に鑑《かんが》みて、仮令《たとい》合衆国の憲法であつても当然これを適用するが如きことは考へてをらぬとの意見を述べてをられます。従つてこの裁判所が米国憲法の規定の所産であるに過ぎない聯邦下級裁判所の判例をそのまゝ採用せらるゝが如きことは益々《ますます》以てあり得べからざることといはねばなりません。

我国に於て特殊なる歴史上の理由に依つて発展した法理をもつて直ちに之を世界共通の一般理論として当裁判所に於て適用せらるべしとすることは適当でないと主張するのでありま す。英米の法律組織に於けるコンスピラシイの観念は実は他に類似のないものであつてローマ法系を承継した国に於てこれに該当するものは発見しませぬ。英米法の主義を採用した国に於ても英国又は米国の特殊の判例を厳格にそのまゝ適用することは不可能であります。或国に於ては或る特殊の犯罪に関して二人又はそれ以上の者が明かに右特定の犯罪を犯すことを共謀《きょうぼう》した場合は、之を共犯者として処罰して居ります。此の場合共謀の目的たるものは明かに不法のものであるか、又は不法手段に訴ふるに非ざれば達成することの出来ないものであることが証明されねばなりません。日本に於ては犯罪着手以前の予備又は陰謀《いんぼう》等を処罰するのは寧《むし》ろこれは例外であります。これを処罰する場合は予《あらかじ》め一々之を刑法典に明示して居ります。他のローマ法系の刑法に於ても同様であると了解して居ります。又陰謀それ自体を独立の犯罪として観念するためには、陰謀の行はれた日時と場所とが了解し得べき程度に於て特定されなければなりません。英米の法制を採用せぬ国では、一九二八年一月から一九四五年九月二日迄の間といふが如くに、十数年の長き期間の何時かに陰謀が成立したなどといふことは考ふることの出来ないところであります。私の上申せんとする所は、英米に於て発達しましたコンスピラシイの理論は、之を一の体系として国際法の一部を組成するものとは認めることが出来ないといふことであります。若《も》し首席検察官御引用の判例が共同謀議成立の後に之に加入した者は、本来の共同謀議の団員と同一の責任を有するとの意味でありましたならば、是は断じて世界各国に於て一般に承認せられた法律思想ではありませぬ。従つて此の国際裁判所に於て、国際法の原則として適用せらるべきものではないと存じます。

一九二八年頃以来、日本の内閣組織の担当者選定の方法は、言はば偶然の結果を採用するものであります。前内閣が何かの理由で倒れますれば、天皇より内大臣を経て重臣（これは主として前首相でありますが）に向つて何人を後継首相に推すべきやの御下問《かもん》があります。重臣それ自体は組織体ではありませんから、偶々《たまたま》当日会合に出席した人々がその時の状勢に応じ、思ひ付きで首相候補を定めて之を上奏するのであります。陛下は例外なく此の上奏を御嘉納《かのう》ましますのであります。それ故に何人が次の政権を託されるやは、重臣の意見が奏上せらる丶迄は何人も之を予想することは出来ません。それ故に我国に於て一定の組織体、政派又は派閥、これが一定の期間政権を独占し、特殊の陰謀を続行するなどといふことはこれは不可能であります。曾《かつ》て或る証人が言及しました田中上奏文などいふものは、全く偽物か捏造物《ねつぞう》であります。以上の事実を証明するため適切な書証と証人が提出せられるでありませう。

起訴状の前文第二段、附属書の第六節第四項、大政翼賛会《たいせいよくさんかい》と翼賛政治会を以て独逸のナチ、又は伊太利のファシストに近きものと考へて居るやうであります。これ程大きな日本政治の誤解は又とないのであります。

此のことは検事喚問の証人を反対訊問することに依つて一部判明は致しましたが、我々は更に有力なる文書と証人を挙げて之を明かにする必要があると信じてをります。之を提出する事を予期して居ります。

検察官は、一九三六年の陸海軍大臣は現役陸海軍大将又は中将より選択すべき旨の勅令を挙げて、之を以て陸軍が政府の統御《とうぎょ》及び支配を獲得せんとして制定したものであるといつてをりますが、陸軍は之を日本の武力膨脹《ぶりょくぼうちょう》政策のために行使したものであるともいつてをります。併《しか》しながら実際の史実は之に相違いたして居ります。此の勅令は一九三六年二月二十六日、即ち岡田首相其他重臣襲撃の反乱の後に設けられましたものであります。当時もし万一にも陸海軍の予備大将中将中に斯様《かよう》な団体に関係する者がありますれば、さうしてそれがもしも陸海軍大臣となりますれば、国家のために危険なる事態を生ずとの心配があつたのでありました。この勅令は斯様な出来事を避くるために制定せられたものであります。言ひかへますれば、この勅令は粛軍《しゆくぐん》徹底のために制定されたものでありまして、又実際に其の目的は達しました。此の勅令の効果は検察官の主張とは正反対に、武力の不当行使を主張する者を押へ得たといふ事になりました。此点についても証拠を提出する用意があります。要するに我国にある軍関係の組織体があつて、起訴状に特定した期間に日本政局を左右したる如き観念を抱くことは全く事実の誤解であります。

被告等の間に或《あるい》は世界を征服し(訴因四、五)或は東亜、太平洋印度《インド》洋及之に接着する地方を制覇《せいは》し(訴因一)或は支那を制覇し(訴因三)或は満洲を制覇する(訴因二)これらのための共同謀議を為したりとの糾弾については被告より反駁《はんばく》いたします。元来被告等は年齢も相違すれば、境遇も相違いたしまするし、或者《あるもの》は陸海軍人であり、他の者は官吏であり、或者は外交官、他の者は著述家でありまして、其の全部が特殊の目的を以て会合する機会を持つたことはありませぬ。彼等は此等の事に関して団体として意思を交換する機会をもつたこともありません。実際被告中の或者の間にはいろ〳〵の意見の相違が存在してをつたのであります。もし彼等の或者が満洲事変、支那事変乃至《ないし》大東亜戦争に或る程度の関係があるといたしましたならば、右等の事件は日本国家の全力を挙げて活動しなければならぬ事変又は戦争でありまして、その当時此等の者が国内の有力者であつたがためであります。被告等が検察側の指名せざる種々なる人々、これと陰謀団を作つて、かかる手段に依《よ》つて全世界、東亜、太平洋とか、印度洋とか、支那、満洲を制覇するために共同謀議《コンスピラシイ》したといふ事実はありません。我々は征服又は制覇の共同謀議なかりしことを証するために証拠を提出いたします。

なほ此の関係に於て被告が明かに証明せんとする他の点があります。それは満洲事変と支那事変と大東亜戦争と、この三つを通して一貫せる計画に依つて、なされたものであると認むることは誤りであるといふことであります。此等の事変は各々その発生の具体的原因を異にした別種の事件であります。又一の事件の関係者は他の事件の関係者と異なつて居ります。前任者が後任者に此の計画を申し送つたり、後任者が之を受け継いだといふやうな事実もないのであります。殊《こと》に明白なことは、一方では満洲事変、他方では支那事変と大東亜戦争、この間の区別であります。満洲事変は一九三三年の塘沽《タンクー》協定で落着致して居ります。其の後に蔣介石政府の当事者は満洲国との間に関税、郵便、電信、鉄道の協定をいたして居ります。又一九三五年、三六年中には蔣介石は日本との間の敦睦《とんぼく》令を発しました。当時日本の岡田内閣の広田外相は支那と交渉されまして、満洲及北支の現状の承認を含む三原則を立てて中国側より之を基礎として更にその実行の細目を協定する事の同意を得て居つたのであります。それ故塘沽協定より四年後に発生した支那事変が或る特定の人物が満洲事変と同一の目的を以て故意に計画的に引き起した事件であると推定することは不自然であります。誤《あやま》ちであります。これを明かにするために必要な証拠が提出せられます。

第一部に於ては我国の内政を証明する各種証拠が提出せられます。検察官は一九二八年一月一日以前多年に亙《わた》つて、日本軍部は日本の青年に軍国主義的精神を教へ込むことを目的とすると共に日本の将来の発展は征服戦争にかかるといふ極端なる国家主義的観念を培養せんとし、軍部は之を日本の公立学校に実施したのであるとかう主張してをられます。さうして之を以て共同謀議の存在する証拠の一つと致して居るのであります。然《しか》し乍《なが》らこれ程我国の教育に関する間違つた見解はありません。我国の公立学校制度は一八七二年、すなはち明治五年、アメリカの組織に倣《なら》つて立てたものであります。国民道徳の大本は我国古来の美風を経《たていと》とし、支那の儒学の教《おしえ》を緯《よこいと》としこれに配するに西洋道徳の粋《すい》を以てしたものであります。後一八九〇年、明治二十三年に教育勅語が発布せられました。このうちに忠と孝と博愛と信義、公益、奉公等の徳目が定めてありまして、決して戦争奨励の趣意は含んで居りませぬ。日本人の崇拝の目標でありまする皇室の御本旨は、常に平和と、愛と仁慈とであります。もつとも華美を排斥して、質実、剛健を奨励いたしましたが、これは戦争奨励とは異なつたものであります。

一九二九年以後に於てはアメリカや、スイスの例に倣ひまして、学校内に軍事教練を施しましたが、これは青年の心身の鍛練と品性の改善のためであります。そしてこの措置は日本政府に依る軍事予算の削減から生じた欠陥を補ふためでありまして、侵略思想の表現と看做《みな》すべきものでありませぬ。以上は、我国不動の教育方針であります。如何なる文部大臣もこの不動の方針を動かすやうな力を持つことはできません。日本の将来は征服戦争にかかるなどの教は、政府も軍も方針として教授した事は断じてないのであります。

由来日本は領土は狭小で、資源は貧弱で、しかも急速に増加する過剰人口を包容してその経済を維持する為には移民を実行するか、貿易に依存するか、工業化によるか、この外には途《みち》はありません。さうして移民は多くの西洋諸国から閉鎖されましたが故に、日本としては貿易と工業化とに進まざるを得なくなりまして、自然此の方向に打開の途を採つて歩んで来たのであります。殊に東亜に於ては土地が近接せることと特殊の利益を有するため、なほさら斯《か》くすることが自然でありました。

然るに世界恐慌の暴風雨に襲はれ、一九三一年九月にイギリスが遂《つい》に金本位停止を為すに及んだのであります。各国も続々之に倣ひまして、翌一九三二年七月にはオツタワ会議が開かれて、大英帝国ブロツクが結成されるに至りまするや、世界は挙げて関税戦が熾烈《しれつ》になりまして、通商障壁は激成されました。然るに日本はこのときも依然として自由通商主義を守つて変らなかつたのであります。一九三三年の六月に世界通貨経済会議が開催せられますや、日本は多大の希望を以つて之に参加しました。日本代表の石井菊次郎子爵《ししやく》は日本の主張を熱烈に披瀝《ひれき》しましたが、遂に同会議は不成功に終りました。これはアメリカの態度が重大な原因となつてをります。

一九三四年英国の提議に依つて日英会商が開催されました。日本は此の会議に臨みましたけれども、英国側は英帝国のみならず第三国市場についても割当制限並《ならび》に指定制を逼《せま》つたのであります。

これには日本としては到底《とうてい》承服はできません。従つてこの会商は、成功を得るに至らずに終りました。其の結果ランシマン商相の声明に依つて其の植民地全体を挙げて日本に対する貿易制限を実施したのであります。

之と同時にイギリスと蘭印《らんいん》との通商交渉が開始せられ、後者は日本品に対して輸入防遏《ぼうあつ》の強行手段を採りました。これに次いで日蘭会商が提議されました。此の会議は一九三四年六月から開始されたが、イギリスと事情を異にする日本とオランダとの貿易調整は非常に困難でありました。他方ちやうどこのときに支那に於ける排日運動が亦《また》これ激化しまして、斯くして貿易に依らなければ生きて行けぬ日本としては深刻なる難局に遭遇したのであります。

斯《か》かる世界の経済難局に影響せられて、日本は統制経済に転向して、ブロックを形成して経済の自立を企図しなければならぬやうに立ち至つたのであります。殊にソ聯の数次に亙る産業建設の五箇年計画は痛く日本を刺激してをります。重工業の発達に於て著しく列国に劣る日本といたしましては、この工業部門の促進を必要となすに至りました。日本の経済の各種の統制と諸計画は実に斯《かく》の如き状態の下に発生したものでありまして、これらは決して支那事変に対する計画的準備でもなければ、況《いわ》んや大東亜戦争の準備では断じてないのであります。

以上の諸点については我々は専門家の証人を呼んでその陳述を為さしめるはずであります。戦争前には日本に於ては世界各国と同様に、言論の自由は尊重されて居つたのであります。たゞ我国では一九二五年以来共産主義並に過激国家主義の宣伝は法律を以て之を禁止しました。これは周知の通りであります。日本国民は私有財産制度の維持を望んでをつたのであります。我国では国民尊崇《そんすう》の目標である皇室を誹謗《ひぼう》することさへも非常に嫌つて居つたのであります。ところが共産党は私有財産制度を否定して、わが皇統を覆《くつがえ》さんといたしてをつたのであります。日本に於ては一九二〇年代から共産党の活動が活潑となつて、私有財産制度及我国体を覆滅《ふくめつ》せんとする地下行動が全国に蔓延《まんえん》せんと致しました。斯かる場合に之を禁止することは、主権ある独立国家としては当然のことであります。これは戦争の準備でも計画でもございません。

此の事は此の治安維持法、これが自由主義を信条とする日本の三政党の連立の内閣で提案されたことに依つても証明せられます。言論指導の情況《じようきよう》は証拠を以て別に立証いたします。なほ一旦戦争が開始されました以上は、防諜《ぼうちよう》の必要上言論に於ても相当の制限を必要とすることはこれは言ふを俟《ま》ちません。各国とも例外なくかかる制限を採用してをります。彼と此とを混同されてはなりませぬ。思想統制の対象は上記のごとくに左翼運動だけではなかつたのでありまして、右翼運動即ち極端なる国家主義運動もその対象でありました。しかうして被告のある者は在職中かかる極端なる国家主義運動を統制するの任に当つてをりました。

我国に於て一九三〇年、三一年の頃、所謂《いわゆる》革新運動なるものが発生しました。此の革新運動とても必ずしも対外進出を主張して居るものではありません。唯、御記憶を願ひたいことは、当時我国の人口は年々に増加しまして、将《まさ》に一億に達するのも目睫《もくしょう》の間であります。資源は非常に乏しく前に引用した如く世界不況の結果我国の商工業は言ふに及ばず、農業も非常なる苦痛に陥りました。その頃までは我国は政党政治の形態で政友会、民政党の二党が交互に内閣を組織するやうになつて居りましたが、その政権争奪の方法が公明でなく、又政治家の腐敗事件が引続き暴露いたしました。この事実及事件に刺戟《しげき》せられて、熱血の青年又は少壮軍人が直接行動をなすに至つたのであります。この運動の動機を証明するための証拠物は空襲のため悲しいかな一部焼失致しました。しかし残存するものが証人に依つて此の運動が侵略戦を目的としなかつた事が証明し得られます。ただ茲《ここ》に特に裁判官に指摘申し上げたいことは、本件被告のある者は此等の運動を鎮圧することに功労のあつた人々であつたといふことであります。

検事は我国の侵略企図として一九三七年以後陸軍及海軍の国防計画を指摘して居られます。然しながら前にも申し上げた通り、凡《およ》そ軍備といふものは相対的のものであります。当年の我国の国防計画が侵略的であつたか、防禦《ぼうぎょ》的であつたかは、之と対照せられまする他国のそれと比較せねば判断は出来ません。一九三七年頃我国に隣接して居りました陸軍国は、ソ聯と中国とこの二国であります。中国に対しては日本は未《いま》だ曾《かつ》て全面的闘争を生ずることは予期して居りませんでした。従つて包括的の計画はありません。ソ聯に関してはソ聯の第二次五箇年計画と、第三次五箇年計画並《ならび》にその一九三六年以後の極東軍備状況を証明いたします。これに依つて我軍備計画の性質は明かとなるのであります。どこの国でも参謀本部又は軍令部は仮想敵国を定め、年次計画を立てることは行はれてゐるのであります。之はその相手国と戦争する決意を証明するものでない事は言ふに及びませぬ。

ロンドン軍縮会議以後我国の海軍の計画と、当年以来のアメリカ合衆国及び大英帝国の計画とを比較対照することによりまして、我国の海軍の計画が侵略に非ざりしことを証明することが出来ます。

自衛権の本質とその限界自体は国際上の問題であつて証明を必要としないものであります。しかしある具体的の条約に於て自衛権を如何なる限度に留保して居るかといふことは、その条約締結当時の事情に照して解釈することが許されます。一九二八年の不戦条約の締結の際に各国政府が為した交渉顚末《てんまつ》、関係者の公式発表、批准《ひじゆん》の際の留保、これらはこの条約上の自衛権の限度を証明するの資料として被告より提出いたしたいと思ひます。

又ハル国務長官並に野村大使との間に行はれた一九四一年の日米交渉の際に於ても自衛権の解釈が問題となつて居ります。此際米国側は自衛権の限度について自己の見解を表明いたしました。被告は米国側が自衛権なりとして表示した関係記録を証拠として提出いたします。「自衛権の存立は之を行使する国家に於て、独自の判断をもつて認定すべし」かういふことがいはれて居ります。即ち国際法に於ては自衛権を主張する当事者は其の権利が確実に存在するや否やは、自ら之を判断するの絶対の権能を有すといふ事は確実に承認せられた原則であります。

日本に於ける統帥《とうすい》と国務との関係は他国の人にとつては難解なことと思はれます。しかし乍ら本件に於ては或る措置を採つたこと、又は採らなかつた事、その責任が統帥の系統に属するか、国務の系統に属するかは重要な関係をもつてをります。これは〔大〕日本〔帝国〕憲法、特に其の第十一条第十二条の解釈に、また確定した慣行に基くのであります。軍事に関しても統帥責任者、陸軍参謀総長、海軍軍令部長、この統帥責任者の権限と陸海軍大臣の権限とも本件に於ては重要な争点であります。其の他更に政府の各機関の権限も本件全体に関係あることであります。被告側より証人によつて之を明白に致します。我国軍隊に於ける命令権と服従の義務は、多少外国と異なつてをります。これは平時と戦時とに区別されて観察せられます。

ポツダム宣言並びに降伏文書の解釈及び適用を明らかにするために、具体的の証拠を出すつもりであります。

日本は一九四五年七月二十六日聯合国より申入れたポツダム宣言を受諾し其後降服（ママ）以下同をしたのであります。本裁判所は此の降服文書の条項に基いて創設せられました。聯合国申出のポツダム宣言を全体的に受諾したりといふ意味に於て無条件に降服したりといふことは誤りではありませんが我々はポツダム宣言それ自身が一の条件であるといふ事を忘れてはなりませぬ。

ポツダム宣言はその第五条に「以下が我々（聯合国）の条件である、我々は断じて之を変更することなかるべし」と明言して居ります。無条件降服といふ文字はポツダム宣言第十三条と降服文書第二項に使用せられて居ります。之はいづれも日本の軍隊に関することでありまして我軍隊は聯合国に無条件に降服すべきことを命じて居るのでありま す。こゝに無条件降服といふ文字を使用したるがためにポツダム宣言の他の条項が当事者を拘束する効力を喪《うしな》ふのであると解すべきではありませぬ。

而《しこう》して本件に於ては同宣言第十条に於て使用せられた「戦争犯罪」といふ文字の意味が重要な問題となつて居ります。そこで弁護人は日本側、換言すればポツダム宣言を受諾するに決定した時の日本の責任者が宣言受諾の時此の問題たる字句を如何なる意味に解したかを証明するであります。又一九四五年の七月末又は八月初に於て日本並《ならび》に世界の文明国に於て此文字を一般に如何に解して居つたかといふことを立証する証拠も提出せられます。これに依り国際法に於て用ひられる右語句は「平和に対する罪」及「人道に対する罪」を包含しない事が明かとなります。以上は当裁判所が之を設定したる基礎たる憲章中の第五条のA及Cの犯罪につき管轄を有せずとの主張を支持するが為に必要であります。

ポツダム宣言受諾に依り日本は当時現に戦はれつゝあつた太平洋戦争に降服したのであります。降服のときに満洲事件、張鼓峰《ちようこほう》事件、ノモンハン事件について降服する考へはなかつたのであります。これを証するため満洲事変が昭和十年迄の間には一段落となつたといふ書証、ノモンハン、張鼓峰事件については各々其の当時妥協が成立したといふ証拠、ソ聯と日本との間には一九四一年四月に中立条約が成立したといふ事実を証する書証が提出せられます。中立条約附属の宣言書は最も重要であります。これには其の一部に於て「ソビエット聯邦は満洲国の領土的保全及び不可侵を尊重し」なる字句があります。

ポツダム宣言の解釈及適用につきなほ之に附加した証拠を提出致します。

それはかういふ考へから必要なのであります。ある国が、一方においてある種の戦闘方法を使用しつつ相手方に、降服を勧告する場合には自ら使つてをる手段を正当なものとする立前で降服勧告をするものと解釈すべきは当然であります。

もし降服条件中に「犯罪」といふ文字がありとすればこの「犯罪」中には勧告者自身が勧告継続中に用ゐつゝある方法は含まれないと為すべきであります。

これは文書又は宣言の解釈上正当のことゝ存じます。それ故聯合軍が公然と日本に対して使ひましたところのものと同一型の戦法はポツダム宣言中の「犯罪」中より当然除外さるべきものと解釈されねばなりません。之に依つて当裁判所で犯罪として取扱はれるべきものゝ限度が確定するのであります。そのために此の期間中に聯合軍が採用した戦術を証明するために記録や写真や多数の証人を提出いたしたいと思つてをります。

検察官は侵略戦争は古き以前から国際犯罪を構成したと主張し、侵略の定義を与へてをります。之を支持するために多数の国際条約又は協定も引用してをります。元来侵略が何であるかといふことを定義することは曾《かつ》てジヨン・バゼット・モーア氏が「理性への訴へ」といふ一文で指摘いたしましたやうに実に不可能であります。かゝる点に関し只今法律上の議論をするものではありません。それは本件のほかの段階に於て述ぶる機会が与へられることゝ予期して居ります。然しながら検察官が引用せられた事実の内に脱落があることを吾々《われわれ》は此の段階に於て指摘する方が適当であると存じます。検察官は先《ま》づ一九〇七年のヘーグ条約第一を挙げて居られますが、此の条約では周旋または調停は之を絶対的義務とは致して居りません。それは当事国は「成るべく」又は「事情の許す限り」(三)問題を周旋又は調停に附することを期待せられて居るに過ぎませぬ。検察官は次に一九二四年の第四回国際聯盟総会に附議せられました相互援助条約案を引用せらるるやうであります。この案は一九二四年の第五回聯盟総会で廃棄せられてをります。すなはち条約とはならなかつたのであります。従つていづれの国に対しても拘束力がありませぬ。検察官はまた一九二四年のゼネバ議定書を引用されて居ります。此の条約案には各国代表は一旦調印はいたしました。然《しか》し乍《なが》ら英国の批准拒絶に依りまして他の国も之に倣つて批准を与へませなんだ。さればゼネバ議定書なるものは遂に条約としては成立致さなかつたのであります。

条約として成立しなかつたことは侵略戦争を国際法上の犯罪なりと為すのが当時未熟であり、之を定義することがあまりにも困難であるといふ事の証拠として引用せられ得ると思ひます。一九二八年のケロッグ・ブリヤン条約も亦《また》侵略戦争を犯罪なりと規定はいたして居りませぬ。之についての議論は初めに申し上げましたやうに此の場合は省略致しておきます。

本件起訴状には訴因第三十七以下に於て殺人――マーダーなる一分類を設けてをります。各種の戦争行為に依つて発生した人命の喪失を殺人と看做《みな》して被告人等を起訴せんと致して居るのであります。被告弁護人は戦争に依る人命の喪失は殺人罪を構成するものではないと主張いたします。これが国際法の定説であります。又あまりにも顕著な理論であるがために、諸証の引用は必要ならずと考へます。而《しこう》して戦争状態は戦闘行為の第一弾が発せられたときに発生いたします。従つて訴因第三十七より四十四迄に挙げました人命の喪失が戦争状態発生以後の事実なることを立証いたします。之に依つて検察官の主張を排斥するものであります。

検察官は侵略戦争の場合に官職の地位に在つた者は普通の重罪人、即ち殺人犯人、匪賊《ひぞく》、海賊、掠奪者《りやくだつ》、かういふものとして扱はれ又それと同様に処罰せらるべきものであると主張してをられまするが、かつまたこれが一般に承認せられた国際法上の法則であるとまで確言せられて居るのであります。

これは国際法の出来ない昔、上代未開の時代の事を言はれるのでありませうか。……

国家の意志に依り戦争が行はれた場合にその国家の官職に在つた個人が其の行為のために犯罪者として責任を負ふべきや否やといふことは国際法上実に重大なる問題となります。聯合国側は此の戦争は国際法の維持をその目的の一として戦つたと主張して居ります。それ故国際法の厳格なる解釈については聯合国側に於ても異存のないこと、存じます。検察官はその劈頭《へきとう》陳述に於て繰返し此の点につき論及せられて居ります。殊に此の事件は未だ前例のなき所に進むことの危険を知ると認め乍《なが》らなほその主張を支持せんとせられて居ります。然し乍ら我々としては一九二八年より一九四五年迄の間の国際法は国家の行為に対しその官職の地位に在りたる個人の責任を何等《なんら》問うてゐないと確信致します。問ふものであるとは信じ得ないのであります。

国際法の最新の表現たる国際連合の憲章も斯《かく》の如き理論を表明しては居りませぬ。従つて本法廷チヤーターの此の規定はポツダム宣言が予期せざるものでもあり、遡及法《そきゆう》でもあると主張します。従つて起訴に係る期間に於ける国際法が国家の行為に対し個人の犯罪責任を罪と認めざりしとの証拠を提出します。

検察官は屢々《しばしば》太平洋戦争中に起つた事件と独逸《ドイツ》の欧洲戦争中に行つた行為とを比較して居られます。殊に太平洋戦争中に発生しましたテロ行為残虐事件は独逸に於て行はれたものと同一型のものであること、又是等《これら》の行為は偶然に発生した個人的の不正ではなくして国家の政策として計画せられたものであるとまで極言されて居ります。被告弁護人は日本の中央政府並《ならび》に統帥部は戦争の法規慣例は厳重に之を守ること並に一般市民並に敵人と雖《いえど》も、武器を捨てた者には仁慈の念を以て接すべき旨を極めて強く希望したことを証明する用意があります。それがために一九四一年一月には戦陣訓といふものがつくられて、兵卒には一人残らず之を交付いたしました。また海軍ではかねてよりこの点に関する国際法規の徹底には努力いたしました。そして違反者は軍法会議に依つて裁かれたのであります。前線の指揮官は常に此の点を強調して居ります。たゞ戦争の末期にわたりまして本国との交通も杜絶《とぜつ》し戦線は分断せられ、その司令官との通信も不能となり、食糧は欠乏し自己の生存は刻々危険となつたやうな場合又は現地人の非道なるゲリラ的妨害を受けたやうな場合には非人道的行為が行はれたであらう事は認めねばならぬと思ひます。准士官及士官の労務に関しては必ずその自発的の申出に依つて労務に服せしめるといふことを命じて居ります。これらのことについては第一部門に於て具体的に証明いたします。我国に於ては独逸に於て行はれたといはれまする猶太《ユダヤ》人等を迫害するといふが如き故意の人道違反を犯したことは曾《かつ》てありません。此の点に於て独逸の戦争犯罪の場合と非常に相違のあることを第一部門に於て証明されなければなりません。

第二部門は一九三一年以来満洲に於て犯したと主張せらるゝ犯罪を反証するのであります。之は起訴状に於ては訴因第二及附属書A訴因第十八、二十七に関係するものであります。訴因第四十四も或る程度此の部門に関係することを含ませてあります。本部門及これ以下の部門に於て被告の反証せんとする証拠物は極めて多数であります。

リツトン報告書にも「本紛争に包含せらるゝ諸問題は往々称せられるが如き簡単なるものにあらざること明白なるべし。問題は極度に複雑なり。一切の事実及其の史的背景に関する徹底せる知識ある者のみ事態に関する確定的意見を表示し得る資格ありといふべきなり」とリツトンは言つてをります。

満洲国に於ける特殊事態を証するため、日本が当年満洲に於て持つて居つた権益なるもの並に其の正当性も亦《また》証明さるべきであります。日本は何故《なにゆえ》に満洲に特殊の権益を取得したか。何故に日本人は満洲に出て行つたか。日本は土地が狭く人口は多かつた。海外移民が可能であつた時にはそれで一部解決せられたのでありましたが、一九〇八年の頃所謂《いわゆる》紳士協約で事実上米国への移民を中止致しました。此の時外務大臣小村寿太郎君は議会に於て「我民族が濫《みだ》りに遠隔の外国領地に散布することを避けて可成《なるべく》これを此の方面すなはち、満洲方面に集中し結合一致の力に依つて経営を行ふことを必要とするに至りましたので御座ゐ(ママ)ます。政府は此等諸点を考慮致しましてカナダ及合衆国の移民に関しては既定の方針を踏襲致しまして誠実に渡航の制限を実施しつゝあります」と、かやうに表明して居ります。この表明はわが国では米国側の了解を得た上のことであると了解せられてをります。この演説の全文は証拠として提出せられます。米国との関係に於ては一九一七年十一月二日にはランシング国務長官と石井全権との間に一つの協定が出来ました。その協定の一部に於ては、「合衆国政府並に日本政府は領土の接近せる国家との間には特殊の関係を生ずることあることを承認する。従つて合衆国政府は日本が支那に於て特殊の利益を有することを承認す。日本国の所領に接近する地方に於て特に然り」といふ文字が載つてをります。此の約束はその後取消されましたけれども、それまでの間に我国及我国民は満洲に於て多くのことをして居つたのでありま す。これら既設の事項は石井ランシング協定の取消によつて除かれぬことになつてしまひました。

当時満洲にあつた政権は日本と緊密なる提携の下に其の勢力を維持してをつたのでありますが、一九二五年から全中国に国権回復運動が擡頭いたしました。満洲における情勢も大《おお》いに変化しました。一九二八年に張作霖《ちょうさくりん》の爆死、満洲政権の易幟《えきし》がありました。ついで国民党支部の満洲進出を見るに従ひまして日満の紛争は逐年増加したのであります。一九三一年に於ては未解決の案件は三百件に及んでをります。以上の事柄も証拠によつて証明いたします。

日本は条約及協定に依つて関東州及満洲に於ける権益保持のために関東軍が駐在するの権利を持つて居つたのであります。一九三一年の関東軍の兵力は僅《わずか》に歩兵八大隊と砲兵二中隊と一独立守備隊、兵隊の数にしまして一万四百に過ぎませんでした。これは一九〇五年のポーツマス条約の追加条項に依る在満鉄道線一キロにつき十五人といふ制限以下の数であります。之に対して張学良《ちょうがくりょう》の統轄指揮して居りました軍隊は正規軍二十六万八千、不正規軍がこのほかに大きな部隊がありました。関東軍は二十余万の支那軍により包囲せられました僅に一万四百の小兵力に過ぎません。しかもその任務は南満鉄道線路一千キロメートルの保護と広汎なる満洲の地域に散在してをりまする百二十万に達する在留邦人の保護を任務として居つたのであります。斯様《かよう》な状態でありますから一旦事が起れば自衛の為に迅速なる行動を取る必要に迫られて居つたのであります。

検察団は一九三一年九月十八日夜の鉄道爆破事件を日本側の策謀に依るものであると主張して居られます。

被告側に於ては実情を証明するために証拠を提出致し度《た》いと存じます。いづれにしてもその夜軍隊的衝突が発生しました。既に之が発生しました以上は関東軍に於ては軍自体の自衛と軍本来の任務のために中国軍を撃破しなければなりません。此の間の消息は当時関東軍の司令官たりし故本庄大将の遺書によつて証明が可能であります。我が中央に於ては事態の拡大を希望せず、なるべく速《すみや》かに解決せんと欲しましたが事件はその希望に反して逐次《ちくじ》拡大してゆきました。その真相並に聯盟理事会と米国側との態度については適切なる証拠を提出いたします。

またその真相はすでに証言や書証に依つて検察側からも示されたものであります。

一方関東軍が自衛のために在満中国兵力と闘争してをりまする間に満洲の民衆の間にいろいろな思想から自治運動が発生しました。此等の思想は保境安民の思想、共産主義に反対する思想、蒙古民族の支那共和国よりの独立運動、張学良《ちようがくりよう》に対する各地政権並びに将領の不平不満、清朝の復辟《ふくへき》希望等であります。一九三二年二月には東北行政委員会が出来まするし、三月一日には満洲国政府の成立となりました。以上の大略は之を証明するでありませう。

曾《かつ》て満洲建国後に於ては日本出身者も満洲国人民の構成分子となることが許され又満洲国建設後には満洲国の官吏となつて育成発展に直接参与したことは事実であります。しかしそれは建国後のことであります。

現に一九三一年九月には日本の外務大臣及陸軍大臣は在満日本官憲に対して新政権樹立に関与することを禁ずる旨の訓令を発して居ります。換言すれば満洲国政権の出現は、リットン報告の如何に拘らず、満洲居住民の自発的運動でありまして、このことは証拠によつて証明致します。

満洲に於ける事態は一九三三年五月には一段落となりました。一九三五年、三六年の間には中国側に於ても事実上の地位を承認せんとして居ります。世界のほかの各国も逐次満洲国を承認しました。殊に一九四一年には本法廷に代表検察官を送つて居りますするソビエット聯邦は満洲国の領土的保全及不可侵を尊重する契約を致したのであります。

第三部は中華民国との関係であります。之は訴因としては第三、第六、第十九、第二十七、第二十八、第三十六、第四十五乃至第五十、第五十三乃至第五十五に関係いたして居ります。彼《か》の一九三七年七月七日の蘆溝橋《ろこうきょう》に於ける事件発生の責任は我方《わがほう》には在りませぬ。日本は他の列国と一九〇一年の団匪《だんぴ》議定書に依つて兵を駐屯《ちゅうとん》せしめ又演習を実行する権利を有つて居りました。又此地方には日本は重要なる正常権益を有し相当多数の在留者を有つて居つたのであります。若《も》し此の事件が当時日本側で希望した様に局地的に解決されて居りましたならば事態は斯くも拡大せず、従つて侵略戦争がありや否やの問題に進まなかつたのであります。それ故に本件に於ては中国は此の突発事件拡大について責任を有すること、又日本は終始不拡大方針を守持し問題を局地的に解決することに努力したことを証明いたします。近衛《このえ》内閣は同年七月十三日に「陸軍は今後とも局面不拡大現地解決の方針を堅持し全面的戦争に陥る如き行動は極力之を回避する。之がため第二十九軍代表の提出せし十一日午後八時調印の解決条件を是認して之が実行を監視す」と発表してをります。然るに其後支那側の挑戦は止みません。郎坊《ろうぼう》に於ける襲撃、広安門事件の発生、通州の惨劇等が引きつゞき発生しました。中国側は組織的な戦争態勢を具《そな》へて、七月十二日には蔣介石《しょうかいせき》氏は広汎なる動員を下令したことがわかりました。一方中国軍の北支集中はいよいよ強化せられました。豊台《ほうだい》に在る我軍は支那軍の重囲《じゅうい》に陥り非常なる攻撃を受けたのであります。そこで支那駐屯軍は七月の二十七日に止むを得ず自衛上武力を行使することに決しました。書証及人証によつて此の間の消息を証明致します。

それでも日本はやはり不拡大方針をとつて参りましたが蔣介石氏は逐次に戦備を具《そな》へまして、八月十三日には全国的の総動員を下令しました。

同時に大本営を設定いたしまして、自ら陸、海、空軍総司令といふ職に就きました。全国を第一戦区（冀察《きさつ》方面）第二戦区（晉察方面）第三戦区（上海方面）第四戦区（南方方面）に分ちて之に各集団軍を配置して対日本全面戦争の体制を完備しました。

外交関係は依然継続してをりましたが此の時期には日支の間に大規模な戦闘状態が発生したのであります。以上急迫状態に応じて我方では北支に於ける合法的権益を擁護《ようご》するために、遅れて八月三十一日に至つて内地より北支に三個師団の兵力を派遣すると共に、また駐屯軍を北支方面軍と改称いたしました。其の司令官に対しては平津地方の安定を確保すること、相手方の戦闘意思を挫折《ざせつ》せしめ、戦局の終局を速にすべきことを命じました。斯の如く此時に至つても我方に於ては北支の明朗化と該地方に於ける抗日政策の拋棄《ほうき》を要求して居つただけであります。

日本政府は此の事件を初め北支事変と称して事態を北支に局限し得るものと考へて居りましたが、これが八月中には中支に飛火いたしました。その原因については別に説明いたします。支那側は一九三二年英米其の他の代表の斡旋によつて成立いたしました、上海停戦協定を無視して、非武装地帯に陣地を構築し五万余の軍隊を上海に集中いたしました。この地に在つた日本の海軍陸戦隊は僅《わず》かに四千名にも足りませぬ。斯《か》くて日本の在留者の生命と財産は危険に陥つたのであります。このとき我海軍特別陸戦隊の中隊長大山中尉が無残にも射殺されたのであります。日本は八月十三日に在留民の生命財産を保護するために上海に派兵することに決定いたしました。中支に於ける闘争が開始しましたのは実に斯《かく》の如き事情の下に於てであります。

換言すれば事件を拡大して其の範囲及限度を大きくしたものは中国側であります。

我々は以上の事実に関し証人を申出で戦闘開始の責任の御判定に資せんとするのであります。

中国との闘争は支那事変と称しまして支那戦争とは称しませんでした。戦争状態の宣言又は承認は何《いず》れの当事者よりも又他の国よりも為されませんで、実に蔣介石《しょうかいせき》大元帥も一九四一年太平洋戦争の発生するまでは我国に向つて宣戦を布告しませんでした。之は欧米の人々には真《まこと》に奇異に感ぜらるることと思ひます。然し我方の考はかうであります。此の闘争の目的は支那の当時の支配者の反省を求めて、日本と支那の関係を本然の姿に立戻さうとするのであります。中華民国の一部分に実際に排日運動を捲き起したのは、中国共産党の態度に因《よ》るのであります。蔣氏は世間を聳動《しようどう》したかの西安事件以来、共産党を認容するに至つて居りまするが、日本政府はこの蔣大元帥の行動は遺憾《いかん》なる一時的の脱線であると見て居つたのであります。当初は日支の間には外交関係は断絶してをりません。又両国の条約関係は依然効力を保持して居りました。降伏して来ました中国兵は之を釈放しました。日本在住の中国人は敵人として之を扱はず安んじて其の生業を営むことを得しめたのであります。又中国に対し宣戦を布告しなかつた目的の一は戦争法規の適用に依つて、第三国人の権益を制限せぬやうにしようといふのでありました。然し乍ら我国の希望に反して、戦闘はだんだんと拡大して行きました。其の結果占領地に於ける第三国人は自づから或る程度の影響を受くることは免れぬことになつて行きました。それが日本とイギリスとの間に一九三九年七月所謂有田・クレーギー協定が出来た所以《ゆえん》であります。

もしこれが宣戦した戦争でありましたら、却つて九ケ国条約適用の問題も生じなかつたかと存じます。何となれば其の場合には中国と日本に関する限りは、条約の効力は自動的に効力を失ふか少くとも戦時中は効力を停止さるるからであります。然し乍ら実際は中国も日本も双方共宣戦はしませんでした。そこで彼の九ケ国条約の適用の問題が生ずるといふ矛盾した状態に逢着《ほうちゃく》したのであります。

九ケ国条約が成立しました一九二二年と支那事変が起りました一九三七年とのこの十五年の間に、東亜の天地には五つの異常な変化が起つてをります。其の変化の第一は斯《こ》うでありますす。九ケ国条約以後中国は国家の政策として抗日侮日政策を採用しました。不法に日貨排斥を年中行事として続行するに至つたことであります。中国は反日感情が広く青年層に伝播《でんぱ》するやうにと公立学校の教科書を編纂《へんさん》してをります（排日教科書）。

其の二は、第三インターナショナルが此の時代に日本に対する新方略を定めて、中国共産党がかの指示に従ひ且《か》つ蔣介石政権も之を容認したことであります。

其の三は華盛頓《ワシントン》会議で成立しました支那軍隊削減に関する決議がひとり実行せられざるのみならず、却つて支那軍閥は以前に何倍する大兵を擁《よう》し、新武器を購入し抗日戦の準備に汲々《きゅうきゅう》たる有様《ありさま》であつたことであります。

其の四は、ソ聯の国力が爾来《じらい》非常に増進した事であります。ソ聯は九ケ国条約当時之に参加して居りませぬ。従つて其の条約の拘束を受けません。そして三千哩《マイル》に亙《わた》るソ支両国の国境を通じて異常なる力を発揮して之に迫つて参りました。実に外蒙古《そともうこ》を含む広大なる地域は中国がその主権を主張して居りまするけれども、実際はソ聯の勢力下に置かれたのであります。

其の五は、九ケ国条約締結以来世界経済が経済的国際主義より国内保護主義への転換を示して来たことであります。

九ケ国条約は修了(終)期限のない条約である事に注意しなければなりませぬ。この五種類の事情が如何に帰着するかは後に明白となりませう。提出せらるべき証拠は自ら其の内容を語るものでありませう。ただ玆《ここ》に申上げることは斯の如《かく》き状態に於て九ケ国条約は非現実のものとなりました。その厳格なる実行は不可能に陥りました。而《しか》も中国も日本も宣戦はして居りませんが、大きな戦闘に進んで居りました。此の場合占領地であらうとなからうと、中国の領土に九ケ国条約の文字通りの実行は実際上不可能になつてしまつたのであります。

被告側では斯《かか》る場合に此の条約を文字通りに実行しなかつたといふことが、必然的に犯罪を構成する道理はないと主張いたします。此の前提の下において、以上の五点が条約当時考へられて居つた状況を変更し、条約の効力適用を無力ならしめたことを証明するのであります。

検察官は、被告は経済侵略について責《せめ》を負ふべきものと致して居ります。弁護団は中国に於て何等経済侵略はなかつた事を証明するでありませうが、更に又何《いず》れにするも経済的の侵略はそれ自体犯罪ではありませぬと主張いたします。

麻薬に関する検事の主張につき上申いたします。検事の主張は、日本は一方に於て麻薬を中国に販売することに依つて、中国人の戦意を挫《くじ》き、他方においてはこれによつて戦費を獲《え》たといふのであります。

裁判所の御注意を願ひたい事は、我国はかつて台湾に於て阿片《あへん》吸飲者を漸減《ぜんげん》した特殊の経験を持つて居ることであります。

台湾に於て、その日本の統治下に在つた時代には阿片専売及び統制を布《し》きまして、之に依つて阿片の取引を禁じ漸次《ぜんじ》阿片癮者《いんしや》の数を減少しました。

中国では主として其の西洋との交通の結果阿片の吸飲は古く且《かつ》広く行はれた慣習でありまするが、日本は出来得る限り今申し上げた経験を中国に利用したのであります。

此の点に関して具体的事実と数字を挙証し、阿片売買の収入が戦費に使用されざりし事を証明致します。最後に被告中に此の事に関係を持つた者の存在せざる事も上申いたします。

日本の一部の軍隊に依つて中国に於て行はれたといふ残虐《ざんぎやく》事件は遺憾《いかん》な事でありました。これ等はしかしながら不当に誇張せられ、或る程度捏造《ねつぞう》までもされて居ります。

その実情につき出来る限り真相を証明致します。日本政府並に統帥責任者はその発生を防止することを政策とし、発生を知りたる場合には、行為者にこれに相当するの処罰を加ふることに力《つと》めて居ります。

元来中国の国民との間には親善関係で進むことが日本の顕著なる国策の一つでありまして、又現在も左様であります。それ故中央政府にあり又派遣軍を嘱託されて居つたやうな軍の幹部が、斯かることを軽々しく行《おこの》うたり又はこれを黙過《もつか》するといふ事のあるべき道理はありませぬ。

我々は被告の誰もが斯る行為を命じたり、授権したり、許可したり、並にさういふことのないこと、此の点に関する法律上の義務を故意に、又は無謀に無視した事のないことを証する為めにあらゆる手段を尽すでありませう。

第四部門たるソ聯関係のことは起訴状に於ては共謀に関する訴因の外には訴因第十七、第二十五、第二十六、第三十五、第三十六、第五十一、第五十二等であります。此等が本件の裁判所の管轄に入るべきでない事は前に述べた通りであります。殊に張鼓峰事件、ノモンハン事件は各々協定済の事件であります。又其後一九四一年四月日本とソビエットとの間に中立条約を締結したことに依つても疑問の余地はありませぬ。

かつまた張鼓峰事件なりノモンハン事件はいづれもソ聯と満洲との間の国境の不明なるがために発生した紛争であります。所謂侵略戦争の型に入るべきものでない事は言を待ちません。満洲国とソ聯との国境が確定されたならばその係争は其時其場で解決されるのでありますなほ此の争に於て日本側主張の国境が正当であつたことは、我々の提出する証拠に依つてこれを証明いたします。当時斯かる紛争が東京政府又は関東軍の計画に依るものでないといふことは特に茲《ここ》に附言せらるべきであります。右両事件に於ける軍派遣の状態は、日本がソ聯に戦を挑む意思のなかつた事を確に証明するのであります。我々は又当時日本では日本語で「対ソ絶対静謐《せいひつ》」方針と名付ける方針を立て、これを遵守《じゅんしゅ》して居つたのであります。

ソ聯を代表する検察官は、我国参謀本部の一九四一年の年次計画を示す事に依つて日本の侵略意図を証明せんと力《つと》められました。が、しかし乍ら斯の如き計画は仮定的のものであり仮定された戦争が起つた場合でなければ、実施せられるものではない事は記憶されねばなりませぬ。

我々の考へではいづれの国に於ても斯の如き計画を有《も》ちます。これを以てして他国の疑を受けるものではありませぬ。これは単に各国の軍当局が義務として作成すべきものであります。

斯る計画が単に存在して居つたといふ事で一国政府の敵意の存在を決定すべきものではありません。本陳述の始にも述べました通り、一国の兵力の準備は他国のそれとの対照に依つて判断しなければなりません。それではじめて攻撃的なりや否やを判定する事が出来るのであります。我々はソ聯が一九三六年日独に対する同時攻勢作戦を立てたことを証明致します。一九三九年 即《すなわち》 ノモンハン事件の起つた時以後に於てはバイカル以東のソ聯の兵力は我が満洲と、朝鮮とに持つて居つた兵力の二倍といふ原則を立てました。検察側は一九三一年に日本が満洲の兵力を強化したことを強調されましたが、一九三一年に満洲に相当の兵力を持つたことは事実であります。しかしこれ等の兵力は全く防禦的のものでありました。之を証するものとしては、其時代に於ける前記ソ聯の増兵、並にソ聯国境に於けるソ聯軍の情勢よりも有力なる証拠はありませぬ。殊に一九四五年八月、この時はソ聯が我国との中立条約を持つてをりましたが、これを無視して、早くも虎頭南方より越境して来て引続き満洲国に侵入して来ました。さらに驚くべきはこの決意は既に一九四五年二月十一日にヤルタで為されて居ります。此は明に当時なほ日ソの間に効力のありました中立条約の違反であります。我国が満洲に於てとりたる防禦的措置が当然であつたことは、この事情に依つても決定的に証明されるのであります。

我々は茲《ここ》に第五部門、太平洋戦争の説明に到達いたしました。これは訴因中極めて多方面に亙つて居ります。訴因第一、第四、第五、第七乃至《ないし》第十六、第二十乃至第二十四、第二十九乃至第三十四、第三十七乃至第四十三、第五十三乃至第五十五等に関係して居ります。この件につき証拠を規則正しく提出するため上記訴因の或るものについては更に小部門を設けて後に別に詳細に取扱ふでありませう。

戦争前に日独伊三国の密接関係が成立して居りましたがこれは太平洋戦争準備のためではありませんでした。我々はこれを証明するため適当な証拠を提出致します。一九三六年の第七回国際共産党大会では其の破壊的目的を先づ日独両国に置くといふことに定めました。それ故両国は自衛上これに対抗するの策を立てねばなりません。殊に日本としてはこれは寒心に堪へぬことであります。共産主義は隣邦中国に政治的、社会的革命を使嗾《しそう》して之を淵に投ぜんとしてをつたのであります。ソ聯からは革命技術と人的援助といふ貌《かたち》で補助の手を延ばして参りました。これは一九二三年の孫文、ヨツフエ間に相互共鳴の共同宣言以来継続されたのであります。これは日本帝国の安寧《あんねい》上最も危険なことでありました。

斯の如くして日本と第一には独逸《ドイツ》との間に共産主義に対する共同防衛が成立して、次には伊太利との間にも同様条約が成立しました。中国と日本との間の共同防共の原則は外相広田氏に依つて提案せられました。後には一九三八年の近衛声明にも包含せられたのであります。赤化防止につき共同の利害を有して居るので、日本と独逸が締結したのが協同防共協定であります。一九三六年十一月二十五日の協定がそれであります。之が後日日米英戦争を予期してつくつたものではないことは説明を要しませぬ。現にこの協定の第二条にはかう書いてあります。「締約国は共産インターナシヨナルの破壊工策（ママ）に依り、国内の安寧を脅かさるる第三国に対して本協定の趣旨に依り防衛措置を採り、又本協定に参加することを勧誘すべし」。又その所謂秘密諒解《りようかい》事項といふものも何等他国の侵略を意味するものではありません。該諒解事項はソ聯が締約国の一国に戦を挑んだ場合にソ聯の負担を軽からしむるやうなことは為さぬといふ極めて消極的なものでありました。一九三九年に防共協定強化のために日独が交渉をした事がありますが、これは独ソの不侵略条約によつて突如中止されました。これとても英米への反対を目的としたのでは決してありませぬ。

一九四〇年九月二十七日の日独伊三国同盟は最も顕著な条約でありまするがこの条文は簡単であります。此の条約も日米戦争を目的とするものではありませぬ。この条約に於て考へられました事は寧《むし》ろ日米間の戦争を避けることであります。証拠は、独逸と、日本と、伊太利《イタリア》との間に有効な協力のなかつた事を示し、且又《かつまた》独逸が日本に対してソ聯に対する戦争に参加すべき事を強調した事を証明するでありませう。しかし日本は之を拒絶してをります。

独逸は対英戦争につき日本の援助を求めましたが、日本は独逸と協同することをこれまた拒絶してをります。寧ろ独立の行動に出てをります。

独逸は合衆国を戦争の外に置くべく交渉しました。之は成立しませんでした。証拠はマーシャル将軍が戦時中米国大統領に対する年次報告に於て、日独両国の間に軍事協同は無かつたことを述べて居る事実を証明致します。

一九四一年秋以前の日本の計画経済、陸海軍備は総て防禦《ぼうぎょ》的であります。又太平洋戦争を予期して立てられたものではありませぬ。米英の海軍と日本の海軍の比較並に日本海軍の年次計画はそれ自身非侵略的のものである事を決定的に証明いたします。検察側は我海軍が委任統治領を要塞《ようさい》化し之に基地を設けたと主張されるのであります。しかしこれは事実でありません。要塞とは陸海空よりする攻撃に対抗する一定の防備施設のあることを必要とします。基地とは艦隊に対する補給施設のあることを必要といたします。此の島々に当時施設されましたものは条約上許可さるべき交通通信の平和的な施設乃至は海軍が其の附近に演習用として設けた一時的施設に過ぎなかつたのでありまして、総てこれは許さるべきものであつたのであります。

残虐事件及俘虜《ふりよ》虐待に関しては被告人中の多くの者は法廷に於て発表せられる迄は之を知らなかつたのが事実であります。被告中の他の者は之を知つたとしてもこれを制止する権能を有《も》つて居りませなんだ。更に他の者は之を制止する為又之を知つた場合に之を処罰するに全力を尽しました。又証拠は犯行が行はるゝ以前に之を止める有力手段のなかつた事も証明するでありませう。更に之は如何なる被告も残虐事件につき協同謀議を為したり、命令を下したり、授権をしたり、許可した事はなく、此点に関する戦争法規慣例を故意に又は無法に法律上の義務に反して無視した者のない事を証拠を以て提出するでありませう。

我々は今太平洋戦争の原因自身を証明する段階に到達いたしました。これは慎密且《かつ》重要なる研鑽《けんさん》を必要といたします。我々はこれが真に日本の生存のために止むに止まれぬ事情の下に自衛権を行使するに至つたことを証明するでありませう。裁判所の御注意を乞《こ》ひたいのは、日本は一九三七年以来心ならずも中国との間に戦争にも比すべき大きな闘争状態、しかも各国よりは戦争として認められてをらんものに捲込《まきこ》まれて居つた事実についてであります。

日本は第三国に於ては当然此の特殊の状態を承認して下さるものと期待して居りました。一九三九年天津事変に端を発しまして、日英交渉をした結果イギリスは前に言及したやうに同年七月二十二日に、我国との間に共同声明を発して、大規模の戦闘行為進行中なる中国に於ける現実の事態を承認する旨を声明したのであります。華盛頓《ワシントン》政府がこの声明をどう諒解したのか我方に於ては不明であるが、しかしながら一九三九年七月二十六日に突如一九一一年以来両国通商の根本であつた日米通商航海条約廃棄を通告したのであります。これより両国間の誤解はだんだん増大して行つたのであります。爾来米国は我国に対し種々なる圧迫と威嚇《いかく》を加へて来たのであります。

其の第一は経済的の圧迫でありました。

其の第二は我国が死活の争ひをして居る相手方蔣介石政権への援助であります。

其の第三は米国英国及蘭印《らんいん》が中国と提携して我国の周辺に包囲的体形をとることでありました。以上三つの方法は一九四〇年以来逐次用ひられ益々強度を加へて来ました。

第一の我国に対する経済圧迫の標本を挙げて見ますと、米国は一九三九年十二月にはモーラル・エンバーゴーを拡大しまして、飛行機、その装備品、飛行機組立機械、ガソリン精製の機械を禁止品目に追加して来ました。米国政府は一九四〇年七月中には我国に対し屑鉄《くずてつ》の輸出禁止を行ひました。屑鉄は当時我国の採つて居つた製鉄法から見て極度に必要なるものであります。その禁止は我国の基本産業に重大打撃を与へました。同年八月には米国は航空用ガソリンの輸出を制限しました。日本は全体として年に五百万噸《トン》の石油の供給を受けなければなりませぬ。これは国民生活上及国防上の必要の最小限であります。然るに我国産の石油は非常に大きく見積もつて年三十万噸を出でぬのであります。この間の不足は海外よりの輸入に依り補ふの外はありませぬ。そこで我国は東亜に於ける唯一の石油の供給国でありました蘭印に対し小林商工大臣を派遣し、後又芳沢大使を派遣し、蘭印との交渉をつづけようといたしましたけれども、遂に商談は不調に陥つて此等の努力は水泡に帰したのであります。これは蘭印が米英と通じての態度であると了解せられてをります。これと同様の妨害は仏領印度支那《インドシナ》及泰《タイ》の当局よりも実施せられました。即ち我国の正当なる必需品、米の輸入及ゴムの輸入は妨碍《ぼうがい》されたのであります。

第二の蔣政権への援助はどうであるか。一九四〇年十一月三十日の我国と汪《おう》政権との日華基本条約締結に対して、明かに報復の意味を以て米国は重慶《じゆうけい》に対して五千万ドルの追加借《しやつ》款《かん》を供与し、更に別に法幣安定資金として急速に五千万ドルを提供することが考慮せられつゝあると発表し、英国政府も十二月十日には一千万ポンドの供給を発表しました。英国の重慶に対する武器供給はいはずもがな、一九四〇年、雨季明けには英国はビルマ・ルートを再開して直接武器軍需品を我国の当時敵として居ります蔣介石政権に供給したのであります。仏領印度支那も重慶への供給路として使用せられました。加ふるに一九四一年に武器貸与法が中国に適用せられることとなつたのであります。我々は此等の事実を証する直接の証拠を提出いたします。

茲《ここ》に我々は第三点、日本の周囲に数国に依つて張り廻らされた鉄環の事に到達いたします。一九四〇年十二月には米国太平洋艦隊の主力をハワイに集中いたしました。すなはち対日示《じ》威《い》が行はれたのであります。英国は同年十一月十三日シンガポールに東亜軍司令部を新設いたしました。マライ、ビルマ、香港を其の総司令官の指揮下に置き、濠洲及ニユージーランドとも緊密に連絡をいたし、東亜英領の綜合的軍備の大拡張の実施に着手したのであります。此の間米英蘭支の代表は引きつゞいて急速に各所に於て連絡をいたしてをります。

殊に一九四一年四月マニラに於けるイギリス東亜軍総司令官、アメリカの比島駐在高等弁務官、米アジア艦隊司令長官、和蘭《オランダ》外相との会談は我方の注意を引いたのであります。同年六月中旬にはシンガポールに於て英・蔣軍事会議が行はれたのであります。此等の詳細は証拠に依り之を証明いたします。

此等の急迫した諸表現に対処して、日本政府は緊急の災害を避くる為めに各種の手段を採用しました。すなはち一九四一年春以来在米日本大使は悲しむべき緊張が終了して、日米の関係を円滑にするため最善の努力をせよと要請せられたのであります。大統領と日本大使との会見及国務長官と日本大使との交渉は数十回に及んでをります。東京政府はなんとか平和的妥結を見たいとあらゆる努力を集中いたしました。日本の総理大臣は米大統領に太平洋のどこかで直接会見をして事を一挙に解決せんとしたのであります。此の目的の為めに米国へ大使を増派したこともありました。又七月中旬にはアメリカとの交渉を遂げるためといふので内閣を変更したのであります。これは独立主権国として外交の必要上なし得べき最後の措置であります。しかし総ての努力は何等の効果もなかつたのであります。

一九四一年七月二十七日には米国政府は我国の在米全資産の凍結《とうけつ》を行ひました。之れは我国の仏印への平和派兵を誤解しての措置であります。英国及蘭印も直ちに之に倣《なら》ひました。我国とイギリス及オランダとの間には通商航海条約は当時現存いたして居りました。従つて従つて英及蘭の日本資産凍結令は此の条約に違反して為《な》された違法なものであります。

裁判所の許可を得て申上げたいことがあります。元来我国は国内生産のみにては全国民を養ふことは全く不能であります。従つて貿易に依つて国民生活必需品を輸入するの外は内地在住者の生命を維持するの手段はないのであります。米、英、蘭の資産凍結に依つて我が貿易の半ば以上は失はれ、過去八十年間の営々たる労苦は一空に帰してしまひました。之が、正当に又は違法に米、英、蘭に依つて実行せられました資産凍結の結果であります。日本国民の不可侵の生存権は茲《ここ》に奪はれたのであります。丁度其時米国は七月二十四日の野村大使に対する通告通りに、八月一日石油輸出禁止を発令いたしました。日本の海軍は現在貯蔵の油を消費した後は移動性を喪失いたします。支那事変は事実上解決不能となります。我国防は去勢せられたこととなります。こゝに自衛権の問題は冷かな現実問題として全国民の眼前に姿を現はして来たのであります。而もそれは即座の解決を要することであります。

一言にして言へば、自衛権成立の基礎的事実は此時期に十分に完備したのであります。然し乍ら日本は此の時に於ても直ちに此の自衛権を行使しませんでした。夫《そ》れとは反対に、忍ぶべからざるを忍んで何とか戦争の原因と為《な》り得るものを取除かうと努力したのであります。此の間の努力は有力にして且信憑《しんぴょう》力強き証拠を以て証明せられます。

日本の平和への願望、日本の真摯《しんし》なる努力は遂に実を結びませぬ。一九四一年十一月二十六日の米国の通告は、以上の自衛権構成事実の只の一つをも之を除くことの不可能であることと明白疑なきものと致しました。ここに於て日本の政府は部内の各機関の意見及観察を徴し、最大の注意を払ひ遂に自衛権の行使を為すの外なきに立到つたのであります。それは十二月一日でありました。但開戦の現実の期日を決定した後でも軍令には最後の瞬間迄此の急迫事情の一つにても取除かれ米国との関係妥結が成立すれば、総て従前の指令を撤回するの条件が附してありました。此場合には聯合艦隊は近海に帰り戻つて来るのであります。

検察官は我国の開戦意思の通告に欠くるところがあるがため犯罪を構成するといふ意見を立てゝ居ります。

弁護人は此点につき次の事実を主張し且《かつ》立証するでありませう。

先づ我国の通告書の交付の時間並に其の経緯について次のことを証明致します。一九四一年十二月六日（ワシントン時間）には東京外務省はワシントンの日本大使に対し、英文の対米覚書を決定した旨通告いたしました。そしてこれを米側に提示する時期については別に電報するであらうが、電報到着の上は何時にても米側に交附し得るやう文書の整理其他万端の整備を為し置くやうにこの電報は命じて居るのであります。此等の電報は総て米側に傍受せられて居るのであります。通告文は十四部に分たれて居りますがその内十三部は六日夜にワシントン大使館に到着して居ります。米国側は之をも傍受し六日午後九時半頃に大統領は之を読んでをります。最後の第十四部も亦《また》十二月七日に米国側で傍受して居ります。此部分の到着と前後して重要なる通告交付の時間を指定した電報が大使館に到着して居ります。その時間は同日午後一時であります。そこで野村大使は右交付のために国務長官コーデル・ハル氏に午後一時に面会するの約束をしたのであります。この約束通りに此の通告が一九四一年十二月七日午後一時に交付されて居りましたならば、此の交付はワシントン時間に換算して午後一時二十五分に始まつた真珠湾其他の攻撃よりも前になるのでありました。

しかし大使館に於ける電報の解読と印字に時間をとりまして、検事立証の如くに実際は野村大使は二時に国務省に到着したのであります。二時二十分に通告書を交付したのであります。野村大使が国務省到着後直ちに通告書を交付し得たならば、真珠湾攻撃後三十五分となります。二十分待たされたがためこれが五十五分の遅延を生じました。

東京政府は七日午後一時、即ち軍隊の作戦開始より半時間前には安全に通告文の交付が出来るやうに電報の大部分を前夜に電送し、極《ご》く僅かな部分がその日の午前に到着するやう発送したのであります。もし事務が順調に行つてをつたならば、此の通告は予期の通りに攻撃前に交付し得られたのでありませう。ただ東京に於ては支配することの出来ない出来事に依て交付は遅れました。この事実を弁護人は適当なる場合に正確に証明致します。

なほ真珠湾攻撃が不意打でなかつた事について貴裁判所の御判断の資料として役立つであらう次の事実を証明します。アメリカ国務省の当局は一九四一年十一月二十日附を以て日本が米国政府に交付しました通告を最終的のものと看做《みな》してをります。二十六日以後は全事件を軍当局の手に委ねた。

即ち一九四一年十一月二十七日朝、国務省の最高当局は日本との関係事項は陸海軍の手中に在ると陳《の》べてをります。そして同日に海軍作戦部長及陸軍参謀総長は、ハワイ地区の軍隊に対して、戦争警告ウオー・ウオーニングを送つてをります。

前にも述べた如く米国当局は十二月六日夜には最終部分を除いた日本の通告を解読しました。最終部分は十二月七日早朝に解読し、大統領は同日午前十時には之を受取つて居ります。米国陸軍省、海軍省は共に外交関係断絶の近きに在る事を示す通信を入手し、推測に依り攻撃の急迫して居る事は予知し得て居るのであります。ハワイ地区司令部は、日本をして最初の公然たる攻撃をさせるやうに導くべしといふ事は、その防禦を危険ならしむる行動を制限するといふ意味ではないとの訓令を受取つて居ります。又同司令部は日本の攻撃前に偵察を実行すべしとの指令も受取つて居ります。そこで十二月七日午前六時三十三分から六時五十五分迄の間（これはハワイ時間）米国海軍がハワイ近海に於て日本の小型潜航艇を撃沈したのは怪《あやし》むに足りません。明瞭であります。我々は十二月七日の午前七時五十五分（ハワイ時間）に於ける真珠湾攻撃がサプライズ・アタクではなかつた事を証明するため、小型潜水艦撃沈の事実を引用するのであります。

検事は更に右問題たる日本の通告文は、ヘーグ条約第三に規定せられた理由を附した開戦宣言に該当せざるものなりと論じて居ります。凡《およ》そ文書の解釈は単に其の字句だけではなく、之が作成せられたときの状態を注意深く秤量《ひょうりょう》した上で為されねばなりませぬ。又斯《かく》の如き文書は常に用語や章句のみでなく、之を全体として解釈すべきであります。当時の空気より見れば米国当局の或者は前述の如く十一月二十六日以後に於ては最早問題は政府当局の手を離れて軍に移つたといつて居る。日本の外交文書は極めて長文で二千六百語に及んで居りますが、之を一体と見ねばなりませぬ。その内には米国の態度を非難し、日本が軍事行動を執《と》るの外、方法がない事を明白にして居ります。即ち日本が米国の態度を了解することは困難なりと陳《の》べた後に、右通告文は次の如く記載して居ります。曰《いわ》く「世界の平和は現実に立脚し且つ相手方の立場に理解を保持した後、受諾し得べき方途を発見することに於てのみ実現し得るものにして、現実を無視し一国の独善的主張を相手国に強要するの態度は交渉の成立を促す所以《ゆえん》のものに非ず」曰く「合衆国政府は其の自己の主張と理念に魅惑せられ自ら戦争拡大を企図しつつありと謂《い》はざるべからず」曰く「合衆国政府はその固持する主張に於て武力に依る国際関係処理を排撃しつつある一方英国政府其他と共に経済力による圧迫を加へつつあり。かかる圧迫は場合によつては武力圧迫以上の非人道的行為にして、国際関係処理の手段として排撃せらるべきものである」曰く「合衆国政府が帝国に対し要望する所は（中略）いづれも支那の現実を無視し、東亜の安定勢力たる帝国の地位を覆滅《ふくめつ》せんとするものである。米国政府の此の要求は前記援蔣《えんしょう》行為停止の拒否と共に合衆国政府が日支間に平和状態の復帰及び東亜平和の回復を阻害するの意思あるものなる事を立証するものである」。

之を要するに、通告の上記部分は、日本は更に交渉を続くるの希望を失ひ、真に自衛の為め最後の手段を採るのやむなき様に追ひ詰められた事を明白にするのであります。

一九四一年十二月六日夜に、日本の通告の第十三部分迄が大統領に達したときでさへも彼は之を読んで「これは戦争を意味する」"This means war" と言つてをります。

通告文の最後の部分に於ては「日米の国交を調整し米国政府と相携へて太平洋の平和を維持確立せんとする帝国政府の希望は遂に失はれたり。仍《よつ》て帝国政府は茲《ここ》に合衆国政府の態度に鑑《かんが》み今後交渉を継続するも妥結に達するを得ずと認むるの外なき旨を合衆国政府に通告するを遺憾《いかん》とするものなり」とあるのであります。

これは外交関係断絶の通告と同一価値であります。又当時存在して居つた緊迫した情勢から見れば、疑ひもなく日本が戦争を開始せんとする意思の表明であります。

必要なる各種の制限に依りまして私のこの陳述では最も重要なる争点のみに言及しただけであります。其他に多数のほかの事項が残つて居りますが、此等は、前に申上げました通り、他の部門の初めに行はるべき劈頭《へきとう》陳述に譲ります。

裁判長閣下並に裁判官各位
私は茲に私が被告の為めに為した長き陳述に対し、公正に御聴き取りを賜はりました御寛大と御忍耐に対し深き感謝の意を表します。

我々は今後多数の証拠を提出いたします。

我々はこれは貴裁判所の信用と御考慮を賜はるべきものと確信して居ります。

我々がここに求めんとする真理は、一方の当事者が全然正しく、他方が絶対不正であるといふ事ではありませぬ。人間的意味に於ける真理は往々人間の弱点に包まれるものであります。我々は困難ではありますが、しかし、公正に、近代戦争を生起しました一層深き原因を探求せねばなりませぬ。平和への道は現代の世界に潜在する害悪を根絶するに在ります。近代戦悲劇の原因は人種的偏見に由《よ》るのであらうか、資源の不平等分配により来《きた》るのであらうか、関係政府の単なる誤解に出づるのか、裕福なる人民又は不幸なる民族の強慾又は貪婪《どんらん》に在るのであらうか、これこそ人道の為めに究明せられねばなりませぬ。

起訴状に依つて示されたる期間中の戦争乃至事変の真実にして奥深き原因を発見する事に依り、被告の有罪無罪が公正に決定せらるゝのであります。これと同時に現在又は将来の世代のために恒久平和への方向と努力の方途を指示するでありませう。終りであります。

二　高柳賢三弁護人　冒頭陳述（総論B）
検察側の国際法論に対する弁護側の反駁

○法廷での陳述（予定）　第一回　昭和二十二年二月二十四日、第一六六回公判。
結果——全文却下（全面朗読禁止）
第二回（弁護側最終弁論段階）昭和二十三年三月三～四日、第三八四、三八五回公判。
結果——全文朗読

「解説」に記した通り、弁護側反証段階の冒頭陳述総論としては本篇は全文却下された。その理由は清瀬冒頭陳述の部分却下の場合と同じことで、本篇が終始該裁判所条例の根幹にふれる法律論を展開しているからである。なにぶんこの陳述は〈我々は茲《ここ》に裁判所のお許しを得て首席検察官がその冒頭陳述中に解明された本裁判所条例の規定に関する解釈を逐一反駁するため該規定について論じたいと思ふ〉（原文はカタカナ）という一節で始まる、かなり調子の高いものであった。この文案に予《あらかじ》め眼を通した裁判所から見れば、清瀬弁護人の裁判所管轄権についての異議申立てと同様、到底《とうてい》受入れ難い論旨のものであり、且つ管轄権についての異議ならば既に前年の五月に却下裁定を下しているのであるから、此度もこれを却下しなくては、却て筋が通らない仕儀ともなる。但しその際この陳述は弁護側最終弁論の段階でならば朗読は認められよう、とのコメントが付けられていた。そこで高柳氏はその機会が巡ってくるまでの一年間に、冒頭陳述の予定稿に大幅なる改訂増補の筆を加え、極めて充実した一篇の国際法論文に仕立て上げていた。新たに「第二部」を書き加えるということもした。冒頭陳述の初稿が原稿用紙に換算して約百枚、最終弁論に用いた第二稿が約二百十枚、即ち二倍以上に拡充した加筆であり、以て高柳氏がこの論文にかけた意気込みと情熱のほどを推測することができる。

本書には初稿と第二稿とのどちらを収録すべきか、編者は多少迷うところがあった。冒頭陳述として用意された初稿の方が、長さのみならず、引照や挙証の簡潔さからして読み易いという事実はある。又短い方が論理が明晰《めいせき》に見透し得ることからも、検察側冒頭陳述と正面から対決しこれと四つに組んだ姿勢の衝撃力がより強いのだとも言い得よう。だが本書では、高柳氏が第二稿を草するに際して傾けた熱情と、後にこれを氏の著書にも収録していることにも現れている、これにかけた自信のほどをも勘案して、第二稿たる最終弁論稿の方を採録した。引照・言及の既成文献の数も多くなり、論理もそれだけ複雑になっているので、読者にとってはそれだけ難渋の度が高いかもしれない。御諒承を乞いたい。

高柳陳述は本文に見る通り二部に分れ、第一部は首席検察官キーナン検事が二十一年六月四日に論じた検察側冒頭陳述中の法律論に対して反駁した部分であり、即ち弁護側冒頭陳述として述べる予定だったものであるが、第二部は検察側最終弁論に接した後に新たに起草した部分であって、第一稿にはなかったものである。前者第一部については、ドイツと日本とでは同じ敗戦国でも敗戦に至った過程が全く違っているので、敗戦後の法的地位に根本的相違が生じていることの指摘は重要であり、又ポツダム宣言の第十項〈……厳重なる処罰を加へらるべし〉を〈峻厳なる裁判が行はるべし〉との表現で解したのは「解説」に記した通り、訳語の統一の問題ではあるが、同時にこの表現を押し出すことを以て、それが〈とにかく「裁判」でなければならない〉と断じた皮肉な論法は甚だ鋭利なものであった。事実この裁判は裁判とは名ばかりであり、究極的には復讐と私刑の儀式以上のものではなかったからである。

もう一つ、「侵略戦争」の定義をめぐって、高柳論文が結果として一九二八年の所謂パリ不戦条約の国際法的側面の徹底的研究となっていることも重要な点である。パリ不戦条約は「事後法」による裁判であるとの弱点を自覚した裁判所がせめてもの法的論拠として大いにたよりとした条約である。戦後の日本の史家の中にもこの条約の法的効果はともかくもその道徳的な目標理念に高い評価を与え、翻って、この条約に違反した（とされる）日本帝国の行動の弾劾にとかく力が入る、といった向も少からずある。だが高柳論文が入念に解析している如く、これは法的にも道徳的にもそれほど高い評価を与え得る様な条約

——では到底なかった。

裁判長並に裁判官各位

法は共通の義務意識である。

刑法はこれを無視したら罰を受ける義務を伴ふ共通の義務意識である。

政治家は、共通の国際法上の義務意識の下に、その比類なく重要な任務を行ふのである。

しかしこれまで政治家は、国際法上の義務に違反したら軍法によつて専断的に刑罰を科せられるといふ共通の義務意識の下にその任務を行つてはゐなかつたのである。

かゝる刑事責任意識の存在しないことが明白な事実であるために、かゝる刑法は成立してゐないのである。かゝる刑事責任意識が存在すべきであるかどうかは本件には関聯性がない。

かゝる法なきにかかはらず刑罰が科せられるとすれば、それは無法なる暴力行為に外ならない。

被告人のうち、スピクマン教授やウオルタア・リップマン氏のやうに戦略的立脚点から世界の政治外交を眺め、かかる観点のみから三国軍事同盟（スピクマンはそれを世界情勢の論理的帰結だとした）の促進とか、「大東亜共栄圏」の樹立とかについて共同謀議を行つたものが仮りにあつたとするならば、かうした行為は蘇《ソ》聯《れん》米国又は英国の感情を極度に刺戟《しげき》する種類のものであらう。又世界政治にたいするかうした態度は、戦争そのものの廃止といふ理念の下に完全なる軍備撤廃を規定してゐる日本国新憲法の明文及び精神とは氷炭《ひようたん》相容れないものにちがひない。しかしかうした政治的行態（ママ）は心ある人々から見れば好ましからざるところであるにせよ、それは言論及び結社の自由の範囲に属する事柄であつて、国際法はこれを禁止し又はこれを犯罪とはしてゐないのである。又もしも日本政府の為《な》したなんらかの行為が国際法上違法であつて、日本がその判決に服することにあらかじめ同意した国際的機関によつてそれが違法と宣言されたやうな場合又は日本が敗戦したやうな場合には、国民全体がその結果を甘受せねばならぬ。日本国民は或は損害を補塡《ほてん》し、賠償を支払ひ、或は領土を奪はれることになる。かやうな場合における日本の指導者達の政治上の失策について、自国民にたいする政治上の責任はまことに重且《か》つ大であるに相違ない。しかしかれらの行為が国際法の法則に照して犯罪を構成するかどうかは、これとは全く別個の問題なのである。もしそれが犯罪を構成するならばこれら日本の指導者達は、同じやうな事態の下において、アメリカやイギリスやソ聯の指導者達がうけるであらうと同様に、国際法の定める刑罰をうけねばならない。しかしもしそれが国際法上の犯罪を構成しないのなら、かれらは国際法そのものの名において、無罪の宣告をうくべきである。又国際法の認めるなんらかの犯罪を被告人が犯したことが合理的疑《うたがい》をのこさぬ程度に証明せられない以上無罪であると推定されるべきである。

本条例の犯罪規定が単に実力行為であるなら、すなはち降服文書〔ママ〕以下同の条項と一般に承認せられた国際法上の法則とにかかはらず、聯合国が発した命令にすぎないのなら、弁護人側が国際法に照して本条例の規定を論議することはたしかに無駄な努力である。しかし、首席検察官の劈頭《へきとう》陳述によると検察側もかうした立場に立つてはゐない。被告人の行為が聯合国政府の政策に基いて一方的に決定せられた犯罪規定に該当するがゆゑにではなく、それらが国際法上犯罪を構成するがゆゑに「有罪」の宣言が与へらるべきである、といふのが検察側の主張である。検察側はかやうな立場から、その博識と犀利《さいり》な論理を縦横に駆使しつつ、本条例の犯罪規定が現行国際法の法則を宣明したものであることを論証せんとしてゐるのである。弁護人側は、本条例の規定はこれを国際法に照して解釈すべきであるとの検察側の見解に心から賛同する。しかしながら上述の犯罪規定が現行国際法を宣明したものであるとの見解には絶対に承服できないのである。

ニユルンベルグ裁判においては、裁判所は該規定に関する検察側の解釈を一部排斥してゐる。このことは弁護人側として意を強うせしめるものがある。弁護人側の見解によれば、独逸《ドイツ》と日本とでは事実的事態、従て又は法的事態が全く異るのであつて、本裁判においては降服文書と条例の規定との関係を決定するといふより大なる任務を裁判所はもつのである。

又、ニユルンベルグ裁判所の条例とは異り、本裁判所条例は国際法の真の法則と原理を確定するがための便宜的指標にすぎぬのであつて、被告人等の有罪無罪は国際法の真の法則と原理によつてのみ定まるのである。

かくしてわれらは、首席検察官が一九四六年六月四日の劈頭陳述（英文記録三八三乃至四七五頁、特に三九四乃至四三五頁）中に解明された本条例の犯罪規定に関する解釈を、逐一的に且《か》つ全体として反駁するため、主として国際法との関聯において該規定を論述する。われらはなるべく首席検察官による主張展開の順序を追ふこととし、本論を次の八項目に分ける。

一　降服文書と本裁判所条例
二　共同謀議
三　侵略戦争
四　条約等を侵犯する戦争
五　殺人の罪
六　「通例の」戦争犯罪
七　個人責任
八　検察側の提唱する新国際法理論

なほ最初弁論において検察側の提出した新しい議法《（法律）》論にたいしては第二部において別にこれを反駁するであらう。

第一部　首席検察官の冒頭陳述中の法律論の反駁

一　降服文書と裁判所条例

ニユルンベルグ裁判の判決はその裁判所条例の規定について次の如く述べる。

「本裁判所条例の制定は独逸《ドイツ》国が無条件降伏をなした諸国の至上立法権の行使に他ならない。これら諸国がその占領地域にたいして立法を行ふ権利をもつことは、従来文明世界の認めるところであることについては疑の余地がない。」（「ニユルンベルグ記録」一六八七一頁）

独逸政府は一九四五年五月聯合国の征服によつて、国際法において通常用ひられる用語に従へば、デバラチオによつて消滅するに至つた。従つて聯合国はその完全な支配下にある地域にたいして主権を行使しうるのである。聯合国は該地域においてその思ふがままの統治を行ひうる。いはばルイ十四世のやうな専制君主の如く振舞ふこともできるのである。従つて又、裁判所を設けて、自己の好まざる人物をいはゆる事後の法律によつて処罰することもできる。けだし、かかる事後立法を行つてはならぬとの法則は正義の原則であつて、必ずしも聯合国の主権を拘束するものではないからである（「ニユルンベルグ記録」一六八七一頁）。いな、さらにすすんで全然裁判を行はず行政処分によつて、これらの人達を処理することもできる。少くともかくのごとき主権の行使は国際法の原則に牴触《ていしょく》するものではないといへるであらう。それ故「侵略戦争の計画、準備もしくは開始が倫敦《ロンドン》協定以前において、個人的責任を伴ふ国際法上の犯罪であつたか否かを考慮することは必ずしも当裁判所にとつて必要」ではなかつたのである（「ニユルンベルグ記録」一六八七一頁）。従つて、ニユルンベルグ判決における、国際法上の論議は英米法律家のいはゆる、オビタデイクタすなはち判決自体には必ずしもこれを必要としない附随的論議である。少くとも、ニユルンベルグ判決は右のやうな立論をその論拠とするものである。われわれは、聯合国の各政府と日本政府との法的関係は聯合国と独逸との間のそれとまつたく異る基礎の上に立つといふ明白な事実について、まづ裁判所の注意を促さうとする。聯合国政府の権限、及び聯合国によつて最高司令官として任命せられ降服条項実施のため適当と認める一切の措置を執る権限を附与されたマツカーサー元帥の権限は、まことに広汎なものといへるのである。とはいへこれらの権限は無制約的のものではない。マツカーサー元帥は降服条項実施に適当且つ必要と認めらるる範囲において、至上権を附与されてゐるにすぎない。それ故尊敬する同元帥によつて代表せらるる聯合国の地位はルイ十四世のそれに似たものではなく、むしろ、ウイリアム及びメリーのやうな近代立憲君主のそれに類似するものである。

独逸《ドイツ》と日本との間のかかる法的地位の根本的相違は、休戦に至つたそれぞれの経緯の差違に基くのである。日本は独逸と異り、降服当時未だ聯合軍《れんごうぐん》の蹂躪《じゅうりん》するところになつてはゐなかつた。日本本土はまだ占領されてはゐなかつた。なほしばらくはつよい武力抵抗を行つて聯合軍に若干の損害を与へうる立場にあつた。かかる状況の下において、日本政府は聯合国の和平申入れを受諾することとなつたのである。そして受諾の条件はポツダム宣言の条項に示されてゐる。降服文書自体も正式に明文を以てポツダム宣言の条項を援用してゐる。すなはち「下名はここにポツダム宣言の条項を誠実に履行《りこう》すること並に右宣言を実施する為聯合国最高司令官の要求することあるべき一切の命令を発し且かかる一切の措置を執《と》ることを天皇、日本政府及その後継者の為に約す。」又「天皇及日本政府の国家統治の権限は本降服条項を実施する為適当と認むる措置を執る聯合国最高司令官の制限の下に置かるるものとす。」とあるのがこれである。

この文書は「降服文書」といふ形式をとつてはゐるが、日本軍隊の無条件降服のみならず、その他締約当事国を拘束する若干の条項を定めた一つの国際協定の性質をもつものである。

降服文書に基く聯合国にたいする日本国の義務が無制限のものでなく、該文書の条項に限られてゐるのであるならば、独逸の場合と異り、聯合国各政府が日本にたいしてなしうる要求には一定の限度があるわけである。日本はこれらの制限の遵守《じゅんしゅ》を要求する権利を有する。さうだとすれば、聯合国においてもまた遵守せざるべからざる、これに照応する義務が存することになる。何故ならおよそ法律関係は一方的たることをえないからである。そしてかかる相互的な権利及び義務の準拠は降服文書の不可欠的な一部をなすポツダム宣言の条項中に示されてゐるのである。

東京湾頭の降服文書調印式における聯合国最高司令官の高邁《こうまい》な次の言葉は、降服文書にあらはされた約束を戦勝国も敗戦国も厳格に遵守することの重要性を強調するものではないか。「人類の大多数を代表するわれらは、不信、悪意乃至《ないし》憎悪の心を以てここに会合してゐるのではない。否むしろ戦勝者たると敗戦者たるとを問はず、ひとしくわれらはより高い道義的純潔の境地にわれらの精神を昂《たか》むべきである。ひとりそれのみが、われらすべての国民を挙げてここに負担せんとする約束の忠実なる遵守を無条件に誓諾《せいだく》して、われらの奉仕せんとする神聖な目的を達せしむるものである」。

極東国際軍事裁判所における今次の裁判の法的根拠は、降服文書中に援用せられたポツダム宣言中の「我等の俘虜《ふりょ》に対し残虐行為をなしたる者を含む一切の戦争犯罪人に対しては峻厳なる裁判が行はるべし」なる条項に存する。

(甲)「戦争犯罪」

さて、本訴訟の現段階においては、裁判権の問題としてでなく、全く別の観点、即ち条例の規定の解釈といふ点から、前掲章句中の「戦争犯罪」なる辞句の解釈につき裁判所の考慮を促したい。

(一)「戦争犯罪」及び「戦争犯罪人」なる言葉は、国際法においてすでに充分に確立してゐる術語である。オッペンハイムによれば、戦争犯罪とは軍人その他の個人の行為にして、敵国が犯行者を捕へた場合、処罰することのできる敵対行為その他の行為をいふのである。（ラウタアパクト編〔一九三五〕のオッペンハイム著「国際法」第五版、第二巻四五二―四五三頁）この場合「戦争犯罪」なる言葉は道徳的意味においてではなく、技術的な法律上の意味に用ひられてゐる。それは武装軍隊の一員その他の者が、従来認められた交戦に関する特定の法規に違反する行為をその内容とするものであつて、俘虜《ふりよ》の虐待《ぎやくたい》、武装軍隊の構成員に非ざる個人が武器を執《と》つて行ふ一切の交戦行為、間諜、戦時叛逆及び掠奪《りやくだつ》を含むものである。戦争犯罪は戦時中、又特に戦場において犯される行為であつて、通常は軍事裁判所において簡易手続によつて処断される。

いはゆる「戦争犯罪」のうちにどういふ種類の行為が含まれるかについては、学者の間に多少の意見の相違があるとしても、戦争勃発《ぼつぱつ》前になされた行為は、たとひ戦争と歴史的関聯があるとしても、これに含まれないことは確かである。かくの如き法律専門書（語）が外交文書中に用ひられてゐる場合には、他にこれと異る趣旨であることが立証されないかぎり、法解釈に関する周知の準則に従つて、その術語の意味に即してこれを解釈しなければならない。

㈡　右の解釈が正当であることは、前掲章句の後に続く「我等の俘虜に対し残虐行為を為《な》したる者を含む」なる辞句によつて、さらに明かにされる。俘虜の虐待は術語上の意味における「戦争犯罪」の一つの型態にすぎないからである。

ポツダム宣言にいはゆる「戦争犯罪」がかかる通常の一般に認められた意味に用ひられたものであることは、該宣言が俘虜の虐待（おそらく非戦闘員による場合をも含めて）の如き戦争犯罪中の特定種類のものを包含せしめんとして、その点を表示することに意を用ひ、わざわざ右行為が戦争犯罪中に含まれる旨特記してゐる事実によつても明らかである。もしいはゆる「平和に対する罪」及び「人道に対する罪」をもこれに含ましめんとの趣旨なら、俘虜の虐待ではなくそのことこそ、これを包含するむねが特記されたであらう。

㈢　右の解釈の正しいことは、聯合国政府及びその指導的政治家等が枢軸《すうじく》各国に対して発したいはゆる「警告」なるものを照合考察することによつて、さらに明かとなる。（グリユツク「ニユルンベルグ裁判と侵略戦争」、「ハアヴアード・ロオ・レヴユウ」第五九巻三九二、四一八、四一九頁、註七五参照）

各国政府及びその指導者等が為した宣言及び演説を、それが如何なる機会になされたものであるかを考慮しつつ注意深く吟味するならば、彼等が枢軸各国民が犯したと称する犯罪に言及してゐる場合常に戦争中に為された行為、例へば占領地の一般国民に対する残虐行為とか、俘虜の虐待とかの行為に関聯するものであることが明かになるであらう。われわれの知つてゐるかぎり、それら警告のうち一としていはゆる平和にたいする罪に触れてゐるものはない。一九四三年十一月のモスコー宣言において「其犯罪が一定の地域に限定せられざる重大戦争犯罪人」に言及した場合においてすら、その前後の関係から判断すれば、それは単に、その発した命令が「一地域又は一戦場において遂行せられたに止まらず、数個の聯合国軍隊に対する軍事行動に影響を及ぼしたる」如き首脳部の人士を指すに止まり、そのいふところは明かに前者すなはち戦争中に為された行為に関聯するのであつて、後者すなはちいはゆる「平和に対する罪」に関聯するものではない。一九四五年八月八日の倫敦《ロンドン》協定は、このモスコー宣言の拡張解釈にその基礎を置いてゐるやうではあるが、かやうな解釈は同宣言の歴史的経緯からみれば頗《すこぶ》る不自然な解釈であるといへよう。いづれにせよ、モスコー宣言はひとり独逸のみにたいしてなされたものであつて日本にたいするものではなく、またその後に発せられたポツダム宣言の条項は、「戦争犯罪」なる字句の本来の意味をモスコー宣言によつて一方的に変更するやうな解釈を正当づけることはできないのである。

この点はハアヴアード・ロオ・スクールのシエルドン・グリユツク教授の「ニユルンベルグ裁判と侵略戦争」と題する論文中の一節（前掲三九七頁）によつて一層強く証明せられる。教授はいふ。

「従来公刊せられた諸種の資料のうち現在利用しうるものに基いて判断すれば、枢軸諸国が責《せめ》を負ふべき犯罪のうちに、侵略戦争の開始と『平和に対する罪』とを含ましめんとする考へは、米国の政策に関する限り、重大戦争犯罪人訴追の米国代表首席検察官が、一九四五年六月七日大統領に対して為した報告書に由来する。ロバート・ジヤツクソン判事は右報告書中において、今や侵略戦争を為すことが違法にして且犯罪を構成するとの法的原則に基いて行動すべき機は熟した、と述べてゐる」。

同じ頁に掲げられた註の中でグリユック教授は次の如く告白している。「筆者の著書たる『戦争犯罪、その訴追と処罰』(一九四四年)中では、未だ筆者は侵略戦争の開始遂行の行為を国際犯罪となしうるやについて全然確信をもたなかつた。筆者は主として一九二八年巴里《パリ》において調印せられた戦争の拋棄《ほうき》に関する条約(ブリアン・ケロッグ条約)の厳格解釈に基いて、この問題に対し消極的結論を下したが、それは又実際的な政策の考慮によりても影響を受けた。

戦争の法規慣習に関する周知の原則及び海牙《ヘーグ》条約、寿府《ジユネーヴ》条約に照して指導的なナチの罪人どもの責任が明白であつたので、議論の余地ある理論を含み、且裁判手続に適せざる長期間の歴史的調査をも要しかねない侵略戦争の『罪』に対する起訴の如きは、徒《いたず》らに不必要且危険な紛糾《ふんきゆう》を招くだけであると考へたのである。しかしこの問題をさらに熟考した結果筆者は侵略戦争を国際犯罪と考へる上において、巴里《パリ》条約は、他の条約並びに決議と相俟《あいま》つて、国際法として認めるに充分なほど発展した慣習を説明するものと認めうるとの結論に達した」と。

アーネスト・デイー・ハウザアの「ニユルンベルグの舞台裏」(「サタデー・イーヴニング・ポスト」誌海外版一九四六年二月号所載)には、六週間にわたる倫敦《ロンドン》交渉においてジヤツクソン判事の新奇な着想は聯合国諸代表の反対にあひ、倫敦協定に具体化せられた政策につき最後に意見の一致を見たのは漸《やうや》く八月八日のことであつたと書かれてゐる。右の決定もニユルンベルグ裁判に関して為されたのである。聯合国政府が東京裁判についても同様の方針をとることに一致したのはそれよりさらに後のことに属すると推定しうるのである。ポツダム宣言は一九四五年七月二十六日公表された。米国の、グリユック教授は一九四四年において、侵略戦争を起した者どもを処罰せんとのかれの要望を「戦争犯罪」なる周知の言葉を拡張することによつて満しうるかどうかにつき大いに悩んでゐた。ジヤックソン判事は、一九四五年において、かかる拡張が全く新奇なことであることを認めてゐるのである。そして右辞句を拡張した聯合国の政策は長期にわたる商議の後、漸く一九四五年八月八日に至つて初めて決定せられたのである。然《しか》らば同年七月二十六日のポツダム宣言中の辞句をば、かかる拡張せられた意味に解釈することは不可能なことであるといはねばならない。

(四)　そればかりでなくポツダムに集まつた聯合国の政治家達が日本の政治家及び軍人をしてその武器を捨てさせようとする賞讃に値すべき努力に当つて、責任ある指導者なら犯すものは殆《ほと》んどない、戦時中の蛮行といふ周知の犯罪とは別に「戦争犯罪人」として厳重にこれら指導者を処罰するやうなことをその条件の一つとしたものであると主張する如きことは、とりも直さず聯合国政治家の政治的聡明にたいする大きな侮辱《ぶじよく》となるであらう。当時の戦況に鑑《かんが》み、かかる条件が必然的に日本の指導者を絶望的ならしめ、かれらを駆《か》つて最後迄戦ひぬくことを日本国民に強□《(ママ)》せしめる危険を伴ふものであることを、これらの政治家達は充分に見抜いてゐたに違ひない。それ故かれらが、ポツダム宣言中にこの種の字句を挿入することを欲したと考へたとしても、かれらは慎重を期するためこれを避けたであらう。従つて日本の指導的政治家及び軍人をして右の字句をいはゆる「平和に対する罪」を含むものと理解せしめることは聯合国の政治家達の意思ではなかつたと結論して差支《さしつか》へない。それは又常識上当然すぎる程当然の結論である。

㈤　右のやうな考察にも拘《かかわ》らず裁判所においてなほ疑問ありとし、戦争犯罪なる語は不明確で二様の意味にとられうるとせられるなら、われわれは「不明確な文書はこれを作成せる者に不利益に解釈すべし」といふ周知の解釈規則に裁判所の注意を促したい。この法格言が国際的性質をもつ協定の解釈についても適用せられる法の一般原則であることは、常設国際司法裁判所の判決によつて明かにされてゐる。ブラジル公債事件において、同裁判所は、文書の意義が不明なときは、提供者に不利に解釈するのが文書解釈の一般原則であると判示した。(同裁判所刊行物第一輯、第二〇、二一号、二一四頁)

さらにロオザンヌ条約の解釈に関する勧告的意見は、条約の条項の字句が不明確な場合には、許される解釈のうち当事者にもつとも少い義務を負はせるやうな解釈を採用するのが正しい原則であると述べてゐる。(第二輯、第一二号、二三頁)われわれは「一事項の表示は他の事項を排除す」といふ右と均《ひと》しく周知の解釈に関する規則に裁判所の注意を喚起したい。この格言もまた常設国際司法裁判所によつて適用せられてゐるのである。(第一、第二輯、第

四二号、一二一頁）

ポツダム宣言は「『峻厳なる裁判』が行はるべし」といふ。行はるべき裁判は、それがいかに峻厳であり、慈悲によつて寛和《かんわ》されないものであるとしてもとにかく「裁判」でなければならない。

(乙)「裁判」

文明国においては、裁判は法による裁判を意味する。すなはちたとへ裁判官がいかに善良であり又聡明であつてもその裁判官の個人的な正邪の念によるのではなく、確立された法の規則及び原則によつて裁判を行ふべきことを意味する。

本裁判所が軍人のみでなく聯合国国民中から選ばれた極めて著名な法律家によつて構成せられてゐる事実は、聯合国自身、又法に従つて右の「裁判」を行はんとの意図をもつことを裏書きするものである。

特に刑事裁判において、裁判は確立した法規に則《のつと》つて行ふべしとの準則の正当性は多年にわたる政治的経験その他によつて既に試験済みである。英国におけるスター・チエンバアの歴史は、時の権力者が、最も忌むべき似而非《にてひ》なる裁判によつて自己の嫌ふ政治的集団、もしくは政治家を抑圧駆除乃至《ないし》「清算」するために刑事法の機構を利用する傾向あることを証明して余りあるものである。事後法禁止の法則はすべての文明国において刑事裁判の準則として承認せられてゐる。そしてこの準則は国際的又は国内的政治犯罪に関する事件においては、特に尊重せられなければならないのである。

英国議会はその無制約的権能にもかゝはらず一六八八年以降においては政治犯人を処罰するため事後立法を行つたことはない。又アメリカ合衆国憲法は、州法たると聯邦法たるとにかゝはらず、ひとしく事後法を禁止してゐる。そしてアメリカの立法史を通じて、政治犯に関する事後立法はきはめて稀《まれ》であるやうである。南北戦争後かやうな事後立法が行はれ、南部聯邦の援助者の処罰を定めた州法及び聯邦法に関連した二つの事件が合衆国最高裁判所に提起されたことがあるが、同裁判所は当時の興奮した民衆感情のたゞ中にあつて、フイールド判事を通じ州法聯邦法ともに違憲であると判示し、その歴史に永遠の栄光をそへたのである。（「カミングズ対ミズーリ州」、「ウオレス」判例集、第四巻二七七頁（一八六六）（「エキス・パーテイ・カーカランド《ガーランド》」、「ウオレス」判例集、第四巻三三三頁（一八六六））、一九四四年二月二十四日アメリカ法学協会に対して提出された基本的人権に関する報告書第九条には、「何人と雖《いえど》も犯罪として訴追を受けたる行為が其の行為の当時施行せられたる法律に違反せざるかぎり有罪の宣告を受くることなく又犯行当時科し得たる刑より重き刑を科せらるゝことなし」とある（クインシイ・ライト「戦争犯罪人」、「アメリカ国際法雑誌」、第三十八巻、二五七頁、註三の引用による）。そしてこれとほぼおなじ内容の原則は三十ケ国の憲法に規定されてゐるといふことである。「法律なければ刑罰なし」といふ原則は又憲法上の明示的保障の有無にかかはらず、大陸法系諸国における刑事司法の基本原則の一つをなしてゐる。なるほどこの原則は、ナチ独逸《ドイツ》において、裁判官にたいし「健全なる国民感情」に従つて事件を裁判する権限を付与した一九三五年六月二十八日の法律によつて無残にも打破られた。即ち右法律は「法律により処罰しうるものとせられたる行為又は刑法の根本観念及び健全なる国民感情により処罰に値すると認めらるる行為はこれを罰す。行為に直接適用ある刑罰法規の存せざる場合に於ては、その根本観念が該行為にもつともよく該当する法律によりこれを罰す」と規定した。しかるに常設国際司法裁判所はその勧告的意見において、この「ヒットラー立法」をダンチツヒに適用することは、同市の統治は法の支配によるべし（法治国）との要件に違反するものであると宣言した。周知のやうに、独逸人は国会放火の故を以て、該火災の当時における放火罪の刑は有期懲役刑にすぎなかつたにもかかはらずヴァン・デル・ルツベの斬《ざん》首《しゅ》を許したのであつたが、このことは、極東の島国人をふくむ全世界の法律家の良心に衝撃を与へたのである。首席検察官が援用せんとする「文明の要求に応じ、一般人の良心の明白な表現である原理」なるものは、法的訓練なき人には「刑法の基本概念と健全なる国民感情に照し刑罰に値する」なるナチス的原理と同様に当時の原理であると考へられるかもしれない。しかし刑事裁判におけるこのやうな曖昧《あいまい》な原理は実際上はナチス的理論とひとしく圧制的な原理である。又シヤム国の裁判所が一九四六年三月二十四日戦争犯罪人処罰に関する新しい法律は事後法であり、遡及的に適用することを得ないといふ理由でピブン元帥《げんすい》と今次戦争中日本と協力した十一人の主要「戦争犯罪人」を釈放したよしである。この報道が真実なら、それはまさにシヤム国裁判所の栄誉でありその信頼を高むるゆゑんである。事後処罰は裁判の仮面をかぶつた私刑に他ならないといふ感情は、欧洲におけるいはゆる啓蒙《けいもう》期の所産ではなく、東西古今を通ずる普遍的な正義観念をあらはすものである。尤《もつと》もそれはネロからヒットラーにいたる古今東西の暴君によつて屢々《しばしば》やぶられはしたが、今後文明諸国が、国際法上の義務に違背《いはい》した個人を処罰する法典を制定することがあるとすれば、罪刑法定主義はその根本原理の一つとせらるるであらう。またさうせられなければならない。

従てわれわれは、共同謀議の罪（いはゆる平和に対する罪及び人道にたいする罪が「戦争犯罪」の一部をなす場合はこれを別として）は未だ国際法の認めざるところであると主張する。かりにそれが戦時中に各国民を拘束する法となつたと仮定しても、本件で問題となる行為がなされた当時の法ではなかつたのである。いやしくも正義の問題が反省される場合には常に不正とされる事後法たること明白である。かくの如き事後法を被告人にたいして適用することは、文明的裁判ではなく、又ポツダム宣言のいはゆる「裁判」でもない。

一方において戦争犯罪なる用語の自然な解釈にもとづき、他方において文明的な裁判の通念とに照して、われわれは本裁判所条例中の共同謀議、「平和に対する罪」及び「人道に対する罪」――それがいはゆる「戦争犯罪」中に包含せられざる限り――を規定する部分は本裁判所の適用すべき法ではないと主張する。あたかも聯邦議会法律中合衆国憲法に違反する部分、英国の委任勅令中議会制定法によつて委任せられた範囲を踰越《ゆえつ》する部分が無効である如く、本裁判所条例中、基本文書——即ち降服文書中にもその条項が挿入されてゐるところのポツダム宣言——に違反する部分は無効であると宣言せられねばならぬ。当事者の一方が約諾した義務は、相手方において勝手にこれを加重しえないことは、遍《あまね》く認められる法の一般原則である。

二 共同謀議

首席検察官は、共同謀議を犯罪とする理論が、国際法上の一制度であると明言してはゐない。しかし首席検察官がこのことを前提とするものであることは、「本裁判所条例中の本項の規定は別に新しい法を創設したものではない」（英文記録三九六頁）と述べてゐるに徴《ちょう》して明白である。右にいはゆる「法」とは「国際法」を指すものとすべきである。しかしこの場合については、侵略戦争の場合と異つて、首席検察官は多数国家の参加した会議において、共同謀議が国際法上の「犯罪」であることを認めた事例を一つも挙げてをらない。又共同謀議を犯罪と定めた条約、宣言、乃至《ないし》決議の如きをも挙げてをらない。ただ単にマリノ対合衆国事件における合衆国聯邦控訴院の意見を引用するに止まる。そしてそれから次の如く結論する。

「本犯罪は大多数の文明国の熟知し且承認するところであり、その要領においては各国ともきはめて類似してをるので、本犯罪の一般概念を適切に言ひあらはしたものとして、合衆国の上級聯邦裁判所が下した定義を採用しても差支ないと思はれる」と。(英文記録四〇二頁)

これは誠に驚くべき議論である。比較法に志す法律家なら、すべてみな共同謀議を犯罪とする原則が英国法制史独特の所産であることを熟知してゐる(ステイブン『英国刑事法史』第三巻二〇二―二二七頁、ウインフイルド『コンスピラシイと訴訟濫用の歴史』(一九二一)、R・S・ライト『クリミナル・コンスピラシイの法』(一八七三)、フランシス・B・セイヤー「クリミナル・コンスピラシイ」、「ハーヴアード・ロオ・レヴユウ」第三十五巻三九三―四二四頁)。それはおそらく他の法体系には存在しない刑法理論である。そして国際的に妥当するためには全ての法体系の認めるところでなければならないに拘はらず、さうでないことは少くとも確かである。

ハーヴアード・ロオ・スクールのフランシス・B・セイヤー教授は、「共同謀議の理論は変則的、地方的な理論であると共に、そのもたらす結果もかんばしからぬものである。羅馬《ローマ》法はかやうな理論を知らず、又それは現代大陸諸国の法典中にも見当らない。大陸の法律家でかやうな理論を聞知してゐる者は稀である」と述べてゐる(セイヤー、前掲四二七頁)。議会政治や法の優位や刑事陪審や人身保護令状や信託などの場合とは異つて、大陸法系の法律家はアングロ・サクソン独特のこの制度を余り高く評価してはゐない。特に「共同謀議者の全《すべ》てが外部行為に参加する必要はない。その一人がかかる行為をなせば、それは全員の行為となる」（英文記録四〇四頁）といふ理論の如きは不当であり、著しく法的良心に反するものであることは明白である。

われわれは、右の如き理論は人類の部族時代に行はれた集合的責任主義に逆戻りするものとの感を抱かざるをえないのである。しかもかかる理論を一切の平和に対する罪、戦争犯罪及び人道に対する罪にまで推し及ぼさうとするのであるから、益々《ますます》以て不当である。なぜなら右の理論によれば、一度ある戦争が侵略戦争又は国際法もしくは条約を侵犯する戦争と宣言せられれば、自国に対して戦時的奉仕をなした者は全て、他人が犯した殺人その他のおそるべき犯罪につき、たとへ何時、何処で、誰がかかる罪を犯したのであるか全然知らなくても、これについて責任を負はねばならぬこととなるからである。

英米の法律家自身大陸法系の法律家に対し、共同謀議の理論は、時の権力者の好まざる集団を処罰するに熱心な検察官や裁判官にとつて誠に便利な法律上の武器である、と語つてゐるのである。かれらは又、英国においてはこの理論がアダム・スミスの著書に描かれてゐるやうに（アダム・スミス『諸国民の富に関する研究』、第一巻第十章第二部一二一頁）、十八世紀において、又パスフイルド卿の指摘するやうに（シドニー・ウエッブ『労働組合運動史』第二版〔一九二〇〕七三頁）、十九世紀の前半期において、当時の支配階級に好ましからざりし社会的集団であつた労働組合の組合員を処罰するため実効的に利用されたといふであらう。さらに進んで、又英語国民の間においても進歩的な裁判官や法学者達は、この理論を英米普通法に光彩を添へるものとは考へてゐないとつけ加へるであらう。

州対ドノウグ事件（「ケンタッキー州判例集」、第二百五十巻三四三頁、「サウス・ウエスタン」第二輯第六十三巻三頁）の反対意見中には、「その主たる危険は、それが将来において常に人々の夢想だにしなかつた新しい犯罪をつくり出す基礎となることに存する」と述べられてゐる。

ハアヴアド・ロオ・スクールのセイヤー教授は本問題について綿密な研究をなした後次の如く述べる。

「その輪廓きはめて曖昧《あいまい》、その根本性格頗《すこぶ》る不明確なこの理論は法に対しなんらの力も光輝も添へるものではない。それは紛れもなく猫の眼のやうに変る意見や生硬な思想の浮砂に人を捲込む理論である」。（セイヤー、前掲三九五頁）

「かかる原則の下においては、何人と雖《いえど》も他人と協力した場合、後日未知の裁判官の予断的な好悪や社会的偏見によつて自己の自由が左右されることとなりかねないのである。かくの如きは正に法による裁判と対蹠《たいせき》的なものである」。（セイヤー、前掲四一三頁）

「共同謀議の理論は、その用ひられる全ての場合においてわが英米法の中の魔魂なることを実証した理論である。私はこの理論が、過去の判例の間にひしめく残映にすぎなくなる時代の近からんことを祈るものである」。（セイヤー、前掲四二四頁）

かくも嫌悪すべき理論を国際社会に導入せんとの提議に対し、事後法的導入方法は別とするも、英国の故キロウエンのラッセル卿や、米国の故オリヴァ・ウエンデル・ホームズ・ジユニア判事の如き卓越した法律家は果して何と言ふことであらう。またこれに関連してハドスン判事の次の言葉は頗《すこぶ》る適切な警告である。かれは言ふ、「国際裁判所の裁判官が、たまたま自己の熟知してゐる特殊な国内法体系の原理を国際法に導入しても差支ないと考へるが如きは、まことに危険なことといはなければならない……」(マンリ・O・ハドスン、「常設国際司法裁判所の適用する法」「ヘンリイ・ビイル及サミユエル・ウイリストン記念ハーヴアード法学論集」〔一九三四〕一三三、一三七頁)

次に特に奇異なのは、首席検察官が、「進行的共同謀議」と命名した共同謀議理論の応用形式である。

ドイツの第三帝国の場合と異り、被告人等が「相互に意見の合致せる集団」を形成してゐたことを証明することは勿論《もちろん》不可能であり、首席検察官も又「被告人の間には意見の鋭い対立と烈《はげ》しい争が存したものの如くである」ことを認める(英文記録四七一頁)。しかもなほ、首席検察官はまことに検察官らしく、「岩石のうちにも教訓を読みとる」態度で——国家の軍備や、国家利益の保護のための武力行使や、戦争といふ制度が未だ過去の遺物となつてゐない世界において——国民の国際的経歴にあらはれる一切の発展的事態の中に共同謀議、いな擬制的共同謀議を発見しようとするのである。もしも首席検察官の理論が正しいものとするなら、英、仏、蘭各国の膨張の中にも、ロシア帝国の発展の中にも、さらに又、アメリカの原始十三州から現在の偉大なアメリカ共和国への漸次的《ぜんじてき》発展の中にも、同じやうに進行的共同謀議を認め、それら諸国の主要な政治家及び将軍は、かれらの政治的信条が帝国主義的であつたと反帝国主義的であつたとにかかはらず、共同謀議罪を犯したものと論断することもできるわけである。

ニユルンベルグの裁判所は、その基本法たる裁判所条例の下においては、狭義の戦争犯罪又は人道に対する罪を犯す共同謀議に参加した者を処罰する権限をもたないと裁定した（同裁判所記録一六八八四頁）。それればかりでなく同裁判所は、ナチ党もしくはナチ政府の活動に重要な関与をなしたことが、犯罪としての共同謀議の証拠となるものであると言ひきることを躊躇《ちゆうちよ》し、「共同謀議が成立するためには、その違法な目的の輪廓が明かになつてゐなければならず、又謀議成立の時が決定及び行為の時からあまり遠くてもいけない」と言つてゐる（同裁判所記録一六八八二頁）。これは、無実の者を陥れるに便利ではあるが法律的良心に衝撃を与へる最もいまはしい部分を、ある程度共同謀議の理論から排除したことになるのであるが、同判決は共同謀議の理論そのものはこれを排斥しなかつた。しかしニユルンベルグの裁判所においては、裁判所条例の規定は英国における議会制定法のごとく絶対に裁判所を拘束すると考へられてゐたのに対し、極東国際軍事裁判所においては、条例の規定はアメリカの議会制定法と同じく、より高次の法、即ちポツダム宣言中に厳粛に明定せられ、降服文書に取入れられた条項に従はねばならぬのであることに留意せねばならない。

かくしてわれわれは、ニユルンベルグ判決において「平和に対する罪」に対し適用した如き緩和された形態においてもなほ、共同謀議の理論は行為の当時国際法の制度ではなかつたこと、いかなる国際法学者と雖《いえど》もおそらく一九四五年六月まではかかることを夢想だもしなかつたのだと主張するものである。

三　侵略戦争

(甲)　侵略戦争は国際犯罪か

首席検察官は次に「侵略戦争」を論ずる。

先づ「侵略戦争は国際法上の犯罪であるか、起訴状の全期間を通じて、かかる犯罪であると考へられてゐたか」と設問し、これに対し首席検察官は然りと答へる。そして「一つには、この問題に関して国際法が存在すること、二つには、それは国際法によつて犯罪とされてゐること」の二点を証明せんとする。(英文記録四〇五頁)

首席検察官は先づ最初にカルドオゾ判事、ライト卿、サー・フレデリック・ポロック、英枢密院司法委員会、常設国際司法裁判所規程、米独混合仲裁委員会の裁決等の如き尊重に値すべき権威が国際法の慣習による発展といふことについて披瀝《ひれき》した一般的見解を引用してゐるが、国際慣習の生成の問題についての以上の見解の大部分は国際法学徒なら誰でも熟知してゐる月並な見解にすぎない。

そして首席検察官は次の如く結論する。

「以上によつて、……多数の文明国によつて全体の福祉に関する事項について一定の行動がとられれば、それによつて国際法の原則が成立するに至ることが証明されたので、今や侵略戦争の問題は極めて多数の国家により考慮され、その結果違法とされたのであるから、それら国家の全員一致の評決は国際法の一般原則たるの権威を荷《にな》ふに至つたことを証明するであらう」と（英文記録四一五頁）。なるほど上述の諸大家の見解を援用することによつて首席検察官は、一の歴史的過程として多数文明国の一致した行動が国際法の原則を確立する傾向のあること、及び国際司法裁判所は国際法について一定の法源を認めてをり、その法源中には国際慣習も含まれてゐることを証明したものといへるであらう。然し全体の福祉に関する事項についての多数文明国の一致した行動が、単にそれだけの事実だけで国際法の一般原則を樹立するといつたやうな法的原則はなんら証明されてをらず、又証明することをえないであらう。又首席検察官の援用した諸権威も、かくの如き法理を樹立せんとする趣旨ではないことは勿論である。例へば有名な巴里《パリ》宣言をとつてみよう。

「商船私掠《しりやく》ハ今後之ヲ廃止ス」といふのが、一八五六年の巴里会議において海法に関し採択された宣言の一部をなし、爾来《じらい》北米合衆国、スペイン及びメキシコを除く全ての文明国が右宣言の調印国となつた。然らば多数文明国のなした一八五六年のこの宣言は、商船私掠の禁止を国際法の原則にまで高めたのであるか。右宣言はすべての国際法学者によつて、単に調印国相互間においてのみ拘束力をもち、右の三ケ国による、もしくはこれに対して行はれる商船私掠は適法であると認められたことは周知の事実ではないか。

一八九八年合衆国政府は、今後商船私掠を行はず、巴里宣言の規定を遵守《じゆんしゆ》する旨の意思を表明した。この事実は、かかる意思表示なきかぎり合衆国は商船私掠を差控へる義務なかりしものなることを示すものではないか。又スペインが拿捕《だほ》免許状を発する権利を固守したとき、それは正当な行為であつてなんら国際法の原則に反したものではないとされはしなかつたか。

さらに又一九二九年七月二十七日の俘虜の処遇に関するジエネヴア条約は、多数の文明国によつて調印せられた。例へば非調印国たるソヴイエツト聯邦は、該条約の規定は国際法の一般原則を具現してゐるものとして、自らもこれに拘束を受けると考へてゐるであらうか。

然るに首席検察官はあへて、前記命題を以て歴史的過程の問題としてでなく、法的原則としても妥当することを前提とするもののごとくである。そしてかかる前提に基いて、多くの国際条約を採用し、これらの条約によつて侵略戦争がすでに久しい以前から国際法上の犯罪であつたことを証明しうると主張する。然しその援用する証拠はこの主張を証明するものでないことは明白である。

(一)　首席検察官が第一に援用する条約は第一次海牙《ヘーグ》条約である（英文記録四一六頁）。首席検察官の考へてゐる各規定中の「成ルベク」とか「事情ノ許ス限リ」とかの字句は、首席検察官の主張とは反対に、調印国が未だ国際紛争を平和的手段によつて解決すべき法的義務を負ふだけの用意なかりしことを示してゐる。「死活的利益」及び「国家ノ名誉」を別としても、正当防衛の考慮は締約国の右の如き法的義務の受諾を許さなかつたであらう。このことは例へば本起訴状附属書A第十節の和蘭《オランダ》の主張たる「従つて和蘭政府は、最後に述べた攻撃を受くるや直に自衛のため日本に対して宣戦した」を見ても明かである。

㈡　首席検察官の次に援用する条約は第三次海牙条約である（英文記録四一六頁）。首席検察官は、右協定によつて開戦の宣言なき戦争は国際法上の犯罪たる烙印《らくいん》を捺《お》されたものであると主張する。然しこれはもとより首席検察官の独断論にすぎないのである。

明瞭且《かつ》事前の通告なくして戦争を開始すべからざることを認めた本条約は、主として戦争状態が何時に発生したかを明瞭ならしめるためにそれが望ましいことに由来する一つの技術的規定である。右通告と戦争開始との間に二十四時間の期間を設くべしとの和蘭の提案が本会議において否決された事実は、このことを物語るものである。従つてそれは戦略上の目的のためになされる「奇襲」に犯罪の烙印を捺すとか、これを禁止するとかいふ趣旨の規定ではないのである。背信といふことは主として良心の問題であり、戦争は開戦宣告の有無に拘はらず背信行為でありうるのである。洋の東西を問はず古代及び中世の社会においては、開戦の宣言は武士道と関連するものであつた。かかる武士道的観念は、今日においても一般人の感情のうちに生きてをり、それが又、周知の如く、敵国を「不信」呼ばはりすることによつて戦時宣伝の目的に百パーセント利用されてゐる。グロテイウスはその著『戦争と平和の権利』の中で、「諸国民が適法な戦争開始のために開戦の宣言を要するものとするに至つた理由は、二、三の論者の主張するやうに、秘密裡《り》に事を運んだり、巧妙な詭計《きけい》を用ふることを禁ずるためではない。けだし若干の国民は戦ひの時と場所をも指定したと言はれるが、かかる問題は法の問題ではなく、むしろ武士道の問題であるからである。さうではなく、その理由は戦争が私人によつて勝手に行はれるのではなく、双方の国民もしくはその元首の意思によつて行はれるのであることを明確ならしめんとするにあつたのである。なぜなら開戦宣言は、匪賊《ひぞく》同士の闘争や国王と臣下との間の闘争の場合には生じないやうな特殊な効果を生ぜしめるからである」と述べてゐる（第三巻第三章第七節）。

近代国際社会において宣戦が望ましいと考へる主な理由は、もはや武士道ではなく——これは主観的良心の問題である——戦争状態のもたらすさまざまの効果を決定するための法技的な手段にすぎないのである。グロテイウスの時代以来、かれの禁止にも拘はらず多数の大国が宣戦なくして戦闘を開始してゐる。英国のモーリス名誉中佐は、一八八三年『宣戦を伴はざる戦争』（ロンドン、政府印刷局、一八八三年）と題する労作を公刊して、一七〇〇年から一八七二年までの間に起つた多くの戦争の開始を検討したが、一九〇四年四月、「十九世紀以後」誌のうちに次のやうに書いてゐる。「数字的にいへば、私の比較的詳しく検討した期間を通じて、英国は三十回、フランスは三十六回、ロシアは七回、(但しトルコ及び支那を含む隣接アジア諸国に対する慣行的な無宣戦戦争は算入しない)、プロシアは七回、オーストリアは十二回、北米合衆国は少くとも五回、戦争開始の宣言を伴はない戦争行為を行つてゐる」と。

英国、フランス、ロシア、プロシア、オーストリア、北米合衆国の如き大国がかかる国際法の技術的勧告に従はなかつたとの故を以て、戦争に関する背信と裏切行為の常習犯人であつたと主張するのは誠に滑稽といはざるをえない。

日本、アメリカ及びイギリスを含む各国政府の見解の如何《いかん》に拘はらず、第三次海牙《ヘーグ》条約が調印国に対して法的義務を負はしめたものであるかどうかは、学説上争のあるところである。ローレンス、ウエストレーク及びベロットの如き英国の著名な国際法の諸権威は、右条約のフランス語の原文の辞句(ne doivent pas)は調印国に対しなんらの法的義務を課したものではないことを示してゐると考へてゐる。ウエストレークは、右条約は本問題に関するそれ以前の法を大して変更したものではないと考へてゐる。又古典的なピット・コベットの「主要国際法判例集」(ヒユー・エッチ・エル・ベロット編纂の一九二四年版)の第二巻第十八頁には次の如く述べられてゐる。

「同時に調印国は、事前の宣戦なくしては絶対に戦争行為をなさざる旨を誓約したのではなく、単に、交戦国相互間においては、戦争行為を〈事前且明瞭なる通告なくして開始すべきではない（ought not to）ことを認めたにすぎない。その目的が開戦の宣言を発する権限を有する者との通信が困難な場所か、又は相手方が不意打であるといつて非難する理由の存せざること明白な状況の下において戦争準備もしくは行動を抑圧するために、即時実力を行使する必要が生ずるやうな場合を除外せんとするにあつたことは明かである」と。そしてベロツトは慣習及び条約の課する制限にも拘はらず戦争行為の開始は結局主として戦術の問題にすぎないやうであるといつてその議論を結んでゐる。

右に引用した一節は、他の学者の編纂にかかる同書の一九三七年版においても変更されてはゐない。

然しながら他方、第三次海牙《ヘーグ》条約の調印国は法的義務を負担したのだと主張する論者もある。例へばオッペンハイムは、「海牙条約の結果、事前の開戦宣言もしくは条件附最後通牒なくして戦争行為を行ふことが禁止されるに至つたことは疑ない」と言ひ、（オッペンハイム「国際法」第二巻、第九十六節二四九頁）さらに国家が計画的に、事前の開戦宣言もしくは条件附最後通牒を発せずして敵対行為を開始したる場合は国際法上の義務違反となる、との趣旨を述べてゐる。しからばオッペンハイムのいはゆる「国際法上の義務違反」は「国際犯罪」と同義であるか。この点については著者自身、国際法上の義務違反はいはゆる「国際法に反する犯罪」とも、又いはゆる「国際犯罪」ともこれを混同してはならないことを注意してゐるのである。（オッペンハイム、第一巻、第百五十一節二七五頁）

それ故かりにこの後の学説が正しく、この国際法の技術的な規則の違反が国際法上の義務違反となるものとしても、かかる違反行為は、オッペンハイムの見解を以てしても単なる契約違反、もしくはたかだか民事上の不法行為の性質をもつにとどまり、首席検察官の主張するごとく「国際犯罪」の性質をもつものではない。

第三次海牙《ヘーグ》条約の調印国が、右の技術的規定の違反に関与した政治家に刑事責任を負はしめ、況《いわん》やこれを死刑に処することに合意せるものと考へたやうな国際法学者は絶無である。

㈢　首席検察官はさらに進んで、「一九一九年日本を含む戦勝国は国際条約の侵犯が可罰的犯罪であることに意見一致した」と述べる（英文記録四一六頁）。

首席検察官はおそらくヴエルサイユ条約第二百二十八条乃至第二百三十条ではなく、第二百二十七条に言及してをるのであらう。なぜなら前者は、聯合国並びに締盟国の軍事裁判所が、戦時法規慣習を侵犯する行為（即ち「通例の」戦争犯罪）をなした者に対して行ふべき裁判を取扱つてゐるものだからである。第二百二十七条はホーヘンツオルレン家のウイリアム二世を「国際道徳並に条約の神聖に対する最大の犯行につき」起訴すべきこと、及び特別に構成する裁判所によつて公正なる裁判を行ふべきことを規定してゐる。然し右規定は、侵略戦争もしくは条約侵犯の戦争を「国際犯罪」乃至はなんらかの法律上の犯行とはなしてはをらず、単に道徳と信義に対する犯行としてゐるにすぎないことを注意せねばならぬ。和蘭《オランダ》政府が「ドオルンの郷紳《きょうしん》」の引渡を拒否したのは全く適法な行為であつた。なぜならかかる犯行は、犯罪人引渡条約に掲げられた犯罪のうちには含まれてゐなかつたからである。媾和会議におけるウイルソン大統領の法律顧問であつたヂエームス・ブラウン・スコットは、「和蘭は明かに政治的な犯行について独逸皇帝を引渡すことを拒むことによつて世界に大きな寄与をなした」とすら考へたのであつた（スコット「カイゼルの裁判」、ハウス並セイムウア『巴里会議の真相』〔一九二二〕所載二三二頁）。十五人委員会のアメリカ及び日本代表委員が国家元首に対する裁判に反対したことは、ここに改めて述べる必要もないほど周《あまね》く知られてゐる事実である。但し右委員会が、ルクセンブルグ及びベルギー侵入の如く、条約上の義務違反を構成するところの「世界大戦を挑発した行為及びその開始に伴ふ行為」を以て、その責任者たる官憲及び個人に対し刑事上の責任を問ふ充分なる理由と認めることを拒否したことは注目に値する。第二百二十七条の規定はかやうな背景に照してこれを理解しなければならない。

㈣　次に首席検察官は、一九二四年の寿府《ジユネーヴ》議定書の前文及び一九二七年九月二十七日の第八次国際聯盟総会の宣言をとりあげる。これらの文書のうちに「侵略戦争は国際的罪悪である」といふ字句が存するのである。この字句は超国家的イデオロギーが支配した当時のジエネヴアの空気を反映したものである。然しソヴイエット聯邦は当時「反共産主義的な」聯盟の外にあつた。又北米合衆国も又欧洲政治に捲込まれることをおそれてこれに加盟してゐなかつた。合衆国における国際法の最高権威たるジヨン・バセツト・モーアは、ジエネヴア的国際法及びこれに刺戟された寿府議定書は、国家内における法と、主権国家から構成される社会を規整する国際制度との間に緊密な類似性が存するものと考へる安易な仮説から生れたものであつて、それは健全な国際法を破壊する「狂的な理論」であるとしてこれを攻撃したのではなかつたか。英国自身も未だ強制調停を認める用意がなかつたこと及び本条約の実際上の作用如何が疑問であるといふ理由から、議定書の批准《ひじゆん》を拒否したのではなかつたか。かくして右議定書は遂になんら法的効力を発生するに至らなかつたのである。又聯盟総会は世界を拘束する権能をもつものではなかつたのみならず、右条約の前文中における「国際的罪悪」といふ辞句は、丁度「歯楊子《はようじ》を使はないことは衛生上の罪悪である」とか、「アルバート記念碑は美学上の罪悪である」とかいふ言葉と同じく、単に非難の意を強く表現するために用ひられてゐるのである。首席検察官自身、その劈頭《へきとう》陳述において、「許すべからざる罪悪」といふ言葉を使つてゐるが（英文記録三九三頁）、これもおそらく右のやうな強調的意味に用ひられたものであらう。同様の事は又、首席検察官の引用した（英文記録四一七頁）一九二八年二月十八日の第六次汎《はん》アメリカ会議の決議における、「侵略戦争は全人類に対する国際的罪悪を成す」との宣言についても言ひうるのである。かくの如き非難は、政治的もしくは道徳的考慮に由来するものではあつても、法的意味は全然もたないのである。

㈤　最後に首席検察官は、一九二八年の巴里《パリ》条約に言及する。ブリアン氏が特定の政治的目的のために提案した米仏相互条約案から発展したこの有名な多面的条約は、周知の如く、その真の意味如何について政治的及び法的見地からいろいろな論議を惹起《じやつき》した。

該条約の本文は、一般に国策の手段としての戦争を排し、一切の紛争を平和的手段によつて解決することを約する極めて簡単且つ抽象的な表現をとつてゐる。

この条約を以て、伝統的な国際法の全ての規定を時代遅れなものとする如き新社会秩序が到来したものであるとし、或は歴史上の新紀元を劃するものであるとし、或は又人類の心理における革命であるとする一派の論者もあつた。然しこの条約にたいし鋭い分析を行つた懐疑派は、友好通商条約に規定されてゐる、条約国相互間には「永久の平和」あるべしとか、「完全且つ不可侵の平和」あるべしとかいふ、より断言的な宣言と同じやうに、該条約のうちに平和への意思の敬虔《けいけん》な表現以外の何ものをも認めなかつたのである。

ブリアン氏の如き俊敏な欧洲の政治家は、該条約のうちに国際聯盟及び欧洲政界に参与するの用意を表白した合衆国のヂエスチユアを看取したのである。現にブリアンの友人であるボンクールは、ブリアンにとつては、「右条約は何よりも先づ合衆国を国際聯盟にひきこむ手段であつた」とはつきり言明してゐるのである。(一九三二年四月十日附「ニユーヨーク・タイムズ紙」記事、ジヨン・バセツト・モーア「理性に訴ふ」、「フオリン・アフエアズ」誌第十一巻四号〔一九三三年六月〕五五四頁より引用)

該条約のテキストばかりでなく、列国の間に交された事前の交換文書を注意深く分析した多くの著名な国際法学者は、同条約は古典的な「正当なる戦争」なる言葉を「防衛戦争」なる語を以て置きかへる、単なる国際法用語の変更をもたらしたにすぎないといふ結論に達してゐる。中には該条約は戦争を違法とするどころか、反《かえ》つてこれとは逆に防衛戦争の適法性を確認したものであるとする者さへもあつたのである。

かうした周知の歴史的背景を念頭に置きつつ、われわれは、調印国特に日本国が負担した法的義務、日本が違反したと検察側の主張するこの法的義務の正確な意味内容を分析しよう。

国際条約を解釈するにあたつては、当事者の真意を捕捉せねばならぬことは、全ての国際法学者の認めるところである。又かゝる真意は単に条約文自体にとゞまらず、さらにその予備的資料をも参照して確定せねばならぬことも遍《あまね》く承認されるところである。そして実際上も司法裁判所や仲裁裁判所や外交官等は、条約の解釈について大に予備的資料を尊重してゐる。

ラルストンはその権威的著作『国際裁判所の法と手続』の中で次の如く述べる。

「条約の調印に至る事件は、該条約を締結した当事者の意思を説明するものとしてしばしば援用され、当事者の意思を決定する上に最も重要性をもつ場合が多い。」（同書第二十六節一八頁）

一九一二年、一方合衆国と、他方英国及仏国との間の仲裁条約案が米国上院に提出された際、ルート氏は次のやうに条約解釈についての定則を明瞭に述べてゐる。彼は言つた。若しもこれら条約が批准された場合には、その正しい解釈を決定するにつき、いつでもそれ以前の事件の記録を参照しうる。国際交通に関する法は法律及契約に関する国内法よりも自由である。条約の解釈については、署名前又は署名の当時なされた宣言、及び両国の代表者の交換文書及び意見の表示を考慮すべきことは、過去及現在において普《あま》ね》く認められてゐる。文書中にふくまれる規定の範囲及び効果……を決定するため、これら宣言によつて条約本文が解釈されないやうな事態は、決して発生しえないのである。（議会議事録、第四十五巻二九三五頁〔一九二二年〕）

（本裁判における検察側法律顧問）フイリツプ・マーシヤル・ブラウンは、「アメリカ国際法雑誌」一九二九年四月号所載の「戦争抛棄《ほうき》に関する一般条約の解釈」と題する周知の論文において、特に巴里条約に関聯して次の如く述べてゐる。

「国際法の原則中、条約の解釈は当事者の意思に照してこれをなすべきであるとの原則ほどはつきりと確立したものはないやうである。かゝる意思は当然条約文自体のうちに表示されてゐると推定されるが、その他にも、調印もしくは批准の際に条約に附加される特別の留保か、又は批准に先立つ交渉の間になされる解釈、説明、了解、制限、条件等を援用することも可能である。それ故戦争抛棄に関する一般条約によつて負担した義務の性質につき、将来なんらかの意見の相違が生じた場合には、当然交渉に関する公の交換文書のみならず、サー・オーステイン・チエンバレン、ブリアン、ケロツグ国務長官、ボラー上院議員のやうな政府代弁者の言明を参照せざるをえなくなると思はれる。本条約に対するこれらの人々の解釈は、最も綿密な吟味で尊重に値するのである。合衆国の公約に関するかぎり、アメリカによる批准の条件となつた該条約の『真の解釈』なるものを保障してゐる上院外交委員会の報告書は、司法裁判所による場合であると、国際輿論による場合であるとを問はず、ひとしく考慮されねばならぬところである……。

条約の各調印国の意思を確定するため、又各調印国をして本条約に基くその公約を厳密に励行せしめるために、各調印国が批准前にこの重要な宣言について下した解釈を充分に尊重且つ信頼することは常識の点からいつても倫理的見地からしても将又《はたまた》法的観点からしてもなされねばならぬことと考へられる」。（同誌三七九頁）

またチヤールス・C・ハイド教授の次の言葉も銘記すべきである。

「さてこれから……国際及び国内のいづれたるを問はず、司法裁判所が、これと異る当事者の意思を示す他の証拠が存するに拘らず、合意を記載した文書のみが当事者の義務の性質を決定するものとみなす如き解釈公式の影響を排除しようとした努力に特に注意を払はなければならない」。（ハイド『国際法』第二版（一九四五）第二巻第五百三十一節一四七二頁）

さてわれわれは、右の如き一般に認められた解釈の準則に従つて当時の責任ある政治家のなした声明を顧みることとしよう。

(イ) アメリカ合衆国

ケロッグ国務長官は、一九二八年四月二十八日の演説において次の如く述べる。

「アメリカの作成した不戦条約案中には、自衛権を制限乃至毀損《きそん》するが如き点は少しも存しない。自衛権はすべての独立国に固有のものであり、又あらゆる条約に内在してゐる。各国家はいかなる場合においても、又条約の規定いかんにかゝはらず、攻撃もしくは侵略から自国の領土を防衛する自由をもち、自衛のために戦争に訴ふる必要があるかどうかは、その国のみがこれを決定し得るのである。正当な理由ある場合には、世界はむしろこれを賞讃し、これを非難しないであらう」。

次でケロッグ国務長官は、右条約調印を勧告せられた各国政府にあてた一九二八年六月二十三日の覚書において、フランスの強調した六項目の重大な「考慮事項」に関連して条約に対する彼自身の「解釈」を明かにした後次の如く述べたのである。

「かかる事情の下に、余はここに貴政府の考慮をわづらはすため、上述した変更を含む戦争抛棄に関する多辺的相互条約の草案を伝達するの光栄を有するものである」。

合衆国においては、周知の如く、本条約のモンロー主義に及ぼす効果につき大きな懸念が抱かれたのであつたが、ケロッグ氏は一九二八年十二月七日上院外交委員会に対して、モンロー主義の保障は、本条約が自衛行為を排除せず、且つ自衛行為であるか否かは合衆国のみがこれを判定する権利をもつことのうちに含まれてゐるから大丈夫だといつた。氏はさらに、アメリカ政府は国家の防衛又は国家に危険を及ぼすべきおそれある事態を防止するため必要と信ずる処置をとる権利を有すると述べ、この法則は全て他の国家にも均しく適用せられることを認めた。国務長官は又、アメリカ政府は自衛の問題の決定をいかなる裁判所に委ねることをも承認しないであらう、又他国政府もこの点については同様承認しないであらうと述べた。

ボラー上院議員は、一九二九年一月三日の上院における演説及び討論について、何が攻撃となるか又何が防衛の正当性を理由づけるかを自ら決定する権利を拋棄する国はないであらうと述べ、又合衆国は、他国の行動が合衆国自身に対する攻撃の性質を帯びないかぎり、これに関して自衛問題を決定することには関与しないであらうと明言した。(議会議事録第二会期一二六頁及び一二七一頁)

そしてモーア判事は「私は従来常に(ボラー)上院議員が一般に『戦争追放』の擁護《ようご》者として知られてゐる以上に大きな役割を演じたものと臆測《おくそく》してゐた。氏が一九二八年における大統領選挙において勿論戦争の拋棄を補強せんがためではなく、合衆国をして既に完璧を期して保障された自衛権の行使をば可能ならしむるためにたえず有力な海軍の存置を要望したのを見たとき特にさうであつた」と言うてゐる。(モーア、前掲五五三頁)

(ロ) 英　国

一九二八年五月十九日、英国政府はアメリカ政府に対して、国策の手段としての戦争を拋棄する部分を引用した後、一定の地域の福祉と統合《（保全）》〔integrity〕とは英国政府の平和と安全にとつて特別の、且つ死活的な利害をもつものであること、並びにかかる地域に対する攻撃に対してこれを守ることは自衛手段に他ならぬ故、右地域に対するいかなる干渉もこれを甘受しえざる旨を宣言した覚書を手交した。右覚書中かかる地域の何たるかは指定されてをらず、将来いかなる地域を以てかかる地域とするかについて完全な自由が留保されてゐることに注意すべきである。右の覚書はケロッグ国務長官の演説中に解説されてゐる「自衛権」に関する英国政府の、より具体的な解明であつた。オースティン・チエンバレンは将来の異議乃至論争に対して効果的な先手をうつために、七月十八日の覚書に次の如き明確な条件を附してゐる。曰く、

「五月十九日附覚書中、一定の地域の福祉と統合《（保全）》が英国の平和と安全にとつて特別の且つ死活的な利害をもつことに関する部分については、英国政府は、新条約が右の点に関する英国政府の行動の自由をなんらそこなふものでないことの諒解のもとにこれを受諾するものである旨再言するに止める」。

　なるほどソヴイエット政府及びペルシア政府は英国の留保を認めることを拒絶した。しかし将来英国政府がケロッグ・ブリアン条約違反の責を問はれた場合に、かくも細心な注意をもつて起草され、条約の本文と共に正式に国際聯盟に寄託せられた自衛に関するその解釈を採用しないといふが如きは、想像できないことと考へられてゐたのである。

(ハ)　フランス

ブリアンは七月十四日の覚書において左の如く言明した。

「これに加へて、共和国政府はフランスの立場から述べた各種の所見を満足せしめるため、合衆国政府が新条約にたいして与へた見解を了承することを欣快《きんかい》とする。……かゝる事態において、又かゝる条件の下に、共和国政府は合衆国にたいして、今や本条約に調印する完全な意図を有する旨を通告しうることを欣快とする……」。

(ニ)　日本

一九二八年七月二十日、東京において田中義一男爵から駐日アメリカ代理大使エドウィン・エル・ネヴィル氏に手交した覚書において、日本外務大臣はケロッグ氏が四月二十八日に為した前述の演説に言及して、「貴下は……四月二十八日の演説中に於いて国務長官の為したる説明を詳細にわたり再説せられ候」といひ、さらに左の如く述べる。

「帝国政府は本年五月二十六日附マクヴエー閣下宛書翰《しよかん》中に陳述せる如く去る四月提出せられたる条約原案に対する帝国政府の了解はアメリカ合衆国政府の了解と実質上同一なるを以て今般提議せられたる修正に対し衷心賛同し得ることを欣快とする旨貴下に通報するの光栄を有し候仍《よつ》て帝国政府は右の了解の下に今般提示せられたる案文の儘《まま》本条約に署名方訓令を

発するの用意有之候《これあり》」。

一九二九年六月十七日及び六月二十六日枢密院会議にケロッグ・ブリアン条約草案が提出された際、久保田、富井両顧問官から、自衛は領土の防衛のみに限定されるものであるかどうか、支那及び特に満蒙《まんもう》において実力行使が必要となつたやうな場合に該条約がかうした実力行使に適用せられうるか、さらに英国と同様この点を明瞭にしておくのがよくはないかとの趣旨の質問が為されたに対し、政府の回答は、自衛は領土の防衛にとどまらず領土外にも及ぶものであるといふにあつた。実力手段による満洲その他の地域における権益の保護は、本条約は自衛行為を排除するものではないことによつて充分認められてゐるといふのであつた。この点は戦争抛棄に関する一般条約批准に関する枢密院会議の審査報告書中に明記されてゐる。

それ故、自衛の性質について日本の外務大臣が枢密院会議において為した説明は、アメリカの上院においてケロッグ国務長官が為した説明と実質的には同一であつたのである。勿論各国政府は、真面目にとりあげるに足りない単なるヂエスチユアとしてこれらの宣言や留保をなすものではない。寧《むし》ろそれとは反対にそれらは締約せられた義務について各政府の諒解の率直且真剣な公式声明である。あたかもそれが本条約第一条に書き入れられたと同様に条約上の義務の固有且本質的な部分を構成するものである。

各国の指導的政治家の言明、特にアメリカ上院におけるケロッグ長官及びボラー上院議員の明瞭且つ疑の余地を残さない条約案の説明に照して、巴里《パリ》条約締約国の意思が次の如きものであつたことは明かである。

(1) 本条約は自衛行為を排除しないこと

(2) 自衛は領土防衛に限られないこと

(3) 自衛は、各国が自国の国防又は国家に危険を及ぼす可能性ある如き事態を防止するため、その必要と信ずる処置をとる権利を包含すること

(4) 自衛措置をとる国が、それが自衛なりや否やの問題の唯一の判定権者であること

(5) 自衛の問題の決定はいかなる裁判所にも委ねらるべきでないこと

(6) いかなる国家も、他国の行為が自国に対する攻撃とならざるかぎり該行為に関する自衛問題の決定には関与すべからざること

首席検察官は右条約の本文に「犯罪」といふ語が用ひられてゐないことを認めるが（英文記録四一七頁）右条約の本文のみならず交換文書のどこにもかうした観念は見出し得ないのである。聯盟式「制裁」観念はアメリカ国務長官にとつては禁物であつた。首席検察官はこの条約によつて締約国は侵略戦争を「違法」としたのだと主張する（英文記録四一七頁）。「侵略戦争」といふ響の好い言葉は後に明かにされるやうに曖昧で捕捉し難く且つ定義し得ざる言葉である。

然し仮に一歩譲つて交戦国自身の非自衛戦争と認めた戦争は本条約によつて違法であると

しよう。首席検察官は次いでそれが国際「犯罪」だと言明するのである。首席検察官の論理はわれ〳〵の到底理解し得ないところである。われ〳〵は条約当事国が交戦者自身の自衛行為と認めた戦争を違法なりとすることに合意したとの事実は、かゝる条約の違反を当然犯罪としたものではない。それは契約違反もしくは民事上の不法行為ではあつても決して犯罪ではない。あることを違法とする約束は当然にそれが犯罪を構成すると何故いへるのか。

当事者の意思を探究することを第一次的原理とする契約解釈の根本原則に裁判所は特に注意を払つていたゞきたい。果して本件において引用せられたすべての契約的文書の当事者の意思はそれらの契約の条項違反が個人に対して恣意的に決定される刑事責任を伴ふものといふにあつたと考へることができるか。もしも当事者が真にかゝる意思を有したのであつたとしたら必ずその旨を明示したであらう。政治家に刑罰を科するといふやうな全然新奇な事態にふさはしい段階的刑罰と手続とを定めたであらう。

なるほど、第一次世界大戦以後一派の国際法学者が、侵略国に対する共同制裁の遂行といふことに世界平和への道を見出さんとしたのは事実である。この派の人達は、中立に関する規則を厳守し、これによつて武力闘争と無秩序の局地化をはかるといふことに平和への道を見出さんとした正統学派の見解にはげしく挑戦した。前者は現行の中立に関する諸法則を修正することによつて、聯盟規約に規定せられた制裁を実施し且つケロッグ・ブリアン条約を補強せんと努力した。そして一九三四年九月ブダペストにおける国際法学会の会合においてこのやうな試みがなされたのであつた。右会合では巴里条約違反の法的効果についての討論の後周知のブダペスト解釈条項が作成せられた。（国際法学会、第三十八回会議報告書六六頁）
さらに一九三六年以降一群のアメリカの法学者によつて、右と全然同じではないがこれと同様な試みがなされ、彼等の研究の結果は、アメリカ国際法学会がハーヴアード国際法研究の一部として一九三九年十月に「侵略の場合における国家の権利義務に関する条約案」となつて公《おおやけ》にされた。（「アメリカ国際法雑誌」第三十三巻第四号追録）
ブダペスト解釈条項は、その解釈の当否については激しい争があり（例へば一九三五年二月二十日のイギリス国会におけるブダペスト条項討議、上院議事録第九十五巻第五輯一〇〇七段以下）又かゝる解釈は巴里条約の締約国を拘束するものでないことは勿論である。然し兎《と》も角《かく》それは現行法を明かにせんとする趣旨であつた。これに反して一九三九年の右条約案は将来の法に関するものである（前掲八二八頁）。それは「現行法ではなく将来いかなる法の発展が可能であるかを示唆《しさ》せんとする」学究的な試みである（前掲八二六頁）。右の条約案にはさらに次のやうなことわり書がついてゐる。
「侵略の場合における国家の権利義務に関する条約案を考察するにあたつて、該案の全体的構成、その基礎理論及びその多くの個々的規定並びに原則に関して根本的な見解の相違が生じた。それにも拘はらず本研究会が本条約案を提示する所以《ゆえん》のものは、本問題に関する本研究会の討論がこの問題を更に解明するために全世界の学者によつて継続されることを希望するからに他ならず、ここに公にする条約案が顧問委員の一致した意見を反映するものであるとの意味は全然もつてゐないのである」。（前掲八二七頁）

右条約案の内容に賛成すると否とに拘はらず、フイリップ・シイ・ジエサップ教授その他の顧問委員諸氏が「政治的本論争や感情の紛糾《ふんきゆう》を伴ふこの問題」の研究を冷静に、「一時的な外交上の趨勢《すうせい》や熱狂的支持や偏見に動かされることなく」遂行したことに対しては大に敬意を表すべきである。

ブダペスト解釈条項も右条約案も、巴里条約の侵犯もしくは「侵略」が国際犯罪を構成するとは言つてゐないことを特に注意すべきである。右条約等の起草者は、一定の心理的色彩を帯びるに至つた「侵略」なる言葉を用ひたことについて弁明をすら行つてゐるのである。それは又、右条約案の目的は、一国が武力を行使せざる法的義務に違反して武力に訴へ、しかも当該違反国のあらかじめ承諾を与へた手続によつてかかる違反あることが正式に決定せられた場合における、国家相互間の法的関係を規定するにあると述べてゐる。「共同安全保障」の制度にたいする賛否の意見を表現したり、聯盟規約や巴里条約の如き特定の条約を「補強」したり、「正当な」戦争「不当な」戦争の問題に立入つたりすることはその意図するところではないのであるとするのである。（前掲八二五頁）

さらに又、ブダペスト解釈条項及び右条約案の作成に関与した共同制裁支持に傾く法学者達すら、巴里条約を侵犯する戦争又は侵略戦争の法的結果を考察するにあたつて、かかる戦争の責任者たる個人の処罰といふが如き見解は毫《ごう》も表明しなかつたことを注意すべきである。この事実は現代的思想如何《いかん》の問題について、実際上決定的な意義をもつものである。そこでは個人の刑事責任の問題は全く排除せられてゐるのである。いなそれに関する論議すら行はれなかつたのである。

以上述べたところによつて、首席検察官の挙示した証拠によつては、侵略戦争が文明諸国によつて承認された慣習によつて国際的犯罪となつたとの主張はなんら証明されてゐないこと明白である。

首席検察官は、自らの結論が国際法学説の承認を受くるものなることの証拠として、ライト卿《きよう》の「戦争犯罪と国際法」についての論説を引用してゐる（英文記録四一八―四一九頁）。ライト卿はたしかに著名な法律家であり、卿の見解に対しては大に敬意を払はなければならぬ。然し卿は世界の立法者ではない。卿は本論文においては、裁判官としてではなく弁護人として自国の政府の主張を支持する目的で明かに一方的な議論を展開してゐるのである。かうした役割を演ずることは無論不当なことではない。しかし卿の強い独断論は国際法に精通した法律家の一致した意見を代表するものではない。国内裁判所たると国際裁判所たるとを問はず、この問題に関する国際慣習の存否を判断するについては、国際法学者の一致した意見ある場合にのみこれに依拠しうべく、各国政府の政策やその公然たる支持者の見解に依存することは許されないのである。

「一羽の燕《つばめ》で夏を卜《ぼく》する」ことができないやうに、卿の独断論によつて国際法を卜することはできないのである。

仮にライト卿の立論が一九四八年における全ての現代の国際法学者の承認するものであるとしても（そんなことは絶対にないのであるが）、そして又国際法が今次大戦中において急速に且つわれわれを間誤《まご》つかせるほどに変化したのだと仮定しても（われわれは全くそれを知らなかつたが）、かかる新奇な法規を当法廷の被告人に対して適用することは明かに遡及《そきゆう》的適用であつてそれは不当である。

首席検察官は侵略戦争が国際犯罪であるとの立論を証明するために、明かにそれだけでは不充分な各国際条約そのものよりはむしろ国際慣習をその論拠としてゐるやうである。

然し一定の行為が、国際法上の義務又は権利であるとの信念の下に、かかる行為をなす明白且つ継続的な習慣が生じた場合にのみ、国際法学者は国際慣習ありとしてゐることを注意しなければならない（オッペンハイム『国際法』第二巻二四頁）。常設国際司法裁判所規程第三十八条は「法トシテ認メラレタル一般慣行ノ証《あかし》トシテノ国際慣習」を国際法の法源として認めてゐる。右の用語はあまり洗練されてをらず批判の余地を存するものであるが、然し全ての国を拘束する国際慣習が存在することを証明するためには、法的信念のみならず一般の慣行が立証されなければならぬことは極めて明白である。

国際会議や条約の前文においてなされた漠然たる、そして屢々《しばしば》単に修辞的な宣言のみでは不充分である。われわれは須《すべか》らく心素（主観的要件）のみならず、体素（客観的要件）即ち各国の一般的な慣行に着目せねばならぬ。然るに各国の実際上の慣行は、侵略戦争が責任ある国家もしくは国家の中の責任ある個人の刑事責任を伴ふものであるとの命題を否定するものである。イタリーのエチオピア侵入は国際聯盟によつて侵略戦争とみなされたが、聯盟の科した制裁は経済断交にすぎなかつた。ムツソリーニ及びその内閣は勿論のこと、イタリーに刑罰を科することを提案した者は一人もゐなかつた。一九三九年のソヴイエット露西亜《ロシア》のフインランド侵入も聯盟によつて侵略戦争の烙印を捺《お》されたが、これに対してとられた唯一の手段は単なる除名処分であつた。そしてソヴイエット聯邦又はその指導的な政治家軍人を処罰することを考へた者は一人もなかつたのである。

最後に、本裁判においては、日本国家の有罪無罪ではなく個々の被告人の有罪無罪が争点であることを強調しなければならぬ。この両者は全然別個の問題である。首席検察官は、侵略戦争の張本人個人を処罰するための条約が締結せられたことも、又かかる国際慣習が確定されたことも立証してゐない。これは検察側主張にとつて致命的であるとわれわれは考へるのである。

(乙)　法的概念としての侵略戦争

侵略戦争は国際犯罪であるとの首席検察官の命題の今一つの重大な難点は「侵略」とか

「侵略者」とかいふ辞句が漠然として定義しえないことである。

先づ最初に首席検察官の引用に係るウエブスター辞典の「最初の攻撃」といふ単純素樸《そぼく》な辞書的定義をとりあげてみよう（英文記録四一九頁）。侵略者といふのは最初に発砲した者の謂《いい》である。ブリアン曰く、「大砲の一発はまさに大砲の一発だ」そして「それは聞えるし、屡々《しばしば》その痕を残す」。まさにその通りである。然しこれは単に物理的な標準にすぎない。それはなんら道徳的もしくは法的な意味内容を有《も》たないのである。従てこの定義に従へば更に「正当な侵略」と「不当の侵略」の区別をする必要が生ずるであらう。モーア判事は「国家は戦争を始める場合には、常に外部行為を排除するために戦争を始めると称するが、かゝる行為のために戦争を始めるのでない場合が多い。他に援助してくれる武力があるといふ確信は必然的に戦争をしようとする傾向を強めるであらう。加之《しかのみならず》、侵略を理由付けるため往々巧みに相手の外部行為を挑発することがあるといふ事は顕著な事実である」と述べてゐる（モーア前掲五六八頁）。ウエブスター辞典が上述の定義に代る定義として「挑発せられざる攻撃」を掲げるのはおそらくかかる理由に基くのであらう。然し近代国家にしてなんら挑発によらないで戦争を始めるやうな国があるか。例へば一九四一年十二月八日の日本の戦闘開始は右の定義に該当するだらうか。オリヴア・リツトルトンは開戦前すでにそこには重大な挑発があり、このことを否定することは歴史の歪曲《わいきょく》であると云つた。

モーア判事は語を継いでいふ。

「……最初に実力行動に出ることが、安全の為の唯一の手段たる場合もある。この原則の重要性は各国若《も》しくは国家的集団があくまで軍事力の優越を維持せんと努める場合ますます増加する。そしてポルトガルは仏、西両国の混合軍隊が一七六二年自国の国境を徘徊《はいかい》してゐた際、右の原則に基いて行動した」。（前掲五六八頁）

次に同じく首席検察官の引用する別な定義に考察を加へてみよう。「侵略者とは既に紛争を平和的解決に委ねることに合意したるにかかはらず、かかる誓約に違反して戦争に訴ふる国をいふ」。（英文記録四一九頁）

これは明かに不完全な定義である。何故なら仲裁条約が存しない場合においても侵略戦争の可能性はいくらでもあらうし、又それは仲裁手続に委《ゆだ》ねることに合意した国家が後日自衛のための軍事行動の必要を認むる可能性や、さらに紛争は存せず単に重大な脅威のみ存する場合を無視してゐるからである。右の定義の下にメキシコ及び南米諸国及び支那においてかつて屢々《しばしば》行はれたやうに不統一国家において秩序を維持するために軍隊を上陸せしむることは正当といへるかどうか（ハーバート・アーサー・スミス「大ブリテンと国際法」「国際法上の問題に関する英国政府の見解を示す公文書集」第一巻〔一九三二年〕第二節〔不統一国家〕一八一―三〇頁）。米墨《べいぼく》両国共平和的折衝を試みることなく、又平和的折衝が失敗した場合に仲裁手続を先《ま》づ試みないで実力に訴へてはならぬ旨を明文を以て規定した一八四八年の米墨条約にかかはらず、一九一四年米軍は突然ヴエラクルズを撃つてこれを占領したが、この場合合衆国は侵略国であるかどうか。又英国が一九二五年、国際聯盟規約所定の解釈方法をとらずに支那へ軍隊を派遣したことは侵略行為であるかどうか。（この点に関する英国政府の法的弁明については「スミス」前掲二五—二九頁に引用せられたサー・オースティン・チエンバレンの一九二七年二月八日附聯盟事務総長宛覚書参照）

われわれは首席検察官の引用してゐない長短さまざまな幾つもの定義づけの試みについてここに詳しく論ずる必要はない。最も長いソ聯政府の詳細をきはめた定義は明晰《めいせき》であるよりも辞書的であるとして批判された。又最も短い「自国外における軍隊の存在」といふフランスの提案はフラー少将をしてこの提案を考案した人は「気狂か又は『ユーモリスト』にちがひない」といはしめたのである。それらはみな定義しえざるものを定義せんとして失敗したのである。オースティン・チエンバレン卿は、「それ故余はかかる侵略者の定義づけの企てに対し依然として反対するものである。蓋《けだ》しかかる定義は無実を陥れるわなとなり、罪ある者に対しては道標となるから」といつた。又ケロツグ国務長官はケロツグ・ブリアン条約が討議された際、不戦条約の範囲を侵略戦争に限定せんとの仏国の提案に対して、一つはまさに右の理由によつてこれに反対したのではなかつたか。（ケロツグ「合衆国の戦争防止政策」「アメリカ国際法雑誌」第二十二巻第二号二五九頁）

前記「侵略の場合における国家の権利義務に関する条約案」の起草者は「侵略」を単に形式的に定義するに止めてゐるのは賢明である。

草案は次の如く規定する。

「(本条約ニイハユル)

(ハ)『侵略』トハ一国ガ行フ武力行使ニシテ該国ガ承認スベキ方法ニヨリ義務違反ヲ構成スルト決定セラレタルモノヲイフ」

右の条約案は単に将来の法のみを問題としてゐるものである。パリ条約においては締約国は広汎な自衛権を留保し、しかも自衛権に属するかいなかはこれを行使する国のみがこれを判断すべきものとした。締約国は当時他の一国若《も》しくは数国又は国際的機関をして、武力行使が「国策ノ手段トシテ」為されたか自衛権の行使であるかを決定せしめる意志はなかつたのであることを想起すべきである。かかる法の状態を改善せんとするのが右の条約案の目的の一つであつた。国際聯合憲章によれば、安全保障理事会は侵略の問題を決定する権限を与へられた。しかし安全保障理事会においてその決定に全員一致を必要とするとの原則に関し、果しのない論議が続けられてゐることは、現在の国際情勢の下において侵略の問題に関する決定が専《もつぱ》ら特定の国家にたいする政治的戦列関係の如何によつて左右される強い傾向のあることを示すものである。それは又あらゆる戦争を世界戦争化せんとする世界平和に関する刑事的構想に本質的な限界あることを物語るものである。

それは兎も角として、国際聯合憲章の規定は何が侵略であるかについて何ら精確な知識をわれわれに与へないのである。

モーア判事は言ふ。

「侵略者の問題を最初の一瞥《いちべつ》で決定しようとすることが正義を無視したものであることは経験によつて決定的に証明された。従てわれわれの目的が不浄なものでないかぎり、事実の公平な調査にたよらねばならぬ。然しそれには時日を要する。国際聯盟総会は日支事変について一九三一年九月廿一日管轄権を取得し、リツトン委員会の報告書は一九三二年九月四日支那の北平で調印せられ、総会は一九三三年一月十七日自己の任命した委員会の報告書を採択した。この手続が実際に費した期間は十七ケ月に及び、しかもなほ最後の結論は未だ得られなかつたのである」。(モーア前掲、五六八、五六九頁)

又リツトン報告書自身その最後の章において次の如く述べてゐる。

「前章を読んだ者にとつては、本紛争の包含する問題は、しばしばいはれるやうに、簡単でないことが明《あきらか》であらう。

いな問題は著しく錯雑して居り、全事実とその歴史背景について精《くわ》しい知識を有つ者のみが、これら問題について、はつきりした見解を述べる資格を有するのである。

本件は一国が事前に国際聯盟規約所定の和解手続を尽すことなく他国に宣戦したといふごとき草案ではなく、又一国の国境が隣国の軍隊によつて侵されたといふやうな簡単な事件でもない。蓋《けだ》し満洲には、世界中の他の如何なる地にも見出しえないやうな特徴が多々存するからである」。

又二十世紀前半期の国際組織の実情の下にあつては、全ての良心的な政治家は、必要な自衛行為と認める行為をなす国家の権限の範囲に関して重大な問題に直面せざるを得なかつたのであることを注意しなければならない。

アメリカ、イギリス、フランス、日本の政治家達が、ケロッグ・ブリアン条約に調印するにあたつて広汎な留保をなしたのは、かやうな理由に基くのではなかつたか。

ヒットラーの行つた戦争は、或は他から攻撃される差迫つた危険があると考へてゐない人達によつて開始せられたのであつたかも知れない。従て、その侵略性の問題はニユルンベルグ裁判所にたいして余り困難な問題を提示しなかつたのかもしれない。

しかし、本裁判の記録は、独逸《ドイツ》の場合と日本の場合とが、他のいろいろの点と共に、この点についても全く異つてをり、日本の行つた戦争が「侵略的」性質のものであるか「防衛的」性質のものであるかを、しかく速断することは、一般大衆の偏見に盲従するものであるとか、故意に歴史を歪曲《わいきよく》するものであるとの非難は、受けないとしても、少くとも「独断論」の誹《そし》りを免れないことを明白に示してはゐないか。政治家がもつともデリケイトな政治的決定をなすにあたつて犯した過誤の故に、かれらにたいして犯罪人とか極悪人とかの悪名を被《かぶ》せることは著しく正義に反するものといはねばならぬ。

いはゆる侵略戦争かどうかは畢竟《ひつきよう》見解の問題である。見解の問題について意見を異にするからといつて人を殺人者とすることは言葉を以て人を殺すものである。

衡平《こうへい》――自然法――は民事裁判においてはともかく、少くとも国内的又は国際的政治と密接な関聯をもつ性質の刑事裁判については正に「魔物」である。

われわれが侵略を定義することをやめ、問題を個々の事件毎《ごと》に特定の戦争が侵略的であるか防衛的であるかを裁判所の決定に一任するとすれば、かかる裁判所の判決は拠《よ》るべき何等の基準がないため、必然的に時代の政治的偏見に支配される傾向を伴ふであらう。なぜなら「侵略者」といふ言葉は、「アメリカ帝国主義」とか「赤色帝国主義」とかいふ言葉と均《ひと》しく国際政治において、全世界から相手方を仲間はづれにさせるために用ひられる讒謗《ざんぼう》の言葉だからである。

以上の考察に鑑《かん》み、われわれは首席検察官の説論はこれが現行法でないばかりでなく、又これを法とすべきでないと主張したいのである。一見首席検察官の提言は事情に通ぜず且思慮なき人達を惹《ひ》きつける力をもつてゐる。

しかしわれわれがこれに熟慮を加へるとき、それは実際上不正を招来せざるを得ない法原理である。その適用の結果は、不正が征服せられたといふ印象ではなく、むしろ「被征服者は不正であることが浮世のおきてだ」といつたブルワーの言葉が依然として正しいのだといふ印象を一般人に与へることとなる。かかる原理を適用することは、将来の戦勝侵略者がその被害者の犠牲において利益を収めるための最も危険な先例となるであらう。われわれはかかる法理は、国際法の神聖なる境域から追放せらるべき似而非《にてひ》なる法的原則であると主張したいのである。

四　国際法条約等を侵犯する戦争

次に首席検察官は、国際法、条約、協定及び保障を侵犯する戦争の計画、準備、開始若しくは遂行に関する「平和に対する罪」なるものを論ずる。そして「この点について、法は充分に確立してをつて数世代にわたつて実施されてゐる」といふのである。（英文記録四二〇頁）

嘗《かつ》てケロッグ条約成立の当時、アメリカ国務長官が自衛行為の制限は無数の先例によつて明瞭に確立してゐると述べたのに対して、国際法学徒は、これ等の無数の先例が何であるか分《わか》れば誠に興味深いことであると言つたが、かれらの好奇心は遂にみたされなかつた。同様に、いはゆる「平和に対する罪」中この部分は「充分に確立してをつて数世代にわたつて実施されてゐる」との言葉に接して、国際法学徒はいづれも目をこすつて自らの驚くべき無知を嘆くことであらう。

国際法及び条約が遵守《じゆんしゆ》せらるべきことは、被告人をも含めて、いやしくも分別ある者の少しも疑はないところである。首席検察官は、「これら被告人は、これら（即ち条約の規定）が全く無意味な言葉にすぎぬと主張するのであらうか」と問はれる（英文記録四二二頁）。然《しか》し国家は国際法や条約を無視してもかまはないと考へるほど、被告人が低劣な道徳の持主であるとするのは著しく不当である。なるほど国家は特定の場合に国際法及び条約について、解釈上意見を異にすることもある。又時には一国が他国に対して法違反もしくは約束違反を云為《うんい》することもある。然しこれは公正な裁判所が決すべく、又かかる裁判所によつて初めて判定しうべき事項である。一般国際法の規定もしくは条約の条項の違反があつた場合に、何人《なんぴと》もそれが違法であることを疑ふ者はない。然しある国家の行為を違法であると宣言することと、かかる行為を発起した個人たる指導者を有罪とし、これに極刑を科することとの間には大きな懸隔《けんかく》がある。全ての文明国は契約違反もしくは民事上の不法行為を悉《ことごと》く犯罪とはしない。前者に対しては賠償が後者に対しては処罰が通常の救済方法である。

首席検察官は一例として第三次海牙《ヘーグ》条約を引用する（英文記録四二一頁）。われわれは先に述べたことを再びここで繰返さうとはしない。仮に百歩を譲つて右条約の違反があらゆる場合に違法であるとしても、それは責任者たる個人の犯罪を構成するものではない。

条約を侵犯する「平和に対する罪」の処罰の如きは国際法に未知のことである。かかる主張はさきにも述べたやうに、ヴエルサイユ会議において採用しがたきものとして排斥されたのである。法はむしろ首席検察官の主張とは反対の方向に確立してゐる。被告人は首席検察官の主張するやうに（英文記録四二一頁）、自己の行為が「犯罪」であることを勿論「知つて」はゐなかつた。なぜなら何人も被告人が国際法上犯罪人ではないことを「知つてゐた」からである。

上記「侵略の場合における国家の権利義務に関する条約案」には、本文に対する註釈中に次の如き章句のあることを注意すべきである。

(1) 合衆国は一九〇七年の第三次海牙《ヘーグ》条約の締約国であるが、同条約第一条は、理由を附したる開戦宣言の形式又は条件附開戦宣言を含む最後通牒《つうちょう》の形式を有する明白且事前の通告なくして戦争を開始すべからざることを規定してゐる。合衆国が最後通牒もしくは開戦宣言なくして戦争を開始してもそれは本条約にいはゆる「侵略」を行つたことにはならない。

(2) 日本は一九二二年の華府《ワシントン》九箇国条約の締約国であるが、同条約第一条は、締約国が「支那の主権、独立並びに領土及び行政の保全を尊重」することを規定してゐる。日本が正当の理由なくして支那の領土を征服しこれを併合しても、それは本条約にいはゆる「侵略」を行つたことにはならない。

右の説明は、「侵略」に対して、自己があらかじめ承諾した手続によつて侵略国たる決定を与へられた国家に不利益な、特定の法的効果を付与せんとする将来の法を提案した条約案の起草者等も、単に第三次海牙条約とか九箇国条約の如き条約に違反したといふだけでは、その戦争を右の意味の「侵略」に該当するものとは認めなかつたことを意味する。それは又、制裁派に属する法学者すら、首席検察官の主張するやうな広汎な原則を確立した法と認めてはをらず、又その提案する将来の体制の下において、右の如き条約違反の責任者たる個人に直ちに刑罰を科することを提案してもゐないことを意味する。

五　殺人の罪

次にわれわれは、被告人が殺人罪を犯したものであるとするすこぶる奇異な訴追事由に関する首席検察官の釈明に遭遇する。

首席検察官は日本の刑法典を引用して、法律上正当の理由なくして故意に人を殺害することは、文明国においては殺人の罪を構成すると論ずる。（英文記録四二五頁）

この議論を承認するについては重大な制限を必要とする。即ち不法なる殺人は、英米においても必ずしも死刑に該当する謀殺罪マアダアではなく、それは単に故殺罪（マンスロオタ）として一ケ月の拘禁刑又は罰金刑を科するを以て足りるとされてゐる場合もあることである。そして又ある国では殺人罪に対し死刑は科せられてゐないことである。首席検察官は語を次いでいふ。「本件においては、死亡は悉《ことごと》く交戦の結果として生じたものであり、戦争が違法な戦争であつたから、本来の違法な行為から自然に且つ通常生ずる結果も又違法性を帯びる。この法理は日本の法律においても認められてゐる」。

われわれは首席検察官の論法に承服することをえない。首席検察官は真先に「違法な」といふ曖昧な形容詞を用ひる。そこでは「国際法上違法な」といふ意味で用ひられる。次に同じ言葉を、「国内法上違法なる行為の結果を一切伴ふ違法」の意味をもたして用ひるのである。

然し国際法学徒は誰でも、国際法の原理はさうでないことを知つてゐる。戦争が国際法もしくは条約に違反して開始されたとしても、戦争状態は発生して、交戦国のいづれの側も戦争法規の保護を受くる権利を取得するといふことが、国際法学者の一致した見解である。ローレンス教授は、なんらの挑発をも受けず又事前の外交交渉をも行はずして攻撃を加へるといふ極端な場合を引いてつぎのやうに説いてゐる。「完全な平和裡にあつて予《あらかじ》め自己の要求を知らしめず、又外交手段で満足をうる努力もしないで他国を攻撃することは国際的匪賊《ひぞく》行為に他ならない。又おそらくそれはかうした取扱を受けるであらう」。

然しかれは附加へる。「然しかかる憎むべき手段によつて開かれた事態は、それにもかかはらず戦争であつて、双方とも戦争法規に従つてその軍事行動を行ふことが期待される」。（ローレンス『国際法原理』第七版〔一九二五年〕パーシイ・ウインフイルド校訂、三一二頁）

なるほど海賊は全人類に対する犯罪人として処遇される。然し海賊はいかなる政府からも授権を受けずして行動するものである。政府の授権に基いて行動する正規の軍隊の一員や、戦争開始につき政治的責任を有する者を、単に戦争が違法な方法で開始せられたといふだけの理由で殺人犯人として取扱ふといふが如きは、頗《すこぶ》る奇異な教説である。

完全に組織された社会である国家内部において内乱を計画、準備、開始した者は違法な行為を犯すものであることは明白である。国内法は当然これらの者を大逆罪の犯人として取扱ふ。然し国内法ですら通常これらの者を政治犯人として取扱ふのであつて、通常の「兇漢」もしくは「殺人犯人」としては取扱はず、国際法も又これを犯罪人引渡から除外してゐる。

首席検察官はさらに第四海牙《ヘーグ》条約の各規定を引用する。（英文記録四二五―四二七頁）

そのうち同条約第二十三条はいふ。

「特別ノ条約ヲ以テ定メタル禁止ノ外特ニ禁止スルモノ左ノ如シ。

(ロ)敵国又ハ敵軍ニ属スル者ヲ背信ノ行為ヲ以テ殺傷スルコト」

首席検察官は右の規定から次のやうな結論を引き出すのである。

「従て、日本と平和関係にあつた他国に対する無警告の攻撃は、最も悪質な背信行為であり、海牙条約の規定によつて、かゝる攻撃中に人を殺害した行為は殺人罪となるに至つたのである」。（英文記録四二七頁）

然し先にかかげたウエストレイクやベロツトの如き著名な権威の意見に鑑《かんが》みても、重大な挑発を受け、長期にわたる外交交渉の努力を重ねた末、一国が他国に対して突然戦略的攻撃を加へた場合に、しかも相手方において事態が極めて緊迫し、戦闘の開始を予期し、且これに備へてゐたやうな場合に、かゝる攻撃が第三次海牙条約によつて違法とされ、且又「最も悪質なる背信行為」とよばれうるかどうかは頗《すこぶ》る疑問である。然し法律論を進めるために百歩を譲つて、仮りにこの提言を肯定するとしても、首席検察官の結論は右の規定から直に演《えん》繹《えき》されえない。何故なら「背信の行為を以て殺傷する」との辞句は明かに、「既に行はれつゝある戦争中」にといふ意味である。然らざれば右にかかげた法文中の「敵国又は敵軍」なるものは存し得ないであらう。第三次海牙条約の規定する、宣戦を伴はない戦闘開始に関する行為のごときは、もとより首席検察官の引用する右規定にふくまれるものではない。

「兎の手品」の比喩は今日の流行であるやうだ。イギリス国会において国内輸送機関の国有に関する政府の計画を批判するにあたつてレデイング卿は、政府は比較的短い期間に「国有といふ帽子の中から社会主義の兎を」とり出す事に頗る堪能であることを示したといつた。又全印議会においてアチヤリア・クリバラニ(ママ)氏は、イギリス側の提案した憲法草案を批判して、ヒンドスタン語でイギリス人は都合の好いときにいつでも帽子の中から兎や卵をとり出すといつた。私もこの世界的流行を真似て検察側の議論を特徴づける精巧に編み上げられた詭弁《きべん》の網を一気に解消せしむる為に兎の手品にたとへる事を許されたい。手品師は通常の帽子を借りてきて、これを、テーブルの上に置く。そしてこれに向つて何やら呪文を唱へる。帽子さて帽子をとりあげる。するとテーブルには小さな兎が、うようよ走りまはつてゐる。帽子の中にもともと兎がゐたのではない。手品師が兎をその中に入れたまでである。

検察側の議論はまさにこれと同様である。検察側は普通の帽子、即国家国民を拘束する国際法といふ綺麗なそして上品な周知のシルクハットを持つてきて、これをテーブルの上に載せる。そしてこれに向つて呪文を唱へる。その呪文の中から「違法」とか「犯罪的」とか

「殺人」とかいふ言葉が次第に大きく響いてくる。そして帽子をとりあげると、たちまち裁判所の中には、国内法のここかしこから借りて来た新生の国際法理論が現はれて、観衆を驚かせる。どこからそれらをもつてきたかは重要ではない。もともとそれらの理論がシルクハツトの中になかつたことだけは確かである。検察側に於てそれらを、シルクハツトの中に入れたのである。

六　「通例の」戦争犯罪

「通例の」戦争犯罪及び「通例の」戦争犯罪の一部をなすかぎりにおいての「人道に対する罪」については、国際法の確定法規に従て有罪が立証された場合に、これを処罰すべきであることはわれわれもこれを認める。

由来戦争は非人道的なものである。人間がこれに付与した一切の理由づけや弁解を除去して「汝《なんじ》殺す勿《なか》れ」といふ基督《キリスト》の示された最高道徳から判断すれば戦争は防衛的であらうと侵略的であらうとにかかはらず、必然的に殺人行為を伴ふ制度と認むべきである。戦争に伴ふ血なまぐさい軍事行動が、これに関与する者を残忍ならしめそのため敵国の戦闘員のみならず一般市民にたいしても特に彼等に敵対行動の嫌疑ある場合には、惨虐行為が加へられる傾向のあることは、戦史の汎《ひろ》く示すところである。これら惨虐行為は戦争に必然的に随伴する誠に悲しむべき現象である。しかし、罪ある者にたいしては刑罰を科すべきことは国際法の命ずるところであり、且又かかる犯罪の遂行者にたいして峻厳な裁判が為されるべきことは、日本政府がその名誉にかけて履行《りこう》を誓約した降服文書の条項によつて疑ない。戦争の法規慣例に違反して惨虐行為を現実に犯し又は之を命令した者を、正当に構成された裁判所において処罰することは然るべきことである。但しヴエルサイユ会議に於ける十五人委員会におけるアメリカ代表委員は「消極的犯罪」、すなはち「通例の」戦争犯罪を防止しなかつたことにたいする責任の理論を全面的に否定して居ること、又英国法においては他人の死亡を防止しなかつたことにつき過失があつてもそれは死刑に該当しない故殺（マンスロオタ）にすぎない点について裁判所の注意を促して置きたいのである。

おそらく首席検察官は、独逸《ドイツ》の場合と日本の場合とが同じであるとの安易な仮定に基いて、様々の戦場において違反者達が犯したかもしれない全ての交戦法規違反の行為について被告人等からの命令があつたものと想像してゐるのであらう。しかしかかる「上からの命令」はこれを証明することができない。そこで首席検察官は、その「上からの命令」なる訴追事由につき「推定」を、しかも「推定」のみを根拠としてゐるのである。蓋《けだ》しその結論にいふ。「これらの殺人行為は、以上述べたる如き極めて広範囲な地域において極めて長期間にわたり又極めて相類似せる型に則つて行はれ且幾つもの抗議が中立国によつて確実に伝達せられた後においても多数の犯行が繰返された点からみて、われわれは上からの、すなはち被告席にある被告人の積極的命令のみが、か丶る犯行を可能ならしめたものと推定せざるを得な

い」。（英文記録四二九頁）

しかし被告人がいかなる段階の地位において命令を発したかが明かにされねばならない。段階の如何を問はず、もしくは一定段階以上の者はすべて、有罪なりとの無差別的推定を為すことは、正義の本質に背馳《はいち》し全世界の良心の反撥を招くことであらう。

検察側の主張する惨虐行為もしくはその他の違反行為が、かりに同一の行為類型をとつてゐるとしても、それは当然にかかる推定を理由づけるものではない。かかる型は国民性もしくは民族性の反映であるにすぎぬのかもしれない。犯罪は芸術上の作品とひとしく、種族の慣習を反映する一定の特徴を示すのである。又、地理的、経済的、及軍事的条件が相互に類似してゐることも、ある程度か〻る検察側の主張する惨虐行為その他の違法行為の「類型性」を説明することもあらう。本件のごとき重大事件においては、上からの命令なる推定、並に何人《なんぴと》からそれが発したかの点は合理的疑問の余地を残さぬ程度に立証せられなければならない。

惨虐行為に関する証人の証言をきいてみると、これらの行為が同一の類型をとつてをらず、むしろ証人の国籍に応じてさまざまな型を示してゐるとの印象が強い。か〻る事実は「上からの命令」を否定するのみならず全然別個の事実を物語るものである。

「通例」の戦争犯罪の裁判や判決についても、後代の人達は被害者の同国人である裁判官のみによつて構成せられた裁判所は当然一種の偏見をもたざるをえないとの非難をうけるかもしれない。われわれは勿論これと反対に、コンモン・ロオ及びロオマ法両法系の光輝ある伝統を代表する著名な法律家によつて構成せられ、平和的な雰囲気の中に開かれてゐる本裁判所は、一切の国家的偏見から全く解放され、その事実認定においても、将又《はたまた》確立した国際法の解釈及び適用においても、公正であることを確信するものである。

七　個人責任

首席検察官はさらに進んで、被告人の個人責任について論ずる。首席検察官は、国際法もしくは国際条約を侵犯する戦争の計画、準備、開始、遂行が個人責任を伴ふとのテーゼを理由づけるために、かのサボタージユ事件である「エクス・パーテイ・クイリン事件」に対する合衆国最高裁判所の判決を引用する（英文記録四三一頁以下）。然し「エクス・パーテイ・クイリン事件」は、合衆国議会がその制定する法律において、戦争法規違反の全ての犯罪を細目にわたつて不動の形式に法文化することの代りに、裁判所の承認し適用しうる範囲で軍事裁判所の適用すべき普通法の体系を採用することが可能であるかどうかといふ事件なのである。これは、違憲でないかぎりその欲するやうな形式によつて立法を行ひうる聯邦議会の法律の解釈の問題であるにすぎない。聯邦議会の意志に対して最高裁判所が下した解釈は、他国民を拘束することにはならないのである。

さらに又従来の慣習によつて、軍事裁判により個人を処罰してきたやうな、既に充分確立した交戦に関する普通法を援用の方法によつて採用することと、国際法及び条約を侵犯する戦争の計画、準備、開始、遂行は当該国家の責任のみでなく、当該国家のために行動した個人の刑事責任を伴ふものであるといふ、全く革命的な理論を採用することの間には大きな隔りがある。かかる刑事責任は、国際法学者及び国際慣習によつてはつきりと否定されてきてをり、又いづれの国の責任ある政治家でも、国際条約を商議する際、右の如き原則に考へ及んだ者は絶対にないのである。もしも右の如き解釈が商議の際提案されたとしたら、それらの条約は成立に至らなかつたことであらう。例へばケロッグ条約の当事国は、これに違反して戦争をなした場合、かれらが殺人罪を犯したことになるといふ意思を有したものであると考へることができるか。国際聯合憲章のうちにもかくの如き理論を見出すことはできない。もしもかかる趣旨の規定が置かれたとしたら、同憲章自体が採択さるるに至らなかつたであらう。

次に個人責任に関する国際法の原則を一瞥《いちべつ》しておかう。裁判所も熟知されるやうに、国際法は主権国家から成る社会を規律する頗《すこぶ》る柔軟且つ非侵略的な法体系である。現代の独立国家から成る国際団体が世界政府にまで発展することともなれば、われわれの知つてゐる国際法は当然に消滅し、世界法がこれに代ることとなるであらう。ルネッサンス以降のヨーロッパ社会の現実を母胎として生れた、かやうな国際法の本質的性格は、その後数世紀にわたる発展と他の大陸への地域的拡大にもかかはらず、今日においても依然として変つてゐない。

それ故国際法を強行するものは世界政府ではなく、各自の領土に対して実効的統制を行ひ、自己の主権に服する全ての者の行為、及び自己自身の行為に対して責任を負ふ能力を有する、組織ある国家なのである。

国際的責任に関する原理は、この極めて特殊な法体系における右のやうな根本的事実を充分に認識して初めて真の姿においてこれを把握しうるのである。

義務と責任は国家及び国民に対してのみ課せられるものであり、個人に対しては課せられない、といふのが国際法の一般原則である。国際的義務の違反は、違反国家の団体責任を生ぜしめる。戦争や報復の如き国際法の制裁は、国際法違反の行為を行つた個人に対してではなく、該国家の構成員全体に対して向けられる。世界法を有する世界国家出現の暁には、あたかもニューヨーク州のある市民が犯した叛逆行為に対する処罰が罪ある当該市民に対してのみ科せられ、同州の人民全体に科せられることがないと同様に、刑事及び民事上の制裁の対象は、正義の要求として当然罪ある者のみに限られ、無辜《むこ》の市民に及ぶことはないであらう。然し今日の国際社会を支配する法体制における責任の法理は、かくの如きものではないのである。

尤《もつと》も、戦時及び平時における国際交通の実際的経験から、個人責任の課せられる若干の例外（それらが真に例外とみるべきか否かは別として）が認められるやうになつた。最も古い例外は海賊行為の場合である。近代国際法の成立以前から存在する国際慣習によつて海賊は法の保護を受けない者、「人類全体の敵」とみなされた。国際法上海賊はその母国の保護を受ける権利を失ひ、全ての国は自由にこれを捕へて処罰することができる。この例外的規則によつて、その海賊の属する国はこれを保護するために公海自由の原則を援用することができず、他方他の国が海賊行為を働いた人又は船の所属する国家に対して報復又は戦争に訴へることは許されないのである。次に同じく周知の例外的場合は、封鎖破りと戦時禁制品の運搬である。国際法は封鎖破り及び禁制品運搬者に対して、積荷の没収といふ形で特別の制裁を認めてをり、捕獲国の捕獲審検所によつてこれを強制しうることとなつてゐる。第三の例外は、交戦法規の違反、即ちいはゆる「戦争犯罪」であり、この場合には一国の正規の軍隊に属しない個人に対してその国の軍事裁判所は略式手続によつてこれを処罰しうるのである。

国家は自己の行為、換言すれば個人が政府の命令に従ひ又はその承認をえてなした国家行為に対し団体責任を負ふ。ある行為が国家行為であるといふのは、問題の行為がその国家に帰属せしめられ、実際にこれを為した個人に帰属せしめられない、といふことを意味する。かやうな行為によつて害を受けた国家は、右の国家に対してのみ国際不法行為上の責を問ふことができるといふことは、充分に確立した国際法の原則である。右国家の同意をえずして行為者個人の責任を問ふことは国際法違反である。有名なマクレオド事件においては、一八三七年にカロライン号を捕獲するため合衆国に派遣せられたイギリス軍隊に所属してゐたマクレオドが、一八四〇年にニユーヨーク州において捕へられ、アメリカ市民を殺害した廉《かど》によつて起訴された。国務長官ウエブスター氏は、一八四一年三月十五日附法務長官クリッテンデン氏に対して次のやうな書面を送つた。

「現在余の謂《い》はんと欲するところは次のことに尽きる。即ちカロライン号攻撃は国家の行為であるから、もし合衆国政府が右の行為並に自己の義務に関して下す判断により適切と考へる場合にはそれは報復又は全般的戦争に訴へることを正当づけるものである。然しこの場合提起される問題は、公的な政治的な問題、即ち独立国相互間の問題であつて、これに関係した個人を逮捕し、恰《あたか》も国内法違反に対すると同様に通常裁判所の審判に付することは許されないのである。当政府が主張してゐるやうに、カロライン号攻撃が国家の行為として不当であるとすれば、これに対する法的救済は国際法の規定によつて認められた救済にこれを求むべきである」。(モーア『国際法先例集』第二巻第百七十九節)

「国際法の漸進的法典化に関する専門家委員会」が一九二七年三月乃至四月の第三会期において採択した報告書は次のやうに述べてゐる。

「裁判所が外国政府の主権行為に関して裁判権を行使しないといふ法則は、被告人が……たとへ訴訟当時には官吏たるの資格を保持してゐなくても……かかる資格においてなした行為……又は主権国家から与へられた権限に基いてなした行為……について個人として訴追せられる場合にも適用せらるべきである」。(「国際聯盟公表、法律部」一九二七年、「米国国際法雑誌」一九二八年第二十二巻補遺一二五頁)

カルル・ストルツプ編纂《へんさん》の『国際法外交辞典』（一九二五年）第二巻二頁にも次のやうに述べられてゐる。

「国家はその全ての国家機関に対して責任を負ふが、右機関は国家機関としての資格において行動するかぎり自らは責任を負はない」。

然しこの国際法の根本法則にも周知の例外が若干存在する。例へば間諜《かんちよう》や戦時叛逆は明かにこれに該当するものであつて、この場合にはたとへ敵国政府の命令に基く行為であつても「戦争犯罪」としてこれを処罰するのである。然しかやうな個人無責任の一般的法則に対する例外は、慣習又は合意に基く国際法の特別の法則によつて明白に立証されなければならないのである。

国家の行為又は私的行為に対する個人責任は国際条約によつてこれを規定することができる。奴隷売買、海底電線切断、遠海海豹《あざらし》捕獲の如きがそれである。個人無責任の一般原則に対するかやうな例外を樹立せんとした（結局流産に終つたが）比較的最近の試みは、一九二二年二月六日ワシントンにおいて締結せられた潜水艦使用に関する条約である。同条約第三条は、「商船の攻撃、捕獲、もしくは破壊に関する本条約の規則を侵犯したる国家公務員は、上官の命令に基きたるといなとを問はず戦争法規を侵犯したるものとみなし、海賊行為の場合と同じく裁判処罰を受くべく、その現存する地域を管轄する国家の軍事又は非軍事官憲の裁判に付することを得」と規定した。

各国が右の国際法の基本原則に対する例外を認めることを非常に渋り、国際協定によつてかやうな例外を定めるにあたつては極めて細心な注意を払つてゐることから判断して、第三海牙《ヘーグ》条約もケロッグ・ブリアン条約も、首席検察官の主張するごとく、国家の行為に対する個人責任をとり入れることによつて右の一般原則に対する例外を認めんとするものでなかつたことは極めて明白であるといはねばならぬ。締約国の真の意思がかやうな例外を認めんとするにあつたのであれば、条約中にそれを明示したはずである。

上述せる如き国際責任の制度は、現代の国際社会の現実に基礎づけられたものであり、それは、国際社会の現実にてらして実際上正義に合致する機能を営みうる唯一の制度である。国内法から得た概念にとらはれた国で、又世界国家が現在の事実であるとか直《す》ぐにもこれを樹立しうるとかいふやうな不当な仮定の上に立つて、この責任制度を批判する如きは愚かである。国内法にも精通し且つ人類の福祉に対する真摯な翹望《ぎょうぼう》を抱いた人たちが、現在の制度を樹立したのである。この制度の下に「国家の行為」といふことが大きく浮び出てゐるとすれば、それは元来主権国家を完全に認めることによつて平和と秩序が維持せられてゐる国際社会の現実の反映に他ならず世界各国は未だかやうな国際社会に代るべき世界国家の主権と世界法の支配に対する用意を有するものとは認められないのである。国家の官吏が他日異国の裁判官によつて「戦争犯罪人」と宣告せられることを免れるために、自国政府の命令が果して国際法、条約、協定、保障に違反しないかどうかを一々自ら決定しなければならぬ如き状態の下において、国家の政治的経済的乃至軍事的任務が遂行されうると考へる如きは、国際社会の現実に対して盲目なるものである。

他日戦勝国によつて侵略戦争乃至は国際協定を侵犯する戦争と宣言されるおそれのある戦争の共同謀議、準備、開始及び遂行を、その国の政治家及び軍人の個人責任を伴ふ犯罪であるとする如き条約が提案された場合に、少くとも右の事実は、多くの国をして容易に調印を肯《がえん》ぜしめないであらう有力な理由の一つとなるであらう。いづれにせよ、国際協定によつて特にかゝる刑事責任の存在を明白に規定せざる限り、国際法上個人責任を伴ふ平和に対する罪なるものが存在しないことは明かである。

ケロッグ・ブリアン条約やヘーグ及ジエネヴア条約のやうな条約は、政治家に対して刑罰を科する趣旨であつたと考へることを得ない他の一つの理由がある。それは国際関係は極めて相互的に密接に結びつけられてゐるために、関係当事国と他の国家との関係に重大な危険を齎《もたら》さずには裁判所における証拠では真の事態は明《あきらか》にしえないといふことである。又独立主権国家から証拠を得ることは必ずしも出来ることではなく、又全然不能なことも屢々《しばしば》ある。何故ならこれらの国家はその国家に迷惑を及ぼすやうな秘密の事項を公表することを好まず、これが提出を拒否するからである。右のやうな考慮は国内の刑事訴追に於ける弁護側の妨害となることは極めて稀なのである。

右のやうな事態は、一国の政治を行ふ政治家と、政治とは何ら関係のない一般人との責任について重要な差異を来すのである。国際法及国際条約の署名国がこの重要なる事実を了解して居つたことは明白である。世界を動乱に導くやうな証拠を提出せしむることなしには、政治家に対する公平な裁判は出来ないのである。それは非民主的な政治家に対する優遇ではない。又それは旧式な法人格擬制を国家に適用される結果ではない。それは政治家の行動は右のやうな非常なる危険なしには弁護ができないといふ真理の正しき認識にもとづくものである。各国が危険に曝《さら》されることを欲しないが故に、政治家の行動は裁判所に於て適当に弁護しえないのである。それが外国関係に依存する弾劾《だんがい》事件、とかビルス・オブ・アテインダアとかビルス・オブ・ペインズ・エンド・ペナルテイズが一致して嫌はれ、排斥された理由の一つである。被告は外国の官庁から証拠を得ることの不可能なことと、外国との関係を攪《かく》乱《らん》することの危険によつて手をしばられることとなるのである。

パナマ収賄事件、ドレイフアス事件、カイヨー事件等は、国際政治的要素が間接に関係して居る場合に真の公平な裁判が困難であると云ふ真理の極めて希薄な反射にすぎない。政治家免責の原理は単純な伝統ではなく、それは必要に基くものである。

国際法たると国内法たるとを問はず、凡《およ》そ法は立法によつて発達すると共に、判例によつても発達する点については、われわれは心から首席検察官の意見に賛同するものである。然し、裁判判例による法の発展は、ある法体系の根本精神と、その基本原理の枠の中で行はれるものであり、又行はるべきである。われわれが欧米における法の歴史を一瞥《いちべつ》するならば、裁判所がその適用する法を発展せしむるに当つていかに注意深く且つ控へ目であつたかが分るであらう。裁判所の働きは、恰《あたか》も大自然の運行と同じく、徐々に人目につかない程度に行はれてきたのである。決して突然に又乱暴に行はれたのではない。かゝるが故にかれらの行蹟は恒久性をもつのである。裁判所は確立した法を施行するために存在する。裁判所はその下す判決によつて法に革命的な変革を齎《もたら》すべきではなく、現行法を適用すべきである。そしてもしも裁判所が法を変革しようと試みるなら、それは正に立法府の権能を僭《せん》奪《だつ》するものである。

なるほど裁判所が往々法の仮面の下に実質的に立法する場合もある。然しかかる司法的立法は、試験的に且つ細心な注意を払つて、ある場合にはこれを包摂し他の場合にはこれを排除するやり方で徐々に行はれるのであつて、その執行する特定の法体系中の基本原則を覆《くつが》へすといふやうな方法でそれは行はれるのではない。ホームズ判事は、南太平洋会社対ジエンセン事件（『合衆国最高裁判所判例集』一九一七年、二四四巻二〇五頁、二二一頁）において次の如く述べる。

「私は裁判官が立法することを認めるに躊躇《ちゆうちよ》するものではない。然し裁判官は法の間隙を埋めるために立法しうるにすぎない。その機能は大塊から粒子への微細化作用に限定されてゐる。コンモン・ロオの裁判官は、自分はコンシダレイシヨンの理論は無意味な歴史的遺物にすぎないと考へるから、自分の法廷ではこれを認めない、と言ふことはできない。又限定管轄権を持つ海事裁判官も同様に、自分は主人と傭人に関するコンモン・ロオの法則は立派な法則だと考へるから、本裁判所においてもそつくりこれをとり入れたいと思ふ、といふことは許されない」。

往々国際法に新しい犯罪を導入しようとする現在の試みと、中世イギリス法における新犯罪の導入とが類推的に論ぜられる。然しかかる類推は皮相的で、これに基く理由づけは明かに誤謬《ごびゆう》である。中世のイギリス刑法は、社会生活のうちに浸潤《しんじゆん》してゐた唯一の信仰——即ちローマ教会の——によつて緊密に統一せられた小さな社会を規律するためのものであつた。これに反して国際法の規律対象たる社会は、さまざまの文化と相異なる社会観政治観をもつ多数の主権国家から成る全世界的社会である。中世のイギリスにおいては、裁判官は多くカトリックの僧侶であり、刑事問題に関するかれらの判断は、中世の正義観念を反映するものであつた。然るに当法廷における著名な裁判官各位は、異つた宗教、社会、政治観念と、異つた法伝統をもつ諸国家を代表してをる。中世のイギリスにおいて王室裁判所がとり入れた新しい犯罪は、いづれもキリスト教の道徳律によつて極悪の烙印《らくいん》を捺《お》されたものであり、又そのとり入れ方も既存の、裁判所によつて運用されてゐた法体系を漸次的に拡張する方法によるものであつた。従つて裁判所がこれを犯罪として取扱ひ、適当な処罰を科しても、それは何人に対しても驚愕《きようがく》や不満を与へるものではなかつた。

全然新奇な犯罪を認めたといつて非難する声は聞かれなかつた。被告人自身すら、全然新奇な事項について審判せられ断罪せられるものであるとの不平を述べる者はなかつた。かれらは爾余《じよ》の人々と同様、自己が犯罪者であると感じてゐたのである。然るに本裁判において新しく犯罪とせられるものは、その当否につき意見の分れうる政治的行為であり、検察側の提議する原理は全ての確立せる原理に反し、従来の全ての概念及び慣行からみればまことに驚くべきものがある。そして全世界の学者達は、かやうな手続はその新奇さの故にこれを承認しがたいものであり、それは人をその意見の故を以て処罰し、政治的経済論の問題を法の一方的な宣言によつて決定せんとする試みに他ならぬと宣言してゐるのである。これらの大法律家の宣言の当否はここに問題ではない。少くともかやうな宣言がなされてゐて、これを無視しえないことは事実であり、これによつて一派の論者の主張する類推論は完全に解消せざるをえないのである。

革命的な法の変更は、全関係者をして改正提案に対する賛否の論議を尽さしめた後、初めて妥当に行ひうるのである。かくの如き法の変更は、これを正当とする証拠も又これを非とする証拠も著しく制限され、結局当事者の弁護人においてたまたま利用しうる施設と知識とに依存するところ大ならざるをえない裁判所の、到底よくするところではないのである。もしも国際法になんらかの根本的変更が必要であるならば、国際連合のやうな国際団体が世界立法府にまで発展するとすれば、かうした団体がこれを行ふに達した機関である。それはたしかに、国際司法裁判所や、又は国内的もしくは国際的軍事裁判所の仕事ではないのである。

首席検察官は、破壊技術の発達の程度に照して世界は末梢的な法律論を待つてはゐられないといふ（英文記録四六二頁）。然し法は末梢事ではない。幾世紀にわたつて経験を重ね理性の吟味を経て築きあげられた国際法の規則と原理は、しかく無雑作に「法的瑣末事」として捨て去らるべきではない。おそらく首席検察官は、この点において、大戦争の後自らが歴史における中枢的な位置を占めてゐるとの自負心をいだく世代を特徴づける、あの新秩序への熱情に捉はれてゐるのであらう。然しわれわれは、「新秩序」とか「非常時」とかいふ観念が、時の権力者によつて適当な法の手続を無視するための周知の手段であることに留意しなければならない。もし首席検察官の主張する如く、人類の惨禍《さんか》を未然に防ぐために世界各国間の交通を規律する新しい原理を樹立しなければならぬといふ意識が、真に各国民の間に遍《あまね》く存するものとすれば、かやうな目的のための方法として既に確立してゐる多辺的条約締結の方法によつて、容易にこれを実現することができるであらう。われわれはこの際、一六四一年デイグビイ卿がストラトフオードの「ビル・オヴ・アテインダア」に関してなした有名な金言において、裁判所の記憶を喚起しておくことは不適当ではあるまい。

「ビル・オヴ・アテインダア」〔Bill of Attainder〕による議会の権限には、人間の生死を左右する二重の権力が含まれてゐる。その一つは司法権であり、他の一つは立法権である。前者の規矩《きく》は何が法的に正義であるかであり、後者の準縄《じゅんじょう》は分別と政策の見地から見て何が全体の利益と生存に適してゐるかである。然し判決においては両者を混同してはならない。われわれは適法性の欠如をば良心の問題によつて補充してはならない、又政策的な考慮からすれば妥当性を欠くことを法的正義の口実を以て弥縫《びほう》してはならない。

或は既にこれらの政府高官に個人責任を負はしめるとの原則を国際法に導入すべき「時機に立至」つてゐるのかもしれない。然し征服者の一方的見解であるかの如き外観を呈するやり方でかゝる原則を国際法に導入することは、その真価について世人の疑惑と不信を招かずにはおかないので絶対にこれを避けなければならない。かゝるやり方によつて反《かえつ》てこの原則の確立そのものが何世紀も遅れることになるであらう。

首席検察官は、裁判所に対して国際法の体系に根本的変革を加ふべきことを要請した後、再び例の共同謀議罪の理論を恰《あたか》もそれが既に国際法の一制度をなすものとして援用し、裁判所条例の犯罪規定についてのその論議を結ぶのである。かくして首席検察官は極めて妥当な個別、刑事責任の原理を無視して「日本政府において有力な地位を占めてこれを動かしその地位により違法な戦争を共謀し且つ計画、準備、開始、遂行したこれらの人は、かゝる行為の結果生じた全ての犯罪行為の一つ一つにつき責任を有する」と言明する（英文記録四三三B至四三四頁）。首席検察官は又、若干の法域において認められてゐるやうにみえる、犯罪の計画に関与した者は全てみな、その遂行中共謀者が犯罪を犯した場合自らかゝる犯罪の事実を知ると否とにかかはらず、又かゝる行為を禁じたと否とにかかはらず、これらの犯罪の全部につき又各々他者の行為について責任を負ふといふ、別個の国内刑法の理論を引用し、こ

れによつてその立論を強めようとする。（英文記録四三四頁）

共謀罪の法理と同種のこの法理についても、又数人の者が違法な計画の実行に当つた場合、これがいかに些細《ささい》なものであつても、かゝる計画の遂行中その一人が犯した犯罪に対して右犯罪の大小如何にかかはらず、又たとへ自らは右犯罪の事実を知らず該犯罪が自己の与へた注意に反して行はれたにせよ、これに対して責任を負ふといふ非論理的な英米法理論が、国際法の一部をなすものでないとして排斥されんことを我々は裁判所に対して要請する。この理論によれば、例へば猟に出かけた一団の人々が違法に猟を行ふ際そのうちの一人がこれを妨害した番人を故意に殺害した場合に他者は全てみな、たとへかゝる行為を現実に知らなくとも又これを知つたならこれを防止するために万全を尽したであらう場合であつても、殺人の罪を犯したものとするのである。純歴史的な理由に基いたかくの如き特殊且つ不当な理論が世界の全ての国民によつて法として受けとられると考へることは、常識に対する冒瀆《ぼうとく》である。

首席検察官は唯一つの点、即ち公の地位は被告人を保護せずとの理論を除いては、本裁判所条例中に規定された法は、条例起草の当時でなく、被告人の行為当時の国際法の規則と原則であつたと主張する。この立論によれば、事後立法の問題は本件では問題にならず、被告人を処罰することは不当ではないといふのである。（英文記録四七四頁）

この事後法の問題についても又、我々は全面的に首席検察官の主張を争ひ、この点についての裁判所の判断を仰ぎたい。

ここに具体的な例を挙げて例証しよう。仮に本裁判の被告人の一人が米国に送られ、米国大統領が単独又は他国と共同して創設した軍事裁判所によつて共同謀議乃至侵略戦争の罪を問はれたとしよう。そして禁錮刑の言渡を受け、聯邦裁判所判事に対して「ヘイビアス・コオパス」〔habeas corpus〕令状を求めたとしよう。この場合首席検察官は、被告人は聯邦憲法第一節第九条の事後法禁止の規定に反して拘禁せられてゐるとの理由で釈放を受ける権利はないと真面目に主張されるのであるか。カルダア対ブル事件におけるチエイス判事の古典的な解釈によれば、右の場合は明かに前記の条項に該当するのではないか。右の解釈による事後法は次の如くである。「第一、法制定前にされた行為で、行為の当時無罪であつた行為を犯罪とし、かかる行為を処罰する法律。第二、犯罪を重くし行為の当時より重大なものとする法律。第三、刑罰を変更し、行為の当時犯罪に対して法の定めた刑罰よりも重い罰を科する法律。第四、犯人を処罰するため、証拠規則を変更して犯罪を行つた当時必要とした証言を減少又は変更する法律」。

事後処罰禁止の法則はアメリカ法独得の技術的規則ではない。それは自然的、普遍的正義に基く法則である。華府《ワシントン》においても東京においても、火は燃え水は流れる。それと均《ひと》しく、右法則の侵犯は、洋の東西を問はず均しく不正且つ圧制的であると感ぜられるのである。

我々はここに繰返して、「通例の」戦争犯罪の場合を除き、本裁判所条例の犯罪規定は明白に且つ全部事後の法であり、従つてポツダム宣言における「峻厳なる裁判」ではなく、法による裁判の正反対であるヒットラー式の漠然とした「一般感情」による裁判として、排斥せられてゐることを主張するものである。

八　検察側の提唱する新国際法理論

首席検察官は、侵略戦争及び国際法並に条約を侵犯する戦争は国際犯罪であつて、かゝる犯罪にたいしては、当該国家のために行動した個人にたいして、通常の凶漢の受くべき屈辱的処罰を科しうるものであるとする。この新奇な、そして首席検察官によればきはめて有益な、国際法の原則をば歴史的新判決によつて創造することをつよく裁判所にたいして、要請する。（英文記録三八九頁）

国際法に至大の影響を及ぼすべきかくのごとき提言を受け入れる前に、われわれはそれを単なる空想的なそして無思慮な道徳感情の表現としてではなく、又国家的ないし世界国家的背景の下にではなく、主権国家から構成された複雑な国際社会の背景の下において、現実に作用する法原理としてこれを吟味せねばならぬ。

戦争によつてかきたてられた一般民衆の感情が未だ沈静せず、かつ革命的な昂奮《こうふん》につつまれた時期にあつて、ある国際的団体が全員一致でかやうな提案を採用することは可能なことである。しかし大国たると小国たるとを問はず全ての国家が、それが実際的意味合を充分認識してこれを承認しうるやうな条約の形に、この提案が、技術的に構成されうるかは大に疑問であるとせねばならない。

戦時にあつて「侵略者」といふ言葉は交戦国の双方が独善的に又世界輿論《よろん》の同情をひくがために、相手方に対してあびせかける形容詞であることは、かくれもない事実である。そして交戦国の一方が敗れた場合、果して戦勝国自ら自国が侵略者たることを認容して、その責任者たる政治家及軍人を処罰するであらうか。人間性に根本的な変革がもたらされないかぎり侵略者、又は国際法及び条約の侵犯者であると宣告されるのは、常に戦敗国である。戦敗国は遠い昔から、領土の喪失と賠償の支払によつて処罰されてゐる。そして戦敗国の政治家や軍人は、威信の失墜、全社会的生命の喪失、また愛する祖国が廃墟となるのを目撃する苦痛によつて充分に罰を受けるのである。これらの罰に加へてさらに之に対して刑罰を科することは、洋の東西を問はず、戦争の終了を特徴づけた旧怨《きゆうえん》の永久的な忘却、赦免《しやめん》、宥恕《ゆうじよ》といふ高い精神からはるかに後退することを意味するものである。そしてそれはかへつて平和的国際交通にたいして攪乱的要素を導入することとなるであらう。けだし国民は結局人間の集合体であつて、道徳的に完全無欠でもなく、又利害関係や偏見から超然としてもゐない。他人から犯罪者として死刑を科せられたことを永久に想起させられるのは、人情上喜ばしいことではないからである。

戦争は全部これを違法とし、苟《いやしく》も戦争の準備を為した者は、戦争が自衛的であると侵略的であるとを問はず、国際法及び国内法によつて処罰さるべきものとすることは、ケロツグ・ブリアン条約のごとき制限的そして曖昧《あいまい》な約束より正当且合理的であり、又世界平和を促進するゆゑんでもあらう。然し違法とさるべき「戦争」なる名詞にて「侵略的」とか「国際法もしくは条約に違反する」とかの形容詞をつけ加へることは、抽象的には頗《すこぶ》る合理的にみえるが実際的には、「無辜《むこ》に対しては罠《わな》、罪ある者に対しては道標」として作用する重大な危険をそのうちに包蔵するものである。

われわれは又、かかる根本的変革が国際法及び国内法に対して重大な影響を与へるものであることを認識しなければならぬ。一九三七年二月二十日に東京帝国大学でなされた「法の将来」と題する講演において、ロスコオ・パウンド教授は、規範体系の中における一つの変化は他の多くの点にも影響を及ぼし、これによつて経済秩序の安定を大に傷つけることがあることを指摘して、熱心ではあるが軽率な法律改革論者に対し重大な警戒をなしたのである。教授は、仕事を行ふ場所についての被傭者の既得権を主張する「坐り込みストライキ」についての新奇な理論が、場所の所有者がもはやそこで働く間の抑制と選択とができなくなるために、従来一般的安定を維持してきた傭主《やといぬし》の刑事的民事的責任に関する多年固定した二つのコンモン・ロオ上の原則の基礎を動揺せしむることになることを指摘したのである。アメリカ法学会のこの重鎮《じゆうちん》は、国内法における比較的小さな変化によつて生ずる影響に言及したにとゞまつた。然し、戦争を計画し準備し開始し遂行した者を含む、戦争の張本人の刑事責任を認め、且つこれに加へて英米の共同謀議の法理の応用によつてさらにこれを拡大する如き変革が国際的分野にとり入れられるなら、それは国際法の他の部分に重大な影響を及ぼすばかりでなく、国内法に対しても予期しえざる影響を齎《もた》らすであらう。なぜならそれは国際法の多くの原理がよつて立つ土台そのものを動揺せしむる変革であり、政治上経済上軍事上の国務遂行に対して、紛糾と混乱を齎《もた》らすからである。

　文明諸国が数世紀にわたつて辛苦を重ねつつ発展せしめた国際法の基本原理を、一時的な行政府の政策的要請によつて変更するのは誠に危険な企《くわだて》である。イギリスの枢密院司法委員会が、指導的判決であるサモーラ《（ザモーラ）》事件において「枢密院《キング・イン・カウンシル》における王、いな凡《およ》そ行政府が、わが国における裁判所の適用すべき法を定め、又はこれを変更する権限をもつといふやうな観念は、わが国憲法の原理と調和しない」と王に進言したことは、きはめて賢明且つ達識な態度ではなかつたか（「ロオ・リポーツ」一九一六年上告部、第二巻七七頁）。独逸《ドイツ》のカール・シユミツト一派の学者が独逸第三帝国の政治的要請に合致するやうな新国際法を創造せんとしたことは周知の事実である。かかる企図は法を政治に従属せしめんとするものであつて、光輝ある法曹の伝統にふさはしからずとして一般に蔑視されたのである。かゝる企図は、その動機は如何に善良であつても、戦争中の憎悪と偏見の減退せざる今日に於ては特に避けねばならないのである。各世代は次の世代にたいする深甚《しんじん》な責任感を以て、そして感情的偽善の影響の下に正義を装つて誤つた行動に出ることのないやうに、その行動にたいし反省することを要するといはれた。我々は我々の子孫の為にこゝに暫《しばら》く歩を停めて、「地獄への道は善意で舗装される」といふ有名なドクタ・ジヨンソンの箴言《しんげん》。又、「この世における賢者の仕事は、善人のもたらした害悪を修正するにある」と、ウオルタ・バジヨットのいみじくも表現した逆説に深く思ひをいたすべきではないか。

首席検察官は「復讐及び返報といふ卑しい下劣な目的」を力強く否定する（英文記録三八七頁）。然し、第一次世界大戦の歴史を研究した者は、いはゆる独逸式「シユレツクリヒカイト」〔Schrecklichkeit〕によつて聯合国の間に惹起《じやつき》された一般的憤《ふん》怒《ぬ》の念が戦争の張本人処罰を要求する囂々《ごうごう》たる声を捲き起し、聯合国の指導的政治家も、少くとも一時は、かくの如き民衆感情を満足せしめざるを得なかつたことを想起することが許されるであらう。第二次大戦に於ても、この点に関し歴史は繰返されてゐるのではないか。そして検察官諸賢は、意識的たると無意識的たるとを問はず、同じやうな民衆の感情に唱和して行動しつつある各聯合国政府の政策を実行するために、最善を尽くしてをらるるのではないか。

首席検察官はかくの如き原理の確立が将来の侵略者を抑制するために必要であると主張する。然しそれは、まことに望ましい、かやうな目的達成のために少しも必要ではない。なぜなら、敗戦を予想しながら侵略戦争を始めるやうな政治家はないであらうし、又、自国が戦に敗れないかぎり処罰を受けるおそれがないからである。一八七〇年、もしフランスが勝つたら軍事裁判所によつて審理処罰されるかも知れないといふ恐怖によつて、ビスマルクは戦争を止めたであらうか。又激昂する国民にたいし、その指導者達の処罰といふ国際的威嚇《いかく》を加へることは、恰《あたか》も沸騰《ふっとう》せる鍋に蓋《ふた》をかぶせると均《ひと》しい。正義を求める強い国民感情の存するかぎり、決してこれは平和を保障するゆゑんではない。正しいそして平和的な変化をもたらすに適当な機構が設けられないかぎり、不平不満によつて紛争は必然的に醸成される。又敗戦の危険はそれ自体戦慄《せんりつ》すべきものがあり、それがもつとも有力な抑制となる。処罰は勝つた場合には何らの抑制とはならない。なぜなら勝利者はかゝる刑罰を甘受することなくかへつてこれを相手方に科するであらうからである。いな指導者の個人的犯罪を認めるかゝる原理は、反《かえ》つて将来の戦争をますます惨酷《ざんこく》且つ非人道的なものたらしめるといふもつとも悲しむべき結果をもたらすであらう。なぜなら、交戦国の指導的な政治家や軍人は、単にその同胞の生命のみならず、己の首を救ふために、手段を選ばずに迅速な勝利をうることに専心するであらう。そしてかやうな戦争においては、ヘーグ又はジエネヴア条約によつてみとめられた交戦に関する法規慣習は、いづれの交戦国からも「法的瑣末事《さまつじ》」として無視されることとなるであらう。軍事的必要、「クリーグスレーゾン」〔Kriegsraison〕の理論が支配的となるであらう。世界平和への途《みち》は、これとは別の方向即ち人類の経済的社会的改善への国際的協力、及び国際紛争の起つた場合において友好と正義の精神に基いて紛争当事者を和解せしむることにあるのである。

第二部　検察側の最終弁論中の法律論の反駁

以上は首席検察官の冒頭陳述中の法律論に対する反駁である。

以下検察側最終弁論で提出された新たな法律論にたいし答へようと思ふ。

一　「戦争犯罪人」

降服文書中におりこまれたポツダム宣言中の戦争犯罪人と云ふのは諸種の点から論じて通常の戦争犯罪人と解すべきことは既に述べた通りである。

(一)　B—二節に於て検察側は木戸日記を引用して日本政府は該字句が「戦争勃発《ぼつぱつ》責任者」を意味するものなることを認識して居たと云つてゐる。日本語の「戦争責任者」と云ふ言葉は休戦前には「戦争勃発責任者」のみならず「戦時中に於ける責任者」をも意味したのである。

而して木戸被告は後者の意味でこれを使用してゐた様である。天皇の御意見として表示されてゐる記事も戦争責任者を後者の意味と解釈しても何等矛盾はないのである。即ち天皇の信任されてゐた将軍や提督に累《るい》が及びうることもあるからである。

日本政府に戦争法規違反者の裁判を委任すると云ふ提案の良い先例は第一次世界大戦後ド

イツ政府のなした要求であつて、これは日本政治家の熟知してゐたところである。右の歴史的事例に於て裁判をうくべき者は戦争勃発責任者でなく戦時中の戦争犯罪人であつた。

裁判所よりの質問に対する東郷被告の答も後の解釈を確認したのである（記録〇〇〇《（ママ）》頁）。そして兎《と》に角《かく》木戸の日記の右条件提案に関する記事は伝声に過ぎないのである。

仮に百歩を譲つて戦争責任者は「戦争勃発責任者」を意味するものとしても、日本当局者が通例の戦争責任者以外にも及ぶのではないかと考をめぐらしてはならない理由はない。

本件の如き重要な事件に於ては些細なそして不明確な言葉は被告人に有利に解釈さるべきは当然である。

㈡　検察側は「当時幾分でも疑があつたならば質問を発することに依つてこれを明かにすることが出来た筈である」といふ。これに対しては、右に立証した如く、第十項の字句の自然的意味は極めて明瞭であつて、この点に関しては疑を抱く余地はなかつたのであることを指摘する。

㈢　検察側は又言ふ「弁護側が本裁判所条例又はそれに基く起訴状の各項目を攻撃せんとするならば——かかる攻撃がこの時期に許されるとしても——解釈上ポツダム宣言の字句は戦争勃発責任者を含み得ないといふことを立証する必要がある」。然し弁護側は既に戦争犯罪の自然的且一般に理解された意味と七月二十六日のポツダム宣言発表に伴ふ事情とに鑑みポツダム宣言に使用された字句は二様の意味を持ち得ないことを立証したのである。然らばこの自然的且一般に理解された意味がポツダム宣言に使用された字句の意味でないことは検察側において立証すべきである。然し検察側の提案した唯一の証拠は次の二つである。㈠カイロ宣言。これは論点の解明について何等価値なきものである。㈡木戸日記の漠然たる記事。連合国政府を代表する検察側は、ポツダムにあつた連合国政治家が右字句の使用により何を意味したかを明確にするためにそれら政治家の宣誓供述書を提出することは極めて容易であつた筈《はず》である。

斯《か》かる証拠は勿論それ丈《だけ》で決定的といふわけではないが検察側の有力なる証拠として役立ち得たであらう。検察側として特に容易に取り得たかうした措置を採られなかつたとの事実は検察側の主張を深い疑に投げこむものである。

しかのみならず本件の如き歴史的事件に於て、この重大なる論点を訴訟技術的な挙証責任の規則に委《まか》する如きは軽率且不当である。この論点は真理性と正義の見地から必要ある場合には裁判所の職権によつても明確にすべきである事を主張する。

㈣　検察側がなす様にドイツの戦犯被告人に関する八月八日ロンドン協定及び裁判所条例についての議論をその儘《まま》本件に適用することは出来ない。なぜならば日本が条件付降服の条件を受諾したときはドイツの場合とは異つた取扱を受けることを必然的に予期してゐたからである。又第七頁の議論も右の議論と同様価値なきものである。なぜなら、ニユルンベルグ法廷が侵略戦争とヘーグ条約違反との非道性の軽重に関する意見は此処《ここ》ではなんら問題ではなく、問題は本件の被告が「戦争犯罪人」なる辞句をどう解釈する権利をもつかである。
弁護人側の主張では戦争犯罪といふのは戦場に於ける軍隊の行動と戦時中に起つた同様の行為に関する戦時法規の犯罪的違反をいふのである。今迄で一般に了解されてゐたかうした解釈を拡大することは圧制的であるといふのである。

㈤ (B—七節) B—一四頁に於てドイツ皇帝は専制君主であつたと言はれてゐる。これは承認しえない。ドイツ帝国憲法が聯邦憲法であつたことによつてもさうでないことが明かである。ドイツ各邦の君主又は国務大臣は起訴されなかつた。B—一五頁において未遂に終つたドイツ皇帝訴追(この訴追が不成功に終つたのはそれが良心に違反する種類のものであつたからである)は「権利を確立した」と言ふ主張は、排斥さるべきである。

㈥ 戦争勃発責任者を通常の戦争犯罪人と同視すること(B—九節、B—一五頁)は早計且つ無根拠である。後者に対する取扱は長年に亙《わた》つて確立し、その罰則もきまつてゐる。更にその処理は復仇《ふっきゅう》に依つて制約されてゐる。然るに前者には復仇による制約がない。

T・A・ウオーカー博士は其の『国際法学』に於て、氏は、十六世紀の宗教戦争の際交戦法規を全面的に廃止して見た、然るに復仇が断然増加して困つたので「古来の習慣を憧憬《しょうけい》」するに到り戦争法規が復活したと我々に教へてゐる。然るに交戦国が侵略者を処罰せんとする場合には、これに対し自らの感情以外何等制約がないのである。この点丈《だけ》を考慮しても検察側がなんら差別なきものとしてゐる二者の間には劃然たる区別あることが分るのである。

㈦ B―一五項、B―二一頁に於て検察側は被告人の信じたところには相当な根拠がなければならないといふことを根本的要件の一つに数へてゐる。それは一般刑法理論として行き過ぎである。この議論で行くと真面目であつても馬鹿な又は思ひ過ぎた錯覚の為に死刑に該当する罪に問はれることになる。これは不合理であつた事丈で人を犯罪人とすることである。

二 パリ条約と自衛権

パリ条約と国家の自衛権に関してはすでに十分云ひ尽して居る。然し乍《なが》ら検察側から新しい議論が提出されたのでそれに対し答へて置く必要がある。

㈠ 検察側はB―一〇節及び一二節において許容さるべき自衛権とは領土侵入に対してのみであると云ふ。これはケロッグ国務長官が上院外交委員会で明確に説明して居る点、上院外交委員長ボラー氏が上院でなした陳述、更にオースチン・チエンバレン卿がケロッグ・ブリアン条約受諾に際しなした声明に暗黙にふくまれるところと全く相反するものである。これ等諸言明は既に引用したところである。自衛権は支那満洲に駐屯した日本軍の防衛に及ぶものでありそれは米国パナマ海峡地帯駐屯のアメリカ軍隊防衛に及ぶのと同様である。此処《ここ》で一九三二年五月二日に締結された仏ソ相互援助協約に言及しておく。これは両国いづれかが他の欧洲諸国より挑発なき侵略を受けたるときは或る条件のもとに他の一国は直に其の援助をなすことを規定した条約であるが、この場合の侵略はフランス又はソ聯の国土を侵された場合に特に限定してゐる。これは明かに侵略行為に対する自衛権発動が領土侵略に対する防衛に限らないことを証明してゐるのである。

(二) B—一四節、B—二一頁には自衛なりやいなやは裁判所の決定すべき事項であるとする。これは米国の最高政治家が繰返し声明したところと矛盾するものである。彼等は各国はなにが自国の自衛権の発動であるかを決定しうべきで、米国も其他《そのた》の国々もこれをいかなる裁判所に〔もこれを〕附託することには応諾しないと述べてある。そして国家の自衛行為にたいし輿論は或はこれを喝采《かっさい》し或は非難するであらうとして居る。彼等のいはんとしたのは其の言明通りである。自衛行為は国際法上唯一の制裁である一般の非難を受けるといふことのみである。彼等の言はんとしたのはこれ以外には及ばず、又及ぶものとすべきでない。中米に於けるモンロー主義擁護の為めアメリカは戦争する権利ありと主張したジエームズ・ブレインは、若《も》し敵にとらへられた場合アメリカの指導者は裁判にかけられて生命の危険に曝《さら》されるといふ意味だと聞いたら、果してどう思ふことであらう。

著者の個人的な理論上の立場からの主張であるオッペンハイムのごとき学者の意見は自国政府の行動に対して抑制を加へんとしてなした提言であるかも知れない。日本法律家の意見書などは、条約の解釈の第一原則は各締約国の真意を確かめるにあること、そしてかうした真意は単に条約の辞句のみならず、其れに関聯ある外交文書その締約の際又はそれ以前に指導的政治家のなした声明等に照して探究せねばならぬといふ国際法の確定原則を変更しえない。又この根本原則が変更したことを示す証拠はなんら提出されて居ない。

国際法は確かに各国民の合意により進歩成長して行く。而《しか》し乍《なが》ら条約は締約国全部の同意なくして其の内容を拡大又は変更することは出来ない。これはパリ宣言や一九二九年のジェネバ条約や不戦条約のやうな国際法の一般規定を締結した多辺的条約の場合でも又二国家間の条約の場合でも同様である。

(三) B—一四節、B—二一頁に於ける検察〔側〕の主張は自衛権の発動は相当に予想される武力的領土侵入の場合のみで武力包囲とか況《いわん》や経済包囲の場合には及ばないと主張する。これはケロッグ国務長官が上院外交委員会でなした声明に背反する。このことについては他の弁護人より詳論することになつてゐる。更に我々は既に引用した上院外交委員長が各国は何が自国に対する攻撃であるかを決定する権利をもつと言明した点につき再び裁判官各位の注意を促すものである。

三　共同謀議

(一)「共同謀議」と云ふ言葉がすこぶる曖昧であるといふ事実は、国内法から類推して国際法上の犯罪を創造せんとすることがいかに危険であるかといふことの引証になることを裁判所は了解せられるであらう。英米法に依れば共同謀議は一つの軽罪に対する特殊な罪名で非合法的行為を合同して企《たくら》んだ場合を云ふのである。そして首席検察官はその冒頭陳述に於てこれに関する聯邦裁判所の判例を引用したのである。これは所謂「ミスデミナー」であつて英法では最長期二ケ年の刑に処せられる罪である。この意味に於て是れは英米法独特の罪であらうと云うたのである。

しかし一般的にはこの言葉は最も極悪な犯罪、即ち暴力を用ひて政府を倒壊するを目的とする共同計画を指して用ひられる。即ち端的にいへば叛逆罪である。検察側はこの言葉を用ひて訴追して居ない。何故か、それは本裁判の被告達はこの罪名の下に到底有罪となり得ないことは誰にでも分ることになるからである。けだし叛逆の対象たる世界国家なるものは存在しないからである。

斯くして検察側は特殊な軽罪たる共同謀議罪を以て国内法中最も重大なる罪を問ひ極刑を求めて居ることになるのである。これは軽罪たる共同謀議罪の類推ではなく、叛逆罪陰謀の類推である。然るに被告は叛逆罪に問はれて居ない。刑事訴訟の伝統は検察側は常に最も明瞭且つ簡明な方法で立証をなしコジツケ的論法を絶対に排除することにある。従て検察側は国際的に適用されねばならぬと想像し希望するだけでなく、それが適用さるべき理由を示さなければならない。弁護側は適用なきこと明白なことを確信するが、ここに積極的に国際社会と国家との本質的差異によつてその適用が排除さるべきことを論証する。

(二) 叛逆罪の場合にはこれに関係する人々は充分に確立した社会の組織員である。そしてその社会は彼等の生活のあらゆる部面で彼等に面接する。又彼等のなす行為、そのとる食物についてもこれに依拠するのである。それが彼等の属する国家である。大叛逆罪はその国家を結び付けて居る組織を破壊して暴力によつて彼等の好む組織をもつて之《これ》に代へんとする企図である。従つて之に対する危惧《きぐ》の念に刺戟《しげき》されて或る国又は恐らく多くの国に於て、か丶る計画を極悪非道の犯罪とする。これに対する強い恐怖心から更に進んで計画に少しでも関係した者又はこの計画を知らなかつた者をも等しく責任あり有罪であるとしたことは、さほどあやしむに足りない。かうした場合罪の軽重を問はず又計画が実行されたと否とは問題としない。従つて総てが抱く叛逆罪であり総てが均しく有罪であるとする。

然し本件では右の場合とは全然その趣を異にする。世界国家は存在しない。他国の便益を顧慮しないでその輸出品にたいし関税を課し、又は将来他国に対して使用される可能性のある軍備を具《そな》へる国を抑制し又はこれを処罰する世界政府は存在しない。全世界の教育家が若人の心のうちに世界社会の観念を育成することは結構なことである。しかし世界社会の観念は今なほ弱い。そして世界政治は今なほ主権国家から成る国際社会の前提の下に運営されてゐる。われわれはこの事実を悲しむかも知れない。しかしそれが事実であり現実である。そして国際の規範はかうした現実を前提として成立するのである。

国際戦争は誠に恐るべき害悪であり又その害悪は増加してゐる。何人もこれを嫌ひ、これを恐れる。戦争をしないやうに国家間に条約が締結された。何人もか丶る条約に価値を置き、条約が遵守されることを希望する。然し、その叛逆者と他国に対する戦争、所謂《いわゆる》「侵略戦争」をなす共謀者とを同列に置くことができるか。叛逆者は社会の全機構を破壊しその中枢神経に触れるものである。戦争の計画者は獅子《しし》と小羊との共存する敬虔《けいけん》な希望をうらぎつてゐる丈《だけ》である。われわれはかうした敬虔な希望を嘲笑する意図のないことは勿論である。われわれの殊に指摘せんとするのは只、一方で戦争の準備を行ふことと他方で大逆罪の陰謀をなすことを同列に置くべきではない、叛逆罪の陰謀に伴ふ惨虐な刑罰を独立国の政治家軍人の行為に新奇且つ驚くべき方法で適用することを正当化するやうな類似性はその間にないと云ふ点である。

㈢　共同謀議の名のもとに叛逆罪を導入せんとすることは忠誠の誓に基いた封建的のイギリス法の惨忍な規則即ち少しでも叛逆罪に関与した者にたいし最大の罪を無差別的に帰せしめる法理を国際法に導入せんとする試みである。然しこれは自然法及び国際法によつて排除せらるべきであることは明白である。国際法が個人の罪を認める場合があるとすれば、それは個人の行動に依つて個人の罪を計らねばならぬのである。

㈣　検察側の最終弁論において初めて提出された共同謀議論に関してはわれわれが次のことを付け加へることを許され度い。共同謀議が「起訴及び責任立証の形式」であるとの議論は論拠頗《すこぶ》る薄弱である。手続の仮装のもとに国際犯罪たることの立証されてないやうな死刑該当の罪に対し、これを起訴し、これに対して責任を負はせんとすることは驚くべきことである。

弁護側の主張によれば、比較刑法によつて共同謀議は国際犯罪たることを立証せんとした検察側の試みは、完全なる失敗である。検察側は共同謀議罪は文明国によつて承認された法の一般原則として国際法の規則であることを立証する目的で諸国の刑法典を引用する。そして法の一般原則は国際刑法の淵源をなすものであるとする。検察側のこの提言は英米法における四つの事項を注意深く識別することによつて容易に論駁することができる。

(イ) 叛逆罪の陰謀。これはその実叛逆罪なのである。犯罪中最も重い叛逆罪においては、この罪に少しでも関与した何人をも逃さず又これに対して極刑が科せられるかも知れない。然し総《す》べての国家に於いて、国家の安全とその基本的制度との安定が、総ての国家によつてそれが侵犯者に対する極刑によつて保証されてゐると云ふ事実は、本件に於いて何ものをも立証することにはならない。けだし叛逆罪の陰謀を含む叛逆罪の成立の基底となるべき世界国家が存在しないことは明白であるからである。

(ロ) 共同謀議罪。これはある違法な行為（ある場合良俗に反する行為）をなす共同計画をその本質とする。これが既に述べたやうに裁判官、法学者の猛烈な非難の対象となつてゐる犯罪である。共同謀議罪に関する英米のやうな広汎な理論はわれわれの知る限りローマ法系に於いては認められてゐない。ローマ法系の諸国中ある国では重罪の陰謀を罰し、他の国ではこれを罰してゐないことは検察側もこれを容認する。従つてこの場合に於ては、文明国の認める法の一般原則は存在しない。

(ハ)　刑事代位責任。もしも数人が共同の不法計画をなす場合には、この計画の遂行中行はる る犯罪、計画されたる犯罪に対してのみならず、行はれたる犯罪に対して責任を負ふ（その行為が計画されたる犯罪より重い罪であると否とに拘らず）と云ふ珍奇な原則、これは刑事代位責任の原則と名づけ得るであらう。この原理は歴史的理由に基いて成立する英米法独特のものである。検察側は多数刑法学者から非難をうけてゐる日本大審院の共犯に関する判例を引用するが、これも検察側の主張するやうな英米法の共同謀議罪程広汎ではない。それは兎に角、英米法の刑事代位責任の原則が普通《(普遍的)》であることは検察側によつて少しも立証されてゐない。しかのみならず、この原則は明白にわれわれの正義心に背反《はいはん》するものである。とにかくそれが文明国の承認する法の一般原則とは看做《みな》し得ないことは明かである。

(ニ)　民事代位責任の原則。これによれば使用者はその使用人又は代理人（機関）の職務執行中なした民事違法行為に対し責任を負ふ。この近代的英米の無過失責任の原則が現在（一九四八年）各国の民事立法に採用された程度を述べることはわれわれとして困難である。大多数の立法例は多分古典的な過失責任主義を今なほ固守してゐることであらう。この原則は英国及米国に於てさへも刑法には適用しない。唯《ただ》極めて微罪の場合に於てのみ使用者はその部下の犯罪に対して刑罰を科せられる。この原則は閣員の刑事責任を支持するために検察側によつて援用されて居るやうであるから（B—一七節以下）こゝに触れておいたのである。

(五) 検察側が「法の一般原則」に頼らざるを得ないと云ふ事実そのものが、その主張は国際法上何等の根拠なきものであることを明瞭にする。けだし右の国際法の法源は実定国際法が見出されない場合にのみこの法源を援用する趣旨であるからである。それはフーヴアー判事の有名な言葉「不明瞭の袋小路」に対して備へる趣旨即ち裁判所が適用すべき法がないと云ふ理由で裁判を拒否することを防止する趣旨である。それは国際法によつて国家間の紛争を処理するため或る場合有用な法源であらう。そしてそれが一九二〇年常設国際司法裁判所の条例起草者の目的であつた。それは国際刑法に於ては援用しえない法源であり又援用してはならない法源である。これが援用は明白に文明国の通則たる罪刑法定主義に違反する。

検察側はヒツトラー立法の下におけるが如く、その主張は類推のみに基くのであることを明言する。然し国内法における叛逆罪の陰謀の類推は世界国家が現実の存在となるまでは常にあやまつた類推である。

四 殺人

(一) 正当な理由なくして故意に人を殺した者を各国が殺人罪として取扱ふからそれは国際犯罪を構成すると云ふ検察側の議論(B—二一節)が正しいとすれば、場所と人とにかかはらず又は検察側の所謂「国際的性格」(その意味は不明である)の有無にかかはらず世界のいかなる場所でもそれは犯罪であることになる。これでは英国並に米国によつて終始支持され、又有名なロータス事件においてフランスも又強力に主張した「犯罪は地域的なり」といふ提言が全然消失して了《しま》ふことになる。これは到底認容することは許されないことであると弁護側は主張する。

更に殺人罪に対する免責事由は各国の法制上その軌《き》を一《いつ》にしない。死刑を廃止した国家は裁判所の命令をもつて免責事由とはせぬであらう。侮辱をうけた夫が間男《まおとこ》を殺した場合、ある国では広い範囲の免責を認めるが他の国ではそれを認めない。如何にしてかうした雑多な法の状態をそのまま国際法規範としてこれを国際的に執行し得るであらうか。それによつてわれわれは自家撞着《どうちやく》と変態的事態に堪へぬこととなるであらう。

A国ではXを殺人犯となし、B国ではXを死刑に処するのは殺人と考へるかも知れぬ。極刑を科する国際法上の殺人罪なるものはどうしても世界国家と世界法の存在を前提としてのみ成立する。斯《かか》る世界国家は存在してゐない。又世界法は戦時における間に合せとして一般に行はれて居る戦争法規違反者の処罰等少数の場合以外には存在しない。「殺人」はペルシヤとフランスでは夫々《それぞれ》異つた取扱を受ける。普遍的な要素丈《だけ》を取つて国際法上の殺人を構成するといふことは事実にもとづかずして抽象を以てこれに代へることになる。しからば先づ抽象的国際的殺人罪を作つてそれに各国国内法の内容をこれに附着せんとする検察側の試みについては如何《いかん》。

殺人罪の免責事由は各国まちまちである。検察側が殺人罪はいかなる場所でも同じであると言ひうるためには、すべての国家で侵略戦争の遂行は免責事由とならないことを立証する必要がある。各国裁判所はこれを免責事由とすべきではないことを立証してみても何等役に立たない。具体的に各国裁判所がこれを免責事由としないことを立証しない限り世界中何処でも侵略戦争は死刑に該当する犯罪として取扱はれて居るなどゝ推定することは許されない。そしてその証拠は少しも提出されてゐない。検察側の主張は全世界が彼等の見解と同様であることの立証を必要とする。スキス国又はペルシヤ国の裁判所が無思慮に戦争を始めたと云ふ理由で総理大臣を殺人罪として処罰するであらうかどうか。

(二)　B―二一節にある如く殺人罪は国際法の一部であると云ふのは単なる推定に過ぎない。諸権威、特に一九二〇年の国際裁判所条例を起草した著名な法学者の国際法の広汎な法源理論は単に国家国民を拘束する国際法の法源に関するのである。

其の法源は(一)国際条約(二)国際慣習(三)文明国家間で認められた法の一般原則(四)判例(五)国際法学者の教説(六)正義、衡平《こうへい》法と信義誠実これである。

個人行為に関する原則が国際法の一部なりとする議論が提出されて居ると知つたら右の分類の起草者は恐らく驚倒《きようとう》するであらう。「文明国家が認むる法の一般原則」が掲げられたのは国家の行為に適用される意味で類推的に加へたのである。是れ以外の意味はありえないのである。

㈢　国際法上に殺人罪が存在し——しかもそれは国際的性格をもたねばならぬと云ふ説明なき不明確な条件を附して——世界各国の裁判所が（夫々の原則に基きといふことらしいが）処理しうるといふ主張は全然不当である。はげしく論争された管轄権の問題はここでは不問に附せられてゐる。若しこの犯罪が国際法上の犯罪なのなら何故各裁判所がこれを取扱ひえないのであるか。検察側の論旨の全てが推定と架空の総合である。国内法、しかも蒸溜された国内法が国際法上に大量に移入されたと知つたら故フヰルモーア卿はその一九二〇年の同僚と共に仰天《ぎようてん》するであらう。

㈣　戦争が殺人罪を阻却《そきやく》するにはそれが合法的でなければならぬ、と云ふことは支持しえない提言である。けだし検察側の議論は正当なる理由がなければ殺人は死刑に該当する罪として各国によつて取扱はれるといふ絶対的同意に依拠するがゆゑである。なんとなれば、国家にとつて不法だとの意味において、戦争行為が不法であるなら免責事由とはならないと、すべての国家が同意してゐることは立証されてゐないし、さうした蓋然《がいぜん》性すらない。

そして検察側の論議の基底が、斯《か》かるあやしい提言に対し各国が完全に同意してゐるといふことにあるからである。

㈤　B—二五節（速記録三九〇三―三頁）においては検察側は戦時中と戦争開始前に行はれた不法行為との間に何等差異なしとする。これは問題の論点を逸してゐる。論点は行為の違法性の軽重ではなく単にヘーグ条約の適用範囲いかんの点にあるのである。戦争の遂行に何等関係なき行為にも及ぶものとすることはできない。

五　通常の戦争犯罪

通常の戦争犯罪は「俘虜摘要《ふりよ》」（J—一—一六一節）中に論ぜられてゐる。これに関する法の問題は「被告の責任」（K）で取あつかひ「俘虜摘要」では単に事実の要約に止めるといふ趣旨である。しかし右の摘要中には法に関する一定の推定を前提としてゐるので、ここにはかかる推定の若干の面について批評を加へることに止める。

㈠　ジエネヴア条約の準用に関する所謂日本の約束（J—四六節）

検察側はそこに日本を拘束する国際的合意があつたものと推定してゐる。弁護側の見解によればこれは大きな誤りである。米国及び英国が一九四二年に云つたことは、自分達はジエネヴア条約に従ふつもりだから、日本もこれに従ふことを要望するといふのである。右両国のなしたその他の宣言もやはり同種のものであつて、やはり同じやうに理解せられねばならないのである。それはたゞ現在の態度に関する「ステートメント」であつて法的拘束力をもつ約束ではない。それらは日本の行動を条件としたものではなく、全然独立、自発的であつて約因《マヽ》のないものである。日本がこれを了承してもそれによつて米国及英国を拘束することにはならないのである。そこには「アグリーメント」とか「プロミス」（J—一六〇B節）とかはないのであつて、日本の声明も両国の意向を了承し同様の意思を表明したのに過ぎないのである。この意思表示は前の意思の対価としてなされたのでなく、随意に行つたのである。従つてこの「カウンター・プロポーザル」を「約束」であるといふのは不正確である。これをなしたことが日本にとつて有益であつたとか、又「準用」の意味いかんとかの点は全然関聯性のない問題である。あたかも旅行者が他の旅行者にたいして「自分は明日歌舞伎座に行くつもりだが君はどうか」と云ひ、これにたいし「さう自分もやはりそのつもりでゐる」と答へた場合、そこには、道徳的にも法律的にも「合意」とか「引受」とかは全然ないのである。右の例が法の範囲外だといふなら他の例をとらう。株式所取引員は他の株式所取引員にたいして「自分は今週銅を出来値次第で売りに出るつもりだが君はどうか」と云ひ、これにたいし「左様自分もそのつもりだ」と答へた場合この二人のいづれもその思ふがまゝにふるまひうるので銅を売らうが売るまいが全然その自由である。

(二) ジエネヴア及びヘーグ条約(J―六〇B―一六一節)

検察側は「兎《と》に角《かく》一九二九年ジエネヴア俘虜《ふりよ》条約は一九〇七年ヘーグ条約のうちにすでに内在してゐたところを明示的に規定したものにすぎない」と云ふ。しかし、一九二九年の条約は単に現行法を成文化した丈でなく俘虜の状態を改善するために之を修正したのであることは明かである。ヘーグ条約前文の一般的宣言は予見すべからざる場合の処理について、軍司令官の不当な行為につき国家に賠償責任あることを示さんとしたのであること、以上のことをそれから引出すことは許されない。それは国家がこれらの場合を予見し軍司令官に命令を発することを国家に期待してはゐないのである。

前文の宣言は右の条約は網羅的ではなく、予期すべからざる事件が起つた場合に適用すべき法について軍司令官の判断が終局的だと国家が主張することは許されないことをいつてゐるにすぎないのである。

凡《およ》そ条約の前文なるものは、いかなることも制定することはできないのである。そしてこの前文はその次の本文の条項が網羅的でないことを宣言したのである。一九〇七年ヘーグ条約の主たる目的は国家の責任を確保するにあつたのである。伝統によつてみとめられた少数の場合にだけ認められる個人の責任については、殆《ほと》んど注意がはらはれなかつたのである。況《いわ》んや政府高官の責任などは全然考へてゐなかつたのである。前文における問題は将校のグループと他のグループ――軍指揮官と内閣の何《いず》れに責任を帰せしめるかといつたやうな問題ではなく、国家責任を確保するといふ問題であつたのである。かるが故に署名国は軍指揮官の専断的な判断にかくれて責任を免れることをえないものとしたのである。かゝる宣言――その次に違反国は賠償を支払ふべきことを規定し、大臣の責任などには少しもふれてゐない――をゆがめて、政府高官に個人責任があるといふやうな解釈がなされるとすれば、それは将来の政治家にたいし英国の「チヤンサリ・バリスタ〔Chancery barrister〕」〔や不動産専門の批評家〕が払ふやうな細心の注意を以て起草しないと国際条約は危険極まるものであることの警戒となるであらう。しかし、従来国際条約は同様な思想的背景をもつ友人間の協約であつて寛大な精神で起草されたものであることを忘れてはならない。

最後に検察側はヘーグ条約中のガヴアメントと云ふ字句の使用から条約遵守についての閣員その他の個人責任を引き出してゐる。

ヘーグ条約に於けるガヴアメントといふのは色々の資格でその時々に統治をいとなんでゐる個人をいふのではない。この言葉はステイトのシノニムとして用ひられる。最近の慣行によれば条約はガヴアメント間に締結されるといふ風に書かれてゐる。然し何人《なんぴと》も大臣の職務を行つてゐる個人、いはんやその下僚が条約の当事者であるなどとは考へないのである。英国におけるドイツ俘虜はアトリ氏やモリスン氏やミス・ウイルキンスンによつて個人的に管理されてゐるとは誰も考へない。それは国家を意味するのである。何人もサア・スタフオド・クリツプスやジオセフ・ウエストウツドやジヨイス卿が俘虜扶養の費用を支払ふ義務があるなどとは考へない。しかしヘーグ条約第七条は俘虜をその権力内にもつに至つたガヴアメントは俘虜の扶養のための費用を支払ふ義務があるものとしてゐるのである。

検察側の議論はガヴアメントの二つの意味即ち、

(1)「統治を行つてゐる人」と(2)「国家主権の非人格的権化《ごんげ》」との間の混乱にもとづいた誤魔かしであること一目瞭然たるものがあるのである。条約の条項違反に対して責任があるのは国家なのである。ヘーグ条約のいかなる個所をみても大臣その他の文官が交戦行為を監督し抑制する義務があるとか、又いはんや交戦規則違反の罪を分つ責任があるとかのことを示唆するものは絶無なのである。ヘーグ条約はかかる義務と責任とを課することによつて、全統治機関を軍法の下に置くことも勿論《もちろん》可能であつたのである。然しその制定者は、さうしたことをしないだけの聡明さをもつてゐたのである。そして驚くべき解釈によつて条約制定者が明示的にさけたところを試みないことが賢明であること勿論である。

㈢ 検察側の思想は「一般的断定には欺瞞《ぎまん》が隠されてゐる」といふ格言を無視してゐるやうである。それは「共同計画」又は「中央官憲から発した命令」の証拠としての「共通の型」の理論に特に顕著に現はれてゐる。

検察側は「日本人の行つた犯罪は、日本及び日本人の占領した多くの場所においてその性質についても又手口についても同一であつた事実は、犯罪が各々の犯行者の思ひつきで行はれたのではなく〈共同計画の〉一部として行はれたといふ殆んど不可避的な推論に導くものである。又それら犯罪はそのための〔特〕別訓練又は少くもある中央官憲から発した命令の結果であることをつよく証明するものである」といふ。

これでは重大な刑事的訴追の基礎とするには余りにも漠然としてゐる。けだし検察側は所謂「型」なるものが到るところで画一的に存在するとさへも云つてゐない。ある場合にはさうでないことを自認するのである。それは「その目的の為の特別訓練」或は「少くもある中央官憲から発した命令」の推定を打破してゐることになるのだ。それだけでなく検察側のかゝるいはゆる各「型」を熟視するならば逆にそれはその犯罪なるものは突発的なものであること、且つ「共通の計画」も、またある「中央官憲からの命令」なるものも全然存在しないことを立証することとなつてゐるのである。

(1) 逃亡せざる宣誓又は約束(J―三一乃至三九節)これ等各節の叙述は真に強制のあつた事件を示さんとする趣旨である。そしてシンガポール(三件)香港(二件)ボルネオ、ジヤヴア、善通寺及び台湾以外の場所に関して、なんら事件が掲げられてゐない点は重要である。印度ビルマ及び比島に関しては何もいつてゐない。従つてこの型は大きなギヤツプを示してゐる。又事実上所謂強制行為のやり方について共通なるものはない。あるときは脅迫、あるときは熱(ママ)、あるときはその結合である。どこに共通の型があるのか。勿論そこには宣誓の要求といふ共通の特徴はある。

然しこれは厳格な監視を免れるがための公正な対価として許さるべく且つ正当な処置である。又これらの事件はみな一九四二年の最初の九ケ月に起つてゐる。このことは反《かえ》つて不法な強制をやる公的政策のなかつたことの有力な証拠ではないのか。若しこれらの残酷な処置がとられたとすればそれは各地の下級将校の偶発的行為であつたのである。

(2) 殺《さつ》戮《りく》(J―一四一―一四四節)

(イ) 色々な方法で行はれたとされてゐる所謂殺戮について「型」を発見することは困難である。検察側もそこに型を発見することができないのである。それをある動機で結びつけることを躊躇《ちゆうちよ》してゐるからである。厄介《やつかい》を避ける為であるとか、住民に恐怖心を起させるためだとかのあて推量はしてゐる。然しそこに型があるとは主張してゐない。そこに述べられた事件が仮に証明されたとしてもそれは一九四二年の三ケ月間に一定数の殺《さつ》戮《りく》事件が起つたといふことである。たとへかかる事件が起つたとしてもそれは「ある中央官憲から発した命令によつた」といふよりも寧《むし》ろそれは直ちに抑止されたことを示すものである。

(ロ) (J―一四五節) この節に叙述されてゐる殺戮事件は仮にそれがあつたとしても殆んど総《すべ》て一九四三年にボルネオで行はれたものであつて地方的な叛乱の抑圧の際に起つたもののやうである。武力による叛乱鎮定は仲々なまやさしい方法でできるものではない。暴力、いはゆる「戦争叛逆者」を前にしての軍事的処刑はあらかじめ裁判の方法を必要とする場合には該当しないのである。

(ハ) J―一四六、七、八節の叙述は何等の「型」を示してはをらない。それらが仮りに証明されたとしても、それは敵の侵入が近づいた際、時として俘虜《ふりょ》が殺されたと云ふことを示すのに過ぎない。検察側は、それは俘虜による幇助《ほうじょ》の供与を防止する為であつたらうとその動機について推量するが、それは検察側が自認する如く、一つの推量に過ぎない。

「推量」によつて「型」を証明することは出来ないのである。かかる場合における俘虜の殺戮は時としては適当且つ許さるべき軍事的予防手段であるかもしれないのだ。次に検察側は侵入を「予見的」事件として取扱ふといひながら、直ちに「空襲後起つた」殺戮事件（タラワ）を引用してゐるのは矛盾である。とにかくこの「予見的」型の事件の発生は極めて少数しか主張されてをらない。それらの事件から何等の「型」を見出すことは出来ないのである。俘虜による脅迫の話や、書記による密令の話などは「強い傍証」ではなくして、それは極めて薄弱な証拠に過ぎないのである。もしも「中央」「最高」の日本の政策なるものが存在したのであつたならば、それは少数の場所においてではなく、劃一的に、常に如何なる場所に於ても適用されたことであらう。

とにかく、仮想された「最高の政策」を「日本の」として表示することは不十分であつてこれについて、如何なる日本人が責任があるのかを特記することが必要である。

日本軍隊のとる原則は、俘虜に対する義務は日本将兵の生命の保持に優先せずといふにあつたことは有りうべきことである。又、個々の場合に於て、指揮官がこの原則を不当に拡大したこともあり得べきことである。然しそれは、それら指揮官がさうした命令を受けたことを意味しない。そして右の原則そのものは、ヘーグ条約及び未批准の一九二九年のジエネヴア条約に反するものではないのである。

憲兵隊の使用した拷問に関して、J—一五六節は次の如くいふ。「その画一性に照しそれらは偶然に発生したはずはない。それは共通の訓練の結果であつたに相違ない。然しもしもかかる共通の訓練が与へられたとするならば、それは政府の政策事項であつたに違ひない」。

右の「共通訓練」の推論は常識上ありえないことである。又拷問《ごうもん》といふことは或る職業にともなふ共通の職業心理に起因するのかも知れないからである。更に進んでなされた右の訓練は「政府の政策事項」であつたといふ推論は、訓練は「軍事訓練」を意味することになるので、これ又誤つた推論である。軍事訓練の詳細を監視することは政府の任務ではないからである。

㈣　検察側がこの摘要を通じて広汎且つ不分化の「日本政府」といふ字句を使用したことは検察側の責任理論に照応するのであるかもしれない。「日本政府」といふのは「閣員のみならず、陸海軍将校、大使及び高級官吏を包含した広い意味で」使用されてゐると云ふ。且つ日本政府といふ言葉はこのサメーション〔Summation　最終弁論〕を通じ観察すると、この簡単らしく見える定義に更に「又はそれらの或るもの又は全部」といふ言葉をそつと附け加へたかの如くに使用されてゐるのであることを発見する。かうした特記なくして概括的字句を用ひて刑事責任の存在を主張することが個人としての被告人に対する刑事裁判に於て、きはめて不当であることは明白である。かうした技術は国内裁判所に於ては許容されないところであらう。例へば、或る戦争犯罪その他の事項が「日本政府」に知られて居つたといふ場合には、実際は少数の者しか知らなかつたに拘らず、以上の定義に包含せられる者全部が知つてをつたといふ誤つた推論に導きやすいのである。又一定の政策が「政府の」政策であると云ふ場合には、実は単に軍の軍略的政策にすぎないので、他の閣僚や、大使や、高級官吏は何等それに関係しなかつた場合でも、彼等すべてがそれに対して責任があるかの如く響くのである。

通常の戦争犯罪に関する訴追《そつい》についても、推定に基いて被告人に極刑を科すべきではなく、若し仮りに被告に罪ありとすれば、それは個人的犯罪の立証に基かねばならない。我々は、賢明なる裁判所が本摘要に充満する「推定」によつて誤られないことを要望するものである。

㈤　J─六節において次の如くいはれてゐる。

「他方本部門では検察側において証拠を提出しなかつた俘虜収容所員の他の場所に関する弁護側の証拠を無視してゐる。これは裁判長の弁護側に向けた言葉〝チヤージ〔charge 問責〕がなされた事項にたいして答弁しなさい。チヤージがなされて居ない場合、そこに欠点がなかつたことを立証しようと試みてはいけない〟によつたのである」。

検察側が弁護側のさうした証拠を無視することは明白に不公正であるが、これは検察側の推測を基礎とする責任理論と関聯するものであらう。弁護側はよい状態の証拠を提出してはならない、悪い状態のチヤージに対応せねばならないといふのが裁判長の見解であるとするなら、このことはそれら特定の場所における将校に対するチヤージに対しては尤《もつと》もである。より高級の将校に関してはその管理下の他の場所において、状態がよかつたことの立証は関聯性あること明白である。それは非難をうけた場合においても状態は良かつたとの推論に導くからである。監督の欠陥があつたとされる被告の場合には、そのチヤージにたいしてかれの監督が一般的に効果的であつたことの立証は関聯性があるものとせねばならない。反カトリック暴動に関与したことで起訴された場合、被告が法王の侍従長であつたことを立証することは関聯性がある。

六　被告人の責任

(1)　叛逆性の誤つた類推

「何人も諸犯罪の発生した原因である日本の侵略政策について幾分でも責任があつたのでなければ、平和に対する罪、通常の戦争犯罪、又は人道に対する罪について起訴しなかつた」といふ。(K―三節)

これは戦争の蓋然《がいぜん》性又はそれら犯罪の発生することを期待又は予見してゐなかつた場合でもなほさうである！

これが起訴状全部にしみ渉《わた》つてゐる誤つた全理論の秘密を開くためのマスター・キーである。そしてこれは国内法に対する叛逆罪の陰謀の設計図によつて示唆《しさ》された観念である。

検察側はいつも「推定」をかうしたアナロジイの根拠とする。しかし生命をかけて裁判を受けてゐる被告はかうした安易な方法で有罪とされるべきではない。しかもなほ検察側も曖《あい》昧《まい》たることを免れえないのである。政策の形成に少しでも関与した者はその政策から派生したあらゆる結果にたいし責任を負ふといふ十六世紀的な奔放振りを発揮しつつ、なほ且つ更に進んで、一定の個人が政策形成に少しも関与してゐないのに、政策関与があつたかの如く責任を負はすのである。「事態の黙認」はこれが形成と「均《ひと》しい」といふのである。

(2) 検察側の理論は外交使節に関する全理論を壊滅せしめる。(K―四節)

この点については他の弁護人から詳論の予定であるから省略する。

(3) 終局的権能を与へられた者の責任(K―六節)。この節は諸種の誤つた推定の下に立つてゐる。

第一に内閣と枢密院《すうみついん》と内大臣は夫々《それぞれ》の権限内で政策の形成について最高の責任を附与されてゐるものとする。しかし枢密院は政策決定の義務はなく、単に之《これ》を批評する義務をもつだけである。内大臣の場合にはイニシアテイヴはさらに少ない。

第二に終局的権能を与へられてゐる者は部下の権力濫用にたいして責を負ふといふ、我々のつよく抗議する原則の存在を推定してゐる。英米法においてすら、ある人が使用人や代理人又は機関行為にたいして刑事責任を負ふのは、微罪の場合だけである。バーテンが時間外にビールを売つた場合旅館の主人が罰金を科せらるるの類である。英国やスコットランドでは、この原則適用はこの程度であると我々は理解する。検察側もその主張する提言についてなんら確信をもつてゐないらしい。けだしある箇所では、ある場合に「特にさう」であるといつてゐる。ある提言は正しいか正しくないか何《いず》れかでなければならぬ。時としては「特にさうである」といふのは、単純な真理としてそれが受け入れえないものであることを承認することとなるのである。

第三に同僚や部下の決定を黙認することは自らその権能を行使したのに「均しいものと見《み》做《な》しうる」と述べる。ポリス・コオトやジユージユ・ドウ・ペイ〔juge de paix〕の慣行以外に根拠となることのない代位刑事責任を死刑罪について推定するなどといふことは、心あるものにとつて堪《た》ふべからざるところである。

(4) 上官の責任(K—八節)

本節もおなじ刑事代位責任の理論の推定によつて議論を進めてゐる。事態によつては上官の匡正《きようせい》的干渉が必要であり、事態を充分に知り、且つ匡正の機会をもちながらこれを怠つた場合国内法上責任を負ふことのあるべきはこれを否定しない。しかし国際的責任については我々は勿論全面的にこれを否定する。

(5) 部下の責任

本節は下僚の責任を取扱つてゐるが、下僚はその主張する政策には行動が間違であることを明かにするに足る充分な情報を必ずしももつてゐないといふ事実を考慮に入れてゐない。しかもなほ検察側はかゝる官吏は非難の対象となつた行為に全然関与しないか、又はこれに反対し又はこれに反対の進言をしなければ刑事責任を負ふものとするのである。

(6) 閣員の責任

本節もすこぶる大胆な推定をあへてする。

閣員はその同僚の主管する事項についてはその同僚の方が自分よりも熟知してゐるものとして、少くとも辞職するといふ程度まで自己の意見をつよく主張する丈の能力はないと思ふこともあらう。閣員は必ずしも外交関係や外交政策について、その職務上エキスパートである必要はない。或はある提案について疑をいだいて閣議で決を求めることもできる。しかし同僚殊に主管大臣の方が自分よりも事柄を良くわきまへてゐるものと推定しても少しも差支ないのである。

検察側が閣員は「悪いといふことについて完全な認識をもち」、「さう信じてゐる」とするのは著しく不当である。かれはそれが悪いなどとは考へてゐない。かれは内閣の同僚からそれは悪いことでない、君は心配しすぎてゐるといはれ、それを承認したとしても、少しも不当ではない。陸軍大臣と外務大臣とがそのよりすぐれた知識にもとづいて君は間違つてゐるといはれた場合、どうして農林大臣は侵略戦争について責任があるのか。現地を視察した取締役の報告にもとづいて、ニユー・ギネアのある財産について誤つた報告書を出すことに他の取締役が同意を与へたとしても、かれを犯罪人とすることができないのと同様である。

或は云ふであらう。「侵略戦争」は明々白々たる事柄で容易にこれを認識しうるから誰でもこれを拒絶せねばならぬといふ。それとは逆に、それは国家の性質とか物権的地役権の存在とその防衛とが、国家の利権にたいする脅威とか、又すこぶるつきの難問である自衛権の存否とかに依つてきまるのであつて、決定はすこぶる困難である。農林大臣は政策の皮相的面に動かされ、閣議で決を求めることもできよう。しかしかれは問題はきはめて難しく、自己は間違つてゐるだらうと想像しても少しも差支ないのである。かれは自己の主張にたいするうぬぼれの念にかられて、早急に辞職する必要は勿論ないのである。しかるに検察側はこのことを要求する。

勿論閣員が辞職を断行せねばならぬやうな場合もあるであらう。しかし本件の場合はさうした場合には該当しない。それは複雑且つ不確定な自衛権の問題であつて、自衛権の定義については、いかなる国家も満足な理論を与へえない種類の問題であるからである。

(7) 統帥《とうすい》部と内閣

この節で検察側は統帥部の外交政策に及ぼす絶大の圧力を強調するにかかはらず、この圧力を制御しえない内閣に責任があるとする。内閣は辞職して国を政府なきままの状態に委すべきであつたのか、又財政的支出を拒否して国を軍隊なき状態に置くべきであつたのか。内閣が軍の意見に従つたからといつてそれは必ずしも非難さるべきではなく、又内閣又は閣員がその関与しえざるすべての計画について責任を負はさるべきでないことはきはめて明白である。検察側も亦《また》(K—二九節)「ある行為にたいする責任は行為をなす力と義務に伴ふ」といつてゐる。そして内閣は統帥部を抑制する力はなかつたのではなかつたか。

(8) 枢密院

枢密院は米国の上院とか英国の貴族院とは異つて、ただ一定の重要な事項について意見を開陳《かいちん》する丈《だけ》である。しかるにいはゆる「侵略政策」の形成に関与しえない枢密院を一定の事項についてのその行動が「侵略政策」の「形成に導いた」といふ理由で処罰すべしといふのである。かうした責任の負はせ方は、そのきはまるところを知らないであらう。すべての共産主義的著作者は「共産主義政策の形成に導いた」ともいへるであらう。

(9) 内大臣

内大臣に関し「ある行為にたいする責任はその行為をなす力と義務とから流出するといふ通常の推定である」といふのはやや早計な推定である。

ここにいふいはゆる「推定」の意味は、A(日本皇帝又《ママ》は日本の一般公衆)にたいし民事刑事の責任を追及されずに自由に進言をする義務的行動者は、B(訴追者たる聯合国)にたいして刑事責任を負ふといふ意味に外ならない。各国において自由な進言をなす義務あるものは、自由にではなく、その及ぼすべき影響の制約の下に、進言をなす義務があるといふなら、それなる「通常の推定」は通常どころか、不当なそして圧制的な推定なのである。さらに進んでは公衆を啓発することをその任務とする新聞記者は、その自由な言論に対し刑事責任を負はねばならぬと主張することになるであらう。これではフリー・プレッスはその姿を消すこととなるであらう。

内大臣は刑事責任の顧慮なく絶対自由に進言しうるのである。即ち内大臣は英米法にいはゆるアブソリユト・プリヴイリツヂ〔absolute privilege〕を享有する。そして検察側は英米において法律顧問の享有するこの特権を何等の理由なしに否定し去らうとするものである。

本節では検察側はその主張の基底をば全部くつがへして了《しま》ふやうな自認をしてゐる。元来検察側は被告の行為は法違反であると主張してゐるのである。しかるに内大臣が日本国内法上責任ある場合には、その責任は法によつて課せられるが、法によつて責任が課せられなければ「事実上の責任」があると検察側は明白に云つてゐる。かくして「事実上の責任」と「法によつて課せられた責任」とを同一視するのである。云ひかへれば、被告に義務と責任ありの検察側の主張は実は法にもとづくものではないことを示すのである。

一葉落ちて天下の秋を知る。検察側は不用意にも自らの主張する責任と法的責任とを鋭く対立せしむることによつて、自らの主張の基礎が空疎《くうそ》であることを曝露《ばくろ》したのである。

本節は内大臣による総理大臣の推薦は日本慣習法の一部をなしてゐるとの推定をなしてゐるが、これは誤りであることの極めて明白な推定である。何人かがかゝる推薦をなす慣習はあつた。

それも英米における「憲法上の約束」と均しく慣習法ではない。かかる推薦が内大臣によつてなされるといふことは、憲法上の約束でさへなく、木戸侯爵がさうした意見を求められた最初の人であつたのである。

結　語

裁判長並に裁判官各位。極東国際軍事裁判所は、技術的には「軍事」裁判所とよばれてゐる。しかしそれは敵国の報復のおそれを除いてはその放恣《ほうし》的傾向を抑制する何ものもない武力闘争の事態の下に、略式手続によつて戦争犯罪を処理する、法的な訓練も経験も、将又《はたまた》法的な公正や忍耐をも欠いてゐるお粗末な間に合せの軍事裁判所ではない。本裁判所は、敵対行動がすでに遥か以前に終了しそれが復活するおそれのいささかもないきはめて平和的な雰囲気のうちに裁判を行つてゐる。それ故全世界の人々は本裁判所が熟達した法律家から成る裁判所の機能を有《も》つと共に世界政治一般特に極東政治の実際に精通した政治家、外交官、軍人、歴史家から成る特別陪審の資格を具へてゐることを期待する。被告人は通常の兇漢ではなく、高級の政治家軍人であつてその世界政治観は夫々《それぞれ》異るとしても、総《す》べてその知見に応じて、極東政治の荒波の中に国政を動かして来た人達である。しかもその極東政治は過去一世紀における東洋と西洋列強との政治的交渉に由来する歴史的所産であつた。極東に於ける安定勢力としての日本は既に過去のものとなつた。

そして極東における平和と秩序とを確保する責任は、他の指導的国民が担ふこととなつた。かうした事態の下において、被告人の面接した困難がいかなるものであつたかの真相は、正しく評価されることとなつたであらう。極東諸国民、いな全人類の視線は、すべて本裁判所の歴史的な判決に注がれてゐる。

本裁判の開始以前に、わが法曹界《ほうそうかい》では、いはゆる裁判所条例なるものは、裁判所にたいし敵国の指導者を処罰する権限を与へ且つこれを命ずるために現行国際法の法則にお構ひなく包括的用語を以て規定せられた専断的な裁判指針にすぎないとか、いはゆる裁判所なるものは、司法的機関ではなく刑罰をふり当てる行政的機関にすぎぬとか、条例に表現された聯合国政府の政策と抵触《ていしょく》する場合には国際法は当然無視されるであらうから今更むきになつて国際法の議論をしてもはじまらない、といつたやうな意見がしばしばささやかれたのであつた。

しかし一九四六年五月三日、本裁判の開廷に当つて裁判長が述べられた「本日ここに会合するに先立ち、各裁判官は、法に従つて恐れることなく、偏頗《へんぱ》の心をもつことなく、裁判を行ふ旨の合同誓約に署名した」、「われわれの大きな任務にたいして、われわれは事実についても法についても虚心坦懐《きょしんたんかい》にこれを考慮する」、「検察側は合理的な疑《うたがい》の存せぬ程度に有罪を証明すべき立証責任を負ふ」との言葉（英文記録二一―二二頁）によつて右のやうな迷想は殆ど解消したのである。法に優越する何者をも認めない英米の法伝統を知る者にとつては、裁判長のこれらの言葉の意味は明々白々であつた。懐疑主義者はたしかにこれには面喰《めんくら》つたが、しかしなほ「法に従つて」とは「国際法に従つて」といふ意味に用ひられたのではなく、「条例に規定せられた法に従つて」といふ意味にすぎないのだと言ひ張つた。しかしさらに首席検察官がその劈頭《へきとう》陳述において、被告人達は国際法に関する行政府の決定によつてではなく、現行の国際法そのものによつて断罪せらるべきであり、本条例はかかる現行国際法を宣明せんとするものに過ぎないゆゑんを明白にされた。これによつてこの疑は完全に解消した。

首席検察官自ら、コンモン・ロオに育《はぐく》まれた著名な法律家である。私人に対する政府の特権を何ら認むることなく、行政府の法解釈も公正な裁判所によつて排斥されることを認めるといふ英米司法裁判の特徴をなすフエア・プレイの精神を体得してをられるのである。そして政府の代表者も判決に於て自らの主張が全部排斥された場合にも、欣然《きんぜん》としてこれに服するのである。

かるが故に弁護人側は、裁判所が被告人の有罪無罪を決定するに当つて、単なる条例の規定の字義通りの解釈によらず、(これによれば「戦争犯罪人」としての責任追及を免れうる日本人は殆どないことになる)被告人をも含めて万人周知の確立した国際法に依て裁判されるべきものと考へたのである。かくして弁護人側は検察側の挑戦に応じて、現行国際法の法則によれば、被告人は釈放せらるべきであることを証明せんと努力したのである。

かくして、検察側及び弁護人側の双方の共通信念によれば、本裁判は、被告人のみならず、全世界の政府が畏敬すべき国際法の尊厳を象徴すべきである。

バアラマーキ〔Burlamaqui〕が二百年前(一七四七年)にいつたやうに、国際法は諸国民又はこれを支配する主権者が服従すべき、それ自体において拘束力をもつ法である(バアラマーキ『自然法の原理』第二部第六章第六部)。本裁判は、一方検察官諸賢によつてきはめて有能に代表されてゐる戦勝国政府の政策と、他方敗れたりとはいへなほ自尊心を失はない国家の政治家及び軍人たる被告人の自由と生命——いな、より適切には国際面における基本的人権を争点としてゐる。かゝる基本的人権の擁護《ようご》のためにこそ本裁判のアメリカ弁護人諸氏は来朝されたのである。

われわれはこの歴史に先例のない刑事裁判において、その画期的判決をなすにあたり確立した国際法のみに基くべきことを裁判所にたいして強く要請する。法の認めない犯罪にたいして事後法に基き厳刑を科するがごとき正義にもとる処置は、必ずや来《きた》るべき世代の人々の心情のうちに遺恨を残し東西の友好関係と世界平和とにとつて不可欠な欠くべからざる恒久の和睦《わぼく》を阻害する原因を作ることとなるであらうことは、賢明にして学識ある裁判所は万々《ばんばん》御承知のことであらう。

来るべき世代の東洋の人々が——いな人類全体が——この画期的判決を広い歴史的視野からふり返つて眺めるとき、三世紀にわたる期間において西洋の政治家や将軍がその行つた東洋地域の侵略について処罰をうけたことが一回もなかつたことを想起して、かれらは、東洋の一国の指導者にたいし事後法に基く処罰を行うたことについて大いなる不正が犯されたとの感想を抱くに至るかもしれない。

英国占領軍の厳格なる監視の下に審理された処刑を受けたオルレアンの一少女ジヤンヌ・ダルクは、後にはフランス国民から殉教者《じゆんきよう》、聖女と見做《みな》さるるやうになつた。

これと均しく、征服者の治下において、被告人の一人にたいし極刑が加へらるることがあるとすれば、それは平凡な一日本人をして、国民の殉教者、いなアジア解放の殉教者たらしむる危険を包蔵するものである。政治的又は宗教的指導者に科せられた死刑が、彼の罪科を浄《きよ》めるだけでなく、さらに魔術的にその平凡なる生涯に光輝を添へることとなつた歴史的事例が多々存することは、裁判所の熟知される通りである。

かかる事後法的処罰は又、今や最高司令官の聡明な指導の下に、新憲法の厳格な遵守《じゅんしゅ》、従つて又その不可欠の一部をなす事後法による処罰禁止の規定の厳格な遵守を誓約してゐる日本国民にたいして、残酷な模範を示し、かれらの殊勝な熱意を冷却せしめることともなるであらう。かくしてそれはかれらに、勝利者の法と被征服者の法とは別物であるとの深い印象をあたへるであらう。かかる不正は、それは正しい法の支配なる「一つの世界」の建設に役立つことのない権力政治のあらはれに過ぎぬものとみられるであらう。

それればかりでなくさらに、この歴史的なそして又劇的な裁判において、かやうな前例が設けられることは、本裁判所に代表せられてゐる戦勝諸国における刑事裁判の将来にも深刻な影響を与へることとなるかもしれない。さうした場合には、「血なまぐさい教訓は、必ずもとに戻つて教訓者を苦しめる」といふ格言が妥当することもあるからである。それ故厳格に法を遵守することこそは、司法的勇猛心の表現である許《ばか》りでなく、裁判所のとるべき正しく且つ賢明な道である。周知のそして確立した国際法の原理を固守することによつて、又これによつてのみ、「文明」そのものの不可分の要因をなす法至上の灯光は、永久に国際社会を照らし、揺《ゆらめ》く灯としてでなく不動の灯明台として、嵐吹きすさむ世界に指標を与へることとなるのである。

三　ローガン弁護人　冒頭陳述

第一部の冒頭陳述

○法廷での陳述　昭和二十二年二月二十五日、第一六七回公判。
　結果——部分却下

高柳冒頭陳述が全面却下となったため、弁護側反証段階での冒頭陳述第二陣はウィリアム・ローガン弁護人のそれであるという形になった。本篇は以下の本文頁で罫線に囲まれた部分が却下扱いとなっているが、それはソ連のフィンランド、バルト諸国、満洲国侵略、及びソ連とイギリスのイラン占領について証拠提出の上で論断すると述べた部分である。同弁護人によれば現在法廷で訴追されている日本国政府と全く同種の条約侵犯を冒している国家に、いったいこの被告を裁く資格があるのか、ということになる。とかくこの種の問題のつきまとうソ連邦の検察官に対しては裁判所としては、多分に「気を遣う」ことが必要だった。そこで同じ様にソ連に対して著しいマイナスをもたらすと映ずるこの種の発言が法廷で朗読されるという事態は是非とも回避したかった。而してこの冒頭陳述はしきりに〈……立証致します〉〈……証拠を提出致します〉という表現を採って後日の書証提出を予告しているが、その陳述の裏付けとなるべき証拠が多くは却下の裁定を下されて法廷証としての取扱いを拒否されるという事態になる。これは東京裁判に於ける弁護側陳述にとって一般に広く生じた事態であり、東京裁判の法的公正を根底から疑わしめる契機でもあり、又本書原本の如き資料集が刊行されざるを得ない所以でもあった。

なおローガン弁護人が陳述第四部で、西洋諸列強が経済的に日本を包囲し封じ込めたことが如何に日本の国民経済にとって大きな打撃であったかを論じ、日本の開戦を以て〈即ち日本は純然たる必要に迫られてをりました〉との説明でその節を結んでいることは、本書巻末に収録したマッカーサーの一九五一年五月米国上院での「日本自衛戦争証言」を先取りしたものとして、興味深い見解である。

弁護側立証段階の第一として、一般的性質の証拠を提出致します。之《これ》は、国際法の現段階に於て起訴状中の被疑事実は成立すべからざるものなること、共同謀議《ぼうぎ》の訴因に関しては、被告の行為に何等犯罪を構成するものを見出し得ず、被告間に共同謀議の事実存せざりしこと、並びに、日本の国内状態は、世界諸列強の包囲と相俟《あいま》つて、日本をしてその自存の為、最後の手段として干戈《かんか》に訴へざらしめたこと、（ママ）を立証するものであります。本証拠は、五部に分つて提出致します。

第一　降服《（ママ）》、本裁判所の創設、諸条約、並びに日本の憲法その他諸法規に関する基本的証拠書類

第二　国際法を創設するものとしての諸条約に関し他の諸国家の為せる行動及び声明、個人的責任の存せざること、外交上の責任免除、並びに訴追され居る犯罪の性質に関する証拠

第三　大東亜共栄圏といふことをも含めて、被告の間に共同謀議の事実存せざることの証拠

第四　日本の国民経済並びに、太平洋及びアジア地域に於る世界諸列強による日本包囲に関する証拠

第五　教育、反共産主義、並びに宣伝なる観点より見たる日本国内事情に関する証拠

之ら五項目を夫々立証するために提出される証拠の形式並びにその主題は次の通りであります。

第一　降服《（ママ）》、本裁判所の創設、諸条約、並びに日本の憲法その他諸法規に関する基本的証拠書類

降服、並びに本裁判所の創設と管轄権に関する諸条約及び基本的文書、被告が違反せりと

して訴追され居る諸条約、並びに、検察側が証拠として提出せしも、之を朗読せず、法廷記録の抜萃《ばつすい》に記録せられざりし日本国憲法その他諸法規、を朗読致します。更に、その他の条約並びに基本的文書を追加提出致します。

之らの条約、協定並びに保障は、日本の立場を或る程度明らかにするものであります。即《すなわ》ち、過去に於て日本が満洲及び支那に関しとつた各種の行動及び対策等の方法並びに理由、又、日本の行動が折々失敗せることの理由を示すもので、世界に於る日本の立場と諸列強の立場とを説明するものであります。中華民国並びに満洲に於る日本の特殊権益が、多年世界諸列強の承認せるところなりしことが立証せられます。

日本が合法的に保護の権限ありし諸権益、之ら諸権益擁護《ようご》のため、日本の為に或る者の執りし処置、日本の意図に対する若干の国家の誤解、並びに、日本の行動に対する多数国家承認の大略を述べることにします。

日本の諸国策の樹立されたのは、軍事的諸事件発生後のことにして、その前に非《あら》ざることを立証致します。かくて、その後の諸政府は、当時の状況〔を〕そのまゝ受け容れざるを得ざりしものであつて、之ら諸事件の局地的解決の為に□《(諸カ)》の企てが為されたのであります。

第二　国際法を創設するものとしての諸条約に関し他の諸国家の為せる行動及び声明、個人的責任の存せざること、外交上の責任免除、並びに訴追され居る犯罪の性質に関する証拠

検察側諸国家中には自己の行動並びに権限によつて、自ら、各種条約の規定約定を犯し、且つ之を無視したるが故に、之を日本に強要せんとすることは禁反言の原則により為し得ざるものなることが立証せられます。例へば特に、ロシアのフインランド侵略、ロシアの国際聯盟よりの追放、ロシアのバルト諸国侵略、ロシアの満洲侵略及び、イギリスとロシアのイラン占領に関する証拠を提出致します。

諸国家代表の公式声明、及び諸委員会の議事録を証拠として提出致します。之は或種の条約の効力並びに解釈に対する諸国家の意義並びに意図に関する疑念を一掃するものであります。

何故に或る種の条項が国際法に照して、一部は採択され、一部は拒否せられたかの理由及び決定を明かにするものであります。更に条約違反に対する個人的責任を創定したり、或はそれに対し個人的処罰を規定したりする様な意図乃至は協定は、諸列強間に絶対に存せざりしことが検察側諸国の代表の行動及び声明中より、立証せられます。之は周到なる準備がなされたるにも拘らず、遂に採択せられざりし、ブカレスト約款によつて立証せられます。同

様の禁止例は一九二二年（大正十一年）の潜水艦戦闘条約、ヴエルサイユ条約に伴つて持たれた会議及び委員会会合並びにハーグ条約第二章、第三条の四項中に証明されて居ります。更に、太古より、外交官に対しては責任免除の権限を与へんと諸国家が常に企図せることは、エ・ラ・シヤペル条約、ウイーン条約、及びウエストフアリア条約の立証する通りであることが示されます。

起訴状中に訴追され居る各種犯罪の性質に関し法廷の御参考となす為、各国政府代表者の声明を提出致します。特に戦争中の殺人は、その始めの状況の如何に拘らず、昔から殺人罪を構成するものでありません。このことを立証する実例並びに類似例を簡単に提出致します。諸国家は、明白なる条約侵犯に対する対策として賠償を考へしも、個人的責任を他国家によつて裁くことは考へざりしことを証明するため、パネー号並びにレデイーバード号事件に関して証拠を提出致します。一九三三年の会議、侵略戦争を定義せんとする試みは失敗に終つたといふことも立証されます。

第三　大東亜共栄圏といふことをも含めて、被告の間に共同謀議の事実存せざることの証拠

被告が、侵略戦争を開始し、殺人を犯し、俘虜《ふりよ》並びに一般人を虐待することを共同謀議せ

り、との検察側の訴追の不当なることは明白なる証拠によつて立証せられます。更に本件に関する証拠は必然的に全裁判を通じて提出致します。

提出さるべき証拠は日本の国内の状況がドイツの場合と全く異なれることを、決定的に確証致します。ドイツに於てはヒットラーとその少数の輩下《はいか》は一九一九年（大正八年）に先づドイツ労働党の二十五箇条を利用し、後に一九二五年（大正十四年）『吾が闘争』を自己の聖書として利用し、以て最後まで不変の確固たる計画の立案に発足し、凡《あら》ゆる反対を克服して遂にドイツ政府の支配権を獲得し、戦争終結迄ドイツ国政府として権力を掌握し続けたる事件は、之を裁判所に顕著なる事実として作用せられんことをお願ひ致します。

ヒットラーとその輩下の明白なる計画は、特に反ユダヤ条項、計画的領土拡張、並びに計画的条約無視を含む悪質なるものと裁断せられました。かゝる条項乃至《ないし》は、之等と遠く懸け離れたものと雖《いえど》も、（この法廷の）被告達が共同謀議し或いは計画せる国策たりしことはなかつたことが立証されます。

ヒットラーは共同謀議全体の支配的人物でありました。日本の場合にはかゝる人物は居りません。全謀議を通じヒットラーは緊密なる一団をなす狡猾《こうかつ》な共同謀議者を有して居りました。日本に於ては共同謀議どころかまさにその反対が事実たりしことが立証せられます。軍部は分裂して居り、陸軍は海軍と対立し、外交官は陸海軍と意見を異にし、内閣亦《また》分裂し頻々《ひんぴん》として倒壊し、議会は政府の政策及び軍部の勢力より独立し、文官は軍部と猛烈に衝突し、その意見必ずしも有力となり得ざりしと雖も自己の正と信ずる所のために極力闘ふ為、可能なる限りその地位に留まつたのでありまして、この最後のことは、感嘆すべき行為として検察側諸国の代表によつて賞揚せられたものであります。之らの被告が互に侵略戦争によつて日本の権力を拡張する為に何らかの共同計画乃至は謀議を計画及び継続するに足る程の緊密なる関係になかりし事が立証されるのであります。日本国内の軋轢《あつれき》は、現に訴追され居る如き共同謀議を樹立し乃至は遂行することを不可能ならしめたのであります。

更に日本政府の内閣の構成は絶えずその地盤が変つて居たることが立証されるのでありま す。一九二八年（昭和三年）以来日本に於ては十五の内閣の更迭を見たのでありまして各内閣は各種の事件及び現被告中の一部の者自体の間に於ける意見の不一致、被告と他の官吏との間に於ける意見の不一致に基いて生じた危機の為に瓦解《がかい》したのであります。同一理由に依つて崩壊した内閣は一つもなかつたのであります。

内閣は何等国際情勢とは関係無き純然たる国内的理由の為に瓦解したものが多いのであります。田中内閣は一九二九年（昭和四年）七月一日閣内の意見の不一致のために倒壊しました。浜口内閣の瓦解は一九三一年（昭和六年）四月十三日首相の病気を理由としてゐた。第二次若槻《わかつき》内閣は一九三一年（昭和六年）十二月十二日、連立内閣たるべきや否やに関する若槻と安達内相との意見の相異の為に崩壊しました。犬養内閣は一九三二年（昭和七年）五月十五日国内政治問題に関して一部青年将校が犬養を暗殺せる際崩壊しました。斎藤内閣が一九三四年（昭和九年）七月七日瓦解したのは一部の大臣及び政府高官の名誉に関はる醜聞のためでありました。岡田内閣一九三六年（昭和十一年）三月八日の瓦解は二・二六事件の結果でありました。広田内閣が一九三七年（昭和十二年）二月一日崩壊したのは衆議院解散問題に関し広田と寺内陸相の間に意見の相異ありし為起りしものでありました。林内閣は一九三七年（昭和十二年）六月三日林が議会を解散せる際に瓦解しました。新議会は林の国内政策に反対したのであります。第一次近衛内閣は一九三九年（昭和十四年）一月四日、防共協定強化問題の為に崩壊《ほうかい》しました。一九三九年（昭和十四年）八月二十九日の平沼内閣の瓦解は閣内の不一致並に、ドイツとロシアが突如として予期せざる不可侵条約を締結せることから生じたものであります。阿部内閣は一九四〇年（昭和十五年）一月十五日国内物価政策及び貿易省設置可否の問題の為に瓦解しました。米内《よない》内閣は一九四〇年（昭和十五年）七月二十一日新党樹立に関する意見の不一致のために崩壊しました。第二次近衛内閣が一九四一年（昭和十六年）七月十七日瓦解したのは、外交交渉に関する近衛と松岡外相間の意見の相異に基くものでありました。第三次近衛内閣が一九四一年（昭和十六年）十月十六日に瓦解したのは対米政策に関し、近衛が東条と意見を異にした為でありました。

東条内閣は一九四四年（昭和十九年）十月十七日戦況の推移の為に瓦解《がかい》しました。一九四五年（昭和二十年）四月七日の小磯内閣の瓦解は陸軍との意見の不一致に因るものでありました。鈴木内閣一九四五年（昭和二十年）八月十六日の瓦解は降服に関連してその職務の完了せるに伴ひ起つたものであります。東久邇《ひがしくに》内閣は一九四五年（昭和二十年）十月六日戦後事情の為に瓦解しました。

日本に於ては、起訴状が言及してゐる範囲の期間に亙《わた》つて、此等の数々の内閣及軍部を一貫して統制するヒットラーの如き地位にあつた者は居りませんでした。此等内閣中三内閣即一九二七年（昭和二年）四月二十日より一九二九年（昭和四年）七月一日迄《まで》の田中内閣、一九二九年（昭和四年）七月二日より一九三一年（昭和六年）四月十三日迄の浜口内閣、一九三七年（昭和十二年）二月二日より同年六月三日迄の林内閣――に於ては、その閣僚たりし者若《もし》くはその間陸軍参謀総長或は海軍軍令部部長たりし者は被告の中には誰も居りませんが故に、如何なる共同謀議をも統制指導する地位に在りし者は、被告中には居らないのであります。

侵略戦争を開始し遂行する為の継続的共同謀議と云ふものはありえなかつたと云ふ事は事実を以て立証せられます。その事実とは一九三一年（昭和六年）九月の満洲事変、一九三七年（昭和十二年）七月の支那事変並に一九四一年（昭和十六年）十二月の太平洋戦争が夫々《それぞれ》勃発《ぼっぱつ》した当時の二つの内閣の何《いず》れかの閣僚たりし者は被告の中には居らぬと云ふことでありまず。支那事変勃発当時閣僚たりし者は一名丈《だけ》居りますが、当時参謀総長又は軍令部長たりし者は皆無であります。真珠湾攻撃当時内閣に在つた者は四名丈でありまして、軍令部総長は前に被告たりし者一名であります。此等三つの重要なる時期の中の少くとも二つの時期に於て、必然的に支配的な統制力を発揮する地位に在つた指導的人物の存在せざりしことに由《よ》り、主張せられてゐる様な共同謀議は核心のないものであつたことは証拠が之を立証致します。斯《か》かる事態は存在しなかつたのであります。起訴状に言及されてゐる時期全部に亙つて国策は常に変化して居り、之れは一貫した共同謀議に対する反証となるものであります。

即ち、数々の侵略戦争を計画する為の共同謀議には、その準備に充分なる日時を要するものでありますが、之に対する起訴に関して、満洲事変勃発に先だつ五ケ月前に瓦解した浜口内閣に閣僚たりし者は被告中に存せず、又該内閣当時参謀総長若《もし》くは軍令部長たりし者も居りません。唯《ただ》被告中の一名丈が太平洋戦争勃発に先立つ二ケ月たらず前に瓦解せる近衛内閣に列したるのみであり、前に被告たりし者が当時軍令部総長であつたのであります。共通の計画又は共同謀議と称するものを些《いささ》かたりとも示す如き意見の一致は被告の間には存在しなかつたのであります。立憲政治の常道に違背する如きことは無かつたのであり、起訴せられた如き共通計画又は共同謀議又は他の如何なる共同謀議の何れをも助長する如き新総理大臣を推す為に計画し、企図し、陰謀を為したる事実は存在しなかつたことは後に証拠の示す所であります。此等の諸内閣が瓦解し、新しい内閣が登場するに至つた種々の理由を見れば、斯《かか》る共同謀議なるものは被告の間には存在せざりしことが明白に立証されるのであります。

更に証拠は次の事実を立証致すものであります。即ち、起訴状に言及せられた時期に於て、長期に亙つて有力なる地位に至つた人々は被告の中には存在しなかつた。斯る重要な政治的官職又は軍事上の統制的地位を占めてゐた人々が存在しなかつたことは、被告達が其職に在つた時期を通して、起訴状に訴追せられる如き数々の計画、共同謀議又は目的の何れかを実行する為に協力することを不能ならしめたものであります。

被告達は、同様の状況の下では他の如何なる国の官吏に就《つい》ても期待せらるべき又は通常予期せらるべき所と毫《ごう》も異る所なく行動したといふ事実は各個人に就いて立証致します。

検察側が或種のレッテルを使用して、無害なる字句即東亜新秩序、八紘一宇《はっこういちう》及大東亜共栄圏《だいとうあきょうえいけん》の真の意味及び内容を誇張し、歪曲《わいきょく》し、曲解したことを立証する為の証拠を提出致します。検察側の主張とは反対に、此等の字句が悪意ある又は犯罪的な意味を有しない事、及び軍事的侵略を企図するものに非ざることを立証致します。それらの字句は善隣政策、ウエンデル・ウイルキーの所謂《いわゆる》一つの世界といふ字句或はその含蓄と同様に、無害且《かつ》罪なきものであることを立証致します。

全被告及其他の者は数々の内閣を瓦解又は新内閣の組閣を阻害せしめる因をなし、共通の計画又は共同謀議に個人的にも集団的にも参画したといふ検察側の起訴は事実に反するものであります。その主張は次の如き臆断《おくだん》に基くものであります。即ち被告達は一九〇五年（明治三十八年）制定、一九一二年（明治四十五年）改正の勅令及び一九三六年（昭和十一年）の勅令に対し此の目的の為に共同謀議を為し之を利用したといふ臆断であります。

若干の政治的といふよりは寧《むし》ろ個人的理由の為に、軍部の力が時として新しい総理大臣の人選に当つて或役割を演じたが、之は被告達の手になつた組織的の共同計画或は共同謀議に依るものではありません。之に関し、被告達全部の間に斯かる共同謀議といふものは存在せず、又はありうる筈《はず》がなかつた、といふ一部の理由は、彼等は異る時期に異る職務に就いてゐたといふ事実によるものであることを立証致します。各種の時期に於て此の問題に関して異なれる意見を表明せる者もあり、又総理大臣の人選に当つて、賛成乃至は反対の行動を為し得る如き地位に居らざりし者もあり、又多くは、この人選に対し何らの発言権をも有しなかつたのであります。

各内閣の瓦解の際、若干の被告又は他の者により、或は著名なる日本の政治家達の証拠により、或は政府の記録により、或は詮議の余地なき記録により或は刊行物により、作成された図表や発表された演説、日記、衆議院の発言、被告の訊問《じんもん》調書、新聞記事及び連絡会議及び御前会議議事録の中から、共同謀議の存在せざりしことを立証する証拠を提出致します。

第四　日本の国民経済並びに、太平洋及びアジア地域に於る世界諸列強による日本包囲に関する証拠

更に日本が満洲、中国に於ける戦争にも、対ソ戦争にも、はた又太平洋に於ける戦争にも何等経済的準備をして居らなかつたことを決定的に立証致します。昭和十六年（一九四一年）十二月の数ケ月以前、太平洋戦争が起り得べき事、更に後には必至なる事が明白となるに及び、防禦《ぼうぎょ》措置が講ぜられました。日本の経済は恐らく全体的には不足経済であり、其程度は他の幾多諸国に比し更に甚だしかつたのでありまして、公平なる研究及び報告によつて経済の実状を訂正致します。

戦争に関する経済的準備及びそれに関する共同謀議の存せざりしことを積極的に立証する為に船舶、食糧、石炭、織物、ゴム、石油、電気等各種基本産業の経済状態を呈示致します。昭和七年（一九三二年）制定された資本逃避防止法及び昭和八年（一九三三年）の外国為替調整法は、世界的経済不況及び外国貿易の不均衡の結果、日本に押しつけられた自然の現象でありまして、日本は殆んど全世界に於いて次第にその高さを増しつつあつた、関税障壁及び其の他の貿易障害物の為、この不況、不均衡を特に痛切に感じてゐたのであります。

更に昭和三年（一九二八年）から昭和十年（一九三五年）に至る間には、世界の交易国の過半は之と同様の、或は類似せる法律を制定して居り、日本が制定した斯かる法律が日本の戦争準備と何等関係のなかつたことを立証致します。日本は生存上大量の輸入を必要とする国であり、従つてその外国貿易は昭和七年に於ける「英帝国優先」なるオタワ会議の決定に依つて、特に損害を蒙《こうむ》つたのであります。因《ちなみ》に本決定は米国を始めとし、英帝国以外の殆ど凡《あら》ゆる交易国より非常なる非難を受けたのであります。朝鮮を含む日本の経済状態に関する証拠は、斯かる目的に対する検察側が主張したるが如き細工、組織化或は統制の皆無なりしことを、一点の疑ひもなく示してゐるのであります。

太平洋戦争以前の日本の対外貿易が八割まで聯合王国、和蘭《オランダ》及び合衆国を相手としてゐたことを立証致します。之により法廷は、ＡＢＣＤブロックの輸出禁止令及び資産凍結令が、日本の経済に対し如何に甚大《じんだい》なる打撃を及ぼしたかお分りになりませう。殊にそれは、日本をして中国に於ける降服を余儀なくせしめんとの差迫つた脅威を伴つてゐたのであります。日本証拠は、日本に対する経済的包囲、並びに日本の実状及び斯かる制限及び制裁が日本経済に及ぼした惨憺《さんたん》たる結果を示すでありませう。証拠は更に、侵略戦争と主張せられた戦争遂行の為のこれ等被告による予備的経済侵略及び同じく彼等による、これに関する共同謀議の欠如を明かに致します。

日本が世界の諸列強により経済的且つ領土的に漸次《ぜんじ》包囲せられ、日本の存続が危機に直面したことを地図及び図表によつて立証致します。

即ち日本は純然たる必要に迫られてをりました。

第五　教育、反共産主義、並びに宣伝なる観点より見たる日本国内事情に関する証拠

検察側が日本の学校制度中の軍事教育を誇張したる事を示す証拠を提出致します。日本に於て実施せられたる軍事教育は、検察側に在る他国の夫れに比し反対すべき点が少なかつたのであります。此点に関する証拠は学校課程、陳述書及び証言の形式で提出致します。

学校を非道なる手段にあて、日本の小児達を訓練、教練、演習、又は戦技等により侵略と称せらるる戦争の用意をさせる為被告間に於て共同謀議を行へる事実なき事を立証致します。かゝる目的の為に案出せられ、又は使用せられた教科書の如きは存在致しません。

教師及び教育家達は軍国主義的或は超国家主義的哲学を吹き込まれた事は決してなく、又は存在せりと称せらるゝ計画、陰謀、又は共同謀議を支持する目的を以て上記の思想を学生に教ふる事を要求された事も亦《また》決してありません。更に証拠を以て一九〇二年（明治三十五年）以来、日本の学校制度に於て軍事教育は重要ならざる役割を果したに止まり、軍事教育を以て学校生活、亦は学童に対する教材等を支配するが如き事は決して計画せられた事なく、実行せられた事もなかつた事を立証致します。更に、一九二九年（昭和四年）日本の軍事予算が削減せられ、軍の規模が縮小せられたとき、学生達に対し、学校内に於て軍事教練を受くるか、卒業後入隊するか孰《いず》れとも選択の自由が与へられた事実を立証致します。更に昭和十二年以後支那事変中ですらも、日本の諸大学は検察側の主張する如く陸軍学校にも変更されなかつた事を立証致します。而《しか》して、学校を斯く変更する事は戦時他国の執《と》つた方法であつたのであります。被告間には学校制度により日本の青年を組織化し、之に全体主義或は侵略的精神を注入する目的を以て、共同謀議を行つた事実は決してありませぬ。

治安維持法は右翼及び共産主義の脅威と戦はんが為制定せられ、実施せられたものであります。

ソヴエツトロシアの三次にわたる五ケ年計画の結果、昭和十年のインターナショナルの第七回会議の諸決議、及び日本に於ける共産党員の活動等が、日本国民及び政府に正当なる不安を生ぜしめた事を立証いたします。日本政府は国内に於て法と治安とを維持する責任を負つて居りましたので、共産主義者等の破壊的行動は共産主義者を統制する為執られた手段を正当化したのであります。治安維持法は、侵略戦争の準備なりと称せられた如何なるものとも全然関係ありませぬ。

被告等は宣伝、検閲、新聞、ラヂオ及び映画を侵略戦争の共通の計画又は共同謀議なりと称せらるるものを進展せしむる目的にあてたとして訴追されて居ります。平和時に上記通信機関をかゝる目的に使用せる事が無かつた事を立証し、更に戦時中のかゝる通信機関の使用方法は、他国が戦時中は行ふのが当然と考へられ、また事実行はれた方法と少しも相違がなかつた事を立証致します。通信機関を斯く使用せる項は、被告間に存在せりと称せらるる共同謀議と全然無関係であります。

証人、出版物、及び公文書により、検察側が訴追したるが如き戦争又は犯罪行為を発生せしむる底の宣伝は存在せざりし事を立証致します。

日本並びに一部被告が正常なる政府の機能執行に際して執れる之ら各種の諸施策に対し、侵略戦争呼ばはりすることの何ら根拠なきことは、証拠が立証致します。諸法律及び諸施策の制定並びに実施は、現に訴追され居る如き外部に対する目的のものに非ず、健全にして正当なる理由に基く良き政府の推進に存せしものにして、起訴状中の罪状には関係なきものだつたのであります。

最後にこの第一部に於て提出さるべき証拠につき一言致します。冒頭陳述に於て既に述べられたごとく、各被告はその証拠提出に際し、証拠の或る項目、それに基く推定又はその関聯事項に関して、各自異つた解釈をなすことがあるかも知れませんから予め《あらかじ》御諒承《ごりようしよう》を請ふ次第であります。

第二部　弁護側反証の一般及び個別段階

四　徳富猪一郎　宣誓供述書

「最近代に於ける日本の動向」——史的観察——

○法廷への提出　昭和二十二年三月十八日、第一八二回公判。

結果——全文却下

これは弁護側反証の「一般段階」の却下資料二百余点中から選抜して唯一点本書に収録したものである。標題通り、簡潔に要約した一篇の「日本近代史」の観を呈する、優れた歴史論であり、独立の読物として本書の眼玉の一つをなすと称し得よう。清瀬著『秘録・東京裁判』によれば、徳富蘇峰は昭和二十二年三月二日付で清瀬に一書簡を送り、二月二十四日の清瀬冒頭陳述を賞讃し、清瀬の苦心に感謝と慰労の言葉を呈している。その書簡の日付より二週間ほど後にこの宣誓供述書が提出されたわけである。清瀬冒頭陳述とこの蘇峰口供書の示している近代史観には太く相通ずる脈絡が見てとれるし、それは更には東条英機大将の著名な「口供書」（本書には収録すべき所以がないが、東条大将の歴史観については「口供書」の全文が『正義を貫いた東條英機東京裁判供述書』〔高原大学総本部、平成十年刊〕に復刻されており、その外にも佐藤早苗著『東条英機　封印された真実』〔講談社、平成七年八月刊〕収録の未発表新資料を御参照頂けると有難い）にも共通する見解である。これは互いに影響し合った面もあるであろうが、むしろこの当時まで日本の代表的知識人の多数の間に確かに存在した共通認識が表現されたまでのことだったと見るべきであろう。

目次

山県元帥　西郷、山本、東郷、大山　大正中期以後日本政界の変調　其日暮しの政党及官僚政治　青壮軍人の不満爆発　不幸なる日本——軍人階級の醜態　第一次世界戦後日本に対する外部の刺激　日本は荊棘の重囲　出る杭は叩かる　日本人入る可らず国家の安危に無関心の政治

六　日本の自存、自衛及、自尊

予は断言す、日本人は最も平和愛好の国民也　欠陥を自覚し強て自ら慰む　日本国民の対外吸引性　内包力に富み外延性に乏し　故郷恋着心　日本の生活難日本を外に駆る　日本の自存運動　完全独立の為めの自衛　自尊毀傷への抗議　国民的アスピレーシヨン　帝国主義的に日本をコーチせしは誰ぞ　鵜を真似て鴉溺る　先進者後進を責罪する乎　彼を知らず己を知らず　責任は日本国民全部に在り　十二月八日宣戦の大詔　今尚確信す詔勅の意義　後世史家の判断に俟つ　新聞記者としての予の出処進退予とアングロサクソン文化　雑誌 Nation と国民新聞　米国の対日態度と予の警告英文訳されし予の論著　米国の Candid friend たる予の本領　一生の労苦水泡に帰す

一　予の略歴

蘇峰　徳富猪一郎

予は今こゝに予の略歴を語る。誇張もせず、謙退もせず、予の自ら真実と信ずる所を語る。予の家は、九州肥後の南端、薩摩に界《さかい》したる、山を帯び海に瀕《ひん》したる水俣《みなまた》に、数百年居住してゐた。此地は千年以前の国史にも、中央政府で定めたる駅逓《えきてい》の一であつた。予が家は、貧でもなく、富でもなく、其の土地に於ては屈指の家柄として、代々地方の公吏となり、治水、植林、開墾《かいこん》等の事に従ひ、又た学校を設けて、地方の教育をも扶《たす》けた。予が父は横井小楠《よこいしょうなん》の門人にして、維新の改革には、熊本藩政の改革に、貢献《こうけん》する所が少なくなかつた。

横井小楠は、予が父の師であるばかりでなく、又た小楠の夫人と予が母とは、姉妹であつて、姻戚の関係があり、予自身も亦た一生を通じて、小楠の学説を受け継ぎたる一人であつた。小楠は明治維新の改革に際しては、其の重《お》もなる指導者の一人であつて、明治維新の根本国策の基調とも云ふべき〝五条の御誓文〟は、彼れ自ら執筆者ではなかつたが、其の最初の原稿は、彼れの門人由利公正《ゆりきみまさ》が、執筆したるものであつて、他にも幾多の参加者、修正者があつて完成したが、然《し》かも其の根本精神は、小楠のインスピレーシヨンに本づく事は、疑を容《い》れない。此事に就ては、予の国民史で、詳しく叙述してゐる。

予は一八六三年（文久三年）に生れ、一八七三年（明治六年）頃熊本洋学校に入り、米人キヤプテン・ゼンスに就て、英語を学んだ。一八七六年（明治九年）東京に赴き、更に京都に到り、同志社に入学し、新島襄《にいじまじよう》の門下となつた。而《しこう》して一八八〇年（明治十三年）まで滞在し、卒業の間際に至り、学校当局と意見を異にし、卒業証書を携へずして、東京に去つた。同志社在学中は、米人ラーネツト博士に就て、歴史、政治、経済等の初歩を学んだ。予の学歴は之に止どまる。

予は同志社を去つた年、即ち予の十八歳より、予の八十三歳、一九四五年（昭和二十年）八月十五日まで、殆《ほとん》ど間断なく、新聞人として、新聞に従事した。中にも一八九〇年（明治二十三年）より一九二九年（昭和四年）までは、「国民新聞」の社長及び主筆として、又た其後終戦の日までは、「毎日新聞」社賓として、専《もつぱ》ら筆を執つた。而《しこう》して晩年推されて大日本新聞協会会長に任じた。

新聞刊行以外に「民友社」なるものを起し、雑誌、新刊書籍の出版発行等を為した。此の民友社にて、又た社外にて、予の出版したる著書は、数百部にも上つてゐる。

予は又た新島襄氏を扶《たす》け、其の大学創立には、聊《いささ》か尽す所あり。更に氏の死後、同氏の志を完成するために、大学委員長となつて、聊《いささ》か力を効《いた》した。又た朝鮮に於ける「京城日報」

の監督者として、十年未満其の力を尽した。又た「国民教育奨励会」を設けて、国民教育のために貢献し「青山会館」を設けて、成人教育、社会教育等のために努力した。

然かも新聞記者以外に、最も予の力を効したのは、日本歴史編纂《へんさん》の一事であつた。之は今日に至るまで、殆ど三十年に幾《ち》かき歳月を費し、出版せられたるものが、既に七十余冊。原稿の出来上がつたるものは、既に九十余冊に及んでゐる。之が為に、予は帝国学士院にて、恩賜《おんし》賞を与へられ、又た有栖川宮《ありすがわのみや》奨学金を与へられ、而《しこう》して学士院会員に推薦せられた。又た幾《いくばく》もなく、帝国芸術院会員にも、推薦せられた。更に一九一一年（明治四十四年）貴族院議員に勅選せられた。而して一九四三年（昭和十八年）には、文化勲章を授けられた。それらの一切は去年悉《ことごと》く辞退して、今日では門を閉ぢて謹慎、病を養うてゐる。

最後に、予の一生に於て、最も予を感化したる者を挙ぐれば、横井小楠、新島襄、勝海舟及び予が父徳富淇水《きすい》である。横井小楠には、年齢の相違のために、親しく接するの機会を得なかつたが、其の凡有《あらゆ》る学説は、予の父を通して、之を聴く事が出来た。新島襄は、典型的日本人であつて予は彼れに依《よ》つて、日本人は斯く在るべきものと云ふ事を、教へられた。勝海舟は、予が接したる多くの人物中、稀《まれ》に見る卓越《たくえつ》の日本人であつて予は彼に依て、聊《いささ》か人間学の一斑を、学び得たと思ふ。以上に止どめて尚《な》ほ茲《ここ》に一言するは、予の母である。予の母は、予に多くの事を教へた。其中にも、如何なる窮地《きゅうち》に陥つても、天を信じ、命に安んずる事を教へた。彼女は自らそれを実行した。予は今日に於て、特に予の母の遺訓《いくん》を有難く感じてゐる。

二　日本歴史の鍵（一）

今日では、日本国民を好戦国民とし、維新の皇謨《こうぼ》は、日本が武力を以て世界を侵略せんとするに在るかの如く誤解せられ、外人のみでなく、日本人の中にも往々斯かる説を、現在に於ては、為す者あるに至つた。之は全く、曲解に非ざれば誤解であつて、予は今《い》ま日本歴史の研究者たる一人として、其の真相を語る義務あるを痛感す。

予の日本歴史検討の上から、先《ま》づ其の結論を掲ぐれば、日本国民は、平和を愛好するの点に於ては、世界の何《いず》れの民族又は国民に劣らない。而して維新の皇謨は、是迄国際社会の外に孤立したる日本を、国際社会の仲間に入れ、其の一員として、相当の働きを為すべき立場に到達せん事を目的としたるものであつて、一口に言へば、日本が世界列強並《なみ》に自ら進歩し、列強並の立場を占め、列強と与《とも》に協調を保つて行くべき位地《いち》に到達する事を、目的としたものである。其の意味から言へば、世界侵略などと云ふ事は、夢にも考へなき事である。従来日本の歴史は、世界を侵略するよりも世界より侵略せらるる事を最も怖れ、常に其の防備のみを目的としてゐた事は、日本歴史の初めより終りまで一貫したる一の大なる事実である。予は此処《ここ》に事実を挙げて語らんとするも、それでは日本歴史の講義となるから、遺憾ながら唯だ其の事実の上から帰納したる結論だけを挙げて措《お》く。即ち自衛と云ふ事は、日本に取ては何よりも最も重大なる事であつて、東北に柵を設け、西南に水城《みずき》を築き、東北には鎮守府将軍を置き、西南には防人《さきもり》を徴発して衛戍《えいじゅ》せしめ太宰府を設けて之を管轄せしめたるが如き、皆然《しか》りで、徳川幕府が鎖国令を布《し》きたるも、単に徳川幕府其物の安全を主とするばかりでなく、日本が外国から侵略せられざらん事を欲して行はれたる政策であつて、或る意味に於ては、徳川幕府の鎖国政策は、アメリカのモンロー主義と似通うたるものがある。

世界の歴史家は素《もと》より、日本の歴史家さへも、日本の国民性が何物である事を諒解《りようかい》してゐない。今ま此処に、日本の国民性、従つて其の国民性より湧き出したる、日本の伝統的国策、其の伝統的国策を延長して、維新の改革に及びたる迄の由来を一口に述べる事は、最も困難である。然し予は今ま此処に、其の鍵《キィ》だけを示して置きたいと思ふ。鍵とは何である乎《か》。日本の隣国に、支那なる大陸の大国が存し、単《ひと》り土地が広く人口が多きばかりでなく、文化の程度に於て非常なる懸隔《けんかく》ある、其の一国の存在したる事である。或る意味から言へば、日本の国民性は、其の過半は支那に依て、若し製造されたと言ふ事が出来なければ、寄与せられ、若《も》しくは感化せられたと言ふ事が出来よう。

日本の上古史は姑《しばら》く措《お》き、日本人が日本人として、自ら目醒める頃に於て、日本人の眼には、前に申した通り、其の附近に、土地も人口も、日本よりも十数倍し、若くは幾十倍し、其の文化の程度に於ても、日本より最も高級の地位を占めた国を、或は意識し、或は無意識中に感得したであらう。茲《ここ》に於て日本人は、文化的には支那に対して、大なる感激、大なる嘆美、而して大なる羨望《せんぼう》、大なる憧憬《しょうけい》を覚え、何事も遺《わす》れて之に模倣せん事を努めた。同時に又た日本自身は、此の大国の傍に在つて、如何にして日本なる独自一己《いっこ》を保つべきかを考へた。即ち第一は、文化的に於ても、其他の点に於ても、日本を支那と同等の水平に持つて行くと云ふ、所謂《いわゆ》る競争心である。然るに如何に競争しても、日本は島国である。日本の人口は少なくある。如何に模倣しても、本家本元程に、其の出店請売店《でみせうけうりてん》は及ぶものでない。それで一面支那に対して、凡有《あらゆ》る模倣若くは学習を努めたが、他の方面に於ては、支那の持たざる何物かを持ち、それを以て支那と競争せん事を努めた。此の如《かく》くにして、日本人には大なる模倣性、大なる適用性を長養したると同時に、又た日本独自の或物を発見せんとする一種の性格を、養ひ来つた。それ等の総ての物が、今日の日本人には歴々として其の痕跡が見出されつゝある。日本人は己惚《うぬぼ》れて、自ら優越国民と信じ、他国を蔑視するなどと云ふ事は飛んでもない間違ひであつて、日本人は支那に対しては、到底及ばぬがせめて支那文化の模造でもして、日本の体面を保ちたいと云ふのが精一杯であつて、それから更に一転して、支那何者ぞ、彼れが量で来れば、我れは質で当る。彼れが数で来れば、我れは品で当る、彼れが物質で来れば、我れは精神で当る、と云ふやうになり、支那は大陸であるが、易姓《えきせい》革命の国である、我れは島国であるが、万世一系の皇統を戴《いただ》いて居ると云ふ、此《こ》の一点で、漸《よう》く日本も支那と対立するだけの位地《いち》を占むるに至つたと意識するやうな点まで、漕ぎ付けたのである。

三　日本歴史の鍵（二）

日本の歴史を知るには、日本の重《お》もなる人物を、其のインデキスとするに若《し》くはなし。其の最も適当なる一は、聖徳太子である。彼は日本国民の支那に対する崇拝心を、一人で背負つて立つと同時に、又た支那に対する対立心若《も》しくは競争心を、最も遺憾なく発揮してゐる。一方では、日本の制度の皇帝に向つて、東天皇西皇帝に告ぐとか、日出処《ひいずるところ》の天皇日没処《ひぼっするところ》の皇帝に告ぐとか云ふやうな文書を、交換してゐる。凡そ日本に於て、今日まで存在したるものので、支那を対象としないものは少ない。例へば仁徳天皇の御陵《みささぎ》の如きは、世界に対して、其の大を誇るに足るが、之も秦の始皇の驪《り》山《ざん》の陵や、漢の五陵若くは唐の昭陵に比すべきものであらう。又た奈良の大仏なども、其通りであり、日本国史の父とも云ふべき日本書紀も、其の意味に於て、編纂《へんさん》されたものである。

日本人は、一方では支那に対して、時として尊敬、時としては恐怖を持つてゐたが、又た其の尊敬の半面、恐怖の半面には、支那に対して独自一己を保持し、同時に又た之を発揮するに最も苦心した。日本の思想界には、向支那反支那の二潮流あるが如く見えるが、其実は其の淵源は一である。即ち、支那にはとても敵《かな》はぬと云ふ根本思想が一はそれを顕《あらわ》に受けて、支那崇拝に没頭し、他はそれを逆に受けて、支那排斥と云はざる迄も、対抗の方面に発展した。それで、日本に於て最も偉大なる日本主義者は殆ど挙げて最も大なる支那学者である。例へば日本の白楽天と呼ばれたる、菅原道真の如きは、「和魂漢才」の説を述べて、芸術に於ては支那に学ぶも、精神に於ては日本固有の物を失ふ勿《なか》れと称してゐる。又た個人の著はしたる日本歴史の中で、最も卓越したる『神皇正統記』の著者北畠親房《ちかふさ》の如きが、それである。親房は、支那の古典に通じたるばかりでなく、彼れと時代接近したる程朱《ていしゅ》の学やら、朱子の『通鑑綱目《つがんこうもく》』なども読んでゐる。然るに彼れの『神皇正統記』は、巻頭に「日本は神国なり」と特筆して、自国を支那と対等の位地に置くばかりでなく、より以上の国まで、持ち上げてゐる。彼の書は二つの大なる目的を以て書いてゐる。第一は、日本の皇室は、南朝が正統であると云ふ事である。之は誰れでも気付く所である。其二は、日本は支那印度《インド》の諸大国に比して、国柄として劣らぬばかりでなく、立ち勝《ま》さつてゐると云ふ事を、張胆明目して語つてゐる。此の方面には、世間では余り関心の人が少ないやうに思はるる。要するに、北朝に対する南朝の抗議、支那印度に対する日本の抗議、此の二大抗議が此書の生命である。

然し又た其の反対の思想も、日本には相当流れてゐた。北畠親房と殆ど時代は相異なき円月なる禅僧は、『中正子』と称する書を著述して、日本皇室の祖先は、呉の泰伯の子孫であると書き、其の為めに朝廷の物議を受け、其の著述は焼かれたと云ふ事がある。之に反して、同じ禅僧で、日本仏教史とも云ふべき『元亨釈書《げんこうしゃくしょ》』の著者虎関《こかん》和尚の意見は、思想の系統が親房と同一と云はぬ迄も、其の傍らに在つた。

江戸幕府の初めに於て、山鹿素行《やまがそこう》は『中朝事実《ちゅうちょうじじつ》』を著はした。『中朝事実』は、日本書紀神代の巻に就て、其の意見を述べたるものであるが、之は北畠親房に之繞《しんにょう》を掛けたる程であつて、中朝と云ふ事は、支那の事ではなくして、日本を中朝と称してゐる。書物の題目を見ても、其の内容を知る事が出来る。然るに此の山鹿素行も又た、当時に於ける、最も卓越したる支那学者であつた。之と前後して江戸幕府は、其の学政を掌《つかさど》らしめたる林家――林家とは林道春《どうしゅん》及其子春斎《しゅんさい》等のこと――に命じて、日本歴史を編纂せしめた。

それが即ち『本朝通鑑《ほんちょうつがん》』である。此の歴史が編纂せられてそれが披露せらるゝ際に、徳川幕府の親戚で、世間では副将軍と称したる水戸光圀《みつくに》が之を閲したる所、意外にも、日本の皇統は呉の泰伯の後である云々の事が書いてあつたから、そこで光圀は、之は宜《よろ》しくないと憤慨して、そこで日本歴史の金科玉条《きんかぎょくじょう》とも云ふべき『大日本史』の編纂を思ひ立つたと云ふ事が伝はつてゐる。予は必ずしも之が唯一の動機とも思はぬが、此の伝説も亦た、一笑に付すべきものではないと思ふ。

足利氏時代迄は、日本は全く支那崇拝で、足利義満の如きは、支那から衣冠《いかん》を貰ひ、それを着けて誇りがましくして居り、彼れの死するや、支那から恭献王と諡名《おくりな》した。所が徳川幕府以後は、支那の代りに異つたる相手が出で来つた。それは西洋である。それ迄の相手は、支那だけが日本の隣国であつたが遠洋航海の流行以来大なる隣国が増加して来た。即ち西洋である。一の支那でさへも厄介《やつかい》であるのに、多くの隣国が出で来つてはやりきれぬと考へ、茲《ここ》に鎖国令が布《し》かれ、成べく隣国を、傍らに近づけないとする方針を執つた。それに関はらず、隣国はやつて来た。其中で最も大なる隣国が、即ち露国である。日本は、初めから支那を文化国として尊敬してゐたが、露国に対しては、文化国よりも寧《むし》ろ「赤狄《せきてき》」として恐怖してゐた。如何に日本が露国を恐怖し、露国の南下の勢に対抗すべきかと云ふ事に就て心配したかは、予が『近世日本国民史』に詳しく之を掲げて置いた。外国に対する恐怖心と共に、又た外国の文化に対する憧憬心も出で来つた。之が即ち蘭学の興隆である。此事に就ても予は詳しく語つた。当時日本の最も怖れたる対象は露国であつたが、軈《やが》ては又た英国がそれであつた。露国は北辺を騒擾《そうじよう》したが、英国は日本幕府の禁令を破つて、無遠慮に□□□《(入港しカ)》、長崎奉行は責任を負うて切腹する事になつた。然かも英国の、印度から支那辺海にかけての活動は、手に取るやうに日本に聞こえ、日本は露英の間に挟まつて、果して其の独立を保つ事が出来るや否やと、国防上に於ける一大関心が出で来り、之を前にしては、有名なる蘭学者杉田玄白の如きは、とても露国南下の勢には対抗する事が出来ぬから、長きものには巻かれよで、姑《しばら》く露国と握手するに若《し》かずと言ひ、又た其後ペルリ提督の日本に来る時代に、橋本左内なる当時の卓見者は、今日の日本は、露に結ぶか、英に結ぶか、何れにか結ぶ必要がある、然し、英は老黠《ろうかつ》にして与《くみ》し難いから、寧《むし》ろ露に結ぶに若かず、と云ふ論を立ててゐる。要するに、対支那の心理状態は、其儘之《そのまま》を拡大し、若《も》しくは加重して、対西洋となつて来たのであつて、日本は侵略どころか、惴々乎《ずいずいこ》として、外国から侵略せらるる事を、維《こ》れ怖れてゐた。又た外国に超越どころか、とても外国には敵はぬと云ふ事を口にこそ大きく言ふ者はなかつたが、心中には賢不肖孰《ふしょういず》れも皆な、銘々の立場々々で考へてゐた。日本が世界第一の国であり、日本国民が世界第一の国民であり、他国を侵略したり、他国に対して優越感を持つなどと云ふ事は、維新頃の日本人には、薬にしたくも無い事であつた。偶《たま》ま調子外れた言論を為す者があつたが、それは全く心にもなき強がりを言うたものであつて、恰《あた》かも今度の戦争で、外国軍が上陸したなら竹槍で突き斃《たお》すと云ふ説と、其の根本動機は同一であつた。

四　明治維新の動機と根本政策

維新の改革は、其の動機は今此処に悉《ことごと》く挙ぐる訳にはゆかぬが、最も大なる動機、即ち根本原因とも言ふべきは、幕府では到底日本国の独立が出来ない、幕府に任せて置けば、日本は諸外国の為めに侵略せられて、如何なる憂目《うきめ》を見、如何なる恥辱を蒙《こうむ》り、軈《やが》ては日本其物が亡滅するに至るも測られない。依《よ》て皇室を中心とし、日本を統一し、日本国民の全力を挙げて日本国を防禦し、完全なる独立国として存在せねばならぬと云ふ事であつた。之が即ち、殆ど大なる面倒なくして、改革が短時日の間に成就せられたる所以である。

従て維新以来の根本政策は、其の趣旨を遂行するに外ならなかつた。即ち第一は、先づ日本国を外力より安全なる地位に置く事である。第二は、日本国を完全なる独立国とする事である。第三は、日本国を、国際社会の仲間入りをなし、其の一として、若《も》しくは重《お》もなる一として、国際上に列強並《なみ》の働きをなさしむる事である。而して如上《じょじょう》の目的を達する為めには、其の根本政策として定めたのが、即ち明治元年（一八六八）三月十五日発布せられたる「五条の誓文《せいもん》」である。五条の誓文が、我が国策の基調であつて、一切の事は之より割り出して来たものであつた。爾来《じらい》殆ど八十年間、時としては横道に趨《はし》つた事もあるが、概して言へば、其の線に沿うて今日に至つた。

明治維新を政治的に指導したるは、三条、岩倉、西郷、大久保、木戸であつたが、其の大なる筋書を指導したる、即ち指導原則を与へたのは、必ずしも彼一人と言ふ事は出来ぬが、其の代表的一人は横井小楠《よこいしょうなん》である。前にも述べたる如く、五条誓文のインスピレーションは、横井小楠が、其の原案の起草者若くは其の一人由利公正《ゆりきみまさ》に与へたものであつて、それは誰れよりも先づ由利公正が、明かに之を認識してゐる。横井小楠は、世の所謂《いわゆ》る空理空想に趨る、所謂《いわゆ》るドクトリナー（Doctrinaire）ではなかつた。彼れの反対者さへも、彼れの一派を「実学党」と称した程であつて、彼れは眼は天を眺めたるも、足は地を踏んでゐた。彼れは恒《つね》に理想を実際化する事を努めてゐた。彼れが維新の初め、其の故郷肥後より、朝廷の召命を承けて京都に喚び出されたる際に、彼れより先に朝廷の参与職に任じてゐた越前の由利公正――当時は三岡八郎《みつおか》――は、彼れを大阪に迎へたが、横井は由利に向つて、日本は洵《まこと》に幸運である。第一は、日本が万世一系の皇室を戴いてゐる事である。第二は、日本が世界列国に後れて、開かれたる事であると言うたと、由利は語つてゐる（『小楠遺稿』参照）。万世一系の事は、今此処《ここ》に語らず。横井が斯《か》く言うた事は、西洋人が千辛万苦《せんしんばんく》して得たる一切の智識は、日本人が其儘《そのまま》之を学修する事が出来るのみならず、西洋の短を捨てて、其の長を取る事が出来る。それで労は少なくして、功は之に倍すると云ふ事を、意味したものであらう。

而して横井は、其の書きたる物に依て、且つ其の語りたる物に依て見れば、少年であつた明治天皇に大なる望みを属《しょく》し、天皇に依て維新の大政が光を放つ事が出来ると、斯く信じてゐた。而して彼れは、軈《やが》て頑冥《がんめい》党の為めに暗殺せられたが、彼れの志は、彼れの門人でもあり、且つ友人でもある元田《もとだ》永孚《ながざね》に依て完成せられた。横井は、出来得べくんば自ら日本の使節となつて米国に押渡り、米国大統領の同意を得て、世界平和の会議を催し、世界平和の端緒を、日本に依て啓《ひら》く事を世界に対する第一の貢献である、と信じてゐた。但《た》だ之は、其人亡《し》んで、其の理想は実行出来ずして已《や》んだ。横井は、支那に於ける理想的君主たる尭舜《ぎょうしゅん》の次には、ワシントンを崇拝し、一国の元首たる者は、ワシントンを以て模範とせねばならぬと唱へてゐた事は、元田の横井に就て語つたる所に依ても、明白である（『小楠遺稿』参照）。彼は儒教の信者であつて「仁者敵無し」と云ふ言葉を、実行出来るものと考へてゐた。彼れの目的は政治の倫理化であつて、其の倫理化は、一家、一町村、一国より、延《ひ》いて世界に及ぼすべきものと、信じてゐた。従て維新の政府は、戦争に依て出で来つたが、維新の政府が将来の戦争を為さんが為めに出で来つた政府でなくして、現在の平和を一国的に維持し、聽ては世界の平和を、国際的に維持する事を主眼とした事は、今更ら言ふ迄もない。

予は決して如上《じょじょう》の観察を、机上の空論に依て語る者ではない。維新政府を組織したる重《お》もなる人物に就て、其の一人一人を吟味するも、未だ曾《かっ》て侵略主義者が維新の根本政策を作為したとか、指導したと云ふ事は、事実の上に其の痕跡だも見出す事が出来ぬ。殊に日本の重もなる維新政府の政治家である岩倉、木戸、大久保等は、明治四年（一八七一）の末より、明治六年（一八七三）の半ば迄、アメリカより欧羅巴《ヨーロッパ》を巡回し、親しく欧米諸国の現状を見て、到底《とうてい》日本の現状では、欧米諸国と競争なぞは、出来るものではない。先づ第一に、日本の位地《いち》を向上せしむる事を本務とせねばならぬ。それには、凡有《あらゆ》る外国の長所を取り入れる事を急務とせねばならぬと云ふ事に、其の決心を固めて来た。従て維新政府が、軍国主義であるとか、軍国主義の卵であると云ふ事は、夢更ら無き事である。明治天皇は、維新の当初は未だ幼少であらせられて、自ら政治を判断するの資格は学修中であつたが、明治十年（一八七七）より以後は、漸次に天皇親政の、名ばかりでなく、実が行はれて来た。而《しか》して天皇の最も信頼せられたる政治上の相談相手は、前には岩倉、後には伊藤の二人であつた。此の二人とも、何れも平和的政治家であつて、何人も此の両人を以て、軍国主義者と見做す者はあるまい。且つ又た、個人として、明治天皇に畏《おそ》れながら最も深甚《しんじん》なる感化を与へ奉りたるは、日本人としては元田《もとだ》永孚《ながざね》である。元田永孚は、如何なる事を天皇に告げたかは、予が曾て出版したる『元田先生進講録』が、詳しく之を語つてゐる。彼れは横井小楠を縮小版としたやうな漢《おとこ》であつて、横井小楠の「荒削りなる疵《きず》を除《はら》つて、精金美玉」としたやうな人物であつた。其の意見も亦た其の通りであつた。外人で最も感化を及ぼしたのは、米国の前大統領グラント将軍であつて、明治天皇は明治十二年（一八七九）の秋、日本に来遊したるグラント将軍に向つて、随分立ち入つたる点まで問答された。当時明治天皇は、既に二十八歳の青年として、最も印象深くグラントの進言を、聞こし召された。グラントは、日本が余りに熱心に欧米文化を取り入れるに就て、拍車を加へたのでなくして、寧ろブレーキを加へた。而して陛下に向つて、日本が完全なる独立国となり、外人の不当なる干渉より免れん事を祈つて已《や》まなかつた。明治天皇が如何に平和的、世界協調的の典型的君主であらせられたかと云ふ事は、天皇御自身の歌集が、よく之を語つてゐる。此《かく》の如く明治政府の中心である明治天皇、天皇を輔翼《ほよく》する重もなる政治家、皆な悉く軍国主義者でなきのみならず、其の痕跡もなき程である。此の如き天皇、此の如き政府に向つて、世界侵略の陰謀などの、存在すべき理由なきは、予が殊更《ことさ》らに弁明を俟《ま》たざる所である。

要するに明治の中期迄は、日本は如何にすれば、完全なる独立国となる事が出来るかと云ふ点に就て、政府も人民も、其の憂身《うきみ》を窶《やつ》した。凡そ日本人の心を悩ましたる、最も大なるものは、日本に治外法権の存在したる事、〔関税自主権の〕日本人の手に存在せざる事の二つであつた。此の税権・法権の回復は、如何なる犠牲を払うても、遂行せん事を期したが、それに就ては、日本の意見は、自ら二派に岐《わか》れた。一は速《すみや》かに日本の文化の程度を引上げ、外国人が安心するやう、満足するやう、日本を欧米化し、之を実行すべしと云ふ意見と、一は日本は日本流で立て通し、欧米人も此儘《このまま》では、永く日本人を継子《ままこ》扱ひをせねばならず、其の為めに欧米人に取つても寧《むし》ろ不便利なる事が多く、困却する事が多いから、欧米人より「我」を折らせて、向ふから条約改正を、日本に申し込む方が、寧ろ近か道であると云ふ論とである。即ち前者の欧米化主義に対抗して、条約励行論などが出て来た。即ち条約の文字通り、一点一画も変更せしめず、例へば外人の自由通行を十里以内と決めたる以上は、十里から一尺でも足を踏み出す事は出来ぬやうにして、外人に窮屈を感ぜしめ、閉口の余り対等条約を、彼れより申込ましめんとする意見であつた。是等の騒ぎで国内は沸騰《ふつとう》したが、それらの事も、明治二十七年（一八九四〜九五）以後に至つて、自然に落着する処に落着した。即ち維新以来の、我が官民の努力が漸《ようや》く欧米諸国に認識せられ、対等としては取扱はぬ迄も、三年たてば三つになると云ふだけの、日本の進歩生長を認めて、漸《ようや》くグラント将軍が言うたる、完全なる独立国と殆どなつた事は、明治政府創立以来、三十年の後であつた。

五　近代日本に於ける内外の刺激

日本に向つて、支那の怖《おそ》るるに足らざるを誨《おし》へた者は、欧米諸国であつた。日本は其の教へを忠実に遵奉《じゅんぽう》したばかりでなく、それに輪をかけて、支那の恐るるに足らざる事を知つたが、同時に支那に対する尊敬と恐怖に、又た輪をかけて、欧米諸国に傾むけた。然し日本にも、中村敬宇の如きは、明治の初期に、支那侮《あなど》るべからざる論を世の中に公けにし、日本人の支那に対する態度を、改めん事を警告した。又た勝海舟の如きも、明治二十七八年戦役前後、日本人が支那与《く》みし易しと有頂天になつた際に、支那人の方が、日本人より智慧《ちえ》分別が多いと、日本人の浮足を警《いま》しめた。此処に日清戦役に就て一言するが、日清戦役は、西暦第七世紀の頃、即ち今より千二百有余年前、天智天皇の朝に、支那と朝鮮に於て戦うたる、其の戦争の延長とも言ひ、若くは其の繰返しとも言ふ事が出来る。但だ前に於ては、朝鮮に於ける日本の勢力は、支那の為めに全く駆逐《くちく》されたが、二十七八年の役には、朝鮮に於ける支那の勢力を殆ど駆逐し去つた。朝鮮が日本の防禦の第一線であつた事は、日本上古史以来の事であつて、今に始まつた事ではない。日本が朝鮮から全く撤退した後は、日本は従来に倍して、九州の防禦を厳にした。然し軈《やが》ては、朝鮮を策源地として、蒙古の来襲を蒙むつた。幸に所謂「神風」の力で、蒙古軍は逐《お》ひ払つたが、それでも日本人は恐怖心が止まず、其の策源地を一掃せんが為めに朝鮮に対する出兵を企てたが、それは内治上の事情で中止となつた。明治六年（一八七三）に、西郷隆盛等の、所謂「征韓論」なるものも、其の真意は、日本と朝鮮とが攻守同盟を結び、露国に対抗せんとするのが、其の目的であつた。然し反対党は、其の為に却《かえつ》て露国との事件を惹起《じやつき》せん事を虞《おそ》れて、それに反対した。それで反対者も主張者も、総ての見地は、外国の勢力に対する防禦の方法及び方針に就て意見が分裂した迄であつて、朝鮮が日本防禦の第一線と云ふ事は、日本開闢《かいびやく》以来の常識であつて、誰れもそれを疑ふ者はなかつた。

話は元に還つて、支那は元来日本を物の数とも考へてゐなかつた。其の日本が、或は琉球に手を出し、台湾に手を出し、朝鮮に手を出すなどと云ふ事を見て、怪《け》しからぬ事をすると考へ、単に日本を侮り賤《いやし》むばかりでなく、憎み、怒り、且つ怖るゝやうになつた。斯くて支那の慣用手段、遠交近攻を利用して、外国の勢力を引つ張つて来て、日本を牽掣《けんせい》し且つ復讐をした。之は支那人としては、決して賢明の仕業ではなかつた。少なくとも当時の所謂る支那分割の端《たん》なるものは、茲《ここ》に開らけた。日本でも、支那戦争中より、支那と握手せん事を期待したる者は少なくなかつた。伊藤などの如き平和政治家は云ふ迄もなく、日清戦役に日本のモルトケの役目を勤めたる川上将軍の如きも、最も熱心に其事を考へてゐた。而して支那にも、日支提携する方が支那の長策であると考へた者も、皆無ではなかつた。然し其の多数に就て見れば、日本人は支那与《く》みし易しと云ふ一念が行き渡り、支那に対しては、大なる研究もせず、又た大なる準備もせず、宛《あた》かも門前に在る石を、何時でも勝手に之を動かし得るものであるかの如く考へてゐた。支那の方では日本に対する憤慨心或は復讐心は、皆な其の胸中に燃えて、何かの機会に報復する所あらんと考へてゐた。然し当分の間は、日本には敵《かな》はぬから暫《しばら》くは虫を殺して隠忍《いんにん》して、其の時節の到来を待つてゐた。此の如くにして、維新以来日本と支那は、隣国でありながら、又た文字を同じくしてゐながら、遂に相識《し》り相親しむと云ふ迄には至らなかつた。勿論個人間には相当の交際もあつたが、国としては徹頭徹尾《てつとうてつび》表向だけの交際であつた。即ち打ち釈《と》けて協力するなどと云ふ事は、遂になかつた。今ま此処に日支事変の曲直などに就て、議論をする場合でないから姑《しばら》く措くが、日本人は支那与みし易しと云ふ一念の為めに、自国を失はんばかりに大なる代価を払うた。今少し日本人が支那を知り、支那を研究し、支那に向つて善処する途を得たならば、今日の如き事には立ち至らなかつたと思ふが、日本人は同時に二個以上の事を考へる余地を持たぬから、茲《ここ》に至つたものであらう。兎《と》に角《かく》日本人は、支那人を砂の如き民族と、考へてゐたが、支那人は日本人に対する反抗心、敵愾心《てきがいしん》、復讐心を利用し、我等の点から見れば寧ろ悪用し、濫用したと云ふべき程に、対日本の抵抗心を刺激煽動《せんどう》し、此の如くにして、日本は砂である支那人に向つて、セメントたる役目を勤め、今日では砂の塊りではなくして、眼前に突兀《とつこつ》たる一のコンクリートの城を見るに至つたのである。此の如くにして、当初日本に向つて、国民的精神を寄与したる支那は、又た久しき距離を隔てて、日本より支那に向つて、利息まで附けて償還する事となり、此の如くにして、今日国民党や又た共産党までも出で来つたものであらうと判断する事が出来る。然して日本を、支那の馬に乗り替へたる米国なども、果してそれが得策であつたや否やは、今ま茲《ここ》に明言する限りでない。何《いず》れ遠からず歴史が之を語るであらう。

日本には、所謂る軍閥なるものは無かつた。是れだけは、予は良心的に之を確言する事が出来る。予は老人であり、且つ壮年以来の新聞記者であるから、凡有《あらゆ》る日本の人物に接触してゐる。殊に日清事件には自ら従軍し、日露事件には極めて密接なる立場より之を眺め、其他軍事に関する凡有る問題に対しても、予は常に意見を発表する事を憚《はば》からなかつた。具体的に言へば、日本の陸軍の巨頭は山県《やまがた》元帥であつて、此人が日本陸軍を背負つて立つてゐた。然るに此人は、軍人出身ではあつたが、内務大臣とし、又た二回ほど総理大臣とし、後には元老として一般政治に最も大なる感化を及ぼした。日本の軍制を改革して徴兵令を布《し》きたるは、山県其人の力であつて、彼は之に依て、五十万、其の家族を合せて二百五十万の、武士たる特権階級を廃し、護国の義務を国民全般に頒《わか》つ事とした。彼は露国とも、出来得る限り衝突を避くべく、露帝のモスコウに於ける戴冠式には、自ら日本の代表として出掛けた。彼は日英同盟の最も熱心なる主張者であり、若《も》しくは賛成者であつた。彼れの大なる功績として見るべきは、日本に自治制度を布いたる事である。予は彼とは、政治上の意見が全く同一ではなかつたが、彼は恐らくは、近代百年に亙る日本に於ける大なる政治家の一人である。彼は軍国主義者ではなかつた。唯だ平和の為めに、我国防禦《ぼうぎょ》の為めに、軍備を充実する事を希望してゐた。彼は一般陸軍に対しては、刺激力ではなくして、恒《つね》に鎮圧力となつてゐた。（予が編著『山縣公傳』——正伝也——参照）之は同時に、海軍の中心勢力であつた西郷（弟）、山本、東郷等に就ても、言ふ事が出来る。殊に西郷と山本は世界協調論者であつて、我より進んで事を起こすなどと云ふ事は、絶対に反対した。其他予の知り得る範囲に於ては、陸海軍の重もなる人士は、其通りと言ふ事が出来る。例へば大山元帥の如きも、満洲軍の総司令官として日本を出立するに際し、戦争の責には我等奮《ふるい》て之に当る。然《し》かも平和の政策は、公等決して其の時機を誤まる莫《なか》れと、慇懃《いんぎん》に言ひ残したと云ふ事である。故に大正の中期迄は、殆ど一切の事が秩序整然として、明治天皇の平和の意思を遵奉《じゅんぽう》して行つたが、其の以後に於て我が政界に変調を来したのは、何故である乎《か》。それは内と外との両者から、之を観察する必要がある。

先づ内から言へば、大正天皇の末期よりは、政党内閣が行はれ、或は官僚内閣が行はれ、或は政党と官僚との混合内閣が行はれ、種々の内閣が行はれた。然かも政党は横暴を極めて、国民少くとも良民の信用を殆ど失墜《しっつい》した。官僚内閣も亦《ま》た異つたる意味に於て、国民の信用を失うた。政治の争ひは、唯だ其の位地《いち》を得ん事の争ひであり、位地を得て後には唯だ其の利益を得ん事の争ひであつた。固《もと》より其間《そのかん》に、一貫の目的があつたでもなければ、一定の方針があつたでもない。唯だ全く手から口、其日暮しの政治であつて、跡は野となれ山となれ、唯だ現在の安きを貪《むさぼ》り、所欲を達すれば足ると云ふやうな状態であつた。そこで政党に失望し、官僚に失望したる国民は、唯だ軍人の間に、若くは軍隊の間に、初めて国家に忠良なる人物を見出す事が出来ると考へた。而して軍人中の若者、即ち学校を出でて未だ年月を経ざる中少尉、遡《さかのぼ》つて漸《ようや》く中少佐位の所には、自ら日本改革の役目を、買つて出でたる者が出来た。之が爆発して、或は五・一五事件とか、二・二六事件とか云ふものが出で来つた。

若し世の中に、軍閥と云ふ言葉を用ふる事が出来れば、或は軍人中の寧《むし》ろ一小部分である此の一派一味を指して言ふ事が出来るかも知れぬが、然し軍其ものとしては、未だ曾《かつ》て軍閥などと云ふものは、在り得なかつた。唯だ不幸なるは日本であつて、総ての腐敗から、総ての無能力から、取り残されたる最後の恃《たの》みであつた所の軍人階級も、いざとなれば政党官僚に劣らぬ醜態《しゅうたい》を暴露し来りたるは、洵《まこと》に以て遺憾《いかん》の極みであるが、然し世間で称ふる、所謂《いわゆ》る軍閥などと云ふものの存在してゐなかつた事は、予の語りたる所に依て、之を知る事が出来よう。

外からの刺激は、即ち第一回世界大戦以後であつて、従来日英同盟に依て、少なくとも東亜の安定は保たれてゐたが、世界大戦後間もなく、之は有れども無きが如き姿となつた。ヴエルサイユ会議に於ける日本は、同盟国の英国及び其の植民地から手厳しき取扱を受け、又た其の準与国とも云ふべき米国からは、尚更ら厳しくやりつけられた。軈《やが》てはワシントン会議となつて、此の会議で日英同盟は全く廃棄せられ、米英連合の力に依て、漸く一人前とならんとする日本は押さへ付けられた。兎角《とかく》人は、相手側ばかり見て己れを考へる事はないが、若し世界大戦以後、或は更に遡《さかのぼ》つて日露戦争以後、米英諸国が如何なる態度を以て日本に臨みたるかを反省せば、思半ばに過ぎるものがあらうと思ふ。日本は漸《よう》やく一人前となつて、之からこそ列強と手を携へて、世界の舞台に乗り出す事が出来ようと考へた所、豈図《あにはか》らんや、荊棘《けいきよく》の重囲に陥つたやうな状態を自ら見出した。日本の諺《ことわざ》に、「出る杭《くい》は叩かれる」と言ふが、日本は愈々《いよいよ》叩かれる時期に到達したのだ。明治維新の際には日本の人口は三千余万であつた。然るに大正の末期には、七千万を数ふるに至つた。人口は年々百万以上増加しつゝある。食糧不足は覿面《てきめん》に起つて来た。然かも日本は世界の何れの処に於ても、高札をたてゝ日本人入る可《べか》らずと云ふ事になり、折角入り込んだる土地からも、追放せられ、若《も》しくはせられんとする困難に立到つた。而して日本開国以来の親友であつた米国の如きも、日本を仮想敵として其の大海軍を建設した。露国は素《もと》より伝統的に日本の脅威として、日本に臨んでゐる。然かも隣国の支那は、相変らず遠交近攻の政策を掲げ、日本の出鼻を挫《くじ》きつゝある。然るに日本の内閣なるものは、此の如き国家の危急を他所事《よそごと》に眺めて、唯だ得ざる者は得ん事を欲し、得たる者は失はざらん事を欲し、政権や利権の争奪のみを維《こ》れ事として、国家の安危存亡《あんき》などは、殆ど顧みるに遑《いとま》なかつた。斯かる場合に於て、軍隊の若者等が憤慨したのも、相当理由ありと云はねばならぬ。又た国民の或者が、之に同情を表したのも決して偶然ではあるまい。之が即ち大正の末期から昭和の中期に亙る実際の日本の情勢であつたと、長き予の経験は、斯く観察せしむるものである。

六　日本の自存、自衛、及自尊

予は歴史家の立場から、且又半世紀以上に亙る新聞記者の立場から観察して、日本は侵略国でなく、日本国民は侵略国民でなく、寧ろ其の反対で、平和国であり、同時に世界列国の中で最も平和を愛好する国民である事を、断言する者である。且つ決して自ら優越感を以て世界国民に対するどころではなく、表面は兎も角も、内心は国は小、物資は貧、文化は低いと云ふ、寧ろ我れ自ら、我が他に対して大なる欠陥ある事を自覚し、其の自覚心から、或は模倣となり、追随《ついずい》となり、反抗となり、強《し》ひて自ら特別の位地を作つて、僅かに其の劣等感を慰むるに至つたものである事を、断言するに憚《はばか》らない。

凡そ世界に、日本人ほど、自国中心的国民は無い。日本人は自国を開いて、凡有《あらゆ》る世界の物を吸収する事を、一の国民性としてゐるが、自ら世界に向つて推し出し行くと云ふやうな事は、其の本性ではない。日本の古き文献である祝詞《のりと》、即ち神様の前に告げる祈禱の文句を読めば、何も彼も日本に引寄せると云ふ事を宣言してゐるが、日本より推し出すと云ふ事は一も語つてゐない。世界が日本に向つて、日本は世界より受けるものが甚だ多くて、世界に与ふるものは甚だ少ないと言つてゐるが、其実は、それが国民性と言つてもよからう。之は恐らくは当初から、日本人は受くる事の資格は十二分に持つてゐるが、与ふる事の資格は、持つてゐなかつたと云ふ事を、証拠立つる一端であらう。それで日本人には、内に引寄せる力は十であつて、外に延長する力は零であると迄は言へぬが、殆どそれにちかかつた。彼等は故郷に恋着して、偶々《たまたま》異郷に赴《おもむ》くも、常に故郷の空を眺めてゐた事は、唐時代に日本の留学生として支那に赴き、支那では成功して大官となつたる阿倍仲磨さへも、尚ほ「三笠の山に出でし月かも」と云うて、奈良に於ける日本の光景を思慕してゐた。斯かる求心力多くして遠心力乏しき国民が、世界を征服するとか、隣国を侵略するとかと云ふ考のあるべき筈《はず》はない。然るに其の国民が、維新以後諸方に出かけたのは何であるか。生活難である。衣食の欠乏が、彼等を駆りて、其の国民性に反して迄も外に向はしめたものである。

維新以後の、日本政府と云はず、国民と云はず、寧ろ日本国の運動は、第一は自存の為めである。即ち日本国民が、生活する為めに、衣食を求むる為めに、外に向つて動き出した事。第二は自衛の為めである。日本国が、完全の独立国となる事を努むるばかりでなく、完全の独立国として、永久に其の位地を保つべく、国家の完全なる独立を、外来の勢力より防禦する為めに運動したるものにして、明治より現代に至りたる日本国民が、余儀なく戦争に従事したるのも、畢竟《ひつきよう》多くは皆な如上《じよじよう》の理由に基づくものである。即ち自存自衛の為めである。

第三に数ふべきは、自尊心である。即ち一面に於ては、完全なる独立国として、世界列強並に待遇せられざる不平、不満の爆発したる抗議である。又た世界列強が為す所を見て、舜《しゆん》も人なり我れも人なりと云ふやうな気分になり、英米露独其他の列国が為す所を、日本一人指を啣《くわ》へて、之を見物してゐるは、余りにも不見識であり、余りにも腑甲斐《ふがい》なくあると云ふ事を考へ、所謂る国民的アスピレーシヨンとして、それが原動力となつて働き出した事も、亦た此中に加へねばならぬ。之は要するに、日本人の最も多量に持つてゐる模倣性の発露したるものであつて、我等は決して此事を包み隠す事が出来ぬ。例へば、一滴の酒を飲まぬ者でも、其の傍に杯盤狼藉《はいばんろうぜき》、絃歌《げんか》四方に湧き、素人も玄人も踊り出すが如き場合には、仮令《たとい》禁酒会の幹事でも、教会の牧師でも、其心は浮かれて踊り出す事は当然である。況《いわ》んや普通の人間に於てをやだ。若し日本の運動が、万一其中に帝国主義的の不純の分子がありとすれば、日本人民にそれをコーチした者は、誰れであるか。それは世界列強が皆なそれである、と断言するを憚らない。十九世紀の下半より、二十世紀の上半に於ける日本の歴史は、決して日本だけの歴史でなく、世界共通の歴史であつて、唯だ日本人が、其の役目を果す事に於て列国人ほど巧みでなかつたと云ふ事は、或は言ひ得るかも知れぬが、日本人はあとから後から、皆な先進国の真似をして来たものであつて、日本で言ふ「鴉《からす》の鵜《う》の真似」と云ふやうな事は、言ひ得るかも知れぬが、其の手本は、鴉が発明したのではなくして、鵜が発明したものである。列国は皆な水中に潜《も》ぐつて大小の魚を獲《え》たが、日本だけはそれを真似して、魚を得ないばかりでなく、己れ自ら水に溺れたのである。日本人の愚は及ぶべからずであるが、此の如き模範を示した先進諸国は、日本人の伎倆《ぎりよう》の拙《つた》なきを嘲《あざけ》り、若くは笑ふ事は勝手であるが、之を責め、之を咎《とが》め、之を以て日本を罪せんとするが如きは、神の眼から見れば、決して公平の措置ではあるまい。

今日に於て日本人を咎むれば、支那を見誤り、米英諸国を見誤り、ソ聯を見誤り、独逸《ドイツ》伊太利《イタリア》を見誤り、殊に最も多く日本を見誤り、孫子の所謂る彼を知らず己を知らずして今日の状態に立ち到つた一事であつて、日本人としては自業自得《じごうじとく》、誰れを咎むべくもなく、若し咎むべき者があれば、我れ自らである。日本人の中には、之を軍閥とか、唯だ其の責任を一局部に推諉《すいい》して、涼しき顔をしてゐる者もあるが、総ての行動は、予の見る所に依れば、日本国民全部が負ふべきものである。其の中に濃淡軽重の差別はあるが、今更ら今日となつて、知らぬ存ぜぬなどと言つて、己れ一人いい子とならんとするが如きは、全く日本精神の何物たるを、忘却したるものと云はねばならぬ。

予は今日に於ても、日本国民の一として、昭和十六年十二月八日、宣戦の大詔《たいしょう》を、其の文字通りに信奉したる者である事を、確言するに憚《はば》からぬ。固《もと》より至尊《しそん》が、昭和二十年八月十五日、親しく御放送あらせられたる後は、最早《もは》や此の詔勅《しょうちょく》に就て、彼是《かれこれ》申すべき筋合でないが、詔勅中にのべさせられたる、此の戦争は、日本人に取ては、好ましくないが、強ひて相手方より押し付けられたる戦争、即ち受け身の戦争である。日本は所謂るA・B・C・Dの包囲に陥り、立つに立たれず、座るに座られず、此上は死中活路を見出し、暗中の飛躍をなすの外はなしと決心するに至りたる其の意味合は、予は今日に於ても、尚ほ其の通りに確信してゐる者である。今日では、此の問題を論ずるには、余りに時間が接近し、且つ予の如きは、日本の一新聞記者として、其の立場が極めて不利なるが為めに、或は予の言説は、予が自ら信ずる如くに他の信用を得る事が出来ぬかも知れぬが、百年の後公平なる歴史家が出で来つたならば、必ず予の言を諒《りょう》とするであらうと信ずる。

最後に、新聞記者として予自身に就て述べたい。予は大正の初期から、日本の二大脅威は、ソ聯と米国である事を確信し、此点に就て、我が国民に屡々《しばしば》警告した。殊に予は、予の幼年以来アングロ・サクソンの文化に負ふ所多大であつて、予の新聞記者たる初歩も、今尚ほ其の名だけは継続して、ニユーヨークで出版しつゝある雑誌"The Nation"に依て啓発せられ、其の為めに予の発刊したる新聞も、「ネーション」と同一の名目である「国民新聞」と名付けたる程である。米国と戦争などと云ふ事は、夢にも希望してゐなかつた。然し米国の我れに対する態度が、太平洋岸に於ける移民問題、学童問題などを始め、ワシントン会議に於て、我れに一大打撃を加へたる以来は、国民的自衛の上からも、国民的自尊の上からも甚だ危険を感じて、其の為めに日本人に警告するばかりでなく米国人にも警告し、現に其の一小部分とも云ふべき一は、英文に翻訳せられ、ニユーヨークに於て出版せられてゐる。("Japanese-American Relations" By the Hon. Iichiro Tokutomi. Pub. The Macmillan Co. N. Y. 1922) 予の言論の中には、頗《すこぶ》る露骨率直のものがあつたが、之は予が米国のCandid friend たる所以にして、衷心《ちゆうしん》より、米人が日本に対する態度を改善せん事を希望したるに外ならない。其他日米の関係を改善する為めに著述したる文章は、新聞雑誌は勿論、著作の上にも頗《すこぶ》る多く散見してゐる。然し時局が愈々《いよいよ》進むに連れて、日本は米国の為めに、自衛自尊を危ふくするばかりでなく、日本の生活の上に迄危殆《きたい》を及ぼし、所謂る自存の点をも危ふからしめんとするが如き、通商条約廃止、資金凍結、日本に必須なる貿易品の輸入禁止などが行はれ、所謂る日本に於ける維新以来の三大条件が、米国及び其の与国の為めに、悉《ことごと》く侵害せらるゝを見て、此上は是非なしと考へしむるに至つたものであつて、予の多くの苦辛も、著作も、之が無効に帰したるばかりでなく、日本をして今日の状態に至らしめたる事を、衷心より深く痛嘆する所である。而して予の横井小楠の遺志を継げる眇《びょう》たる門弟の一人として、事志と違ふたるを痛嘆し、新聞記者として、一生の労苦も、殆ど水泡に帰したるを見、自らの微力なるを、今更の如く慚悔《ざんげ》する者である。

五　ワーレン弁護人、岡本（敏）弁護人　冒頭陳述

「満洲部門」

○法廷での陳述　昭和二十二年三月十八〜十九日、第一八二、一八三回公判（全文朗読）

パル判事の判決書が指摘している如く（本書の「解説」参照）裁判所は柳条湖《りゅうじょうこ》事件（この陳述では「奉天事件」と呼んでいる）以前の満洲の地方的政情や社会の治安事情については、日本軍の行動を弁護的に説明し得べき情状に関る証拠は初めから却下する予定であった。従ってこの冒頭陳述も亦〈奉天事件以前の諸問題〉や〈満洲の特殊性及び満洲国の誕生〉について、幾多の〈立証致します〉〈立証せられるでありませう〉を連ねているのだが、このあとに続く公判の過程で肝腎のその証拠が却下されてしまい、ここに述べている弁護の反証の試みは多く目標を達成できずに終った。しかし現在から歴史をふり返り見ようとする我々の視座にとって、柳条湖事件即ち満洲事変以前の現地の実情について正確な認識を持つことは極めて重要である。一言にして言えば柳条湖事件は動乱の「発端」ではなくて、満洲に於ける多年の無政府状態とそこから生ずる幾多の排日暴行事件から帰結

した「結果」であった。そしてこの状態は事変を通じて確かに「解決」し、「終了」しており、ポツダム宣言の第六項にこの様な古い問題をむし返すだけの効果があろうとは、弁護人達の決して考え及ばぬ所だった。

裁判長並《ならび》に裁判官各位

満洲部門に関する証拠を提出するに当りまして、一九三一年九月十八日の所謂《いわゆる》奉天事件を中心とする問題は既に終了せるものと見なされて居り、且《か》つポツダム宣言も斯《か》かる古き事件を追求しようとは考へてゐなかつたと云ふことを最初に謹んで申上げます。

併《しか》し乍《なが》ら検察側が在満日本権益の起源及び其の防衛並に満洲国誕生の原因に付き訴追《そつい》してゐられることに鑑《かんが》み、我々として当時関係者の行為に影響を与へたに違ひない背景及び感情に付ては一言せざるを得ないのであります。但し年月の経過が多数の重要証人の死亡、若くは行方不明を来し、又無数の貴重文書で多くの被告の弁護に絶対必要なるものの喪失、若くは国外搬出を生じたる為め、弁護側の任務は非常な困難に遭遇して居るのであります。さて本件を年代順に説明するの便法として之《これ》を左の五節に分けました。

一　奉天事件前の諸問題

二　奉天事件(柳条湖)及び之に附随せる諸問題

三　満洲の特殊性及び満洲国の誕生
四　満洲国の国際的諸問題
五　満洲国の国内的諸問題

第一節　奉天（柳条湖）事件前の諸問題

一、弁護側は先《ま》づ「リットン報告」（第三九頁）に於て在満日本利益が一八九四～九五年の日清戦争に発してゐること及び日本人が同地を露国の脅威に対する「生命線」と看做《みな》し道義的権利を取得せりと信じて居ることを記述してゐる点に付き、証拠を以て之を確認致したいのであります。露仏独の所謂三国干渉は遼東半島に対する日本の正当なる主権獲得を阻害し、日本軍が撤退するや否や、右三国及び英国は中国をして其の領土の移譲を強制せしめ又露国は中国と秘密条約を締結し、全満を占領し、朝鮮にも侵入せんと企てました。日本は其の隣国と同様の運命に陥るを欲せず、一九〇四～五年露国と戦ひ斯《こ》の失地を恢復《かいふく》するに至つたことは証拠の示す通りであります。爾来《じらい》日露は一九〇七年乃至一九一六年に締結せられた協約により満蒙《まんもう》に於て勢力範囲に付て諒解《りょうかい》に到達しましたが、過去の経験は日本をして権益の確保に細心ならしめたのであります。従てその目的の為め一九〇五年乃至一九一五年に於て日本と中国との間に幾多の条約及協定が調印せられました。併し乍ら一九二一〜二二年の華府《ワシントン》会議前後に於て、日本は独逸《ドイツ》より獲得せる山東半島の権益を中国に還附し中国に対する借款及び顧問に関する優先権を拋棄《ほうき》し、且つ日本の極東に於ける優越的地位を認めた石井・ランシング協定及び日英同盟を破棄致しました。之等の事実は日本が其の隣国殊に中国に対し日本居留民が該地に於て迫害せられて居るにも拘らず友好関係を維持せんと努力した誠意を示すものに外ならないのであります。

二、一九一一年の中国革命、一九一七年の露国革命は極東を徹底的な混乱に陥れたことを立証致します。到る処に排外運動殊に排日ボイコット及びテロが行はれました。弁護側は奉天事件前に於て蒙《こうむ》つた日本人生命及財産の損害に付き証拠を提出致します。中国内乱の悪化が日本権益に及ぼした影響、殊に一方に於て満洲の張作霖《ちょうさくりん》が北支に侵入し北京に於て元帥《げんすい》と称すれば、他方に於て国民党は北伐の師を起し、南京《ナンキン》政権を樹立したことに依る影響を説明します。又各督軍は夫々《それぞれ》の領域に於て独立の権威を振ひ、華府《ワシントン》会議に於ける中国裁兵決議に違反し、競争して其の軍備を拡張してゐたことを立証致します。

此の頃迄に満洲は製品及び資本と引換へに日本に対し食料及び原料を供給する不可欠の源泉となつて居り、従つて日本は中国との友誼《ゆうぎ》持続を欲すると共に満洲の治安が維持せられることを切望して居たことを立証致します。然《しか》るにソ聯政府及第三インターナショナルは中国と既存条約上の関係を持つ諸国家に反対する政策を採り、此の態度は中国の国家意識の昂揚《こうよう》と共に、日本に対し重大関心事となりました。「リットン報告」第三七頁の云ふ如くソ聯の外蒙に於ける圧倒的勢力の伸張及び中国に於ける共産主義の発展は日本の危惧《きぐ》を益々増大せしめたのであります。

三、一九二八年張作霖に次ぎ満洲及び北支の支配者となつた張学良《ちょうがくりょう》は国民党と結んで外国人権益の悉《ことごと》くを一掃せんと企て、該地日鮮居留民を敵視した多数の法令を発布致しました。張政権の斯《かか》る行為は満人大衆の本意を無視したのみならず日華間各種条約の違反であり、且つ九国条約の予想だにもせざりしものなることを立証致します。

さて、一九三一年夏、日本に於ては若槻《わかつき》第二次内閣が民政党の伝統的平和外交を幣原《しではら》外相をして行はしめ、満洲に於ける三百余の諸懸案を解決せんと努力して居りましたが、斯る政策は単に、中国側の暴行を増加せしめたに過ぎぬことが立証せられるでありませう。

然るに拘らず、当時の満洲其他の現地駐屯軍は之を総て条約上最小限の兵数とし、且つ其の司令官に対しては飽迄《あくまで》隠忍すべき旨厳戒せられて居つたことを立証致します。而《しか》して当時の在満日本人の分布状態、日支両軍の兵数及び配置並に匪賊《ひぞく》の跳梁《ちょうりょう》甚しき地帯に関する地図及図表を提出致します。

証拠は更に、長年月に渉《わた》り在満日本居留民の生命財産に損害を与へた数々の事件を示すでありませう。中国政府が之を根絶し得ざる程大規模な匪賊群が根強く蔓《はびこ》つて居りました。中国政府が之れの鎮圧に失敗した結果、列国より多くの要求が提出せられ、斯かる匪賊の横行は屢々《しばしば》国際的抗議の的となつたのであります。

此等の匪賊は盗人《ぬすびと》の社会を形成し何等の公共目的を抱かず、何れの国家に依るも其の行為は許容《ゆるされ》ないものであることを立証致します。彼等は私的な投機として、自分達の利益の為にのみ戦闘を行ふものであります。彼等による暴行が海賊行為と区別せられる点は、公海の如き主権が存在しない区域に於て行はれずして、一国の領土内に於て為されることであります。

斯様《かよう》な匪賊《ひぞく》が満洲に於て日本の特殊権益を有する地帯及び其の附近に出没して居りました。追跡されれば必ず其の巣窟《そうくつ》に引込むのでありますが、其処では中国側の徹底的追撃及び処断を期待することが出来ないのであります。

従て、彼等は容易に逃亡し、刑罰を受けずに了《おわ》るのであります。

満洲に於ける政治的秩序及び法律の適当なる執行が欠如せるに比例して、匪賊は益々悪質化し、増加したことが明かとなるでありませう。混乱、圧制、暴虐の政治状態を利用して匪賊は自由に犯罪を行つて居りました。彼等が特に危険であると云ふのは追手を容易《たやす》く回避し、武器を隠して潜伏せる敵となるからであります。多数の市民及び兵士が匪賊化した後、時々家郷に帰り旧業に復し、兵隊又は匪賊たる外観及び性格を棄《す》て去り、平和的商売をしてゐるかの如く見せ掛けてゐたことが示されるでありませう。此等不逞《ふてい》の徒の不法行為に対し防衛措置を講ずる必要が起つて来たことを立証致します。

斯くて一九三一年七月及八月中新聞紙に報道せられた万宝山事件及び中村大尉殺害事件

の結果、満洲に於ける日支関係は正《まさ》に破裂の一歩手前に迄緊迫して参りました。九月七日及び十四日に蔣介石《しょうかいせき》将軍は中国民衆に反日気勢を煽《あお》らんとして激烈なる演説をして居ります。何事かが起るだらうとの流言《りゅうげん》が飛んだのも無理はありません。されば東京より、自重せよとの訓令が遵守《じゅんしゅ》されてゐるかどうかを確かめるため、建川少将が満洲に派遣されたことを立証致します。

第二節　奉天事件及び之に附随せる諸問題

一、一九三一年九月十八日午後十時半頃、在奉天日本守備隊の川本（河本）中尉は南満鉄路を巡察中爆発の音を聞き然《しか》も中国兵に狙撃《そげき》されたことを立証致します。

彼は之に応戦し、約千五百ヤード北方に演習中の第三中隊長川島大尉に報告しました。川本（河本）中尉は同時に在奉天大隊長島本中佐に電話したのでありますが之れが更に奉天駐屯地司令官の平田大佐へ連絡せられました。其の後此等の将校が採つた行動は斯る非常事態に置かれた日本居留民及び守備軍の危険なる地位に鑑み、自衛上必要已《や》むを得ざるものであつたことを立証致します。二十万の内地人と八十万の朝鮮人との生命財産が千粁《キロメートル》の長きに渉《わた》る鉄道附属地に散在した僅《わず》か一万の兵によつて保護せられてゐるのみで、之を取巻くものは二十万を超ゆる張学良輩下《はいか》の抗日軍であります。

証拠の示すが如く関東軍司令官本庄中将は我が同胞を悲惨事に陥れざらしめんが為には

中国軍の本拠を占拠する外に道なしと決意されました。「リットン報告」に依れば此の時本庄中将は旅順の艦隊に営口へ出動を命令したとありますが、それは命令ではなく依頼であること又其の司令官津田少将が此の依頼を拒絶したことが立証せらるるでありませう。更に本庄中将の朝鮮軍に対する援兵の依頼が東京よりの命令により阻止《そし》せられたことを立証致します。此等の事実は事件が突発的なものであり当局者の間に何等共通の計画も協力もなかつたことを示すものであります。

二、さて東京に於ける政府は九月十九日早朝奉天より報道を受け取り、直に不拡大方針を決定し之を本庄中将に打電し又朝鮮軍より満洲へ援兵を出すことの申請を拒否致しました。加ふるに陸軍大臣は安藤大佐を急遽《きゆうきよ》奉天に派遣し現地調査を為さしめましたが其の調査の結果は証拠により明かとなるでありませう。

其の十九日午后（ジエネバ時間）国際聯盟日本代表芳沢氏は理事会に対し奉天に於ける戦闘は局地的解決が為されるであらうとの趣旨を陳述しました。此の陳述及び日本政府の為した其他の公表並に保証は総て善意を以て為されたこと、然し乍ら事態の変化は到底予測し得ざるものであつたことを立証致します。

本庄中将は切迫せる危難を過少視したとしか思はれぬ本国政府の訓令と在満日本居留民の緊急保護要請との岐路に立つて如何に処置されたかと云ふことを立証致します。自衛上の要件に対し判定を下すべき唯一の権威として彼は僅少《きんしよう》なる兵力を急派して長春及び吉林《きつりん》の保護に当らしめました。更に何故東京の承認無くして九月二十一日朝鮮軍司令官林中将が混成旅団を満洲に出兵しなければならなかつたかと云ふ事情に付き証拠を提出致します。然し乍ら同月下旬に於ては哈爾浜《ハルビン》居留民より再三保護要求があつたにも拘らず日本軍は鉄道附属地に撤退し東京の命令を実行したことが立証せられるでありませう。

三、奉天及び長春に於ける戦闘は僅かに数時間のものであり、十一月初頭の所謂嫩江《のんこう》橋梁作戦に至る迄満洲には正規的な交戦状態が存在してゐなかつたのであります。嫩江事件でさへも馬占山将軍と張海鵬《かいほう》将軍との間に於ける勢力争が発端でそれより馬占山軍の橋梁破壊となり日本の修理隊に対する攻撃が起つたのであります。然し乍ら日本側は関東軍が馬占山軍を斉々哈爾《チチハル》方面より駆逐する前、慎重な外交交渉を行ひ、且つ東京よりの訓令に従ひ之を駆逐後、直に撤兵したことは証拠が明かにする所でありませう。十一月下旬に於て関東軍は天津《てんしん》の日本駐屯軍支援の為め錦州方面に出兵しましたが何等の戦闘を交へずして之を原位置に引上げたので「支那側は喫驚《びつくり》した」と「リットン報告」(七七頁)も云つて居ります。

此の期間に於ける関東軍の主たる責務は居留民及び其の財産の保護でありました。奉天事件の前後に於て匪賊が犯した幾多の暴虐行為に付き証拠が提出せられるでありませう。されば戦闘行為停止に関する一九三一年十二月十日の聯盟理事会の決議に満腔《まんこう》の同意を表しつつも不逞の徒に対する行動権を留保することは日本として絶対に必要でありました。

日本としては当時の状況に於て、無能力と云ふべき中国に対し居留民保護の責任を転嫁し、自ら之を回避することは出来なかつたのであります。

四、一九三一年十二月十日、日本に於ては若槻内閣総辞職し、反対党である政友会総裁犬養首相の下に新内閣が組織されました。此の頃錦州を拠点として居た張学良の軍隊は日本の政策による関東軍撤退に乗じ、匪賊と協力して奉天地区を攪乱《かくらん》するため凍結せる遼河《りようが》を渡つて参りました。此の以前に於て相互の撤兵中立地帯の設置等種々の外交交渉が行はれてゐた処、中国側の不誠意により何れも無駄となつたことは証拠の示す通りであります。十二月二十三日奉天に向ひ装甲列車に搭乗し来つた張学良軍は関東軍の一部隊と衝突しました。然し乍ら日本側が錦州地区の治安恢復《かいふく》に対する決意を表明したので張学良軍は遁走《とんそう》し、斯くて一九三二年一月三日錦州在留民は保護を受けることが出来たのであります。

一九三二年一月吉林省の熙洽《きこう》将軍に叛旗を翻した丁超将軍は哈爾浜《ハルビン》市を包囲しました。日本居留民は関東軍に救援を要求し、二月五日其の入市を見たのでありますが、軍は防衛上必要なる範囲の最小限度に行動を制限したことを立証致します。斯くて犬養内閣の政策は満洲の治安を恢復し以て日本人の生命財産を匪賊より保護するにあつたことを明かに致したいと思ひます。

五、其の頃排日ボイコット及びテロ行為は長江流域に蔓延《まんえん》し、上海《シャンハイ》では暴動化の徴候を示し来つたので、一九三二年一月二十八日上海工部局は遂に戒厳令を布《し》いたことを立証致します。其処《そこ》で上海共同租界防備計画に基き英、米、仏、伊、日各国軍隊は各受持区域の守備に就いたのでありますが、日本陸戦隊が此の計画を実施せんとしたところ、中国地方軍の一たる第十九路軍の攻撃を受けましたので、陸戦隊は租界防衛の為め多大の犠牲を出すに至つたことを立証致します。斯くて日本より増援軍派遣せられ、日本軍司令官が要求してゐた中国軍の二十粁《キロメートル》後退を見るに至りました。

以前より米、英、仏、伊の仲裁を求めてゐた日本政府は快く中国と会商し、一九三二年五月五日停戦協定を締結したのであります。斯くの如く日本が如何に戦闘の局地解決に努力したかと云ふこと、又将来の紛争を避ける為め中立地帯の設定が為さるると共に協定上の権利をも抛棄して全兵力を引上げたことが立証せらるるでありませう。

第三節　満洲の特殊性及び満洲国の誕生

一、満洲は蒙古人、朝鮮人及び日本人と同種たるツングス族に属する満人により居住せられて居りました。満人は中国本部の漢人と全く異るものであります。而して漢人は満洲に大なる勢力を及ぼしたことなく却《かえつ》て満人が一九一一年の革命に至る迄三百年間中国を支配してゐたことを立証致します。清朝と称された満洲帝国の政策は満洲を封禁の地として漢人の移住を制限し、永く此の地を満人のものたらしめんとするにありました。此の制約は後年緩和せられ革命後は消滅するに至りましたけれども中国本部の革命的影響より該地域を保全せんとする保境安民の念願は満人の真情であり、之は亦《また》内乱より逃れて満洲に平和郷を見出した中国移民により共鳴せられてゐたことを立証致します。

斯くて今世紀初頭に於ては未開にして人口も少なかつた満洲が其後四十年間に一千万人以上の中国の移民を招来したのは主として内地人及朝鮮人居留民の経営の賜物であることを明かに致したいと存じます。

二、一九二〇年ソ聯は蒙古人民共和国を独立国として承認しました。一九二二年には馬賊の頭領より身を起して元帥とまでなつた張作霖《ちょうさくりん》が満洲の独立を宣言し列国と独自の外交関係を樹立せんと試みました。一九二九年にはソ聯の満洲侵入と云ふ事件がありました。その頃張学良の奉天政権は其の収入の九割を軍費に当て紙幣は百倍以上にも其の価値が下落する有様で張家の秕政《ひせい》に対する満洲人の憤激は甚だしく、清朝の廃帝を其の祖先の地に迎へようとの望を抱くものも少くなかつたのであります。されば奉天事件後満洲人の行動は表面化され彼等多年の希望が公然実現されようとする状態になつたことを立証致します。

一九三一年九月二十四日、袁金鎧《えんきんがい》氏は遼寧省《りょうねいしょう》地方維持会の委員長となり、二十六日熙《き》洽《こう》将軍は吉林省の独立を宣言し、二十七日張景恵《ちょうけいけい》、丁超《ていちょう》、王瑞華《ずいか》等の将軍は特別行政区非常時委員会を組織し、二十九日湯玉麟《とうぎょくりん》将軍は熱河省の自治に対する全責任を執《と》り同日于《う》芷《し》山《ざん》将軍は東辺道の自治を宣言し、十月一日には張海鵬《ちょうかいほう》将軍が洮南《とうなん》に独立を宣言しました。奉天事件後斯る短期間に斯くも多数の独立運動を鼓吹《こすい》することは関東軍としても不可能であつて此等の運動は奉天及び吉林を除き日本軍が未だ駐進せざる地域に於て行はれたものであることを立証致します。加ふるに東京政府は在満日本軍官憲に対し満洲人の新政権運動に対して干与《かんよ》すべからざることを数次に渉り訓令して居た事実が証明せらるるでありませう。

三、前記各省の地方的独立運動と共に宣統帝《せんとうてい》即ち溥儀《ふぎ》氏擁立の民衆運動が存在してゐたことを立証します。例へば溥儀氏の顧問羅振玉《らしんぎょく》が吉林の熙洽将軍及び洮南の張海鵬将軍と連絡して居つたこと、並に彼等は張景恵及び蒙古王族等と共に忠実なる復辟《ふくへき》支持者であつたことに付て証拠を提出致します。一九三一年十一月上旬此等満洲各地の代表者が天津に至り溥儀氏の助力を懇請《こんせい》したのであります。

一九三一年十月乃至十一月の張海鵬将軍と馬占山将軍との勢力争ひ及び一九三二年一月の熙洽将軍に対する丁超将軍及び李杜将軍の反抗は張景恵将軍其の他満人有力者の調停により解決されました。更に保境安民運動の提唱者たる于沖漢《うちゅうかん》氏が旧政権よりの離脱及び新国家の建設を主張した事実も証明されるでありませう。一九三二年二月十六日、奉天に於て張景恵、臧式毅《そうしきき》、熙洽、馬占山、湯玉麟の諸将並に斉王凌陞《せいおうりょうしょう》及び趙欣伯《ちょうきんはく》氏が組織した東北行政委員会の名の下に会議が開かれ、此の委員会により一九三二年二月十八日、満洲の独立は宣言せられたのであります。而して全会一致の決議により溥儀氏は新国家の元首に選ばれ三月九日満洲国執政に就任し鄭孝胥《ていこうしょ》を国務総理とする同国最初の政府を組織しました。即ち満洲国の独立は明かに満洲人永年の伝統及び念願の必然的結果であることが立証せらるるでありませう。

第四節　満洲国の国際的諸問題

一、新国家の誕生は日本の権益及び居留民に影響する所甚しく其の保護に関し且つ満洲との平和的協力に関し特別なる基礎が必要となりました。九国条約適用の余地なしと考へられたので議会は満洲国承認の決議案を提出し之を採択したのであります。斯くて満洲国に対する最初の大使たる武藤大将は、一九三二年九月十五日、国務総理鄭孝胥と議定書を締結したのであります。

此の議定書により両国は左の条件を約束致しました。

㈠　日本は満洲国の独立及び主権を尊重すること。

㈡　満洲国は各種異民族の協和を計り全市民の利益幸福の為に単一国家を形成すること。

㈢　日本は出来得る限り満洲国を支援助成すること。

㈣　満洲国は治安を維持し全住民を平等に保護し匪賊及び排外主義を鎮圧すること。

㈤　日本は各国と共に平等なる待遇を受けること。

㈥　日満両国は共同防衛の為協力すること。

㈦　日満華間の友好関係及び経済的協力を増進すること。

二、一九三二年四月馬占山は満洲国に対し叛旗を飜し丁超《ていちよう》及び李杜《りと》は之に協力しましたが日満軍の共同討伐により馬占山の勢力は潰滅しました。丁超は後に安東省長更に満洲国参議となつたものであります。又蘇炳文《そへいぶん》は一九三二年十一月に、湯玉麟は一九三三年二月に夫々《それぞれ》叛旗を掲げましたが同様に鎮圧せられたのであります。此等叛逆の徒に対する共同討伐行動は満洲国内の治安維持のためになされたものでありソ聯及び中国の国境を越えるものでなかつたことを立証致します。其の頃「リットン報告」が公表せられ聯盟理事会により採択せられました。

日本は満洲国独立を尊重せねばならなかつたので一九三三年三月に於て規約第一条第三項により聯盟より脱退したのであります。然るに其後中日間に諒解成立し一九三三年五月三十一日、塘沽《タンクー》協定が調印せられ斯くて日満華間の問題に終止符が打たれたのであります。

更に一九三三年七月大連に於て経済問題に関する日満華間の会議が開かれ其の翌年及び翌々年に於ける通郵、通電、通車及び通関協定に導く糸口が開けたのであります。即ち塘沽協定により、国際聯盟の行動に拘らず日華間に完全なる友好関係が恢復せられ、極東の平和が樹立せられたことは証拠の明《あきらか》にする通りであります。

三、一九三四年三月一日溥儀氏は満洲国皇帝として即位されました。此の時日米間には友好親善の文書が交換されて居ります。四月には羅馬《ローマ》法王、五月にはサルバドル共和国、十月にはドミニカ共和国が夫々満洲国を承認しました。満ソ間に於ては水路協定及び東支鉄道譲渡協定が、一九三四年七月及び一九三五年三月に夫々《それぞれ》調印され、日華間に於ては㈠不脅威不侵略、㈡防共、及び㈢経済提携の三原則が両国政府により声明され、且つ其の施策によつて支持せられました。此の時に当り一九三五年四月、満洲皇帝は日本を訪問し、日本国民の厚き歓迎を受けられました。斯くて満洲国は文明国家として急速健実なる発達を遂げ、張政権時代の紊乱《びんらん》腐敗せる状態に比して驚異的対照をなす近代的行政及び司法組織の下に平和並に秩序を恢復しつつあつたのであります。

さて日本政府は治外法権の撤廃及び満鉄附属地行政権の移譲をなすべき旨を一九三五年八月に声明し之を一九三七年十一月末迄に完了したのであります。更に一九三七年十一月には伊太利《イタリア》、同年十二月には西班牙《スペイン》、一九三八年五月には独逸《ドイツ》、同年十月には波蘭《ポーランド》、一九三九年一月には匈牙利《ハンガリー》、同年三月にはスロバキヤ、一九四〇年十二月には羅馬尼《ルーマニア》、一九四一年五月にはブルガリヤ、同年七月には芬蘭《フィンランド》、同年八月にはクロアチア、泰国及び丁抹《デンマーク》が夫々満洲国の独立を承認したことを立証致します。其他の国際的、外交的、商業的なる関係をも明かに致します。

更に一九四一年の日ソ中立条約により、ソ聯は満洲国領土の保全を確認し、又一九四一年日米交渉に於て米国は満洲国承認の意図あることを言明したことも立証されるであります。

第五節　満洲国の国内的諸問題

一、溥儀《ふぎ》氏は自己が天津出盧《しゆつろ》以来自己の自由が全く喪失されて居たとか、又其の政府は日本の傀儡《かいらい》たるに過ぎなかつたとか云ふ様なことを陳述して居りますが、それは総て事実無根なることを証拠により明かに致したいと思ひます。即ち彼の筆蹟に関する立証、彼の帝位回復に対する努力及び日本の協力に対する懇請に関する立証が為されるでありませう。

彼の権力に付て清朝時代の絶対専制の君主と立憲政体に於ける近代の王者との区別が明かにされるでありませう。されば満洲国組織法下に於ける執政又は皇帝の権限、国務大臣其他の官吏の機能に付て立証致します。又満洲国市民たる日本人は其の能力に応じ満洲国官吏たることを求められたものであることを立証致します。更に種々なる公共団体の活動に付き説明し、之等《これら》が国内重要問題を討議し、民意を反映せしめ、満洲国に居住せる異民族の協力を実現するに貢献したことを立証致します。

二、満洲国は封建の風習より国民を解放すべく最大の努力を尽したことを明《あきらか》に致します。請負制度にて租税を徴収すると云ふ様なやり方を改め、近代国家として予算制度を採用し、税制を合理化して張政権時代の専横苛酷なる賦課を廃止し、又種類十五以上に及び価値暴落せる旧紙幣を国幣に統一致しました。企業調整及び統制を実行し、無用なる重複又は競争を避け、一般大衆に利益を均霑《きんてん》せしめんと計《はか》つたのであります。

産業五ケ年計画は何国に対しても攻勢を取らんが為めではなく、主として資源の保護利用により国民の受くべき福祉を考慮したものであること、並に重工業の建設は独立国家として必要なる経済の安定を確保し、ブロック経済化の世界大勢に順応し、自給自足度を向上するを目的としたものであることを証明致します。又機会均等の原則の下に外国の技術及び資本を導入するため凡《あら》ゆる努力が為されたことを立証致します。而して治外法権撤廃後は日本人は一般満洲人と等しく同一の法令に服してゐたことを明に致します。

なほ、満洲国に於ける阿片及び麻薬に関する法制並に病院の設立は癒〔患〕者の数を激減する効果を齎《もたら》したこと、又十年計画を以て闇売の根源を勦滅《そうめつ》し、完全なる断禁に導くための統制及び綜合的手段を採つたのは正当適宜なる処置であつたことを立証致します。

三、リットン調査団に詳細提供せられず、且つ其れが利用し得なかつた証拠により、多くの事実を闡明《せんめい》致したいと存じます。満洲国に於ては如何なる国の歴史にも見出し得られざる程の短期間に於て政策が実施せられ、適切なる改善が実現したのであります。即ち平和と秩序の恢復、匪賊《ひぞく》及び軍閥よりの生命財産保障、軍費の大削減、租税の軽減、通貨及び財政制度の改革、治外法権の撤廃及び人種平等の増進、文化及び教育施設の強化並に其の水準の向上、国富及び国民福利の増加等は何れも、独立主権国家の下に結合せる満洲国民の相互的協力によるものであることが立証せられるでありませう。

以上、満洲部門冒頭陳述を了《おわ》るに当り、裁判所の御清聴を感謝致します。

六　米アボット記者の満洲視察記

満洲情勢――著名な米国新聞記者による公平かつ偏見のない本問題に関する見解　大阪毎日新聞（昭七、一、一七）――

○法廷への提出（予定）　昭和二十二年四月八日、第一九一回公判。
　結果――未提出

　前掲の冒頭陳述が柳条湖事件勃発以前の諸問題に注意を促していることに鑑み、まさしくその指摘に関る証拠史料・証言の中から、比較的読み易く、且つ問題全般への視野の広がりと叙述のまとまりを有している証言をとり上げてみたのが本篇である。日本と満洲との関係を米国とキューバとの関係からの類推で捉え、又その様なものであれば幸せな結果を作り出すであろうとの見解は、ひとりアボット記者のみならず、当時の国際社会に於いて往々見受けられたものだったらしい。なお三三七頁九行目の〈日本はその急激に増加する人口のため、満洲を保有しなければならないという共通認識は、謬見《びゅうけん》である〉との一節には文意の上で不明瞭な点がある。訳文の処理の仕方に文法上不適切な点があるのではないかとも想像されるが、原文を照合する余裕がなかったので存疑のままとした。

ウイリアム・J・アボット
クリスチャン・サイエンス・モニター
編集主幹（一九三一年十二月五日）

満洲に於ける軍事行動と外交活動の舞台から合衆国へ帰ると、殆《ほとん》ど米国人は極東情勢に関する正確な知識を所持してゐないといふ印象を持たざるを得ない。即ち、日本は国際聯盟構成国としての協調に違反し、九ケ国条約下の責任を全く忘れ去り、パリ条約を故意に廃棄しようとしてゐる、そして、友好国の領土を狙《ねら》ひ、軍国主義的土地掠奪《りやくだつ》者の役割を演じてゐる、といつた漠然とした印象を抱いてゐるやうである。

私はこれらの嫌疑のどれ一つとして成立しないと確信してゐる。しかし、満洲の支配を繞《めぐ》つて現在進行してゐる論争の理非曲直《りひきよくちよく》については、若干の考察なしには理解できないであらう。第一は日本と対立してゐる政府の性質、第二は日本が行動する因となつてゐる挑発、第三は日本の活動の性格、第四に日本を動かしてゐる最終目的である。

責任ある政府の不在

有効かつ責任ある支那政府は、今日存在してゐないといふ率直な断言に、支那に好意を持つ友人達がシヨツクを受けるだらうことは判《わか》つてゐる。それでも私は、この断言が文字通りに正しいと信じてゐる。南京政府の権威は、支那の領土と国民のほんの一部にしか及んでゐない。それは未だかつて一度も満洲に及んだことはなく、その領域は、盗賊としての手腕で獲得した権利を父親から相続したところの「若き元帥《げんすい》」張学良《ちょうがくりょう》によつて支配されてゐた。

南方に於ては、南京政府の権威は、広東《カントン》政府として知られてゐるものによつて、実質的に存立を危くされてゐる。これら二つの対立する政府は、所謂日本の脅迫に対抗するために、同盟または合併をしようと努力してゐる様に見えたが、私が上海に居た時には進展してゐた会議は混乱の裡《うち》に決裂し、広東側は引上げて、新たな軍事行動により南京《ナンキン》を脅かしてゐる。

中華民国の真の創立者である孫逸仙《そんいつせん》の未亡人は、現在の政府は彼女の夫が発表した基本理念に合致してゐないと非難した。彼女の否認は、彼女の弟の宋子文がその政府の財政部長をしてゐるといふ事実によつて、更に印象深いものになつてゐる。広東側は、蔣介石《しょうかいせき》が南京政府を率ゐてゐる限り合同を拒否した。それなのに日本は、この指導者とのみ取引すると主張してゐる。

権力への挑戦

この所謂《いわゆる》政府は、各国の治外法権をそれらが望むと否とに拘《かかわ》らず（一九三二年）一月一日以降取消すと宣言して、世界の国々の顔面に手袋を投げつけた。換言すると、日本が満洲に十億ドル以上の投資を行つた条約を破棄することを試み、同じ方法で列強との条約を拒否しようと試みてゐるのである。南京《ナンキン》政府が弱体且つとらへ所がない事から、南京側が満洲に於ける権限の主張を殆どしなくても、また彼等が国際聯盟に提訴することが明らかになつても、日本は問題解決のために「若き元帥」と交渉をするのである。

満洲に於ける日本の権利は、主として一九一五年に交渉された条約から始まるが、その起源は更に支那とロシアの協定にまで遡《さかのぼ》る。こゝ数年に亙《わた》り、支那はその特定の条項を組織的に侵犯することにより、この条約を無効化しようと努力してきた。彼等は満鉄の並行線を建設した。また、公式協定によつて価格が固定されてゐるにも拘らず撫順《ぶじゅん》炭の税を値上げした。更に、日本の権益への反対及び排除のための運動に自国の商人達を動員した。彼等は満洲に入植した朝鮮人農民を迫害し、南満洲鉄道の警備員を殺し、そして何度もその財産の一部を破壊しようと企てた。

彼等の権利へのこれら全ての侵害に対して日本は外交的に抗議したが、支那側はこれらの外交事案のいかなる決着も頑強に避けてゐた。三百以上に及ぶこれらの事例が日本側から提示されてゐる。一九三一年九月十八日の夜に、制服着用の支那兵と判別された男達の一群が、鉄道の軌道を爆破しようとしてゐる処を発見された時、地上の日本軍当局は即座に教訓を与へようとした。輸送路を保護し破壊者を駆逐《くちく》しようとする努力から現在の軍事情勢が発生したのである。

日本人は軍事行動をとる代りに、彼等の財産の保護のため、国際聯盟に訴へるべきであつたと批判されてゐる。そのことについては、自己の財産の破壊が今直ちに脅かされてゐる時に、いかなる人が一万哩《マイル》離れた、しかも現に開廷されてゐない法廷にその保護を訴へるであらうかを、公正に問はなければならない。更にその時点では、日本は満洲に一万二千名よりも少ない部隊しか持つてゐなかつた。支那は二十五万の陸軍を保有してゐた。訓練不足で装備も貧弱だつたことは事実である。だが、圧倒的な数であり恐るべき相手であつた。

明らかに、もし日本が彼等の財産と国民を保護しようと望むならば、彼等は最初の第一撃で相手を無力化しなければならない。従つて彼等は迅速に攻撃して戦略拠点を奪取し、奉天の城壁都市内の兵器庫を占領した。それらの喪失により、当然の事乍《なが》ら、若き元帥の軍隊は無力化した。この行動は、日本が主張したやうに戦争ではなく、むしろ彼等の財産と国民を保護することのみを目的とした警察力の行使であつた。

世界情勢の単なる悪意の観察者にとつては、兵器庫や城壁都市の奪取や数百人の殺害が、戦争であるとの印象を強くする。しかし乍ら、多年に亙つて行はれ、満洲の場合と同程度の死傷者を出してゐるニカラグアに於ける米国の作戦は、どれ一つとして戦争であるとは考へられてゐないし、ウイルソン政府はベラクルス爆撃、海兵隊の上陸及び決してとるに足りない数ではない守備兵の殺害などのメキシコに於けるいかなる戦争も、自ら始めたり或いは意図したものであるとは、決して認めてゐないことを想起すべきである。日本は満洲に於ける彼等の作戦に関して同じ意見を持つてゐる。

その国の一定の重要部分の支配を確立した後、日本は国際聯盟の撤兵要求をにべもなく拒絶した。そして、当初は彼等が安全に撤兵できると考へてゐた幾つかの特定の地域からの撤兵についても、拒絶を繰り返してゐる。

誤解のしやすさ

ここで繰り返すが、報道された行動は誤解され易いといふことである。

満洲や支那の他のいくつかの部分では、支那政府の正規軍と盗賊を区別することは困難である。実際この両者の入れ換へは珍らしくない。男達は違法な事業に従事し、掠奪《りゃくだつ》の旨味《うまみ》に満足した後かまたは挫折《ざせつ》した後で、陸軍の隊列に戻るのである。兎も角、日本の主張は、一定の地域から彼等の部隊を退去させれば、大衆特に日本人と朝鮮人の住民を盗賊や規律劣悪で強欲な兵隊のなすがままに任せることになる、といふものである。私はこの弁解的な論証を、それだけのことはあるだらうと思つて提供する。その場に居ない者は、その地域の平和愛好住民が、軍隊の保護が取り払はれた場合に晒《さら》される危険の度合について、誰も理知的な見解を表明する事はできない。

私は、日本が土地掠奪の企てに乗り出し、満洲を属領として奪取《だつしゅ》することを望んでをり、最終的には自領として併合するといふ一般的な意見には、根拠がないと確信してゐる。私は官民の日本人から彼等に満洲を領有したり統治する願望はないことを度々《たびたび》保証されてゐる。それは日本の工業に必要な数多くの原材料を産出する豊かな国である。それは私が知つてゐる世界中のどこよりも良好な鉄道の一つであり、日本政府が保有し、同政府が防衛しなければならない南満洲鉄道によつて貫かれてゐる。

満洲に於て日本が必要とし、また望んでゐるものは、既に締結された条約義務を尊重し、日本に対する敵対的行動を企てず、今日では殆ど無価値となつてゐる通貨を安定させ、更にその地域の人民に対し、その入手可能な国富が約束してゐるとみられる繁栄の達成を可能にするやうな安定した政府である。現在の完璧な軍事政府は、これらのことについて何等為す所がなかつた。

その（政府の）農民には、生産物を紙幣で売るやう強制し、その後直ぐに国際市場では金や銀で売るといふ政策については、書物が書けるであらう。

若き元帥の金庫には、かうして獲得された何千万ドルにも相当する貴金属が貯蔵されてをり、一方産物を売ることによつて提供した人民は五十パーセント以上減価した紙幣で支払はれてゐる。私が満洲に居た時に較べて、今の価値を私はさう推測する。このやうな人民からの強欲な収奪の結果、盗賊行為が農民の経済的避難となつてゐる。

もし日本が満洲に於いてその方途を持つことができるとすれば、私の判断では、米国とキューバの関係に何かしら似通つたものとなるであらう。安定し理性的で有能な政府の創設に力を貸し、一度創設されれば撤退するであらうが、その政府の革命的転覆《てんぷく》の際には立ち戻る権利を留保するであらう。米国は、世界からの非難や侮辱を招くことなく、キューバとこの様な関係を保持してゐる。その下でキューバは繁栄し法律を尊重してゐる。日本と満洲の間の同様な関係が、同様に幸せな結果を作り出すであらうと信ずるに足る十分な理由がある。

日本はその急激に増加する人口のため、満洲を保有しなければならないといふ共通認識は、謬見《びゆうけん》である。人口は真の問題となる範囲にまで増加しつつあり、その率は年間九十万人近いと推定されてゐる。しかし、この問題の解決を移民に見出すことはできない。移民は人口過剰を決して是正しなかつた。また日本の場合は、太平洋上の全ての船舶でも年間九十万人は運べないといふ明瞭な事実により、更に困難にされてゐる。

しかし、それよりも更に、カリフオルニアやホノルルにのみ極めて熱心に押しかけてゐる日本人は、アジア大陸には移民しないであらう。彼等にとつてその気候は余りにも厳しい。政府は、九十九年の租借権を持つ南満洲への日本人の定住を勧奨《かんしよう》するため、奨励金、無償の土地、無料の輸送提供といつたあらゆる努力をしてゐるがその努力は失敗した。母国の気候よりも厳しい気候の土地へ日本人の移民を勧奨しようといふあらゆる努力は、失敗した。政府は仮令《たとい》それが可能であつても、満洲はこの目的の為には無価値であることを知つてゐる。

基本的には、以下の様な綿密で幅広い理解がなければ、情勢を公平に理解することは至難である。第一には、今日の支那政府の全くの無力と堕落、第二には、米国にとつて百億ドルと同じ位重要な価値を持つてゐる、満洲に於ける二十億ドルと推定される日本の権益が、この政府の無力によつて掠奪と究極的破壊に晒《さら》されてゐる所の、その領域に於ける日本の経済的権益の拡がりである。果して米国はキユーバやメキシコに於ける権益の破壊に際し、その防衛のために何等手を打つことなく傍観し座視するであらうか。

七　ラザラス弁護人　冒頭陳述
「支那段階」

○法廷での陳述　昭和二十二年四月二十二日、第二〇一回公判。
結果——部分却下（朗読禁止）

この陳述は六部に分れている。その第一部門は支那事変の発端となった蘆溝橋《ろこうきょう》事件についての検察側の訴追に対する反論である。その論旨は言ってみれば国際法上の常識論に他ならないのだが、その常識が磨滅《まめつ》もしくは衰亡《すいぼう》してしまった戦後の日本人にとっては、この程度の常識の見を想起してもらうだけでも本篇の再検討には十分に意味があるかもしれない。即ちラザラス氏はここで一九〇〇年の北清事変の解決に当って約定された列国共同公文並に義和団事件議定書の箇条を引いて、蘆溝橋付近での日本軍の夜間演習は国際法上の条約の権利に基いて行われたもので、完全に合法的な行動であったことを指摘している。それは何ら新奇でも意表を衝《つ》いたものでもない指摘なのだが、占領史観に心底まで毒された戦後の日本には、発砲したのが日本軍か、国民党軍か、それとも中共の中央部の指令に操られた学生義勇軍の仕業であったか（これが真相らしいが）といった議論を煮詰める以前に、駐支日本軍による北京郊外での夜間演習それ自体を「侵略的」なものだったとして咎《とが》める論調が怪しまれもせずに横行していた。結局、蘆溝橋の問題は、深追いすれば却って不利と見た検察側が敢えて追及の手を緩めたことにより、法廷では何となく有耶無耶《うやむや》のままにすぎてゆくのだが、実際この部門では弁護側書証の却下率はそれほど高くなかった。そして何よりもこの冒頭陳述の明快で説得的な論旨が、審理のかかる成行きを既に暗示していたと言ってよい。

第二部門に於ける中共の活動と排日運動についての陳述では末尾の一節、本文頁での罫線の囲み部分が朗読を禁ぜられた。そこに用いられている表現、〈共産党の蔓延に対する日本の正当なる恐怖〉に対して正しい認識を持ち得なかったことこそ、東京裁判の「失敗」を結果した最大の因子の一であった。そしてこのことがやがてわずか四年後に、朝鮮動乱での強硬姿勢を危険視されて解任されたマッカーサー将軍が、米上院の軍事外交合同委員会での公聴会に於いて、アメリカ誤てりとの深刻な反省を告白する事態につながっているのである。

裁判長並に判事各位

支那段階は全部で六部門に分れてをります。次にこれら各部門に於て証拠により証明さるべき事実を概観することに致します。関係訴因は第一―六、一八、一九、二七、二八、四四―五〇、五三―五五であります。

第一部門　蘆溝橋事件及び日本の不拡大方針

一九三七年七月七日午後十一時四十分、蘆溝橋附近通称マルコ・ポーロ橋の地点にて演習中の日本軍一部隊は龍王廟に於て中国軍の射撃を受けました。当時日本軍及び現地中国地方官憲が事態を迅速に且《か》つ局地的に解決せんと努めた事実は証拠により証明される筈《はず》であります。

北支に於ける日本の駐兵は一九〇〇年の北清事変に関連する列国共同公文の第九条並に義和団事件議定書の第九条に基くものであります。而《しか》して日本軍がこの種の演習をなす権利は一九〇二年の天津還附に関する日支間の数次の交換公文により認められてをります。これは大要次の如き趣旨のものであります。

「外国軍隊は教練、射撃又は演習をなすの自由を有す。但し、小銃又は大砲を発射する場合に於ては、事前通告をなすことを要す」。

前述の事件の起つた当夜、日本軍は査閲《さえつ》の予行演習を行つてゐたのでありまして、実弾をもたず、空包《くうほう》を使用してをりました。この点に関しては証拠が提出される予定であります。

従つて日本軍がかかる演習を行つたことは何等協定違反ではなかつたのであります。この事件が日本軍の側にとつて全く予期せざるものであつたことを立証する証拠は極めて豊富であります。正当な証拠は次の諸点を立証してをります。

(イ) 事件勃発《ぼつぱつ》当時北平〔北京〕駐屯日本軍の主力が査閲準備のため通州にあつたこと。

(ロ) それ以前に天津に駐屯してゐた歩兵第二聯隊が同じく査閲のため当時山海関にあつたこと。

(ハ) 北支駐屯軍司令官田代中将が重病のため指揮不能であつたこと、並に同中将がその後間もなく死亡したこと。

(ニ) 歩兵旅団長河辺正三少将が第二聯隊を査閲《さえつ》するため本来の任地たる北平を去つて山海関にあつたこと。

(ホ) 日本駐屯軍の基地たる天津に於て兵器軍需品の供給が不能であつたこと。

それに対し中国軍は予《あらかじ》め永定河岸に陣地を占め約一大隊の兵力をその線まで進めてゐたのであります。一九三七年七月八日、日本参謀本部は事件勃発の報に接するや、直ちに事件を当地方のみに局限し、且つ現地に於てそれを可及的迅速に解決する方針を決定致しました。爾来《じらい》相当長期に亙《わた》つてこの方針は常に事件に対する日本の政策の根本でありました。

この晩午後六時四十二分日本の参謀総長は支那駐屯日本軍司令官に電報を発し、事件を局地化するため、爾後《じご》武力を行使することを禁じました。次いで七月九日参謀本部次長今井将軍は北支駐屯軍参謀長宛に電報を発し、次の如き条件の下に事件を解決することを要請しました。

(イ) 事件に責任ある中国部隊を永定河の左(右)岸に撤退せしめること。

(ロ) 今後の安全の保証を得ること。

(ハ) 事件の直接責任者を処罰すること。

参謀本部の命令に依り、在支日本軍代表は中国軍代表と会見し、証拠の示すごとく七月十一日に前述の諸条件に基き協定が締結され、これによつて、事件の責任が中国側に存したことが明かにされました。更に七月十八日第二十九師長河北察哈爾《チャハル》政務委員長宋将軍が天津に来り、十一日の協定を公式に承認した事実が立証される予定であります。

もし続いて七月二十五日に郎坊《ろうぼう》事件が起らなければ、事態はこれだけで解決したであらうと思はれます。証拠の示すごとく当時北平—天津間の電線が切断されてをりました。そこで日本軍は中国軍の諒解《りようかい》を得て北平東南約五十粁の地点に切断箇所を発見し、これに必要なる修復を加へたのであります。ところが、修復作業を了《お》へた後、日本軍は中国軍より射撃を受けたのであります。次いで七月二十六日所謂《いわゆる》関(広)安門事件なるものが起りました。日本軍は中国軍に対して事前通告をなし、且つその承諾を得て在北平邦人を保護するために北平に部隊を派遣しました。ところが、日本軍の一部が市街に入るや、中国側は突然城門を鎖《とざ》し、これら部隊を本隊と切離し、次いで双方に対し砲火を浴せるの挙に出でたのであります。この事実は当時実際にこの事件に参加した一証人により証言される筈であります。当時既に中国軍は北支に多数集結され、豊台に於て日本軍を完全に包囲してをりました。証拠により明かとなるごとく、七月二十七日、日本駐屯軍は事態の平和的解決に凡《あら》ゆる方策を尽したが、ことここに至つては戦闘をなす以外に途《みち》がないといふ旨の声明をなしました。同日東京に於ても内閣書記官長が同様の声明を発しました。これら声明に於て、日本の敵とする所が中国軍のみであつて、決して中国人民ではない旨が明かにされました。

更に、右声明は日本軍の意向が、迅速なる平和及秩序の回復、第三国権益の尊重、及第三〔国〕国民の生命、財産の保護にあることを指摘してゐます。日本が北支に何ら領土的野心を有してゐなかつたことも亦《また》それによつて明瞭であります。

此処《ここ》までは、日本の行動は北京及其の周辺の地域に限られて居つたのであります。七月二十九日に通州事件が勃発し二百名の邦人居留民が中国保安隊の手で虐殺されました。同日、塘沽《タンクー》及天津所在の日本軍も亦、攻撃を受けましたことは証拠によつて示さるる通りであります。右諸事件の結果、本事変は、はしなくも該地域にまで拡大されたのであります。七月を通じて、事変を局地的に止めんとする日本側の意向及努力には何らの変りもありませんでした。七月十一日の協定を再三蹂躙《じゆうりん》しましたのは実に中国側でありまして、日本側軍事行動は、追つて立証されますやうに、曩《さき》に列挙せる何《いず》れの事件に於きましても、全《すべ》て純自衛的性質のものでありました。

証拠によつて明らかなる如く、七月十日には、中国空軍部隊及陸軍四個師が河南省北境に派遣されました。亦、十二日には、山西、河南、湖北、安徽《あんき》、江蘇《こうそ》、五省の軍が隴海《ろうかい》、京漢両線の沿線に集められたのであります。中国軍は引続き大挙北進し、八月には中央軍は北支那日本駐屯軍を包囲する態勢にありました。蔣介石は八月十五日に総動員を発令し、総司令部を設置し、自ら中国陸、海、空軍総司令官に就任し、中国は四戦区に分けられましたが、右事実を明らかにする為の証拠が提出される予定であります。

中国は、今や、全く戦争遂行の準備成つたのであります。八月末迄《まで》には、四十万近くの中国軍が河北省に集められたのであります。中国は、これらの諸措置を執ることにより、一連の局部的な事件を大規模な戦争にも匹敵する武力抗争に迄拡大したのであります。

次に、八月三十一日に日本が中国に三個師団を派遣することに決しましたことに就き立証致します。

前述の如き兵力の集中及び日本軍諸部隊に対する攻撃は一九三三(五)年七(六)月十日の梅津《うめづ》・何《か》応《おう》欽《きん》協定に反するものでありました。日本軍は此処に於て局面を打開すべく何らかの準備をなさざるを得ませんでした。日本に於て大本営が設置されましたのは漸《ようや》く十一月二十日になつてからのことであります。斯《か》くして前述の書証が提出されましたならば、日本が中国を攻撃したものでもなく、且検察側の援用する協定乃至《ないし》は条約のいづれにも違反したものでないことが明かにされたのであります。

弁護側提出書証の示す如く、日支事変は不慮の地方的事件が動機となつたものであり、夫《そ》れを局部的に止めんと努力せる日本の一貫せる方針にも拘らず、遂には大規模な戦争にまで拡大したのであります。

吾人は蘆溝橋事件以前に発生し且進展を見たる北支自治運動が日支事変とは何ら関聯性がなかつたことを立証するつもりであります。其の両者間には全く関聯がなかつたのでありま す。

一九三三年五月の塘沽《タンクー》協定締結後に於て、同年六月十七日に河北、察哈爾《チャハル》、山東、山西、綏遠《すいえん》五省及び北京、天津二市を統治する北支那政務委員会を設置したのは実に中国国民政府自身であつたのであります。委員会の長には黄郛《こうふ》が任命されたのであります。北支政策は当該機関により決定されたのであります。

後に殷汝耕《いんじょこう》は、北支那政務委員会委員長黄郛の推薦により、冀東《きとう》非武装地帯二十三州の特別行政委員長に任命されたのであります。一九三五年に農民自治運動の勢熾《いきおいさかん》となり、同年十一月に冀東《きとう》反共自治委員会が設置され殷汝耕がその主席となつたのであります。厳密に云つて、之は中国の地方的事件に過ぎないのでありますが、国民政府は是《これ》を取り上げて反日宣伝の資《し》に供し、状勢を一層悪化せしめたのであります。

一九三五年七月の土肥原《どいはら》・秦徳純《しんとくじゅん》協定の結果、宋哲元《そうてつげん》将軍が察哈爾省主席、二十九軍司令官の職を退き其の後間もなく北京天津警備隊司令官に任ぜられた諸事実は証拠により明《あきらか》にされると思ひます。一九三五年十一月末に宋は華北の自治を要求しました。同年十一月十一日に中国国民政府行政院は右要求を認め、同月十五日冀察政務委員会が設立され、河北、察哈爾両省及北京天津両市を治めることとなり、宋哲元は右委員会委員長となつたのであります。是も亦、純粋に中国の国内問題であつたのであります。

どう見ても、此の委員会は軍事・外交・財政・通信及人事の諸問題についての処理の権限を有して居つたのであります。然し実際には、右委員会は国民政府と緊密な聯絡をとつて居つたのでありまして、委員会は大部分国民政府要人に依り組織されて居つたのであります。宋哲元の北支進出には共産主義的分子の進出を伴つてゐましたことは証拠によつて明かにされると思ひます。

宋自身は親日派ではありましたが、その配下には抗日及共産主義運動をあくまで続けんとする多数の共産党員の居つたことも証拠によつて立証されると思ひます。

（担当〔林〕宮田、大原、レヴィン）

第二部門　支那共産党の活動及排日運動

弁護側証拠の示す如く排日運動を創り上げたものは中国に於ける共産党運動であります。

一九二〇年九月上海に於て中国共産党組織会議が、コミンテルン極東部長ヴオイチンスキーの指導の下に開かれました。一九二一年五月には共産党の正式な組織が生れ、一九二四年より一九二七年迄は共産党と国民党との協調の時期であります。其の後両党間に軋轢《あつれき》が生じ、漸く中国に二つの国家を事実上形成するに至つた両党が互に戦を交へるに至つたのでありま す。而して中国共産党は一般的な排外運動の牛耳を執り漸《やが》て排日運動を発展せしめ、遂にその運動を化して交戦行為たるに至らしめたのであります。一九三五年第七回総会に於てコミンテルンが其の国家統一、人民戦線、ファシズム反対、帝国主義否定の党綱領を拡張し、且つ対日戦争を要求した事実は、後に証明されるでありませう。

間もなく、同年八月一日には中国共産党は対日戦争を挑む所謂《いわゆる》、「八・一宣言」を行ひ、事実戦争の準備を始めたのであります。この宣言は後に証明せらるゝ如く爾後《じご》の東亜に於ける諸事件と重大な関聯を有するものであります。

翌年十二月には中国共産党は所謂十二月決定を行ひ、右により排日聯合軍の組織及び対日戦争を予想する国防政府の機構を樹立したのであります。一九三六年十二月には西安事件が発生しました。これは蒋介石《しょうかいせき》の誘拐事件であります。蒋介石解放の条件の一つは彼が対共戦を終止し之れに代ふるに対日戦を以てする言質《げんち》を与へることであリました。西安事変以来中国の排日運動の性格に三つの重要な変化の起つたことが後に証拠に依つて示されるでありませう。

其の第一は排日が中国国策遂行の一の手段として採り上げられたこと。第二はこの運動のため兵力による支援を行つたこと。第三は共産主義運動が益々《ますます》発展したことであります。蒋介石が西安幽閉《ゆうへい》から解放されるために共産党との和解に同意し、対日戦を行ふことを余儀《よぎ》なくされた事実は後に証明されます。且共産軍によつて公に声明されたこの協調政策が全く対日戦線拡張の一便法《べんぽう》に過ぎなかつたことも証明されるでありませう。而して今や共産党運動は国民党政府の反対に遭ふことが無くなつたのでありますから其の活動は益々縦横無礙《むげ》となり、対日宣伝《(反)》は益々激化されたのであります。其の宣伝には勿論《もちろん》共産主義が織り込まれて居りました。この運動は実に日本の安全を危殆《きたい》に陥れたものであります。何となれば中国共産党は世界共産化運動の武装せる先鋒であり且其《かつ》れが後に証明さるる如く、一九三五年第三インターナショナル第七回会議に於て日本を其の宿敵と宣言して居つたからであります。一九三五年のこの会議の宣言、一九三六年の蔣介石の誘拐、一九三七年の蘆溝橋事件は緊密に関聯して居り、日本を対中国戦争に引き込む深遠なる陰謀へ国家として歩を進めたものであることを後程証拠に依つて歴史付け且証明致します。他国との大規模な戦争のみが支那を統一せしめ、内乱を終止せしめることが出来るといふことが考へられて居つたことを示す中国高級官吏の種々の声明が後に提出されるでありませう。斯《かか》る諸々の証拠は日支紛争を計画し招来せしめた責任が決して日本にあらず、何れかの他にあつたことを証明するでありませう。

七月八日即ち蘆溝橋事件の翌日共産党が電報を送つて国民党政府軍に協力して日本と戦はうと言つたことが後に証明されませう。亦中国共産党、ソヴイエートロシヤ共産党、前コミンテルンの間に緊密な連絡のあつたことも証拠によつて示されます。中国共産党は既に述べられた如くコミンテルンの指導の下に構成され、且コミンテルンに対し其れから指令を与へられるまで緊密な関係の下に立つて居つたのでありまして斯る指令の性質は後に証拠によつて明らかにされます。

中国に共産党が蔓延《まんえん》し、漸《やが》てそれが日本自身に蔓延することは日本の破滅となるであらうといふことを恐れるべき理由を日本は有《も》ち且実際に恐れたのであります。

今日世界の地図を眺むるものは、ヨーロッパに於てもアジアに於ても、ロシヤの隣国及び曾つての隣国に如何なることが起つたかを見得るのであります。共産党の蔓延に対する日本の正当なる恐怖を裏付ける決定的な証拠は、本問題に関しトルーマン大統領が先月米国議会に於てなした演説及び其の蔓延を阻止するため彼の慫慂《しょうよう》する非常措置であります。

(担当　大原、伊藤、カニンガム)

第三部門　事変の中支への波及

上海事件は北支事変と全然別個のものであります。一九三二年上海停戦が協定されました。而して証拠の示す如く北支事変の頃中国は前記停戦協定に違反して軍備禁止区域内に陣地を構築して居たのであります。

国際的干渉を誘発する目的を以て一の事変が国際都市上海に起つたことが後に証明されます。

八月九日、日本陸戦隊中隊長大山海軍大尉(中)が運転手と共に惨殺《ざんさつ》されました。中国は隠す所なく上海附近に兵力を集結し八月十二日にはその数五万に達して居りました。上海居留民保護の責にある日本陸戦隊は僅《わず》か四千人に過ぎずこれら両兵力が八月十三日衝突したのであります。茲《ここ》に於て日本政府及び参謀本部は緊急に陸戦隊の安全を確保し、日本居留民を保護するために二箇師団を上海に派遣するに決したのであります。

派遣軍が八月二十三日上海に到着した時には、既に優勢なりし中国軍は更に増加されて居りました。日本政府は事変局地解決政策を堅持し、兵力の衝突を避けようとしたのであります。而して遂に事変を終結すべからざることが明かとなつた十一月五日一(三箇師団)軍団が漢口(杭州)に揚陸《ようりく》されたのであります。

(担当　宗宮、ローバーツ)

第四部門　南京占領と日本の平和実現企図

昭和十二年十一月杭州上陸の日本軍と戦闘を交へつつあつた中国軍は西方に撤退致しました。日本軍は其の反撃を恐れて之を蘇州、嘉興《かこう》の線に沿て追撃し次いで無錫《むしやく》、湖州の線にまで及びました。

南京陥落前独逸《ドイツ》大使によつて媾和《こうわ》条件が提示されました。其の主要点は満洲国の承認、北支及び内蒙古《うちもうこ》の内情改善、防共協定、経済開発に対する協力及《および》損害賠償の問題でありました。

然《しか》し中国は之に対する回答を遷延《せんえん》致しました結果、昭和十三年一月十五日といふ期限が切れ、同時に和平実現の機会も消滅したのであります。パネー及びレディーバード事件は証拠により明かにされるごとく謝罪と補償に因て解決したのであります。事件は当時の国際公法及び外交慣行によつて終結したものと思はれました。

中国の各都市攻撃に対する訴因第四五乃至第五〇に関しては吾々は次の諸件に就て証明を試み度《た》いと存じます。先《ま》づ日本軍の軍令系統、日本占領軍が都市に入城せんとする場合先づ司令官から発せられた命令、一般市民に対する罪過に対し軍法会議によつて科せられた処罰、次に或箇所に於ける惨虐行為の誇張的報道及び或箇所に於ては其れが全然存在しなかつたこと、尚中国人による惨虐行為にして日本人へ転嫁されたもの、最後に漢口、長沙《ちょうさ》、衡陽《こうよう》、桂《けい》林《りん》及柳州《りゅうしゅう》に於ける惨虐行為の絶対否認であります。猶《なお》匪賊、不正規兵、ゲリラ兵、其の他の正規兵たるの身分を主張すること能《あた》はざるもの及び国際法が匪徒として宣言し、交戦者に対して与ふべき保護の圏外に置かるべき者に対して採つた待遇に就ては、国際法の規定を援用して説明致し度いと存じます。何《いず》れにせよ、この種事項に関して各被告の側に責任のないことは決定的に証明せられるであリませう。

（担当　岡本、宗宮、林、マタイス、コール、ブルーエット）

第五部門　漢口攻略と其の後

上海事変以来、日本の政策は事変を出来る限り速かに解決せんとするにあつたことが証拠により明かであります。然して日本が中国に於て領土的野心をもたなかつたことは昭和十三年十一月三日の近衛公の声明、同十二月二十二日の同公の宣言によつて明かであります。

尚この点に関する明確なる証拠として昭和十五年十一月に締結された日支間の条約を挙げることができます。この条約に於て日本は従来の諸条約によつて享有してゐるところの治外法権すら拋棄《ほうき》したのであります。

所謂経済的侵略に就ては、日本は中国経済を独占したことも無ければ又第三国の活動を阻害したこともありませんでした。日本は日支両国の為に投資し、又中国の未開発資源を開拓致しました。北支開発会社は昭和十三年十一月七日、三億五千万円の資本を以て設立され、尚興中公司《コンス》を改造して之を自己の従属会社としたのであります。

北支開発会社は其の資本を交通、港湾施設、通信、電気事業、鉱山及製塩事業に対して投資致しました。昭和十三年十一月七日には中支開発会社が一億円の資本を以て設立され、中部支那に於ける鉄道、一般運輸、電気事業、瓦斯《ガス》事業及鉱山業に対し投資致しました。

両会社共、中国の福祉に貢献致しましたこと大なるものがあつたと存じます。

日本によつて行はれた経済統制は軍事上の必要に基いたものであり、戦争中占領国に依つて行はれ、且つ国際公法によつて承認されてゐるものと何等異なるところなきものであると存じます。此等の手段は日本の産業施設を暴力行為から保護し且つ占領軍を維持してゆくために必要であつたのであります。

更に尚証拠により示さるゝごとく軍事上の必要が無くなると直ちに経済統制は中国人の自由に委《ゆだ》ねられたのであります。戦争が猶《なお》中国の他の方面に於て継続中の場合ですらこの方針で進みました。戦争中緊急の必要上第三国に対しても同様に一時的統制を加へるの止《や》むなきに至つたことも間々ありました。

阿片《あへん》に関して、検察側は日本は中国を弱めるために且つ日本の財政的目的の為めに阿片の使用を奨励したと主張されてをります。然しながらそれ以前に於て罌粟《けし》の栽培は中国に於ては一向中止されたことがなく、且つ阿片から莫大《ばくだい》の税金が徴収され、且つ其の使用は根絶したことがなかつたのであります。

尚ほ日本が斯くも成功裡に朝鮮、及び台湾に於て行ひ来つた阿片統制制度を中国政府に於ても採用する様、之に対し勧奨した事も立証される筈であります。かくする事により既に知られて居る阿片常用者に許可を与へ、公認の径路を通して彼等に供給をなすことを必要とするものであります。国際聯盟も、中国の阿片問題解決には之を禁止するよりも寧《むし》ろ統制する事を裁決したのでありますが、此事も立証される予定であります。事実や数字を挙げて、日本により目論《もくろ》まれ其領土内で実行せられた本制度の有効性を示すことに致します。事実日本が中国から最も多くを期待して居た処のものは、台湾に於て已《すで》に実行せられ世界的承認を得て居た漸減《ぜんげん》政策の準用であつたのであります。絶対禁止が強行され得ない事も立証致すことにします。其れに依りますと習慣的阿片喫煙者は証明書を呈示して其最小限必要量を公然と得る事が出来る様な制度にしてあります。斯くすれば其れ等証明書保持者に対する売買も制限せられ其他の人は阿片入手が出来なくなるのであります。斯くして阿片の使用は統制され得たのであります。尚ほ阿片販売より生ずる利益は中国新政権の金庫(国)に蔵《おさ》められ一文たりとも検察側の主張する如く日本軍又は日本政府の手に渡つた事は未だ嘗《か》つてなかつた事は証拠が立証致す筈であります。(担当　神崎、塩原、三文字、高野、フリーマン、ウイリアムス)

第六部門　中国新政権

日本は其統制下に一つ或はそれ以上の分離政府を樹立して之等を中国に於ける其侵略の具《ぐ》に供せんとした事について非難されて居ます。処《ところ》で中国では証拠の示す如く、其尨大《ぼうだい》さと其貧困さと而《しか》も各地方地方が広く離れて居ること等の為に地方自治体が屢々《しばしば》発生しまして中央政府が平和や秩序を維持する事が出来ない時には此等自治体が其維持の任に当つたのであります。日支紛争の際にも同様の自治体が現出しまして、事件の進行につれ此等の自治体は一緒に合体し、拡大して、前の政府に取つて替つたのであります。此等の自治体が平和と秩序の維持に努めたのでありますから、日本が占領地区内の安定を確保する為め固《もと》より彼等を援助したことは証拠が立証致すでありませう。此等の自治体は決して検察側の主張するごとき傀儡《かいらい》政府ではなくて、前に援用された日本中国条約により証明されて居る通り独立のものであつたのであります。中華民国主席汪精衛《おうせいえい》が単なる成り上り者ではなく、中華民国の副総理で同時に蔣介石下の国民党中央委員長であつた事もまた立証される筈であります。彼は孫逸《そんいつ》仙《せん》と相並んで国民党革命に闘ひ中華民国樹立を援助したのであります。彼は終始中国政府に於ける指導者であつたのであります。

証拠が示すであらう如く汪精衛は重慶を脱出して早く日本と和平を取結び度《た》いと希望して居たのであります。日本は支那との和平を急速にもたらさんと望んで居たのだから彼を支援したのは固よりの事であります。彼が一九四〇年三月三十日、中国国民政府を樹立した際には彼は支那国旗を使用し、孫逸仙の三民主義並びに反共和平政策を援用し首府を南京に還《かえ》したのであります。

日本は支那との和平を早目に促進する最良の方法として汪精衛政権を中国国民政府として承認致しました。再度申上げますが日本と中国との条約は新政府が決して傀儡政府として取扱はれて居なかつた事を示して居ります。各被告が何等協同謀議をなさず、中国に対する侵略戦争を企画し開始したものでなく、中国人民を堕落せしめ又軍資を徴する為に阿片を使用したものではなく、汪精衛を支援することによつて中国に傀儡政府を押しつけたものでもないこと、要するに各被告が起訴状に取揚《とりあげ》る各種の罪に対する責任を問はれ得ないと云ふ弁護側論争《（主張）》点は証拠により支持されるでありませう。

（担当　三文字、山田、花井、ブルーエット、ファーネス）

八　オクスフォード大学刊『一九三六年の太平洋の諸問題』(抜粋)
太平洋諸国の社会及経済政策の目的と結果
中共紅軍の活動と反帝救国統一戦線の結成

○法廷への提出(予定)　昭和二十二年四月二十五日、第二〇四回公判。
結果――未提出

本篇は標題に続く注記の通り、昭和十一年八月後半にアメリカ合衆国カリフォルニア州ヨセミテ国立公園で開催された「第六回太平洋会議」なるものの議事録が、翌昭和十二年にオクスフォード大学の出版部から刊行された、その書からの抄録である。ヨセミテでの会議がどの様な性格のものであったか、日本からの参加者があったのか否かを編者は審《つまび》らかにしないし、又準備されたこの書証が、原書から新たに邦訳の上作成されたものか、或いは既に出版されていた邦訳から抄録されたものなのかどうかも不明である。多分、原書から初めて抄訳の上用意されたものと推測されるが確なことはわからない。一九二八年の中国共産党第六回大会以後、この会議の開催に到る期間の中華民国内部の共産党の動きの基本的性格を客観的に描写した良質の文献の如くに思われるのだが、提出せずに終った理由はよくわからない。解説に記した様に、決定的に重要な文献というわけではないが、読み易く且つ信頼もおけると思われる故に、当時の現地の情勢を窺うによき手がかりと考えて収録した。

一九三六年八月十五日より二十九日迄《まで》の加州ヨセミテ国立公園に於ける第六回太平洋会議議事録

オクスフオード大学刊（ロンドン・ニユーヨーク・トロント）一九三七年

紅軍が或る地域を占領する場合先づ民衆を召集して会議を開き、ソヴエート政府を組織して、土地の分配を行ふ。而《しか》し、実際は、上等の土地は紅軍並《ならび》にソヴエート政府の公田となし、これを貧困者をして耕作せしめる。

残余の余り好《よ》くない土地を貧困者に分給する。土地は民衆に与へられるが紅軍の政策を遂行する際には、斯《こ》うしたカラクリがあることも考慮に入れねばならぬ。

土地の分配が行はれると、二十歳から三十歳以下の男子は別動隊、十四歳から二十歳迄の青年は先鋒隊、十四歳以下の児童はパイオニアー（少年団）に強制的に編入される。パイオニアーの少年達は共産主義教育を受ける。それは後日別動隊、先鋒隊が独立した団体となり紅軍の補充隊を構成せんがためである。老年男子と成年婦人は、運搬隊を組織して補給品の運搬を手伝はしめたり、或《あるい》は公田代耕を幇助《ほうじよ》せしめ、或は偵察・歩哨《ほしよう》の職務を幇助せしめる。貧困者は好くない土地を与へられるのみならず紅軍に対して壮丁を提供しなければならず、更に収穫の十分の四を公糧として提供しなければならぬとのことである。

　中国共産党第六回大会（一九二八年七月、モスコー）は、党の中心的任務を「帝国主義者を駆逐し、支那の真正の統一を完成すること、民主的方式によつて地主階級の土地私有制度を廃止し土地革命を実行し、支那の農民をして現土地制度の一切の半封建的束縛を粉砕せしめること」の二大任務に決定してゐる。

　第五次討伐第二期に於ては、中国紅軍は一九三四年七月十五日付を以《も》つて「中国労農紅軍北上宣言」を発し北上抗日先鋒隊を組織し可及的速度を以つて出動せしめた。そしてこれと同時に上海等の都市に於ては「民族武装自衛運動」と称する排外運動が生まれ、これが「中国人民対日軍事作戦基本綱領」を提出し中国紅軍の反帝国主義運動に呼応して各地に広汎な活動を始めた。これらが中国紅軍が江西省に居たときの反帝国主義運動で、これらを通じて摘出され得る特徴は、この時期は中国紅軍にとつて南京政府の討伐を撃退することが主なる活動で、事実上はまだ抗日は「第二」の任務とされてゐたことである。北上抗日先鋒隊を派遣せる直後、中国紅軍の首領朱徳は政府軍を撃退する必要を主張する演説で次の如く述べてゐる。

ソヴエート労農紅軍のみが支那を日本帝国主義の□□《（蹂躙）》下より解放する唯一の武装勢力である。故に我等の第二の任務は即ち日本に対し直接に軍事作戦を行ふことである――。

だが、一九三五年（民国二十四年）八月に到つて発表された所謂《いわゆる》「新戦略」に於てはこの相互関係が一変してゐる。

反帝運動の現段階

ではその「新戦略」とは如何《いか》なるものか。一言にして言へばその排外主義の矢を日本に向ける事により自己の問題を解決せんとする方策である。即ち抗日が第一でその次にこれに従属して対国民党の政策が決定されるわけである。これは中国共産党が第七回コミンテルン大会の決議に依拠して行へる方向転換であつて、中華ソヴエート政府人民委員会及び中国共産党中央委員会の連名にて八月一日に発表されたものである。

この内容が従前のものと異なるところは全支那の如何なる党派をも包含して反帝単一戦線を作らうとすることにあるので、このために国防政府及び抗日聯軍の組織を提唱してゐる。従つて曾《か》つては国民党打倒を掲げた中国共産党も今は北支に於ける藍衣社《らんいしゃ》、国民党部の解散が外部からなされることに反対してゐる。かくして国民党中の一部の軍閥資本家を国防政府の側に奪取しようとしてゐる。これらは際立つた変化であると言ひ得るだらう。

ではこの共産党の戦術の転換は果して中国共産党本来の諸綱領を放棄したのであらうか。否、中国共産党は現在その基本的綱領を放棄してゐないのみでなく、この新転換こそは、その諸綱領の発展なのである。勿論中国共産党はこの転換と同時に農業政策経済政策等の分野に部分的変更を示してゐる。即ち土地革命の諸条件の或る部分は緩和されてゐる。この理由は単一反帝統一戦線のための闘争が中国共産党にとつて最も大切な一環であり、それを握つて居れば、その他のものは自動的に或いは非常に容易《たやす》く実現され得る見透しを持つてゐるからである。第七回コミンテルン大会に出席した中国共産党員中最高指導者の一人たる王明《おうめい》（陳紹禹《ちんしょうう》）は、「領土の一部にソヴエート政権が存在する支那の如き国家の条件下に於ては反帝国主義的人民戦線の戦術の正しい適用は、ソヴエート革命の向後《こうご》の勝利のためプロレタリアートのヘゲモニー強化のための闘争における共産党の地位と力を弱めず、却《かえ》つて強めてゐるといふことを強く確信するを要する」（註—「植民地革命運動と共産党の戦術」より引用）と言つて居り、且《か》つ王明は又反帝統一戦線を主眼とする「国防政府」とソヴエート政府に言及して次の如く言つてゐる。

「国防政府政策は、ソヴエート政府の任務に対立しないのみか、故にソヴエート政府は国防政府の遵奉者《じゅんぽう》に対し範を示すことが出来るし又示さねばならぬ。しかし支那全民族の完全なる民族的社会的解放を主要任務とするソヴエート政府は、その活動を単に国防政府の綱領の枠内に制限することは出来ないであらう。

例へば農業革命を発展せしめるため、ソヴエート政府は売国奴の土地を没収し、農民に分配せんとする国防政府の綱領を、農業革命の構成部分として且つ出発点として実行すると同時に、支那における封建的地主的土地所有を根絶し共産党の基本的目標を実現することに努めねばならない」。

かくてこの「新戦略」は中国共産党の指導権の保護下に中国共産党が自己の本来的綱領たる反帝・土地革命を実現せんとする目的で漸次《ぜんじ》大衆を吸収することの援助となつてゐる。

而してこの「新戦略」の特質は、中国共産党の所謂「国際帝国主義」に対する闘争の主要な矢が、日本に向けられてゐることである。

これは一九二五年当時、反帝国主義運動の矢が先づ〔英国に〕向けられてゐたのと軌を一にするもので、共産党の戦術では中国共産党の称する「抗日」は学生、都市市民及労働者の反帝国主義闘争と何等異ならぬ。

第二は最近頓《とみ》に擡頭した国民党内部又は支那資本家の一部に続けられる抗日運動の存在である。

而して第三は、南京政府が江西省の中国紅軍を根絶し得ないばかりでなく、何等の損傷をも与へることなく、紅軍の主力部隊を四川に移動せしめ、北上せしめたことである。この北上した紅軍は□□《（碉堡）》〔トーチカ〕線も、経済封鎖も存在しない広大な土地に盤踞《ばんきょ》し、戦闘或は革命運動の如何なるものに対しても参加し得る条件を獲得したのである。而して、このことは南京政府にとつて重大な打撃であることは自明の理なのである。

中国共産党は斯くの如き好条件の上に立つて、今反帝統一戦線を結成しようとしつゝあるが、南京政府は此運動に如何にして対処しつゝあるだらうか?

学生運動

一九三五年年末以来、支那全国の学生運動の発展は、蔣介石の学校代表に対する訓話を以てするも何等これを阻止することは出来なかつた。

北平に於ける昨年十二月八日の北京各学校長の「自治反対」決議に激昂《げつこう》した清華、燕京両大学生は九日万寿山に宋哲元を訪れ、デモを行つて北京市中に突入せんとして西直門で官憲に阻止せられた。更に北平市内の大、中学生約六千名は、各所に蜂起《ほうき》し流血の争の後遂に官憲に打勝つに至つた。越えて十二月十六日には北平師範大学を中心として約八千名の学生が巧みに集合して示威遊行《じいゆうこう》を開始した。而して此中から三十校以上の代表者より成る北平学生聯合会が結成されこの聯合会は執拗《しつよう》に学生を動員し反日を鼓吹《こすい》してゐる。

天津に於いても同様に学生は運動を惹起《じやつき》した。上海に於いては又北支那に呼応して学生運動を惹《ひ》き起した。十二月十九日、復旦大学生が市政府に請願書を提出した。更に同二十三日には復旦大学生を根幹とする「学生入京請願団」は上海北停車場を占拠し、これに同情する上海全市約二千名の学生は二十四日同情示威遊行を決行した。又河南省開封に於いても三十八校一万四千の学生は請願の為《ため》赴京すると称し、停車場、客車を占拠し交通を杜絶《とぜつ》せしめた。更に広東《カントン》に於いても学生は示威遊行を行ひ本年一月三日の示威遊行に際しては公安局員と衝突し、死傷者十名を出したのである。

而して三月二十八日全国の学生運動を統一する目的で「全国学生救国聯合会準備会」が結成され二日に亙る闘争に於て十名の死傷者を出した。

かくてこの学生の全国的統合と共に、南京政府の無力を嘲笑するが如く学生運動は蔓延《まんえん》しつつある。而して中国共産党がこれを指導しつつあることは言ふまでもない。

救国聯合会

この学生運動と呼応して、中国共産党の直接的或いは間接的煽動《せんどう》に依つて反帝団体が各地に続々と成立した。特にそのうち、上海に根城《ねじろ》を持つ上海文化救国会は他の救国会より活潑に活動し、救国団体の最高指導機関たるの地位にある。この救国会の成立は、北平学生の運動に呼応し昨年十二月十二日附を以て上海の知識階級分子二百五十余名の署名を以て所謂「救国宣言」を出したのに始まる。国民党系・共産党系・社会民主党系・国家主義派等の寄合世帯であるが、全体として中国共産党側に利用されてゐたことは、二月十一日附を以て出された共産党中央宣伝部の「人民に告ぐる書」に依つて明らかにされた。

尚この外に上海に於ては上海婦人救国聯合会・上海聯業界救国会・上海労働救国会・上海

小学校職員救国聯合会・上海電影界救国会・上海新聞記者救国会・上海画家救国会等々が存在しこれに前記の上海学生救国聯合会が加盟して各階級救国聯合会が成立してゐる。（註―最近上海聯合〔会〕を中心にして中華全国各界救国聯合会の創立が行はれるに至つた）

中華民族革命同盟

上海文化救国会には資本家が参加してゐたが、更に反蔣軍閥の一部が中国共産党の合作提議に応じて共同戦線を張らんとしてゐる。現在即ち福建事変の立役者《たてやくしや》陳銘枢《ちんめいすう》・李済琛《りさいちん》、十九路軍の猛将蔡廷鍇《さいていかい》・区寿年《くじゆねん》・翁照垣《おうしようえん》・蔣光鼐《しようこうだい》等は、福建事件の失敗後、或は、海外に亡命し、或は香港・両広に巣喰《すく》つて執拗に反蔣策動を続け、殊に一九三五年十一月の五全大会には、当時南京にあつた鄒魯《すうろ》・馮玉祥《ひようぎよくしよう》・閻錫山《えんしやくざん》等に連名通電を発して、（一）国民党は日和見主義一党専制を放棄すべし、（二）一切の政治犯を釈放せよ、（三）民主自由を実行せよ、（四）特別機関を設立し政府の財政及び国防計画を監督せよ、等々を要求してゐたものであるが、その後中国共産党の提議に応じて、中華民族革命同盟を結成し、機関紙「救国時報」を発行し、胡漢民派・広西派に対しても統一戦線を結成すべく頻《しき》りに働きかけてゐる。かくて、曾つての党国の要人までが共産党の提議に同意しつつある。

九　在支重光公使発、幣原外相宛「排日及日貨ボイコットの実状」機密公第四四八号（昭六、一一、二）

○法廷への提出（予定）　昭和二十二年四月二十九日、第二〇六回公判。
　結果——未提出

　昭和初年から支那事変勃発までの期間に於ける中華民国国内の排日及び日貨排斥運動に関して用意された証拠史料は実に多数に上るが、その大半が法廷証としての受理を拒否されている。この法廷は日本の戦争犯罪を裁く場であって、連合国の一員たる中華民国が日本人に加えた危害を裁く場ではない、との裁判所の基本姿勢を貫くとすれば必然的にそういうことになる。斯々《かくかく》の暴行を受けたが故にそれへの反撃として已むを得ず然々《しかじか》の実力行使が生じた、という弁明の論法は裁判所が意図的に断乎として排除していたからである。具体的な日本居留民へのテロ・暴行事件、日貨排斥行動を証言している資料の悉《ことごと》くが却下されているので、重光公使のこの報告電報も却下を予想して提出せぬままになった。大阪商工会議所が昭和六年に編纂・公刊した『日支政治経済関係要覧』に載っている、排日政策の実施としての主要事件の報告（本書に収録せず）も、その極めて客観的で冷静な記述にも拘らず、重光公使の報告書提出の前日に他の二十点近くと合せて全て却下扱いとなっている。その形勢を見てこの書証も到底採用されずと判断し、提出を見合せたものであろう。これも証言としての重要性よりもむしろ出先外交官から本省（外務大臣）に宛てて送られた報告書の一つのサンプルを示すというねらいを以てこの一篇のみを本書に収録してみた。

排日及日貨抵制の実状に関する調査送付の件

当方にて作成せる本件調書宣伝資料として茲《ここ》に送付す

追て右英訳出来の上は更に追送すべし

本信写送付先　在外公館全部

国民に於ける排日及日貨抵制の実状

一、国民政府が自己に都合悪しき列国との条約を不平等条約と名付け、之《これ》を否認するの態度を執り、之が実現のために排外運動を利用するものなることは中外公知の事実なり。

国民側に於て条約否認の態度に出でたる実例は国民政府成立以前にもあり、即ち一九二五年北京政府に於て白耳義《ベルギー》の通商条約の改訂期限到来を理由として同条約の将来の効力を否認したることあり。

一九二七年に於ては日本の通商条約の改訂問題に付ても同様の態度を執りたり。然《しか》れども右の態度は国民政府以来特に顕著となりたるものにして、国民政府は或国との条約の改訂期限到来せる場合、何等改訂の交渉を行ふことなく此等の国の治外法権を一方的に消滅せるものとして取扱はんとし、一九二八年七月七日、其の趣旨を声明すると共に外国人に対する裁判管轄に関する臨時弁法を公布し、又一九二九年十二月には治外法権は一九三〇年以後は撤廃せられたるものと看做《みな》すとの宣言をなし、一九三一年十二月、更に外国人に対し民国法院に於て裁判権を行使することを定めたる法律を公布せり。斯《かく》の如き一方的治外法権否認の態度は日本に対し特に著しきものあり。

㈠さきに一九二九年上海に於ける特別区臨時法院（会審衙門《がもん》）協定改訂問題起るや、日本は通商条約改訂期限到来し既に治外法権の利益を主張し得ずとの建前の下に同協定改訂に参加することを拒絶し㈡又一九二八年以来屢々《しばしば》治外法権国に対し通商条約改訂の商議開始を要求し居るに拘《かかわ》らず前記同様の理由を以て日本に対してのみ斯の如き要求をなす事を避けたり。

二、民国側は一方に於て前記の如き条約否認の態度を執ると共に、他方に於て条約上の現存の権利及利益を回収し、以て民国より外国の勢力を駆逐せんとし、此の方面にも排外及外貨抵制の運動を利用せり。
夙《つと》に一九二五年、広東《カントン》時代の国民政府の統制下に香港及広東方面に於て行はれたる対英苦力《クーリー》罷業《ひぎょう》及英貨排斥は、実に英国の勢力排斥のための策動にして党部等の指導に依るものなり。又一九二七年の漢口及九江に於ける英国租界の回収の如きも結局は英民間協定の成立するものありしと雖《いえども》、右は国民党等の指導に依り排外熱を鼓吹《こすい》せられたる群集が暴力を以て租界を占領せるに依り行はれたる所なり。

権益回収の実行も亦日本に対して特に激烈にして又満洲に於て顕著なるものありたり。満洲は民国本土と隔絶し三十年前には未開の植民地たるに過ぎざりしが、日本の長年の文化的貢献に依り今や民国に於て最も豊饒なる土地と化したるものなるに拘らず、民国政府は日本が此の地に権益を設定せる歴史的沿革及日本の此の地に対してなしたる貢献等を顧慮すること無く有《あ》らゆる方法を以て日本勢力の駆逐及び日本権益の回収に熱中したり。即ち㈠民国政府は大正四年の南満洲及東部内蒙古《うちもうこ》に関する条約に付て一九二一年華府《ワシントン》会議以来之が廃棄を主張し、最近に至りては一方的措置に依り之を否認する態度を執り、陰険且悪意の方法に依り日本国及日本人の既得権利の回収に努め南京《ナンキン》政府は公然旅大《りょだい》の回収を要求するに至り、㈡民国は継続的に南満洲鉄道並行線布設禁止に関する条約及日本の借款に依り建設すべき鉄道に関する取極《とりきめ》に違反して、自国の資金を以て南満洲鉄道と事実上並行する打通線並海吉及瀋海線を同鉄道の左右両側に建設し、又㈢南満鉄道の培養線として同会社の借款に依り建設したる吉敦《きつとん》洮昂《とうこう》等の両鉄道の借款整理を行はず、此等鉄道を前記満鉄の並行線と連絡し其の鉄道に対する競争力を増大せしめ、更に㈣間島協約に定めたる吉会線の完成を百方回避し来りたるのみならず、㈤既設の民国鉄道は採算を度外視せる運賃政策及差別運賃政策を以て南満洲鉄道の経営を困難ならしめつつあり、㈥東三省官憲が条約の規定を無視して日本人に対する土地商租を禁止し既に有する日本人の土地権利迄《まで》も不法なる官憲の圧迫に依り回収せんとしつつあることは今更謂《い》ふ迄もなき所にして、又㈦多年南満洲に在りて水田の開拓等に従事し南満洲の産業開発に貢献する所甚大なりし朝鮮人に対しては有らゆる圧迫を加へて之が駆逐を敢行し居るのみならず、朝鮮人を恣《ほしいまま》に逮捕処罰するあり、小作契約を破棄して国外に之を追放せるあり、万宝山事件は実に此の種事件の一表現たるに過ぎず、㈧其の他南満洲に於ける日本及日本人の鉱山、森林及農業等の企業を圧迫し其の権益を侵犯しつつある実例枚挙に遑《いとま》なし。

三、民国に於ける外国及外国人の権益の否認及其の実行の方法たる排外及外貨抵制の運動は基づく所深く已《すで》に孫文の遺訓に在り、右は国民政府の国是となり居るものなり。即ち孫文は民国は民族、民権、民生の三主義の上に建設せらるべしとなし、革命の初期より之を演述し三民主義中特に民族主義を以て最後の目的とし、之が達成のため民権を確立し民生を伸張するを要すとなせるものなるが、右民権主義達成の方法としては先《ま》づ第一に外国の政治上及経済上勢力を民国より駆逐せざるべからず。而《しか》して民国の現状に於ては積極的に外力を駆逐するの実力なきを以て差当りは対外不合作の主義を以て外国に対抗するより外なしとなせり。而して之がためには一面に於て消極的に外国人のために労役せず、外貨を使用せず又外国貨幣を使用せざることを要すと説けり。即ち孫文の遺訓に依れば民族主義実現のためには外国の勢力を駆逐するを要し之が実現の手段として排外及外貨抵制運動を起すより外なしとなすものなり。

以上孫文の三民主義は国民党綱領、建国大綱の基本原則となり其の結果として三民主義に関する孫文の遺訓は其のまま国民党員の憲法と成りたるものなるが、国民党の下に在りて其の中央執行委員の一人を主席とする国民政府は当然前記遺訓、国民党綱領及建国大綱の忠実なる実行者たるは自然の勢《いきおい》なり。国民政府の対外方針が所謂《いわゆる》不平等条約の廃棄に在り而して之が実現の手段として猛烈なる排外及外貨抵制運動を指導統制しつつあることは実に斯の如き背景に依るものなり。

四、国民党及国民政府の指導及統制の下に行はれ来りたる排外及外貨抵制運動の実際的方法は年と共に細密周到となれるが、其の大体の態様を述ぶれば中央及地方党部が主となりて各地に特定の外国民及外国貨に対する排斥運動を行はしむるために一の団体（反日会又は抗日会等）を先づ組織せしめ、之を通して党部が右運動を指導すると共に排貨運動の方法として新聞に依る宣伝、伝単及ポスター等に依りて民衆の排外熱を煽動《せんどう》し、更に進《すすん》で外国貨不買及外国人の労務に従事することを制止し、之に違反するものは文明国家に見るべからざる苛酷なる制裁を科すものなり。今次行はれたる排日及日貨抵制運動は徹底的に右の方法を実行するものにして而も中央及地方党部の統制に依り極めて組織的に行はるるものなり。日本貨物の損害既に莫大《ばくだい》なる額に達す。

殊に国民政府は他国に対し干渉の口実をあたへ、又は他国に於ける輿論《よろん》民国に不利益とならん事を防ぐために、極力日本人の生命財産に直接の損害を加ふることを避け、裏に於て民国人を強制して日本人と経済的に絶縁せしめんとしつつあり、尚国民党及国民政府は前述の如く排外運動の指導統制者なるを以て、必要に応じて右運動を激成或は緩和するものにして、目下《もっか》の所に於ては民衆は良く統制に従ひ其の命のまゝに動き居るが如くなるも、元来一般群集は激し易きものなるを以て将来何等かの突発事件を動機として政府と雖《いえど》も之《これ》を制し能《あた》はざるが如き事態を惹《ひ》き起すおそれなきに非ず。

其の如き例は過去に於て発生を見たる所なり。而して群集の感情激越となるに於ては政府は到底之を抑制すること能はざるのみならず、政府が其の地位を保つためには民衆に迎合するの態度を執らざるべからざるに至るものなり。

事情斯の如くにして比較的僻陬《へきすう》の地に在る本邦居留民は排日及排貨の脅威に依り其の生活不安を感じ続々引上ぐるものを生じたるが、鄭州《ていしゅう》、雲南、成都、重慶及赤峰の日本帝国領事館員も亦《また》民国官民の組織的潜行的なるテロリズムの運動のため生命の危険急迫せるを以て既に最寄りの日本公使館又は領事館に引揚《ひきあげ》を成したり。

五、排外貨運動は実に戦争に代るべき抗敵の手段にして、特に政府の指導に依り前述の如き方法に依りて之を行ふに於ては、其の惨害激甚なるものあること重ねて之を述ぶるの要なし。而して元来排外貨運動は前述の如く国民政府が条約の否認及外国権益の回収の国策遂行の手段として実行し居るものなるを以て、同一の立場に在る一切の条約国を相手として挑戦し居るものなり。

一〇　ラザラス弁護人　冒頭陳述

「対ソ関係」

○法廷での陳述　昭和二十二年五月十六日、第二一八回公判。

結果――全文朗読

対ドイツ戦に於いては確かに連合国の有力な一員であり、且つ勝利の主役をも演じたソ連であるが、対日戦争に於いてはソ連には一片の正義もなければ道理もないこと客観的事実であり、そのことはアメリカ人弁護人（おそらくは、英、蘭、仏等の諸国にあっても）の十分に心得ていることではあった。日独防共協定の締結や、現に日本側の敗北と譲歩による妥結を以て終っている日ソ国境紛争を、日本側の侵略意図の実践として訴えること自体、どうしても論理的に無理である。ラザラス弁護人は故にソ連の言分に対する日本側の有理について十分の成算と或る種の余裕を以て冒頭陳述を作成している趣がある。注目すべき点としては、ソ連側の立てた検察側証人（口供書提出）の多くがなおソ連に抑留中であり、従って反対訊問を行う機会を初から奪われていることの指摘、及び昭和十年八月一日の中国共産党の所謂八・一声明が日本に対する公然の敵対宣言、謂わば宣戦布告だったという史実への言及がある。後者は之を重視した場合、当然その翌々年の蘆溝橋事件に於ける中共の役割についての重要な参考事項となる。然しこの件も亦、相次ぐ書証の却下によって冒頭陳述の目指した効果は達成されぬままに終った。

弁護団は今や本裁判の一部門たる蘇聯邦《ソれんぽう》より提出された訴追に対する証拠を挙げようとします。其訴追は政治的並軍事的侵略に対するものでありまして、第一に政治的面としまして、防共協定締結が侵略であると訴へられて居ります。第二に軍事的面として一九三八年のハサン湖(又は張鼓峰《ちょうこほう》)事件、一九三九年のハルヒン・ゴール(又はノモンハン)事件及他の時期に於ける対ソ軍事侵略計画が挙げられて居ります。

弁護は大局的に見て一九二八年より一九四五年迄《まで》の日本の対蘇外交、軍事政策の流れは防《ぼう》禦《ぎょ》的であつたと云ふことであります。即ち国境不安に基く軍事衝突は単なる偶発事件であり、計画的侵略の結果ではなく大流に反流する小波であるのであります。

証拠の細部に入るに先立ち我々の立証すべき本件の非常に不満足な謂《い》はば無形な事件の性質を先《ま》づ指摘します。

我々は自らでなく口供書によつて証言して居る多くの証人の証言に直面して居ります。と申しますことは人類の虚偽に対する最も有力な武器である反対訊問《じんもん》の機会を全く与へられてゐないといふことであります。

之等《これら》証人の中の或るものは死亡したと言はれるでありませう。又他のものは証言をした時は蘇聯《ソれん》に対する「罪」を侵したと称せられて拘禁又は取調中であり、又他のものは通常の戦時俘虜《ふりよ》であると言はれて居ります。之等俘虜は帰国させられて居れば反対訊問に附することが出来るのでありますが、終戦後二十一ケ月経つたにも拘《かか》らず未だ日本へ帰国させられて居りません。一例に於ては証人を提出せよとの裁判所の直接命令に対し証人も回答も出てゐない場合があります。

之等証人の口供書の大部分は議論結論と意見に終始して居りまして我々は裁判所が如何《いか》なる程度に之等の証言を考慮に入れて居るか標準の置きやうがないのであります。唯の一回と雖《いえど》も裁判所は弁護団の為に蘇聯管理下の証人の出廷を求める呼出状を発しても成功したことは遂にありません。之等弁護団側の困難の数例は、裁判所に提出した注意書中に触れて居ります通り、法廷に提出せられた問題の中の実質的な問題及立証せられた問題に処しつつ、而《しか》も我々の証拠を合理的な限界内に止めると云ふ二重の努力の中に我々の判断力を行使することに於て尠《すく》なからず我々を困惑せしめるのであります。

此問題に対する我々の解決法として、我々は証拠を数項の一般的項目に分けて提出します。即ち防共協定、張鼓峰事件、ノモンハン事件及中立条約と大陸に於ける日本の軍事政策を含む一九二八年より一九四五年までの日本と蘇聯の一般的関係にであります。

防共協定問題に関する証拠は以下の通りであります。

防共協定

本事件の此の部門の証人並に書証を提出するに際しまして裁判所に於ては特に、独日伊の三国が欧洲並びに亜細亜《アジア》に於ける共産主義の蔓延《まんえん》に対し協定を結ぶの合法的権利を有し、夫《そ》れに基き行動したのであると云ふ事を御注意あり度《た》いと存じます。裁判所が是等《これら》三国がかかる行動を取る合法的の権利を有したことを認めると宣言せらるる迄我々は書証と人証とを提出致さなければなりませぬ。共産主義の現在のやうな発展と其の蔓延に対する世界的の憂慮を立証し、以て最初にかかる行動を取るを余儀《よぎ》なくせしめた処の恐怖がまことに正当の理由のあつたことを示す事に致します。共産主義は社会的の武器であり、交戦国の戦争の手段ではありませぬから、中国共産党問題に於けるが如く武器を伴ふ脅威としてではなく寧《むし》ろ其の政治的発展を脅威として示さねばなりませぬ。

我々は欧洲諸国に働きかけた共産運動と亜細亜に於ける共産主義の脅威が日独協定の正当な理由であつたことを証拠を以《もつ》て立証致します。

此の協定の真の目的は共産主義の蔓延を一定限度に阻止し、以て他国に率先して欧洲並に亜細亜の平和を維持するに在つたことを我々は立証する事に致します。我々は諸国殊に米国が其の国内に於ける共産主義の発達を阻止する手段をそれぞれ取つた事を示すでありませう。訴状に云はるる如く本協定は一般的共同攻勢の前奏では断じてありませぬ。

防共協定は本来観念的《イデオロギー》の協定であつた事は証拠に依《よ》り明示されるでありませう。其の目的は独逸《ドイツ》側より見れば欧洲の共産主義の蔓延を阻止する事でありました。本協定は民主主義国に向けられたものではありませぬ。英国及和蘭《オランダ》に対しても反共運動に参加する様働きかけられました。

日本は国際聯盟より脱退し米国との関係も険悪となりまして外交的に孤立の立場に陥りました。日本は亜細亜に長い国境線を有するソ聯よりの圧迫を感じて居りました。あたかも其の時コミンテルンのスペイン並に支那に於ける活動は非常に活潑でありました。一九三五年の年コミンテルンの、第七回大会の、日本と独逸とを其の第一の目標とすると云ふ決議が特に日本政府の注意を惹いたのであります。

当時コミンテルンの後にはソ聯の五ケ年計画と云ふ大規模の軍備が行はれて居りました。かかる情勢の下に於て日本政府が其の国防を固めんとしたのは当然であります。

当時に於てはソ聯と仏国との間には互助協定が結ばれて居りました（一九三五年）がそれは攻勢的のものとは考へられて居りませんでした。然《しか》らば何故に防共協定がかく考へられねばならぬのでありませうか。本協定は一九三五年のコミンテルンの日独に対する決議の後に作られ、しかもコミンテルンの後楯《うしろだて》たるソ聯の軍備があつた為めに作られたのであります。

単に自衛の為めのものであり、攻略的の意図は何等含まれて居りませぬ。

一九三六年八月一日に中国共産党は所謂《いわゆる》八・一声明と称する宣言を為し、日本に対する敵対的態度を明白に表示致しました。コミンテルンと中国共産党との関係に就ては証拠が提出されるでありませう。

A・コミンズ・カー氏は防共協定は伊独日間の共同謀議の一部であり特に秘密協約はさうであると申されました。訴追の主要素となるのは秘密の点か或は秘密協約自体か分りませぬけれども、其の双方につき説明を為し誤解の無きやうそれぞれの意味を説明致します。

本協定は一見して明かな如くそれ自体も秘密協約も、それを実行する関係国の権利の限界を超えぬ完全に合法的な書類であります。聯合国間に取交される無数の相互協定と同じものであります。我々は、是等のものは何等積極的行動を示唆《しさ》するものとして企図されたものではなく、其の性質に於て守勢的なものに過ぎざる防禦的の観念を示す、単に消極的な政治上文書に過ぎぬことを示す心組であります。

共産主義の理念とそれに対する反抗は、第一次世界大戦の終、共産主義者に対し聯合国が宣戦を布告し公然戦端を開いた時にまで遡るものであることは公知の事実であります。

之は防共協定は正当なりや、若《も》し然《しか》りとせば共産主義の蔓延を阻止する手段を講ずるは国として正当なる権利の限界を超えざるものなりや、の問題に関するものであります。

共産主義の蔓延を阻止するに就《つい》ては、世界の各国が今日に於けると同じく一九三六年にも重大な関心を有して居つたと云ふことは証拠を提出する必要もないでありませう。此の問題に関し日本がかゝる行動を取つたのは、其の存立上危険と思惟《しい》する政治的理念に対し、一国の主体に基き自衛の手段を取つたものとして正当なものであることを示す為の充分な証拠を提出致します。

我々は防共協定に署名した責任を負担せしめられた首唱者達の決意の理由を明らかに致します。

防共協定はもともと中国に於ける共産主義の伝播《でんぱ》を特に阻止することを目的としたものではありませぬが、中国に於てかゝる事態が生じ、また同じく共産軍が日本に対して組織せられたのに伴ひ、ソ聯が亜細亜の戦線に於て日本に対する戦争を準備し之を実施した点に就ては、或部分は既に証拠を提出致しましたしまた今後も立証致す心組《こころぐみ》であります。

我々は防共協定につき説明をし答へ、また其の正当なることを立証し、また其の協定の実行に就き是等の被告人等が参加した限度を分析し、また是等被告が此の協定を締結するに当つては当該協定が敵国と他国的の生活様式から国を護《まも》るの道であると信じ、日本政府の各一員として其の義務として之を敢《あえ》てしたものであるに過ぎぬことを示して、是等被告の刑事責任を免除するでありませう。

防共協定と三国協定が相互に何等の関聯を有しないものであると云ふ証拠は太平洋第三部門に於て提出致します。

支那事変中、本協定に基き日独間の協力が行はれたと云ふ検事側の立証に対しては具体的事実の証明に依り反駁《はんばく》せられます。即ち独逸は支那事変の発生を意外且《かつ》不快なる事実となしたこと、独逸は蔣介石政府よりの軍事顧問の撤退を容易に行はざりしこと、独逸の蔣介石政府に対する武器の供給は事変開始後も当分の間なほ行はれたこと、中国に於ける経済問題に付日本は独逸を第三国以上に待遇しなかつたことが立証せられます。

一九三八年夏頃より一九三九年夏に亙《わた》り所謂防共協定強化の交渉が日独間に行はれました。本交渉の内容が相互援助条約の締結にあつたことは事実でありますが、日本としては検察側の主張するが如く無条件な攻撃的協約を企図したのではなく、主として増大する蘇《ソ》聯の脅威に対する消極的防禦協定の締結を企図して交渉を続けて居りましたが、一九三九年八月独逸は蘇聯と独蘇不可侵協定を締結しましたので日本は本交渉を打切りました。尚此《なおこの》企図された日独伊三国間の援助条約に関する詳細並に此企図された条約が後に一九四〇年九月に結ばれた三国同盟とは根本的に性格を異にするものであつたことは後の段階又は個人弁護の際に立証せられませう。

検事側は其の訴追提起に於て「日本政府は蘇聯邦との間に不可侵条約を締結するを拒否せり」と為し、之を著しく強調し、其冒頭陳述に於ては「其の事実の示す所は唯一つ」即ち日本が侵略戦争を準備して居たことを「疑の余地なく立証する」ものと為して居ります。然るに検事側の読んだ書証は正式の不可侵条約が嘗《かつ》て明確に提議せられ又は拒否せられたと云ふことを示すものでなく、交渉は最も非公式且暫定的《かつざんてい》なものでリトヴイノフの日記に依れば其第一回のものは「珈琲《コーヒー》のコップの上から」始つたものであります。

検事側の提起の際証拠として法廷に受附けられたもので検事側に依り読まれなかつた部分を読むことに依り、日本政府は右の如き条約の交渉に入ることを拒否したことはなく、唯斯《ただかか》る一般的性質の条約を締結するより先に懸案の係争事項を解決すべきであると述べたに止ることを我々は立証します。蘇聯邦外務人民委員リトヴイノフは、一九三二年斯る条約に付て交渉せらるべきであると要請しつゝ、蘇聯邦は斯る条約をリスアニア(ママ)と既に締結して居り、ポーランドとは交渉中であり、又フインランド、エストニア及ラトヴイアとは交渉を開始しようとして居るものなる旨述べて居ります。又一九三三年、蘇聯邦は一般的条約の締結に先立ち懸案を解決すべきであるとの日本の提案を拒絶して、蘇聯邦が斯る条約を締結したからと云つて其の相手国との間に相互に要求や紛争が無いと認めたことにはならないのであつて、実際に斯る相手国の一に対しては国境が争ひの原因となつて居る結果、理由のある領土的要求を持つて居るものであると述べて居ます。

我々は判事各位が歴史を読まれ、蘇聯邦と不可侵条約を締結して居た其の西方接壌諸国に起つた事実に対し法的認知を与へらるることを信じ、而して判事各位が斯る不可侵条約の侵略防止上の効果に付判断せらるることをお願します。我々は蘇聯邦との間の不可侵条約に先立ち懸案の係争事項及領土的要求が解決されねばならぬと信じた日本は、ポーランド、フインランド、エストニア、リトアニア、及ラトヴイアの示さなかつた先見を示したものと主張します。

斯る条約の締結を拒否することは某国がより大なる国に対する侵略戦争を準備して居る証拠なりとの主張は、明らかに支持し難きものであり又本裁判に関する限り一九四一年日蘇間に中立条約が締結せられたことに依り積極的に否認せられるものであると我々は主張します。此の条約は四年以上に亙り有効であつたもので、其間蘇聯邦は繰返し同条約が締約者双方に依り忠実に遵守《じゆんしゆ》せられて居ると述べたことを我々は示します。

又蘇聯邦の遅れた宣戦布告すら日本が同条約に違反せりとは言つて居りません。然し又我々は其の条約すら其明文に違反してより大なる国のより小なる国への侵略を終《つい》に防止し得なかつたことを立証します。

検事側は許多《あまた》の国境事件は日本の蘇聯邦に対する侵略計画の証拠であると為して居ます。起訴状は此等国境事件の内の二、即ちハサン湖附近の満洲国及西比利亜《シベリア》沿海州の国境に於けるもの及ハルヒン・ゴール河附近の満洲国及蘇聯邦に非《あらざ》る支那との国境に於けるものを以て蘇聯邦に対する侵略戦争なりと為し、被告中の若干の者を以て右二事件に関聯し殺人罪を問うて居ります。我々は此等事件は国境線が不明確又は紛争中であり、而も双方が武装して居る場合不可避の国境事件の典型であることを立証します。

我々は日本に依る国境侵犯の事実はなく、且《かつ》一が他に対し領土保有の目的を以て其の領土に侵入した事実はないと主張します。我々は国境侵犯はなかつたと主張するのでありますが若《も》し仮にあつたとしても我々は其れに関係した人々が二国間の国境が侵犯されて居ると知つて居た証拠は絶無であると主張します。

現場から遠隔の地に在つた人々は彼等に伝へられた情報、訓令に従つて行動したのであり、其の人々は斯る情報、訓令に依存する権利もあり又依存する義務も持つて居たのであります。

右の内第一の事件即ち張鼓峰《ちょうこほう》のハサン湖の事件に就ては、我々は国境の其部分は紛争中であつたこと、之に関する条約は不明瞭で国境の位置に付《つき》争の余地のあつたことを立証します。国境は荒地を横切つて居り其間双方で夫々主張する国境を示すべき国境標は殆どありません。我々は係争地は満洲国の土民に依り満洲国の一部と信ぜられて居つたものであり、一九三八年七月、蘇《ソ》聯の国境軍に依り占領せられる迄嘗《かつ》て両国の何《いず》れに依るも占領せられたことのない所であつたことを立証します。我々は更に蘇聯邦は国境は丘の頂点を越えてハサン湖の西側に走つて居ると主張して居るに拘らず、蘇聯邦の部隊は明らかに右の線より西にある丘を占領し蘇側が国境線と主張する張鼓峰の頂点より下つた所に塹壕《ざんごう》を掘り鉄条網を張り廻らしたことを立証します。我々は日満側より蘇側の撤退を要求すべく現地に派遣された憲兵は、蘇側の主張に依つても猶《なお》明らかに満洲国領である地点に居つた間に射撃を加へられ一名は殺され他は捕へられたことを立証します。既に七月十四日外交上の抗議は為されて居ます。日本大使重光葵《しげみつまもる》は七月二十日即ち重大な衝突の起るより一週間以上も前に斯る抗議を重ねて行つて居ます。

日本政府は、係争地は満洲国の領域内であるとの主張を有したのでありますが、若《も》し兵力の撤退に依り原状が回復せられるならば、国境は交渉に依り定める用意ある旨を最初から明らかにして居たのであります。我々は戦闘行為は蘇聯軍の攻撃に依り開始されたこと、又戦闘行為開始後日本政府は直《ただち》に現状に於て停戦し、国境は外交交渉に依り決定する様提案したことを証明する様な証拠を提出します。斯る申出に対し蘇聯邦は二度に亙り之を拒否し、而も二度目は蘇聯邦の主張する領域内に日本軍は全く居ないことを認めつつも日本の申出は之を拒否したのであります。我々は事件全般を通じ日本政府は交渉を要望したのであつて、検事側冒頭陳述の云ふ如く領土の割譲《かつじょう》を要求したり乃至《ないし》は国際条約を無視しようとしたことはなかつたことを立証します。我々は起訴状の告訴内容にも拘らず本事件に至らしめた日本の侵略戦争の計画なるものは為されたることなく、戦車、長距離砲、航空機は日本でなく蘇聯邦に依り使用せられ、又蘇聯邦の航空機は遥か国境を越えた朝鮮の非軍事目標を爆撃したことを立証します。更に我々は双方共本事件を以て戦争と認めたことなく、又国境事件以上のものと認めたことはなかつたことを証明します。最後に我々は此事件が、日本政府が日本大使を通じて提起した案に基き解決されたことを立証します。我々は既に法廷に証拠として出て居る停戦協定は実施せられ、事件は終結し、今になつてから之を侵略なりとは謂《い》ひ難いものであると主張します。

ハルビン・ゴール事件――世上に知られてゐるところによればノモンハン事件――は西部満洲及び東部外蒙《がいもう》の前人未拓の荒野に於ける国境の不明瞭の結果として生起したと云ふことが明かにされるであらう。中国領の他の国境と同じく外蒙国境も亦《また》清帝国の古い行政境界に基礎を置いてゐるのであつて正確な地図や境界標に依るよりもむしろ古文書にあらはれた境界や境劃に依る記述や伝統に依つて証明せられるのであります。

一九三九年の春ソ聯及び所謂蒙古人民共和国――中国からも日本からも承認されてゐない「共和国」の軍隊がハルビン・ゴール河を渡り満洲国軍、後に日本軍に依つて増強せられましたが、と衝突を惹起《じやつき》しました。ハルビン・ゴールは中国に依つて東三省の境界と常に考へられて居り、従つて満洲国に依つても亦其の国境と考へられて居ました。双方の側の事件拡大又は継続を防止せんとする努力にも拘はらず、事件は九月まで時折衝突を起したり休止したりして続きました。其月の九月十五日に事件は日本の駐蘇大使東郷とモロトフ外相との間の協定で解決し、満洲国が敗北者側として領土を譲歩して国境を協定しました。更に国境は測量され境標を附されるべきであると云ふことが協定されました。之は二年以上の期間に亙る共同委員会の仕事の後漸《ようや》く完成されました。ノモンハン事件は斯く解決され終結しました。

之等《これら》個々の事件の他に被告達は彼等の国家と政府の代理として起訴状に含まれる期間(並《ならび》に多分、言及はされてゐるが立証の主体とはなつてゐない一九一八年及び一九〇四年にまでも遡る期間)中に蘇聯邦に対する軍事的侵略の陰謀をなしたとして訴追されて居ります。

弁護側の論点は最後に至り甚《はなは》だ必要であつたのであるが実は全く不充分であつた所の防禦措置が慎重に為されたと云ふこと以外何物も劃策せられなかつたと云ふにあります。此点に関して証拠が提出せられるであります。其中で特に申上げるべきものは次のものであります。

ノモンハン事件の結果日本の関東軍司令官は更迭《こうてつ》されました。新軍司令官（梅津大将）は特に政府の方針及び軍当局の命令を忠実に且効果的に実行する能力、蘇聯邦との紛争を起さぬ様にする能力の故を以て特に選任されたのであります。証拠は此時から蘇聯攻撃の日まで之等の命令及び政策が満洲に於て最も周到に実行されたと云ふことを詳細に示すでありませう。

証拠は日本がソ聯に対して戦争をしなかつたと同様戦争乃至は侵略が問題の期間中に企図され劃策せられたことはなかつたことを明らかにするでありませう。検察側証人に依つて証言せられた作戦計画は戦争状態になつた場合の単なる理論的計画以外の何物でもなく、却《かえ》つてすべて防禦的なものであつたと云ふことが示されるでありませう。有名なる関特演――「関東軍特別演習」――については多くのことが口供書の中に述べられてありましたが、国際関係の緊迫せる時代に於ける大陸兵力の警戒的増強以外の何物でもなかつたのであります。朝鮮に於ける日本の兵力――量的及び質的の――は何時如何《いついか》なる時に於てもソ聯の接壌領域に於ける夫《そ》れよりも劣勢であつたと云ふことが明かにされるでありませう。蘇聯邦の巨大な軍費と其の急速な膨張とは日本が防備の為に適当な軍備をすることを決定したことに対する説明の助けとなりませう。日本の全兵力は例へば空軍基地の配置に於て明かなる如く防禦的に配置せられてゐました。そして太平洋戦争の進行を通じて之等の兵力は継続的に転出せられ弱体化せられさへされたのであります。

日ソ中立条約は日本が此種条約に蘇聯邦の同意を求めるべく長期に亙《わた》つて努力した後漸く一九四一年四月締結せられたものであり、其時以来両国関係の根本的要素となつたものであります。相次で起つた蘇独戦争や太平洋での日米英戦争にも拘らず本条約は日本、蘇聯邦両者間の情勢を律することを続けたのであります。

日本の要請に基き本条約の継続的遵守の再三の保証が蘇聯邦に依つて為されたるにも拘らず蘇聯邦は既に一九四二年の中頃より種々な方法で違反を行つて居たのであります。一九四五年蘇聯邦は条約を廃棄すると同時に一九四六年四月満期の期日まで忠実に遵守すると云ふ特別な保証を為しました（何れにしても条約の条項に依り斯くすべく拘束されて居りました）。其にも拘らず蘇聯は米国及び英国より要請せられたるといふ以外に何等の理由なく又何等の理由あるとも見せかけずに、恰《あたか》も日本では太平洋戦争の終結に付日本の為に蘇聯の調停を求めて居り又両国間に大した未解決事件もない時期に、突然一九四五年八月日本を攻撃したのであります。

一九四一年六月以降独逸の再三の要求があつたにも拘らず日本は一貫して対蘇聯戦争に入ることを拒絶したのであります。蘇聯の対日宣戦布告は、莫斯科《モスクワ》の日本大使に同大使の本件報告の電報は東京に発送されると云ふ保証の下に伝達されたのであります。電信は東京では遂に受取られませんでした。又東京の蘇大使は軍事行動が開始されてより数時間経つまで宣戦布告を伝達すべく努力しなかつたのであります。

防共協定に関する証拠はカニンガム弁護人により提出されます。

一一　高橋義次弁護人　冒頭陳述

「太平洋段階・総論」

○法廷での陳述　昭和二十二年八月四日、第二四二回公判。
　結果——全文朗読

　太平洋段階とは、言うまでもなく日本対米英両国の戦争を意味する。アメリカは第二次世界大戦について、日独伊三国という軍事同盟を以て結ばれた全体主義国家からの侵略的挑戦を受けて自由主義・民主主義の連合国が已むを得ず自衛のための応戦に起ち上ったもの、という「政治的」な解釈を構成し、公的に宣伝に努めてもいた。この解釈はドイツについては相当程度当てはまると言えよう。しかし日本の行動についてこの枠組を以て説明しようというのはどう見ても無理である。そこで検察側は近代日本の工業経済そのものが、侵略戦争に向けての長年の計画とその実現過程だったのだ、との糾弾《きゅうだん》の論理を構築しようとした。高橋弁護人の冒頭陳述は検察側のこの論理に対する反駁であり、日本経済の基本的条件が長期の戦争の遂行を可能にする様な積極的且つ強壮な体質のものであるどころか、殊に一九三一年頃から激化する列強の経済的圧迫を蒙ることによって開戦のはるか以前の段階で完全に窒息しそうになっていたほどの脆弱《ぜいじやく》なものであったことを力説している。この説明はやがて石橋湛山の宣誓供述書によって詳細且つ統計的実証的に裏づけられるはずであった。

これより太平洋戦争に関する冒頭陳述を行ひます。

裁判長並びに裁判官各位。

ただ今より一般弁護の最終段階に移ります。それは太平洋戦争に関連する事実に関するものであります。今後提出される証拠は日本及び其の代表者としての資格に於《おい》て行動せる被告等は侵略戦争を行つたのではなく事実は国家の存立を危くして自衛の闘争に捲《ま》き込まれたものなることを立証します。述べらるべき事柄の多くは、この戦争が予《あらかじ》め計画せられ永年に亙《わた》り準備せられたものであつたとなす検察側の起訴に向けられます。而してかかる主張を破摧《はさい》することによつて被告等の意思に反して戦争といふ結果に立到《たちいた》つたのであるといふことが立証されるでありませう。

便宜上、又それが論理的順序にも適《かな》ふので弁護側は提出される事項を各個の小部門に分ちました。各小部門の首《はじ》めにその内容を説明する簡潔な冒頭陳述が行はれます。

検察側は日本の工業化は侵略戦争の為に計画せられ且《かつ》之に指し向けられたものであると主張してゐます。之に対して吾々《われわれ》の証拠は日本の工業経済は必要が之を生んだのであり、民需に応じて発達したものであること、そして単に最後の手段として而《しか》も戦争に捲き込まれたことを意識した後にその必要な部分が戦争使用に転換されたに過ぎざる事実を明かにするでありませう。

日本の工業の発達を正しく理解する為には日本経済事情の背景を呈示して日本の生存上工業化が必要であつたことを明かにしなければなりません。年を重ねるに従ひ人口は増加し、国民を養ふ土地は不足して参りました。この貧困な経済を克服すべく種々の方策を講じたが、事態を緩和することは出来ませんでした。工業化は当然の帰結でした。然《しか》も資源乏しき島国日本にとつて原料を輸入して完成品を製造し之を輸出することが絶対に必要でありました。この為には必然的に外国貿易に依存し海外に於けるクレデイットの開設を必要としました。

更に亦《また》、一九三一年以降諸国の、高率関税、輸入制限法、割当制度、附加税、貿易ブロック等に依《よ》り日本の国際通商の自由は障害を蒙《こうむ》りました。かかる経済的圧迫は一月、一月と烈《はげ》しさの度を増しそれが頂点に達して一九四一年十二月八日の猛然たる反撥となつたのであります。世界に於ける他の諸国との間の日本の国際通商権に対するこの侵害は一九四一年七月に至つて苛酷の極に達し、東亜以外の諸地域に於ける日本の輸出入貿易は完全に封鎖されました。当時多くの日本人は、かかる封鎖の継続は経済的破滅を意味することを認めたのであります。

かうした経済的圧殺と併行して欧米諸国は着々対日軍事包囲策を推し進めてゐました。海軍再軍備を初めとして、続いて武器兵器の生産及び陸海軍要員の徴募を目的として人的資源の総動員を行ふなど米国は日本に対する戦争準備を熱狂的に行ひました。

ソ連の五箇年計画が不断に日本の頭上を脅かしてゐる一方、米国は日支紛争に干渉政策を採り、ただに資材、資金の面より対支全面的支援を惜しまざるのみならず、裏口から秘かに蔣介石政権に対し空軍の援助と軍事的助言を与へ積極的に中国の戦闘力を助長しました。増援軍は太平洋に集中され要塞《ようさい》は強化され又新規に構築されつつありました。戦略要点島嶼《とうしょ》周辺の海域には機雷が敷設《ふせつ》され、シンガポールは通常の防備の必要の限度を超えて要塞化されました。米国が単独で対日戦争計画を樹《た》てたのでなく、数年来英国、和蘭《オランダ》と協議して居り、その結果将来の戦闘行為に関する精緻な作戦計画が作成されました。日本側から見た当時の情況《じょうきょう》はかくの如きものであります。

かうした経済的軍事的脅威により大国として姿を消す危機に瀕《ひん》し、日本は之を免れんとして平和的手段により活路を見出すべく真剣な努力を重ねました。一九四一年初頭より、日本の三代の内閣は、ひき続き外交交渉を熱心に行ひました。日本は係争問題を平和的に解決すべく全力を尽し、交渉を促進する為には、二度迄《まで》政府を更迭《こうてつ》するの挙にすら出でたのであります。

外交折衝が長引き錯雑化して居る間に、事態は絶えず悪化して行きました。外交交渉を全面的決裂に導く殆ど確実といつてもいい程の要素があつて、その難関を平和的に解決することは結局は不可能だといふ事態に直面し、統帥部《とうすい》は、若《も》し戦争が不可避であるならば斯《かか》る戦争は連合国の対日経済戦が効果を生じ日本の資材が消耗し日本が防衛の実力を喪失せざる以前に機を逸せず之を開始すべきであると主張した。この目的の為に、政府としては、国民の熱望する目的の交渉による解決が可能か否かを決することが焦眉《しようび》の急《きゆう》でありました。政府は統帥部の要求の無理からぬことを認めたので、更に努力を重ねて一層の譲歩を提唱しました。

一九四一年七月、日本がヴイシー政府との共同防衛協定に依り南部仏印に派兵するや米、英、蘭は之に反撥して、日本の資産を凍結し、日米交渉を一時停止せしめました。かかる推移の中に日米関係の緊張は殆ど爆発点に達し、戦争の可能性が戦争の蓋然《がいぜん》性に変じたことが太平洋を挟む両国相互の間に感じられたのであります。かくて日本政府が外交の分野に於けるその義務を果しつつある一方、統帥部は外交交渉が全面的に崩壊するやも知れざる事態に鑑《かんが》み、軍事上慎重且適切な防衛措置を講ずべき責任を負つたのであります。練達有能の日本統帥部は、何時でも欧米列強に対する作戦計画を準備し得たにも拘らず、実際には、四囲の情勢よりして明かに戦争の危機が目睫《もくしよう》に迫つてゐる時ですら、何ら英米に対する戦争準備が行はれてゐなかつたことを立証致します。そして一九四一年九月六日に至る迄、この点に関して重要な措置が講ぜられなかつたのであります。

それ迄に外交は既に行詰まつてゐたので、日本政府は、猶《なお》平和的解決を希《ねが》ひつつも、戦争の万一に備へて、より的確な準備を為すの止むなきに至りました。そこで応急的作戦計画は立てられましたが、それでも一九四一年九月六日に至るも戦争を決意するに至らなかつたことを証拠が示して居ります。十月に入つて増大する外交上のヂレンマに当面して、如何なる方策を採るべきかに就いて指導者間の意見が対立した為、再び内閣は更迭しました。後継内閣は、如何にせば交渉妥結が可能なりやの見地より事態の再検討を企てこれを実行しました。その時既に国際関係は、日本政府の最善の意図と真摯《しんし》な努力、加ふるに最大の譲歩を以てしても、如何《いかん》ともし難い情勢に迄《まで》立ち到つて居りました。連絡会議では如何にすれば時局を匡《きょう》救《きゅう》し得るかについて、微に入り細《さい》を穿《うが》つて徹底的の研究が行はれ、それに基いて種々の案が試みられました。統帥部は中国より全部の兵を直《ただち》に引上ぐることには同意することは出来なかつたが、此の問題を解決する為に非常の犠牲が払はれ、政府は熱烈な努力の結果遂に米国に呈示すべき甲案乙案に対する統帥部の同意を得るに成功した。

米国の十一月二十六日の対日通告は最後通牒《つうちょう》として解せられ、日本の当面する問題に関する平和的解決への日本の希望に事実上止《とど》めを刺したものであつた。日本が米国の要求を受諾し得ないことは、日本の指導者達にとつて明瞭であつたばかりでなく、米国当局にとつても、その他の第三者にとつても同様に明瞭だつたのであります。米国及びその連合国は、日本がその条件を受諾することは、軍事的、工業的、商業的大国としての日本の消滅を意味するものであることを知つてゐました。

日本政府首脳者の胸中に猶《なお》残つて居つた平和への念願が、米国のこの強硬な指令に依つて消え去つたのであります。一九四一年十二月一日、あらゆる希望を失つて、日本は戦争を決意しましたが、それは米国の遥《はる》か以前より予知せる所でありました。その一週間後に起つた攻撃は、その当然の帰結が如何なるものであるかについての米国最高当局の意見の正しさを裏書きするものでありました。日本の対米最後通牒が、真珠湾その他の地点に対する攻撃後に手交されたことは、日本当局の意図し、もしくは計画せる所ではなくて此等被告の力の及ばざる華府《ワシントン》に於ける事情の結果であります。

弁護側は、焦点となつてゐる重要な問題について陸海軍がどの程度に干与したか、双方の実情を法廷に提供することに致しました。検察側は陸軍が一九三二年以降対米英戦争を究極目的とする侵略戦争の準備をしたと述べてゐますが、確実な証拠によつてこの主張の誤謬《ごびゅう》なる所以《ゆえん》を明かに致します。前述の如くかかる目的を以てする如何なる計画も準備も一九四一年九月六日以前には為されなかつたことが立証されます。

それ以前には、仮想敵国に対する年次作戦計画がありましたが、之は諸国間に見られる一般的慣習であります。この作戦計画は純然たる軍事的技術的性質のものでありました。加ふるに日本は中国で戦つてゐました。北方にあつては強大陸軍に脅かされ、周辺諸国は大陸海軍を建設してゐるなど、日本は八方から脅威されてゐました。日本は国民経済上石油及び生活物資の供給を絶対必要とせるに拘らず、それすら、之を求めて南進すれば、それは戦争を意味するぞと警告されたのであります。日本の軍部首脳者は国防保全といふ祖国に対する責任を全うしなければなりませんでした。外交交渉によつて平和的解決に到達せんとあらゆる手段を尽しつつも、それが失敗した場合、戦争の万一に備へるといふことは、責任ある地位にある者としては当然のことでありました。

当面の軍事上の必要に迫られて、陸軍は止むなく満洲、内地殊に現に戦争遂行中の中国の各部隊より兵員、資材を抽《ひ》き抜きました。検察側主張の如き目的を以てする準備も計画も陸軍になかつたことの極めて明かなこと、及枢軸国との作戦上の協同行為の存在せざることが立証されます。

日本海軍の組織並びに命令系統が十分説明され立証されるでありませう。

所謂《いわゆる》戦争の為の教育宣伝が行はれたとなす検察側の起訴を反駁《はんばく》すべく、海軍軍人の訓練教育に関する事項を闡明《せんめい》致します。ワシントン会議及びロンドン会議に関して、之迄《これまで》検察側は被告に関し相当証拠を挙げましたが、之に対しては、当時其提案を主張した日本の誠意と合理性とを力説するでありませう。

所謂委任統治諸島を日本が開戦前条約の規定に違反して要塞化したとなす検察側主張並びに証拠は、右地域の実情に就て証言する証人を出して徹底的に反駁します。

更に亦米英その他の諸国に対する対応の方針に関して、陸軍海軍及一般高官の間に思想の相違があつたことが明かにされます。陸海軍が結託して侵略戦争の共同謀議を行ふなど到底あり得ないことだといふことが明かになるでありませう。

海軍の戦争準備に就いて言へば、海軍当事者はその当然の権利を行使して、四面海に囲まれた国にふさはしい海軍防備を設定したのであつて、海軍を改良し近代化することは、世界列強が当時採つた行動と何ら矛盾するものでなかつたことを立証致します。真珠湾攻撃は長時間の準備の後に行はれたものに非ず、又侵略的傾向を示す如き予め計画された行動ではなかつた事が証明せられるであらう。寧《むし》ろ其の時期の必須に応じたものであり日本に対し軍事上大なる勢力の優越を有せる大国に対抗する日本の絶体絶命の思想を表示するものである。

海軍の行動に関して、日本が戦争若しくは、侵略戦争を実施する目的で独逸《ドイツ》と協力したとなす考へは、右期間中の東京駐在独逸首席海軍武官の証言によつて完全に払拭《ふつしょく》されるでありませう。

弁護側は、日本政府並びに統帥部首脳が寛仁を旨とする武士道に則《のつと》つて行動し、俘虜《ふりょ》及び一般住民に暴行を加へ、虐待するなどは思ひもよらぬことであつたことを立証する為の人証、書証を提出致します。政府も統帥部もかかる犯罪を決して許さず又黙認もしなかつたことを有力な証拠によつて確証します。俘虜の取扱に関し日本は一九〇七年の海牙《ヘーグ》条約、一九二九年の赤十字条約には拘束されます。一九二九年の寿府《ジュネーヴ》条約は之を批准《ひじゅん》せず、従つて之に拘束されませんが、それでも日本は其の権内の俘虜並に出来得る限り抑留中の民間人に対しては此の条約を準用（必要なる変更を以て適用）する意思ある旨を通知しました。更に亦如何なる場合にも俘虜、一般抑留者の安寧《あんねい》福祉を些《いささ》かなりとも害する如き規則が発せられたことはないといふ事実を、陸海軍の規則及び法廷証一九六五号の抜萃《ばっすい》によって立証致します。亦俘虜、一般抑留者が苦痛を蒙《こうむ》つた第一の原因は、無制限潜水艦（戦）及連合国の爆撃の結果たる補給、輸送の問題であり、然も苦痛を蒙つたのは彼等だけではなく、日本兵士一般抑留者も同様であつたことが立証されます。苦痛並に虐待は個別偶発の事件であり、俘虜、一般抑留者は日本軍兵士と同等の待遇を受けてゐたことが証人によつて明らかにされるでありませう。

被告の幾人かは開戦に反対し、唯《ただ》自衛上の最後の手段としてのみそれに賛成しました。正にそれと同じ様に、戦争中被告の或る者は、既に一九四三年五月に速《すみやか》に戦争を終熄《しゅうそく》せしむる為種々の手段を試みた。

一九四五年春、鈴木内閣が成立した時、政府は戦争を終結せしむるやう試むべしとの諒解《りょうかい》の下に閣僚の若干《じゃっかん》は入閣したのでした。七月以前、ソ連その他を通じて行ひたる企図も、その時は不成功に終りました。然しポツダム宣言の出現によつて戦争の継続に関し、政府高官の間に重大な紛議が持ち上りました。そして激烈な論争の後、結局宣言の条件に対する日本の解釈を基礎とし、ポツダム宣言受諾を決定するに至つたのであります。かくして日本は一九四五年八月十五日降伏を宣言し、降伏文書は九月二日調印されました。

依之《これによりて》観之《これをみれば》、此の一般段階に於ける証拠は、日本は何等の侵略戦争を準備し且《かつ》之を行ひたることなく、又何等現存の国際条約及協定を故意に侵犯したることなきこと、並に太平洋戦争開始のときに現存したる複雑なる国際関係は、平和維持の為に非常なる努力を為したるに拘らず不可避的に追込まれて戦争を決意したことを支持する十分なる事由と相当の根拠とを証するであありませう。

以上が証拠によつて確立さるべき事実であります。個人弁護の段階に於て提出する証拠によつて、被告各個人とこれら事実関係との関連、その結果各被告は如何なる行動を執つたか、又提唱したかが明瞭になるでありませう。ローガン氏がこれから、本段階の最初の小部門の証拠を提出致します。

一二　カニンガム弁護人　冒頭陳述
「太平洋段階第一部・三国同盟」

○法廷での陳述　昭和二十二年六月十二日、第二三六回公判。
　結果——全文朗読

御覧の通りに冒頭陳述としては比較的短い、簡単なものである。ソ連が、日独防共協定を以て日本の対ソ侵略意図の表れと強弁したのは実際笑止なことであったが、ソ連に対してはもとより（日本はドイツからの再三の対ソ開戦要求に遂に応じていない）その他の連合国に対しても、三国同盟は軍事面では何ほどの実際的効果も発揮しなかった。連合国側の緊密な協同とは反対に、日本はドイツ・イタリアの両国とは現実に別々の戦争を行っていたのだ、というカニンガム弁護人の指摘は当を得たものであり、実際その通りだったというべきであろう。

一九四〇年九月二十七日、日、独、伊間に三国同盟が締結されました。

検察側では、これが一九三八年及三九年に右の三ケ国間に試みられた所謂《いわゆる》「防共協定の強化」のための交渉の延長或は復活であり、この盟約はその本質において世界分割と所謂「新秩序」の建設をめざす侵略国の計画の最後的発展を包含してゐると主張しました。若《も》し許されるならば我々は、以下の事実を証明したいと思ひます。第一に日本政府は「防共協定強化」の交渉を完全に打切つた事。第二に、独ソ不可侵条約が一九三九年八月二十三日締結され、これが日本において大きな衝撃となり、ために平沼内閣が倒れた事実であります。その結果日独関係は完全に打切られたのであり、ドイツのこの背信に対する日本政府及び軍部の非常な憤激《ふんげき》と焦慮《しょうりょ》がこの関係破裂の原因でありました。日本と独伊二ケ国との関係には検察側の主張されるやうな連関性はありません。これは決定的に証明されるでありませう。

右の事実は平沼内閣に次いだ阿部、米内内閣が外交方策の根本目標を日米関係の向上においた事実を示す書類を提出することにより確証されるでありませう。彼らはこの目的達成のため全力を尽したのであり、日独関係はその間非常に冷淡でありました。合衆国はこの日本の努力に報いず、日本に対する合衆国その他諸国の経済的圧迫は日米通商条約の期限満了と共に強化されました。

欧州に於ける一九四〇年五月のドイツの勝利は日本をしてドイツが東亜におけるフランス及びオランダの継承者の地位に出るのではないかといふ怖れを抱かせました。当時の日独関係の冷淡さはこれら極東問題に関して両国の協力を不可能ならしめました。検察側では蘭《オランダ》領東印度《インド》及び仏《フランス》領印度支那《インドシナ》の問題に関する日独交渉の証拠、特にリッベントロップ・佐藤会談の記録を提出し両国間に協力の存在したことを主張されます。

併《しか》し右の事実は反対に日独間の無協力を示すことが証明されませう。又三国条約締結の交渉は一九四〇年九月に近衛内閣の下に始められたのであり、検察側の主張せられる如く同年七月ではなかつた事も明かにされるでありませう。

検察側は、三国同盟の目的が、所謂「新秩序」の建設、即ち世界から民主主義を消滅せしめ、侵略国による世界諸国の征服にあつたと主張されました。

この罪状の反証として、次の事実が証明されるでありませう。即ち日本政府は、三国同盟を、世界平和維持のため、自衛的、平和的目的を以つて締結したといふ事実であります。日本の終局の目的は、世界各国、殊《こと》にアメリカ合衆国と、平等及び相互的尊敬の基礎の上に立つ友好関係を促進することでありました。日本は、この目的達成の第一歩として、当時日本が直面してゐた国際的孤立から脱出して、その外交的位置の退化を防ぐことが必要であると考へました。日本がアングロ・サキソン系諸国に対する接近政策に失敗し、アメリカの圧力増大の結果、完全な国際的孤立に陥る危険をみてとり、日本は、終局の目的、即ち日米国交の調節は、先《ま》づ第一に日本の国際的位置を改善する事なくしては、不可能であるといふ結論に達せざるを得なかつたのであります。

多少の危険は覚悟の上で、他の国家と連合してこの目的は達しなければなりません。而して当時の国際情勢では、ドイツとイタリーのみが同盟国として利用し得る国家でありました。日本政府が、侵略的目的を有せず、又、三国同盟の結果として欧洲戦争に引き込まれぬやう出来るだけの用心をした事実は、その交渉に対する政府の記録によつて証明せられるでありませうし、又、これが今、我々の証明せんとする目的の一部であります。

「新秩序」といふ用語の解釈に関しては、その語が、世界平和確立計画の一部として、一区域的組織の実現を意味してゐたことが、証拠により示されるでありませう。それは侵略的な性質のものではなく、又現存の諸条約と義務とに違反するものでもありませんでした。日本及びドイツの指導者が世界制覇《せいは》又は世界分割をたくらんでゐたといふ主張の事実無根であることを証明する証拠が提出されるでありませう。三国同盟条約中に含まれた互助の契約は自動的に効力を発するとする検察側の提訴に対しては、さうでなかつたことが証明されるでありませう。

三国同盟締結から太平洋戦争開始に至るまでの間の、日独伊の国際関係に関しては、弁護側は、次の事実を指摘して、相互援助の事実のなかつたことを証明するでありませう。

即ち、

(一) ドイツは日本に、ドイツの対英戦争に参加することを望みました。

(二) ドイツは、独露戦争が開始され、ドイツ軍がモスコーに迫つてゐた時、日本がロシアを攻撃することを望みました。

㈢　ドイツは日米戦争を欲しなかつた。日本は単独に合衆国を攻撃したのであります。シンガポール問題に関して検察側の提出された証拠の大部分は、ドイツ政府の文書でありまして、これは、この性質上、偏見的たるをまぬがれず、単に、当時のドイツ政府の意図或は自己流の解釈を示すものであり、本法廷の現今の裁定と検察側の異議に照して、これは全然無視すべきものであります。

弁護側は、日本が、ドイツからの対英戦争参加の要求を外交的手段により常に拒否した事実を示す証拠を提出するでありませう。このドイツの要求は、三国同盟締結の際のドイツの確約に反するものでありました。

検察側によつて提出された、ドイツ外務省保管にかゝはる諸会談の記録は正式な政府の記録に非《あら》ず、然《しか》らずば正確性を欠いてゐるといふ事実、又一九四一年三、四月に松岡外務大臣がベルリンを訪問した時、ドイツの指導者は彼に真実を語らなかつたといふ事実も、明かに証明されるでありませう。

蘇《ソ》聯邦に対しては日本は三国同盟の条文及精神を遵守《じゅんしゅ》し之と友好関係維持に努力したのであります。

日本は対蘇戦参加といふ独逸《ドイツ》再三の要求を断乎退けました。日本が日本の反対にも拘らず起された独逸の対蘇攻撃を独逸の背信行為と看做《みな》し、更にかかる独逸の行為の結果三国協定の基礎自体が、無に帰せるものと看做せる事を立証する証拠を提出せんとするものであります。

検察側は、日独協調の例証として、日本の仏印及泰国進駐を指摘して居りますが、此の問題解決に当り、日本が仏本国政府に対する独逸の圧迫を利用しなかつた事が立証されるでありませう。

一九四一年（昭和十六年）四月、日本が米国と非公式会談を開始した時日独関係は従来以上の難局に遭遇したのであります。

独逸《ドイツ》は日本の意図に疑念を抱き、会議の真の内容の報告と同会議参加許容を要求したのでありますが日本は応諾しなかつたのであります。此の点に就いても亦、証拠が提出されませう。

日本をして対米戦争を決心せしめた事情は本段階の別の審議区分に於て徹底的に究明されるでありませう。

日本の開戦決定が独伊との協議は謂ふに及ばず何等の外部的影響とは無関係に、自衛を考慮した結果であり、又、日本がその軍事作戦実施に当りて此等両国から何等の援助も期待しなかつた事が立証されるでありませう。逆に日本は開戦決定を厳重秘匿《ひとく》し、真珠湾攻撃は独逸にとつて完全なる驚愕《きようがく》であつた事実に就ても証拠が提出されるでありませう。他方また独逸の対米宣戦が三国同盟に関連せざる事、又独逸自身、一九四一年（昭和十六年）九月のルーズヴエルト大統領の「無制限攻撃」令以来、事実上米国と交戦状態にあると考へて居た事を立証するでありませう。

戦争中、日独伊関係が緊密でなく、軍事協定を実際上無価値ならしめ、且政治経済軍事面に於ての聯合国側の緊密な協同とは全く反対に、日本及び此等両国が実際は別々の戦争を行つたといふ事実を、単に日本及独逸からのみならず聯合国からも有力な証拠を得て、提出するでありませう。

本法廷に於かれては、日独の対伊関係の結果が此の証拠提出に於て、無視されてゐる事実を認めらるべきであります。伊太利《イタリア》が無能且《か》つ無益の同盟国であり、何《いず》れの場合に於ける伊太利の援助も、いかに贔屓目《ひいきめ》に評価しても価値はゼロであるといふ事は、歴史によつて既に明らかであります。一九四三年（昭和十八年）に伊太利が降服し、一九四五年（昭和二十年）に独逸が降服し、更に遅れて、日本が降服した事実は、検察側がその証拠中に幾度となく言及した非個別媾和条約について、之が弁護をも釈明をも不要とするものであります。

私は法廷の許可によりまして以上の簡単な陳述を裏書きする、書類及び証人を提出するものであります。

一三　ローガン弁護人　冒頭陳述
「太平洋段階第二部・日本に対する聯合国の圧迫」

○法廷での陳述　昭和二十二年八月四日、第二四二回公判。
　結果——全文朗読

検察側立証作業への対応、即ち歴史的順序からいうと、ローガン弁護人の陳述は、カニンガム弁護人の「三国同盟」関連の次に来るはずだったが（本書での配列の通り）、陳述の内容が高橋弁護人の総論に直接続く、もしくはそれを敷衍《ふえん》する内容のものだったから、高橋弁護人のあとに続けて、同じ日に朗読された。満洲事変を導き出す柳条湖《りゅうじょうこ》事件が、動乱の十年の発端ではなくて、それに先立つ満洲の無秩序状態の帰結だった、との説得的な説明がワーレン弁護人からなされたのと同工で、真珠湾攻撃は日米戦争の導火線への着火にあらずして、日本に対する列強の経済的圧迫が、ついに発火するまでに圧力が高まったことの結果だったのだ、との立論が特徴的である。ここには又、近年その研究の邦訳が出版されたことで有名になった「オレンヂ・プラン」への言及がある。アメリカによる対日作戦計画には戦争の発火点に於いて既に半世紀に近い周到な検討の歴史を有していた。それに対して日本が対米戦を真剣に考え始めたのはたかだか昭和十五年、開戦の一年前くらいの時点である。どちらが挑発者であり戦争への意志を初めに抱いたものであるか、よく見れば一目瞭然である。こうした事実を、ローガン弁護人は個々の具体的項目の立証と等しいほどの実証的統計的数字を挙げながら陳述してゆく。この論旨も亦、石橋湛山《いしばしたんざん》の宣誓供述書がもし法廷証として採用されていたならば、そこに十分の裏付けを見出したであろう様な、入念にして実証的な姿勢のはっきりした冒頭陳述であった。

我々は法廷に対し、次の如き供述を致し、これにより日本に対する聯合国側の圧迫に関する日本側の見解についての証拠を爾後《じご》我々が提出します時、之を法廷御一統が充分に御了解下さいます事を希望いたします。我々の第一の目的は、次の事実を証明することであります。即ち、先《ま》づ欧米諸国は、日本の権利を完全に無視して無謀な経済的立法を行ふ事、又、真珠湾に先立つ数年間、右の諸国は、故意に、計画的に、而《しか》して共謀的に、日本に対して経済的軍事的圧力を加へ、しかも、その結果が戦争となることは充分に承知であり、さう言明しながら、彼等が右の行動をとつたといふ事実であります。又肯定的弁護として次の事実が証明されるでありませう。即ち、情勢はいよ〳〵切迫し、益々《ますます》耐へ難くなつたので遂に日本は、

欧米諸国の思ふ壺にはまり、日本から先づ手を出すやうにと彼等が予期し、希望した通り、自己の生存そのもののために、戦争の決意をせざるを得なくなつたのであるといふ事実であります。

その結果から見て、斯《か》くの如き希望が果して正しかつたか否かといふことは、将来の歴史のみが大局的に判定するでありませう。今此処《ここ》で我々が問題とするのは、日本を遮二無二《しゃにむに》戦争に駆りたてるために用ひられた手段であります。

日本に対する圧迫の結果を公正に了解するには、先づ太平洋戦争開始に先立つ幾年かの間の日本国内の経済情勢を了解する必要があります。右の情勢が分りますれば、日本が統制経済に赴いた理由が明かになります。それで我々は右の情勢を描写しました後、欧米諸国の圧迫が日本の経済を半身不随にし、遂に軍部の乗ずる所とならしめた証拠を提出しませう。

御承知の如く、この主題は非常に範囲が広く又、ある特殊の問題をめぐる種々の形態を取扱つて居ります。弁護団は、最良の証拠を得るために万全の努力をつくし、又この主題に関する事実とその尨大《ぼうだい》性を法廷が公正に了解せらるゝことに鑑《かんが》み、我々の提出する証拠の量を最小限度に縮小することに大に努力しました。右の証拠の中には、合衆国関税調査委員会及び国務省の専門家の研究が含まれて居り、これらの研究は統計に基く客観的事実の供述でありますから弁護団は之に大なる信頼をかけて居ります。日本側の資料に基く証拠は、専門家の証言と専門的経済研究に拠《よ》るものでありまして、弁護団は、之を完全に信頼出来又説得力のあることとなりと主張します。合衆国議会共同委員会の真珠湾調査報告から抜粋した絶対に信頼すべき記録も提供されるでありませう。

我々の提出せんとする証拠は、次の事実を指摘するものであります。日本は大体カリフォルニア州位《くらい》の面積があり、その大部分は峨々《がが》たる山岳に覆はれ、耕作地は全土の十六パーセントを超えず、しかも耕作地の多くが、十五度或はそれ以上の傾斜を持つてゐるので農業は非常な困難を伴つて居ります。日本政府は、年々の著しい人口増加に対して、日本国土内の耕作地がその人口を支へて行くに不充分であるといふことを夙《つと》に覚《さと》りました。日本内地の人口は一八八四年に三千七百六十八万九千であつたものが一九四〇年には七千三百十一万四千に増加しました。過去十年間に於ては、毎年八十万から百万の割合で増加してゐたのであります。耕作地のみを対象とした時、人口の密度は日本が世界第一であります。

日本の政府は、この人口問題の解決を試み、先づ第一に、耕作面積の拡大による食糧の増産を行ひ、或る程度までこの方面で成功しました。第二の方法は朝鮮や台湾に於ける拓殖《たくしょく》の奨励であり、これも或る程度成功しました。第三の方法は事態改良のための海外移民の奨励でありましたが、之は失敗しました。その主な原因の一つは、欧米諸国が之に対して築いた牆壁《しょうへき》でありました。日本が採つた最後の手段は国内の工業化と海外貿易でありました。日本の工業化に関聯して、日本特有の工業と、西洋諸国から伝へられた種類の商品を製造する工業とを我々は証明するでありませう。

日本の工業化は徐々に進展したのであります。それは軍国主義を目的としたのでもなく、また軍国主義に転換出来るやう準備されたのでもありません。日本が島国であり、平常の経済を維持するのに必要な礦物《こうぶつ》その他の原料の殆んど何物をも自ら持たないが故に、これらの原料を世界の諸処から輸入し、更にこれを製品として輸出しなければならなかつたのであります。これらの重要な輸入品の支払ひに必要な外国為替を得るために日本は輸出をしなければなりませんでした。其の輸出貿易の情況如何《いかん》が日本の輸入能力の大部分を事実上決定したのであります。

斯《か》く日本産業の発展能力は自動的に外国為替相場事情のために制限されたのでありますが、この為替相場事情は少くとも一九二五年（大正十四年）から一九四〇年（昭和十五年）に至る間絶えず深刻なものでありました。日本は綿を持たず、羊毛も殆んどなく、又冶金用石炭を有せず、牧牛及び牛皮は無に等しく、護謨《ゴム》はなく、含有鉄量の充分な鉄鉱を有せず、銅も不充分、錫《すず》、亜鉛及びアルミニユーム製造の主要原料たるボーキサイトに事欠き、食糧生産不充分にして、且又木材及び建築用材の欠乏甚だしき等、これを普通の国民的経済及び生活維持の見地からするも、又他方、幾らかの自衛能力を維持するの見地からするも、多くの点に於て日本は、経済的に他から圧力を受け易い状態にありました。

此所《ここ》に我々が提出せんとする研究資料は一九二八年（昭和三年）より一九三九年（昭和十四年）に至る間の日本の生産、輸入、輸出及び重要産業の消費を指示するのでありますが、或る場合は比較参照のために一九四五年（昭和二十年）迄《まで》の資料が附加されて居ります。この研究は各種産業を含んでゐますが、就中《なかんずく》鉄鋼、石油、綿、羊毛、護謨、牛皮、冶金用石炭、鉄鉱、屑鉄、銅、亜鉛、セメント、食糧、材木、電気器具、戦車、航空機、トラック、自転車、造船業、海運業の如く国民経済及び自衛能力に直接関係ある産業を取扱つてゐます。真珠湾攻撃の際に日本が有してゐた産業能力は中位の自衛力の維持に辛《かろう》じて間に合ふ程度のものであり、又其の日暮しではあるが進歩的な生活を少くも過去二十ケ年間に亙《わた》つて事実上営んで来た貧困な国民経済の必要とする物資を、辛《かろう》じて調《ととの》へ得るに過ぎなかつたのであります。

我々は数字を以て次の事実を証明しませう。即ち、一九二八年（昭和三年）より一九四五年（昭和二十年）に至る迄の鉄鋼生産額、陸海軍に対する各年の割当量、一九四一年（昭和十六年）十二月七日における手持の鉄鉱概算量及び鉄鉱含有鉄量、一九三二年（昭和七年）日本は、一人当り鉄鋼消費量に於て、主要国家中最低であつたこと、一九三一年（昭和六年）より一九四一年（昭和十六年）に至る迄の期間中、日本の鉄鋼生産額は、アメリカは勿論《もち》論《ろん》、ソ連、ドイツ、フランス、英国等の諸国の生産高に比して情けない程不充分であつたことを証明しませう。太平洋戦争開始の時、日本の鉄鋼年産額は、アメリカ一国の一ケ月の鉄鋼産額よりも少かつたのであります。一九四一年十二月七日以前は日本は常にアメリカ、蘭印、及びビルマから全面的に石油の供給を仰いで居りました。又、統計と事実とに依り、我々は次の事を証明しませう。即ち日本に於ける造船工業の実際の状態、廃船及び建造計画、世界の他の主要国家で行つてゐる補助金制度を日本も行つた理由、不況時代中造船所及其他の諸工業に於ける失業の状態、日本が決して船舶を過剰に所有してはゐなかつたといふ事実、並に商船は何《いず》れかの国家に対する戦争目的の為に計画若《も》しくは建造されたのではなかつたといふ事実、商船及び漁船の総トン数は日本が島国でありその住民は主として海岸近くに居住し且《か》つ海産物を食糧としてゐる事実に鑑《かんが》みて、決して過剰でなかつた事、日本の貨車及び附随車の総生産高は世界の他の主要国家のそれに比して全く微々たるものであつたこと、一九四一年以前の日本戦車生産高は問ふに足らず、日本の全機甲《きこう》兵団はアメリカの一機甲兵団の有する五分の一のタンク及び自動車しか有たず、又ドイツの一機甲兵団に比してはその三分の一の自動車及タンクを有してゐたに過ぎないといふ事等を事実と数字を揚《あ》げて示しませう。日本に於いては一九三五年に航空機及びアルミニユーム工業がやつと始まりました。日本は一九三七年に至るまで自国の設計に係る航空機を十分に生産する事が出来ませんでした。而して一九四一年十二月七日に至るまでこの生産は誠に貧弱なものでありました。

一九四一年以前の二十年間は、日本が生産し又輸出し得たものは、事実次の諸品目だけでありました。即ち綿織物、生糸、ゴム製品、海産物缶詰、玩具、陶器、鉛筆、マツチ、電球、寒天、其他二三の物品であります。然しながら一九三二年から一九四〇年にかけて、日本は、機械類器具類等を相当大量に輸出しました。而して之等の物品は若し大規模の戦争計画があつたのであるとすれば日本の不安定な経済状態にあつては普通ならば堆蔵《たいぞう》せられるはずのものでありました。

全世界に亙る不況は日本の生糸其他の輸出市場に大なる損害を来しました。一九三〇年以後漸次《ぜんじ》盛になつた各国の経済的孤立主義は、輸出産業に必要なる原料を獲得する為に日本の輸出入貿易を闘争の渦中に投じた原因の一つであります。

此の貿易は近代国家としての日本の存在にとり必要不可欠のものであり、実に日本国民生活の支柱でありました。一九三一年（昭和六年）といふ日本に於ける徹底的不況の年に続いて、一九三二年（昭和七年）の後半に、日本は不況から立直りを見せ始めました。

殆ど全世界が尚ほ不況下にあつた時、日本は、或る種の商品を、その価格の低廉《ていれん》によつて、従来及新規獲得の輸出市場に提供する事が出来ました。日本が他より低廉な価格で販売し得たといふ事実は、一つには、労働賃銀の低廉に基いて居るのでありますが、此の労働賃銀も東洋諸国の標準から云へば低廉ではありません。また一つには、円価の低落に基くものでありまして、円価安定のための政府の懸命の努力にも拘らず円価の下落は如何とも出来なかつたのであります。

我々は少からざる量に上る証拠により、一九四一年（昭和十六年）以前に於ける数年間に日本の政府がその責任を拡大せる事を指摘するでありませう。特殊の事業に対する政府の取締規則は、他の諸外国の政府にも同種の行動があり、当時の緊急経済の見地から取られた必要妥当の手段である事が明示されるでありませう。此等諸法律は議会を通過したものであります。一九三七年（昭和十二年）七月七日以前に採られた取締措置は戦争準備とは何等直接の関係はありません。支那事変が勃発《ぼっぱつ》した一九三七年（昭和十二年）七月七日以降に取られた措置は緊急事情に応ぜんが為の必要妥当の措置でありました。

検事側の証言によりますと、此等諸法律は侵略戦争及世界制覇の準備及び遂行のため制定せられたものと推論されますが、之を反駁《はんばく》する為、此等諸法律の目的を、法案が議会に提出された当時の責任ある政府官吏の言明により証明しませう。当時此等法案の目的が、同法発案者が言明せる以外にあつたと考へるべき理由は少しもありません。此等諸法律の幾つかは、支那事変終結の一箇年後に到る期間にのみ有効であつたのであります。太平洋戦争中に於てすら、日本産業に関する法令は、米国英国に於て、公布施行されたるもの程厳重或は広汎ではありませんでした。

日本経済は一九四五年（昭和二十年）の降伏に到る迄、如何なる全体主義的概念より見るも「統制」経済ではなかつたのであります。

一九三〇年のホーレイ・スムート関税法案並《ならび》に一九三二年のオタワ会議に始まり、日本は直接に西方諸強の制定実施せる法律の影響を蒙《こう》むることとなりました。日本政府の実施した取締規制中の或るものは諸外国の圧迫に対応して制定されたものであります。一例を挙げますと、綿織物、レーヨン、鮪《まぐろ》缶詰、鉛筆、電球、其の他に関しまして、日本は諸外国に於きまして、禁止的関税の規制を受けましたので、自発的に、量質具《とも》に割当制の実施と云ふ犠牲を払ふ事に依りまして、僅《わず》かに斯かる措置を緩和し得たのであります。此の結果は日本の輸出産業を割当制の基礎の上に置き、且亦公平なる輸出品割当制を生産者間に実施する為、政府の仲介が必要となつて来た訳であります。一九四一年前少くとも二十年間と云ふもの、日本は其の人口に比例し、世界最多数の中小独立企業者を有して居りました。

従つて必然的に如何なる時期に於きましても、日本経済を全体主義的な線に沿うて展開せしめることは不可能であります。政府は戦争の有効なる遂行の為、原料、生産及労働の調整に努めたのでありますが、其の際にも、太平洋戦争のさ中に於きましてすら、如何に多くの克服し難き問題に直面致しましたかを我々は立証するつもりであります。日本経済は一九三七年の支那事変に対しまして十分なる用意も準備もなく、且《かつ》同年より一九四一年中期に亙ります間に於きましても、太平洋で戦ふ経済的準備、乃至《ないし》は世界若《も》しくは其の極《ごく》一部分の制覇《せいは》を企図せることを示すやうな其の他の経済的準備をも何等有しなかつたのであります。

一九三二年より一九三七年に至る間の統計が、日本の殆どあらゆる産業の生産増加を示してゐることは事実であります。

此の事実は、戦力に直接関係ある産業の或るものに就きましても、亦戦争目的に転換可能の或種産業に関しましても、又戦力に直接関係無き諸産業に就きましても同様に云へることであります。然しながら吾々と致しましては、書証及び証人の証言等によりまして、斯かる増産が主として日本の民需経済に注ぎ込まれ、以《もっ》て世界の主要国家の多くに比し通常の水準以下の生活を長年営んで参りました日本国民の生活及び経済状況を改善致しましたものでありますことを立証致します。斯かる増産が戦力培養の為に予《あらかじ》め計画立案されたものであると主張するが如きは、全く真実を弄《もてあそ》ぶものであります。

日本は他の世界各国と同様に現状のまま又は空虚の中に生きることを望まなかつたのであります。他の進歩的な国々と同様に、日本の政府の首脳者も常に国民の生活水準の向上に努めて来ましたが、そのために採られた方策の一つが外国貿易と日本の工業化に依るものでありました。一九四一（昭和十六）年に至る二十年間に国民の生活水準及び民間消費の増加に於て日本がなしとげましたやうな進歩は極めてつつましやかなものでありまして、一九三八（昭和十三）年以前に所謂戦力確保のために民間消費が切詰められましたことは一度もなかつたのであります。一九三八（昭和十三）年から一九四一（昭和十六）年の中頃迄の間は、国際信用の状勢や、支那事変遂行に不可欠の物資を輸入するために不急不用の輸入品を削減する必要から、やむを得ず政府が限られた場合に干渉した以外は、平時の民間消費に政府が容《よう》喙《かい》することは殆どなかつたのであります。

一九一一（明治四十四）年以来日米両国間に結ばれて来ました通商航海条約は一九三九（昭和十四）年米国側の廃棄するところとなり、一九四〇（昭和十五）年一月を以て失効することとなりました。対日物資輸出禁止は米国の政策の一つとして採用されました。月を経る毎《ごと》に益々《ますます》多くの品目が此のリストに附加されました。かかる差別待遇に対して日本側からは厳重な抗議がなされました。米国軍部と国務省官辺とは日本に対する措置について屢々《しばしば》意見を異にしながらも協力して事に当りました。一九四一（昭和十六）年七月二十六日の最後的対日経済制裁を米国大統領が真剣に検討してゐた時、彼はかかる措置の当否について軍部首脳の意見を求めました。之に対する軍部の答申は断然「対日貿易は此際禁止すべからず、若し禁輸を行へば、恐らく極めて近い将来に於て日本はマレー及び蘭領《らんりよう》東印度諸島を攻撃するに至り、而して恐らく米国を近い将来に太平洋戦争の渦中に投ずることとなるであらうから」といふのでありました。「現実主義的権威筋が殆ど挙《こぞ》つて」、日本に対し「徹底的経済制裁を加へる」ことは「重大なる戦争の危険を意味」することを主張したのみならず、忌憚《きたん》なき日本側の米国国務省官辺に対する批判も亦《また》、斯《かか》る行動は「日本をして早晩護謨《ゴム》其の他の物資確保の為め馬来《マレー》半島及び蘭印に南下する以外に途なき」状態に立ち至らしめるであらうと言ふのでありました。斯る日本の反応は、大統領の、米国は飽《あ》く迄《まで》英国を援助するであらうといふ明白な声明と共に、戦争の実際的発端は果して真珠湾攻撃にありや否やの疑問に対し明確なる返答を与へて居るのであります。一九四一年（昭和十六年）七月二十六日遂に凍結令が発せられるや英帝国及び蘭領印度も亦時を逸せず之に倣《なら》ひました。彼等は条約上の義務に反して即時同様の手段を採つたのであります。此等の凍結令は直《ただ》ちに日本に対し恐るべき衝撃を与へました。斯る状態が或る程度迄継続するならば日本の経済は不具状態に陥ることは明かでありました。斯る「輸出禁止」及び凍結令は日本の全経済を麻痺《まひ》せしめうる能力を持つてゐたのであります。此等の手段は生産能力及び原料の徹底的な消耗により日本が支那に於て屈伏してしまはねばならない様に目論《もくろ》まれたものであります。日本に致命的打撃を与へる主要物資の一は石油であります。之無くしては日本の国内経済も、総ての国家的安全性も圧殺されるのでありました。かつて日本が蘭印から充分の石油を得ようとした平和的企図は失敗しました。日本から観れば此等の輸出禁止や凍結令は日本の生存権を拒否するに等しいものでありました。

ロシアの五ケ年計劃成功の報道は日本にもう一つの脅威を与へました。然し日本経済の国際的孤立を語るだけでは未だ状勢の説明には不充分であります。まだ語らなければならぬものがあります。即ちこれと同時に列強の軍事当局も所謂「オレンヂ」に対し戦争を目論んでゐたのであります。「オレンヂ」とは日本を指す彼等の常套語でありました。

対日作戦計劃は何れも時と情勢の推移により変化する二種の哲学を反映してゐたといふことが出来ませう。第一種の作戦計劃は、列強の軍事当局者が斯かる計劃の実現は尚前途著しく遼遠《りようえん》と思ひながらも彼等の職務の機械的遂行の為めに行つたものであります。

第二種の計劃は、第一種よりも後期に属するもので日本との武力衝突の蓋然《がいぜん》性の大なるを認め、斯る情況に対応すべき戦略的手段を述べて居ります。云ひかへれば最初の作戦計劃は「若し戦争が起れば」を立論の基礎としたのに対し、第二の計劃は右の条件的態度から「戦争になれば」と言ふ態度に変つてゐます。即ち起訴状の言なる「日本は戦争準備の歩を熱心に進めた」の語は唯に日本の行動に該《あた》るのみならず、聯合軍側の其れにも該るものであることが指摘されるでありませう。

已《すで》に早くも一九三八年後半、合衆国及び英国海軍の巨頭はロンドンに於て秘密会談を催し、日本に対し太平洋に於いて相互に協力し作戦すべきことを討議し立案して居りました。これらの計画は一九四一年初頭にワシントンで開催された秘密会談に於て討議され、更に具体的なものとされたのであります。尚ほ一九四一年四月開かれた、米、英、オランダ会談で、英国は「日本国内及び日本占領域内において破壊運動、サボタアヂユ及び買収」を組織しつゝあり、合衆国に同様の行動を取り「英国の行動と連絡する」やう勧め、同時に聯合国から兵器装備並びに指揮を受けてゐる中国ゲリラ部隊を英国が現に操つてゐるが、合衆国もこれに倣つてはどうかとも勧めて居るのであります。

対日戦争計画の作成に加へて、米国太平洋艦隊は米国国務省の主張に基き、米国の要求に日本を屈従せしめんとする理由のみを以て一九四〇年カリフオルニヤからハワイに移動した事実も我々は証明するでありませう。

此の時期に於て既に日米関係甚《はなは》だ尖鋭となつて居つたため、米国艦隊司令〔長〕官は、敵に対し果して現実の戦闘を開くべく命令されたものなるか否かについて判断に迷つたといふ事実も示されるのであります。

尚我々の引用せんとする証拠は日支紛擾《ふんじょう》に対する米国の介入は未だ如何なる非交戦国間に

もみられなかつた程度のものであつた事実をも明かにするでありませう。中国に対する全面的援助はアメリカの大胆な政策となり、それが文字通り日本をして益々多くの血を中国の土に流さしめる結果を齎《もた》らしたのであります。中国に対する援助は次の如きものであります。

弁済の期待が殆んど無きに拘らず即時借款を提供したこと、米国飛行士が米国機によつて中国のために対日空中戦に従事する事実を巧妙に官辺が黙認し暗に奨励したこと、或は蔣介石に対する経済、軍事顧問の派遣、戦争資材、食料の提供等でありました。

此の期間米国は決して太平洋上に於ても眠つて居つたのではありませぬ。増援軍は絶えずフイリツピンに送られて居りました。比島周辺海面への機雷の敷設、シンガポールの要塞化、遠距離基地の急速なる改良等が着々進行して居りました。

右が万事決定した一九四一年十二月七日以前に於ける極東事情の描写であります。多数の導火線を持つ火薬樽は誰の目にも明かに認められました。最初の導火線に誰が点火したかが重要なのであります。どの導火線が最初の爆発を惹起《じやつき》したかは問ふ所でありません。

一四　ブレイクニ弁護人　冒頭陳述
「太平洋段階第三部・日米交渉」

○法廷での陳述　昭和二十二年八月十三日、第二四九回公判。
結果――全文朗読

この陳述は「外交部門」と題されているところから直ちにわかる様に所謂日米交渉の経緯を論じ、その破綻の責任は日本側にではなく米国の非妥協的態度というよりむしろ既定の開戦路線への固執に帰せられるべきものなることを論じている。注目を惹く点が二つある。その一はこの陳述が、当時の日本の政治組織が政府と統帥部との間で分裂、もしくは分権の傾向があったことを指摘している点であり、その二は昭和十六年七月二十一日の日本軍南部仏印進駐の決定が米・英・蘭による日本の資産凍結並に経済断交を結果した、日本側の大なる失態だったとの一般に有力だった検察側見解に対し、如上の経済的制裁は日本軍の南部仏印進駐以前に既に決定されていた、予定の施策の実施にすぎなかった、と指摘したことである。

前者の所謂「統帥権の独立」の問題は確かにロンドン軍縮会議を機に俄かに浮上し、昭和前期の日本の国政を跛行せしめることにもなった、非常な問題点だった。この冒頭陳述は、日米開戦が罪になるかどうかは姑《しばら》く別として、交渉の難航と開戦決定の責任の所在について、欧米側には極めて理解し難いものである政府と統帥部との関係の日本的特殊性を客観的に解明することの必要を説いている。妥当な、的確な指摘である。

後者の南部仏印進駐と経済断交との因果関係は、一般に現在でも表面上の先後関係だけを見て、当時の軍の強硬措置を指して、挑戦的であり決定的な失敗だったと糾弾する史家が多い。この措置が開戦への階梯を更に一歩先に登らしめるものであったことは確かであるが、これが即ち米国側の急激な態度硬化を招いたと見るのは正しくないのであって、在米資産凍結と対日経済断交は米国の既定の路線であったことをブレイクニは指摘する。この既定路線を立証するために用意したと弁護人が述べているその証拠資料は、これより五日前の八月八日第二四六回公判で一旦却下された文書であり、この日が再提出であったが、当日のブレイクニ弁護人の論理的主張が裁判長の承認を得るに至り、法廷証として受理された。同じ指摘はローガン弁護人の最終弁論第九六項（本書五三〇頁）にもみえている。ところが法廷でのこの経緯は何故か史家の視野から洩れており、検察側の見解のみが表に出て独り歩きを続けた。そして結果として現行の通説が定立することになり、米国の経済制裁の早い時期の決定を示す証拠は本書原本の資料集が公刊されるまでは結局史家の検証

――を受けることのないままであった。

太平洋問題外交部門冒頭陳述

法廷は宿命の一九四一年に先立つ十年間の日本の国内情勢並《ならび》に極東の事態に関する証拠を提示せられましたから、我々は今や近代史中の最大の事件とも謂《い》ひ得べき西洋諸国、即ち米英蘭と日本との間の関係の緊迫並に終《つい》に到達した其の破局を取上げんとするものであります。我々は以下右事件に就て事の真相を究明し、何故《なにゆえ》に、又如何にして戦争になつたかを充分明らかにし、以て法廷が二十五人の被告が果して侵略戦争として此の戦争を招来し、又は招来することを謀議せりとの罪の汚名に値するや否やを決せらるるに当り之を援《たす》けんとするものであります。

法廷は既に独特且《かつ》複雑なる日本の政府及政治組織を説明する証拠を受理せられましたが、就中《なかんずく》西洋流の観点より観て最も理解し難いのは文武両者の関係であります。依て法廷が生起せる諸事件を充分理解せられんが為、即ち戦争に至る迄《まで》の罪となるとならざるとを問はず一切の諸決定に就て誰が実際に責任があつたかを正しく判断する為、政府と軍統帥《とうすい》部の夫々《それぞれ》の権限と権力を明《あきらか》にすべき証拠を更に提出します。斯《かか》る証拠は当時の日本に於ては作戦上の問題に就ては統帥部即ち参謀本部及軍令部が最高絶対権威であり、凡《およ》そ軍略及其の関連事項に付ては統帥部が政府に対し責任をとることなしに決定する力を持つてゐたことを示します。政府は勿論《もちろん》非軍事事項に就ては全権を有つて居り、又政府員たる陸海軍大臣は行政的性質の軍事事項に付或種《あるしゅ》の権限を有つて居たのでありますが、両者の間に不一致を生ずる場合には非軍事事項に就ても政府は統帥部の同意なしに、何も為し得ず、統帥部は国防上の必要に依り国務に強力なる影響を及ぼすことが出来たのであります。

右事情を背景として、我々は日本並に米国自身と其《その》与国を代表する米国との間に行はれた長期に亙《わた》る交渉を検討しようとするものであります。交渉は戦争回避を意図して為されたものでありますが終《つい》に成功せず、一九四一年十二月八日（日本時間）戦争となつたのであります。

既に法廷が見られた如く日本対英米両国の関係は、満洲事変以来漸次《ぜんじ》悪化し、特に一九三九年七月の日米通商条約の廃棄の頃より以来目立つて悪化して来たのであります。支那事変の継続、通商条約の廃棄、仏領印度支那への進駐、三国条約、此等の事件を伝《（マヽ）》つて一九四一年に入る頃には過去一世紀以来日米関係が最悪の状態に立至つて居たのであります。斯《かか》る空気の中に一九四一年の初め、野村大将が駐米大使として華盛頓《ワシントン》に赴任したのであります。証拠は、野村大使は日米関係改善に努力する様訓令せられて居ましたが、具体的な計画を与へられて居るわけではなかつたことを示します。証拠は又同大使の華府《ワシントン》到着後間もなく大統領及国務長官が屢次《るじ》に亙り両国間の懸案の全般的解決の為の交渉開始をすゝめたこと、並に同大使より米当局が斯る交渉の基礎となり得べき日米両国の私人によつて用意されたる了解の暫定《ざんてい》案を提示して来た旨を報告して来たことを示します。我々は当時其の第二次内閣の総理たりし近衛公自身の証拠に依り米国の提案及交渉案を受領した我方政府及統帥部は之に対して最も熱心に考慮を加へたこと、右提案に含まれた有らゆる問題に付討議を尽したこと、及其の結果右提案の如き交渉は太平洋のみならず全世界の平和建設の為最好の見込を与ふるものなりとの結論に到達したことを示します。右細目検討の結果五月十二日、日本側より交渉対案が提示され、茲《ここ》に爾後《じご》九ケ月に亙る交渉は野村大使（後に来栖《くるす》大使が之を補佐しました）と米当局間並に東京に於ける両国当局との間に開始されたのであります。

此等交渉の詳細は、この事件の問題に関する限り、証拠によつて明かにされますが、茲に詳述する必要はないのであります。概して証拠は華府会談の結果諸提案によつて生起したる重要問題は三点に帰着することを示すのであります。即ち其三点とは支那に於ける商業上の機会の均等、自衛権の範囲の解釈に関する両国の態度（三国条約に関する義務の問題を含む）及日本軍の支那駐兵撤兵問題であります。交渉は此等の問題を繞《めぐ》り――後南部仏印進駐に依り生じた問題の為更に複雑になりましたが――最後迄続けられたのであります。

証拠は五月、六月、七月に亙り日米両側の代表の間に殆ど連日行はれた交渉に於て、両国間の問題に就てあらゆる角度から検討が加へられ、若干《じやつかん》の問題に就ては凡そ了解がつくと認められたのであります。所《ところ》が日米両国に深甚《しんじん》な影響を与へる一事件——即ち独蘇国境に於ける六月二十二日の事件が起つたのであります。右の結果は、日本政府、統帥部間に於て対独蘇戦不参加を決定しましたが、政府は南部仏印進駐に関する統帥部の要求に同意せざるを得なかつたのであります。七月二十一日の日仏間の合意に基き行はれた日本軍の南部仏印進駐は一時米国側をして交渉を打切らしめ、又交渉に興味を失ひました米国が開戦を決意するに至る契機となつたのであります。右仏印共同防衛措置は直ちに米英蘭に依る日本の資産の凍結並《ならび》に対日経済断交を招来したのでありますが、証拠は右措置は米側に依りこれより先数週間に亙り考慮せられて居たものであることを示します。

七月十六日より十八日にかけて、第二次近衛内閣は辞職し、第三次内閣が成立致しました。蓋《けだ》し此の政変は、偏《ひとえ》に又直接的に対米交渉妥結の為の必要から招来されたものであります。蓋し時の外務大臣の態度からして交渉進展の為には之を入替することが必要であると認められたのであります。新しい内閣も交渉妥結のための努力を続けたのであります。新提案がなされたのみならず、近衛総理は当初の提案に含まれてゐた所を取り上げて、之を具体化し大統領との会見を提案したのであります。この会談の提案は多くを期待し得べきものであり、総理が陸軍の反対を排して初めて為し得たものでありましたが、米側当局は当初関心を示しつつも、軈《やが》て幾多の条件を持出し結局提案の実現に至らなかつたのであります。

八月迄には日米関係を急速に解決すべしとの陸軍側の政府に対する要求は甚しく強化して、

之を支ふることは政府も出来なくなり、米国は誠意を欠き、真に妥結の意図を有せぬのである、若し日本にして係争中の問題を譲るならば、彼は必ずや更に圧迫の措置を執り来るであらう、最《も》早《はや》交渉は無用である、屈服せんよりは寧《むし》ろ戦ふに如《し》かず、と云ふやうな議論が行はれました。此主張に政府は反対して、平和維持の為には尚この上の譲歩が行はれ得、また行はるべきである旨を力説致しました。海軍は当時開戦を好まなかつたのでありますが、公然と陸軍の主張に反対することをなさず決定を首相に一任したのであります。九月六日御《ご》前《ぜん》会議に於て、十月半ばに及ぶも外交交渉成立の見込立たざるに於ては戦争の決意をなすべしとの決定がなされたのであります。

政府は茲《ここ》に於て其努力を倍加したのであります。即ち近衛総理は大統領との会見を示す希望を繰返して説き、出来得る限り譲歩を盛つた新提案がなされ、豊田外相は有ゆる手段を尽す意味に於て東京に於て英米両大使と会談、話を始めました。斯る努力にも拘らず交渉は進《しん》捗《ちょく》を見ず、米国は互譲を示さず其の主張を固執し、野村大使も報告して来た如く、米国は戦争を賭しても其の主張を譲らざるが如く認められたのであります。

陸軍は、外交は成功の見込殆どなきを以て武力に依らざるべからずとの主張を新たにし、対立する見解は遂に融和の道無く、十月十六日第三次近衛内閣は前内閣と等しく日米問題の為に崩壊を見るに至つたのであります。

東条大将の後継内閣が現はれましたことは、一般に日本に於て過激的意見が勝利を制しました証拠と考へられて居りますが、事実は之に反し新首相が日米関係問題の再検討、即ち米国に対する日本の譲歩の限界を定めた九月六日の御前《ごぜん》会議決定を白紙に還元することを任務とし、就任と同時に之を実行しましたことは、今後提出されまする証拠に依つて明かにされる筈《はず》であります。

政府及統帥の最高幹部は直《ただ》ちに連絡会議を開き、爾来《じらい》連日全問題を詳《つまび》かに再検討致し、提議すべき譲歩の限界を見出さんが為に努力しました。既に野村大使の報告により他の二問題に付ては合意の基礎が成立致して居ると了解してゐましたので、連絡会議は主として近衛内閣崩壊の原因となり華府《ワシントン》に於ける交渉を停滞せしめました支那撤兵《てっぺい》の問題を考慮致しました。

右の期間中陸軍統帥部の主張は依然として旧《もと》の如く交渉成立の見込み殆んど無し、従つて日本は結局は開戦に赴かざるを得ぬと云ふにありました。しかも交渉が際限もなく続きまする間には連合国の経済戦が充分の効果を発揮するに伴ひ、日本は漸次《ぜんじ》資源の涸渇《こかつ》を見つつあり、かくて戦力を失ひつつあるが故に戦争は日本の戦力が仮想敵国のそれに比して比較的強大なる間、即ち開始さるべきであるとも論議されたのであります。軍令部も亦《また》戦争避け難しとすれば速かに開戦するを可《か》とすと主張しました。然しながらその結果外交交渉を継続することに付き統帥部の同意を得るに至りましたが、但し同時に慎重なる軍事的準備を行ひ、外交にして蹉跌《さてつ》致しました場合には開戦の決意をなすべきことに定められたのです。

証拠は十一月一、二両日の連絡会議に於て決定されました方針に従ひ甲、乙両案を米国に提案することに意見の一致を見たことを明かならしめます。其の一案は一般的形式に依り従来到達しました諒解《りようかい》の諸点を具体化し、之に新らしい譲歩を加へたものであり、他の案は暫《ざん》定取極《ていとりきめ》の形式に依り米国が全般的の提案を拒否したる場合両国関係の緊迫を緩和し、以て交渉を継続せしめる為の一手段として提案さるる筈のものであつたのであります。右の両案は十一月五日の御前会議に於て承認を得野村大使は直ちに右に従つて交渉を開始すべき旨訓令を受けました。同時に野村大使の久しき要請に従ひ来栖大使を派して之を援《たす》けしめました。

右両案の第一案、甲案と呼ばれましたものは遅滞なくハル国務長官及大統領に提出されました。当初は見込もよかつたのでありますが、漸《ようや》く米国は興味を失つたかの如く、日本側の苦心の結果になつた譲歩を軽視して日本の誠意を疑ふに至つたのであります。甲案を以てしては、成立見込薄と見て、連絡会議は暫定取極乙案の提出を認め、同案は十一月二十日提出されました。其の日の前後、係争の諸点に付き、米側の主張に応ぜん為日本側代表が種々の努力を重ねましたことは証拠に依つて明かとなるのであります。その間先きに採択された決定及日本に対する脅威の増加に依り、時局収拾に利用し得べき時間は徒《いたず》らに過ぎ去りつつありました。

十一月二十六日附米側覚書を接受致しましたことは平和維持の希望を抹消し去り、連絡会議の構成員は全《すべ》て、米側にして再考慮を肯《がえ》んぜざる限り日本は自衛の為戦ひに訴へざるを得ずと云ふに、遂に意見の一致を見るに至りました。軍事的準備も十一月五日決定に従つて進行しつつありましたが、右の準備は交渉妥結《だけつ》の場合には何時にても解消することになつて居り、十二月一日の御前会議に於て開戦の決定が為された後でもさうでありました。

開戦決定に続く連絡会議に於ては、開戦前に通告を為す方法及び右通告の内容に付き考慮し且つ決定したのであります。証拠は右会議に於て敵対行為開始前米国に対して通告を行ひ、交渉打切りの通知を送達すべきことを決定したる事実を示すのであります。茲《ここ》に於て準備を整へ、最後の通告は華府《ワシントン》に於て、十二月七日午後一時に手交する様訓令を発したのでありました。右通告は華府に向け発電され、同地に於て予定の手交時間に間に合ふ様接受されましたが、書類作成の際に於ける予期せざる手続の手違の為、その手交は所定時間より遅るること一時間余に及び、従つて真珠湾その他太平洋上の諸点に於ける攻撃より遅るるに至つたのであります。政府及連絡会議関係者はすべて通告の件決定の際、通告送達は一切の攻撃に先んじて為さるべき意向でありました。

天皇陛下に宛てられました十二月六日附大統領親電送達の遅延は、全く外務省乃至内閣の関知或は認可したる所に非ざるのみならず、却《かえつ》て外務省は其の奉呈を促進する様凡《あら》ゆる努力を重ねたのでありますが、之に就ては後に証拠を提出する筈であります。

証拠は、和戦の問題の決定に当れる連絡会議構成員が米国に発しました最後の通告を以て、当時の状況に於ては宣戦と同時のものと思考し、又実質に於て宣戦を要求する条約に適合するものと考へましたこと、而して責任ある米国当局も右と意見を同《おなじ》うしました事実を明かにするのであります。米国は充分に戦争の切迫に付き警告を受け、又十一月二十三日(六)附通告の交附が、交渉の決裂と平和的関係の断絶を結果するものであることをも事実上予想してゐたのでありまして、之に付ては多くの証拠が挙げ得らるるのであります。最後に、証拠は米国の最高軍当局が開戦の際既に之を予期してゐた事実を明かならしめるのであります。

一五　グルー大使発、国務長官宛「対日経済圧迫では戦争を回避し得ず」

国務省『米・日外交関係』第二巻（一九四一、一一、三）

○法廷への提出（予定）　昭和二十二年八月八日、第二四六回公判。
　結果――未提出

　駐日米大使ジョゼフ・グルーが開戦前夜の日本から米本国の国務省宛に発した情勢報告の電報及び大使の回想録『滞日十年』に記録されている当時の日本事情（多くは米英側の対日経済圧迫が、日本を現実に如何なる苦境に追いつめつつあるかとの観察に亙るもの）については多数の資料が証拠として準備・提出され、且つその多くが採用を却下された。本篇もこれに先立って提出された何点かが却下扱いとなったのを見て未提出に終ったものである。開戦前夜の日本の空気を、冷静にして且つ公平な視点から観察したものであり、我々の現代史研究に参考とすべき文献の一として一読に値するであろう。

駐日大使（グルー）発国務長官宛

（要旨）

東京、一九四一年十一月三日午後三時

（午後四時一九分受信）

第一七三六号。大使はハル国務長官並にウエルズ国務次官に宛《あて》次の如く報告す。

㈠ 大使は十一月一日附東京日日〔新聞〕より一論説（同日附電報第一七二九号にて報告）を引用し、更に合衆国並に日本の経済戦争終結の必要に関し、日本大使がニューヨークタイムズに宛てたといふ声明要旨のニューヨーク発至急報が「帝国未曾《みぞう》有の危機に近づく」といふ大々的な見出しで掲載された旨述べてゐる。此の記事も、日日の社説（十一月一日午後七時の電報参照）も共に現下日本の気持を如実に反映してゐるものと信ぜられる。

㈡ 大使は、日本の政治に影響を与へてゐる諸要因を解剖せる過去数ケ月間に亙《わた》る同使の各種電報報告を引用し、これらには附言すべきこともなくまた本質的に改訂すべき所もないと述べてゐる。同氏の考へでは日本の地位を判断するには現在の情勢並にその近き将来に次の諸点を照し合はせて見ればよいとしてゐる。

㈠ 欧洲に於ける戦争とこれが影響より、日本自身を或は又中国間との紛争を切り離すことは日本にとつて不可能である。

(ロ)日本では政治思想は中世的思想より自由主義的思想にまで亙つてゐる。従つて輿論《よろん》は一定不変ではない。日本国外の出来事や情勢などの衝撃によりその時その時でどの派の思想が優位を占めるかが決定される(民主主義国家ではこれに反し、外交に影響を与へ且《か》つその方向を定める色々の主義が渾然《こんぜん》と融和して一体となつてゐるため、また輿論が分かれるのは主義ではなくて方法の如何がその原因となることが多いため、輿論の成立ちは趣きを異にしてゐる)。例へば日本では昨年ドイツが西ヨーロッパで勝利を収めた後では枢軸贔屓《すうじくびいき》の分子が力を得、次にドイツが英本土侵入に失敗するや、ドイツ究極の勝利に関し日本側に疑惑が生じ、これが因となつて穏健分子が力を得るに至つた。そして最後にドイツがソヴエト聯邦を攻撃した結果、独ソ間の平和継続といふ期待が覆《くつがえ》り、日本を三国同盟に引込んだ連中は国を誤つたものであるといふことを日本人ははつきり知つたのである。

(ハ)一九四〇年の誤りを正さんとする試《こころみ》は、日本の対米関係を調整し以つて中国との和平締結の道に導かんとする努力にこれを見ることが出来る。これらの努力は近衛公により行はれ、東条内閣により約束されたものである。若《も》しこの企図が失敗するならば、またドイツ軍が今後も戦果を収めるならば、究極的なまた今日より一層緊密な枢軸側の連繋《れんけい》を予想して差支へない。

(ニ)日本はその財政的経済的資源が減少して居り、且つ将来全く涸渇して了《しま》ふかも知れぬから軍国主義国家としての日本は遠からず崩壊するであらうといふ説は多くのアメリカの一流経済学者の間に行はれてゐるが、駐日大使はこの説を正しいと思つたことは嘗《か》つてない。かくの如き予測は、第一に日本は資本主義制度を保持するであらうといふ無意識な考へに基づく仮定によるものであつた。日本商業の大半が失はれ、日本の生産力が大幅に削減され、また日本の国産資源が減少したことは事実であるが、然《しか》し彼等の予言せる結果は生じはしなかつた。寧《むし》ろこれなくば或《あるい》は予言の如き日本の崩壊が生じたやも知れぬ日本国家経済の綜合化が断行されてゐる。従つて今日までの所では貿易禁止の継続並《ならび》に（一部で唱へられてゐる）封鎖施行を以つて極東に於ける戦争回避の最上策なりとする見解は支持されない。

㈢　大使はその一九四〇年九月十二日附電報第八二七号を挙げてゐる（この電報はヨーロッパに於けるドイツの勝利の結果日本軍部の目に映じた拡張の為の「絶好の機会」を報じたものである）。大使がこの電報を発信した際の情況《じようきよう》及び時期は懐柔《かいじゆう》策採用は合衆国にとつて不得策且無効なりと思はれてゐた時であつた。右電報中に勧奨せられた強硬政策は其後合衆国の採用することになつた。この政策は世界の政治上の事件が日本に与へた衝撃と相俟《あいま》つて日本政府をして合衆国との協調を求めしむるに至つた。若しこれらの努力が失敗するならば日本の趨勢《すうせい》はもう一度もとの所へ戻るか或は寧ろそれを超えるかも知れぬと大使は見越してゐる。若しかうなれば日本は外国の圧迫に屈するよりは寧ろその経済通商禁止にもびくともしない様になるため、大使が既に述べてゐる所謂《いわゆる》のるかそるかの企てを試みて挙国的なハラキリをも辞さぬことにならう。日本人の国民気質や心理に日常触れてゐる観察者はこの様な事は可能性があるのみならず起るものと承知してゐる。

(四) 思切つた経済措置を漸次《ぜんじ》課して行けば多少戦争の危険があるにせよ戦争が回避されるであらうといふ見解に基づいて合衆国の政策や措置が考慮されてゐるが、日本国民の心情及び気質を心に留めるならばこの様な見解は確実さの無い危険な仮説である。仮令《たとい》このやうな手を打つてもこれにより戦争は回避されるものではないと大使は見てゐる。然し乍《なが》ら各見解は単に意見に過ぎない。従つてもしそのいづれかを正しいものと仮定し、これに基づいて明確な政策を樹立するといふことは米国の国家利益に反するものと大使は信じてゐる。それでは本末を顚倒《てんとう》するものである。国防の第一線即ち外交が失敗に終つた場合、対日戦争が米国の国家的目的、政策の必要などにより正義化され得るか否かといふ問題が先づ第一に決定すべき点であることは明らかである。なぜならばルーズベルト政府が、不確実、思惑、意見等の諸分子を出来るだけ取除いた道を辿《たど》るにしてもこのやうな決定に基づいて初めて可能だからである。このやうな決定は或は今後取消し出来ぬものとなるかも知れぬが事態急なため、既に充分討議された後採用されてゐるといふことは大使は疑つてはゐない。

(五) この極めて重要な問題を右の如く論ずるに当つて、これに関する政府の意図や思考とは接触してゐないといふ点及びワシントンが熟慮を経ざる政策を行つてゐるといふ意味は全然含んでゐないといふ点を大使は強調してゐる。また合衆国は日本を「慰撫《いぶ》」せよとか或は又対日関係を含む国際関係の処理調整のためその基盤として設定した基本的原則を一歩でも譲歩せよなどといふことは一寸《ちよつと》でもこれを唱へる意図は大使にはない。方策には融通性があつても差支へないがこれら原則には譲歩があつてはならない。

大使の目的は米国との自殺的な闘争に突進し得る日本の力を或いは思ひ誤つてこれが為合衆国が対日戦争に捲き込まれることのないやうにするに過ぎない。国家が健全であればこのやうな行動に対し反対の命令を下すが、日本の健全性は米国の論理の標準をもつてしてはこれを測ることが〔でき〕ない。大使は日本新聞界の今日の好戦的な論調（茲《ここ》数年来合衆国に猛烈な攻撃を時を置いて加へてゐる）や内容に関しては余り憂慮の要なしと見てゐるが、和平計画が失敗に終る場合これに代る計画を日本が進めてゐる明白なる諸準備を過小評価する者の先見の無さを指摘してゐる。また日本の準備は空威張りで、日本の高圧政策に精神的援助を与へる目的にしか過ぎないといふ考へに基いて米国の政策を樹立するならば、これまた先の見えぬ遣方であると大使はつけ加へてゐる。合衆国との武力衝突を不可避なものとするやも知れぬ日本側の行動は、危険を伴つて且つ劇的に突発するかも知れぬ。

（七〇一―七〇四頁）

一六　石橋湛山（東洋経済新報社長、大蔵大臣）宣誓供述書、附属文書
「日本の工業化、侵略戦準備に非ず」

○法廷への提出　昭和二十二年八月十一日、第二四七回公判。
　結果――附属文書を含めて全文却下

　太平洋段階に入った時の高橋義次、ウィリアム・ローガン両弁護人の冒頭陳述は既に見た如く、日本の昭和前期の歴史全般に亙り、それが攻撃的戦争を計画し準備する様な性格のものでは全くなく、第一当時の日本経済にそれだけの余力のあるべくもないことを説いたものだったが、この石橋供述書は両人のその主張の十分な裏づけとなすに足る、重厚な実証的研究論文である。実際これは経済評論家として名声高く、且つその高邁な政治的見識についても高い評価を得ている、学者としての石橋の歴史論文の一として味読するに値するであろう。却下された弁護資料の反故《ほご》の中に埋もれたままにしておくのは余りに惜しかった一篇である。

一、私、石橋湛山《たんざん》は明治十七年（一八八四年）九月東京市に生れ、明治四十年（一九〇七年）早稲田大学文学部哲学科を卒業し、引続き同校研究科にて哲学を専攻せり。

二、明治四十一年（一九〇八年）東京毎日新聞社に入社し、

三、明治四十四年（一九一一年）東洋経済新報社に入社す。同社は日本の知識階級に正しき経済知識と世界の情報とを普及する目的を以て明治二十八年（一八九五年）創立せられ、東洋経済新報（週刊）、「ゼ・オリエンタル・エコノミスト」（初め月刊、後週刊）、日本経済年報（年四回）、外国貿易月報、其他経済に関する著書及び「明治大正国勢総覧」（一九二七年）、「貿易精覧」（Foreign Trade of Japan, A Statistical Survey, 1935）「明治大正財政詳覧」（一九二七年）等の統計書を又大正六年（一九一七年）よりは毎年一回「東洋経済統計年鑑」を編纂刊行せり。

就中《なかんずく》東洋経済新報は倫敦《ロンドン》の「エコノミスト」紙に倣《なら》つて一八九五年創刊せられたる我国最古の週刊経済雑誌にして、創刊後今日に至る迄《まで》日本の産業経済界に於て経済雑誌中の権威として名声を博す。

四、大正三年（一九一四年）同社の編輯《へんしゆう》長。

大正十三年（一九二四年）同社の主幹に就任し、大正十四年（一九二五年）社制変更と共に社長となり、昭和二十二年（一九四七年）五月迄前後三十四年間同誌を主宰す。

五、昭和六年（一九三一年）七月東京に続いて大阪、名古屋及全国各都市に、夫々《それぞれ》各地の実業を網羅した経済問題の研究機関「経済倶楽部」を創立せしめ、私は経済倶楽部中央会の理事長として其等《それら》倶楽部を指導せり。

六、大正十四年（一九二五年）四月より昭和七年（一九三二年）三月迄横浜工業専門学校講師に就任し経済学を教授す。

七、昭和十八年（一九四三年）六月、全国の金融に関する学者及実業家を網羅せる研究団体「金融学会」を創立し其本部を東洋経済新報社に置く、石橋湛山は其の理事として同会の指導育成に当る。

八、昭和九年（一九三四年）英文（The Oriental Economist）を創刊主宰し、日本及東洋の経済事情を世界に紹介す。同紙は日本に於ける最も公正にして信頼すべき経済雑誌として発刊以来外国読者の間に名声を博し、昭和十六年太平洋戦争勃発《ぼっぱつ》し日本と西洋との通信杜絶した後に於ても特にジユネーブの国際聯盟の要求に依り継続して同聯盟宛発送された。

九、昭和十年（一九三五年）以来我国経済界の代表として日本政府の内閣、大蔵省、商工省等の委員、参与等となること二十一回に及ぶ。

十、昭和二十一年（一九四六年）五月、吉田内閣の大蔵大臣に就任。

昭和二十二年（一九四七年）一月三十一日、経済安定本部総務長官及物価庁長官に就任、同年三月二十日退官、五月二十四日吉田内閣総辞職と共に大蔵大臣を退官現在に及ぶ。

十一、大学卒業以来、諸雑誌に著作、発表せる経済問題其他に関する論文は無数あり。左記に掲ぐるものは、書物として刊行せられたる著作の代表的なものなり。

十二、The Bureau of International Research at Harvard University and Radcliff College, Financial Support によつて E. B. Schumpeter が編纂せる The Industrialization of Japan and Manchukuo, 1930-1940（1940）の編纂に協力せり。

イ、新農業政策の提唱	一九二七、七、二五
ロ、金解禁の影響と対策	一九二九、七、一一
ハ、金本位の研究	一九三二、五、一二
ニ、インフレーションの理論と実際	一九三二、七、一八
ホ、我国最近の経済と財政	一九三九、九、一五
ヘ、日本金融史	一九三六、九、一五
ト、激変期の日本経済	一九三七、一一、二〇
チ、満鮮産業の印象	一九四一、二、二六
リ、人生と経済	一九四二、一〇、二〇

一　日本に於ける人口過剰及食糧不足の実情

日本の経済及政治の特徴は総《すべ》て人口過剰の圧迫から発生せるものと言ふことが出来る。而《しか》して日本が如何に人口過剰であつたかは、人口に比しての耕地面積を見ることに依《よ》つて最も明かに知ることが出来る。

即ち附録第一表（掲載省略）に依るに一方粁当《あたり》人口密度は日本本土に於ては百九十一人で、英国本土の百九十六人よりも聊《いささ》か低い。

併《しか》し耕地一方粁当人口は、日本本土に於ては千百九十四人で英国本土の八百九十一人よりも遥かに高く、本表中断然列国の首位を占めてゐる。

而して右の状況は年を経るに従つて甚しくなつた。それは第二表（掲載省略）を見ればわかる。明治十五年から昭和十四年にかけて、人口は三千七百万から七千三百万へと約二倍に増加したが、耕地面積は四百五十万七千町歩から六百七万九千町歩へと漸《よう》く三割五分弱と増加したのに過ぎない。

斯様《かよう》に日本の人口は耕地面積に比し著しく大きいが、更に其の上に指摘されねばならぬ点は、人口の中に占める農業人口が高比重を示してゐることだ。勿論《もちろん》農業人口は日本に於てもその比重を漸減してきてゐるが第三表（掲載省略）に見る通り、現在尚ほ四七％に上つてゐる。

国勢調査に依る構成に於ても農業人口は昭和十九年度に於て四三・一％を占めてゐる。

右の数字は太平洋沿岸諸国のそれと比較するに第五表（掲載省略）の通りである。

之れに依るに日本の農業人口が有業人口中に占める割合は英領馬来《マラヤ》に次ぐ高率であつて北

米合衆国の二倍以上である。

以上の結果は必然日本に於ては、農業経営単位が過小ならざるを得ない。即ち第六表（掲載省略）に依るに、昭和二十一年に於て全農家の九割四分は二町以下（二ヘクタール以下）の耕作者であつた。

以上に述べた所に依り、日本が国内に於て食糧の自給をなし得ざることは既に明かである。而してそれを日本の主食糧たる米の需給に就て示すに第七表（掲載省略）の通りである。即ち之れに依るに年々約九百万石から千五百万石を越える輸入を行つて、初めて日本内地は米に対する国民の需要を充《みた》し得た。

二　前記の困難打開策として日本が採つた手段

前記の困難を打開する方法として日本が採つた政策は大別して四つあつた。

その第一は国内の耕地を拡張し、又其の単位当り収穫を増加して、食糧の供給を計ることである。而して此の両者とも或程度成功した。

即ち附録第二表（掲載省略）に依ると耕地は明治十五年の四百五十万七千町歩から大正十年には六百九万八千町歩に増加した。併しそれ以後は増加が停止した。次ぎに耕地単位当りの収穫の増加は、其の改良に最も力の注がれた米に就て見るに第八表（掲載省略）の通りである。一反《たん》当りの米の収穫は明治三十四〜三十八年平均の一石《こく》五三六から昭和九〜十三年平均二石〇〇七に達した。而して斯く反当り収穫を増加する為には第九表（掲載省略）に示す如く肥料の使用を著しく増加した。併し此の反当収穫量の増加も昭和十四年以後は増加のテンポを停止した（第八表）。

第二は朝鮮及び台湾の農業開発と其の生産品就中《なかんずく》米の輸入を奨励したことである。其の結果は、日本は第十表（掲載省略）に示す如く、国内の生産では不足する米の大部分を両地から輸入し得るに至つた。

第三は海外への移民である。併し之は全く効果を収めてゐない。明治初年から現在に至る間に内地人口は三千六百万を増加してゐるに拘《かかわ》らず海外在留者総数は第十一表（掲載省略）の如く昭和十三年に於て百万見当であるから取るに足りない。

第四は国内の工業化と外国貿易の奨励である。前に述べた如く日本は不足食糧の大部分を朝鮮及び台湾から輸入したが之に対する支払も亦主として工業生産物を以てする必要があつた。況《いわん》や食糧さへも自給出来ない日本に於て其他の農産原料が自給出来る筈はない。鉱物資源も亦日本には甚だ少い。人口過剰の圧迫を除き更に多少なりとも国民の生活程度の向上を計らんとすれば日本は是非《ぜひ》共《とも》工業化と外国貿易の促進とを必要とした。而してそれが正《まさ》しく明治の初め以来日本が事実に於て辿《たど》つて来た経過であつた。

三　日本の工業化

日本が明治時代以来漸次《ぜんじ》工業化した事はその有業人口の構成（第四表）に見てもわかる。附録第十二表（掲載省略）(A)は更に此れを一九〇九年以降の各種工業の職工数の変化に依て示したものである。

之れに依れば日本の工業の職工総数は一九〇九年の八十万人から一九一九年には約九〇％を増加して百五十二万人に達した。それだけ日本は此の間に急速の工業化をとげたのである。然《しか》るに一九三一年の工場職工数は百六十六万人で一九一九年のそれに比し僅《わず》かに一〇％弱を増してゐるのに過ぎない。此の期間は第一次世界戦後の不景気期に当り従て日本の工業も全くスタンドスチルに陥ちたのである。併し此の不景気時代は日本に於ては一九三一年を以て終り一九三二年からリフレーシヨン政策が取られた為め工業も亦俄然《またがぜん》繁栄期に入り一九三八年の職工総数は三百二十一万五千人を算し一九一九年及び一九三一年のそれに比し約二倍になつてゐる。

以上の工業職工数の増加は大体に於て日本の工業化が如何なるテンポを以て行はれたかを示すものである。而して之を概括《がいかつ》して述べると次ぎの如くになる。

一九〇九年から一九一九年までの十年間で工業の規模は約二倍に殖えた。又一九三一年から一九三八年まで七年間に同じく約二倍に増した。併し一九一九年から一九三一年までは工業の進歩が殆ど止つてゐた。従つて一九三八年の職工総数を一九一九年のそれに比すると此の十九年間に漸く二倍の増加をしたのに止り一九〇九年から一九一九年の十年間の進歩に比し、さして多いものではなかつた。一九三一年以来の比較的急速の進歩は実はその年以前十年間の遅滞を取返す運動であつたにすぎず何等異常の進展でなかつた。

次ぎに以上の如き工業化が日本に如何なる種類の工業を発展せしめたかを見よう。

第一に日本の工業の特徴は常に紡織工業が王座を占めたことである。即ち之れを第十二表(掲載省略)の職工数に見るに一九三八年の紡織工業のそれは九十七万六千人を算し職工総数の三〇・四%を占めてゐる(第十二表Ⓑ)。のみならず此の外に化学工業の中には人絹《じんけん》製造業を含んでゐて其の職工数は一九三八年に於て八万七千五百六十人であつたから之れをも紡織業のそれに合計すると後者は百六万四千五百十二人に増加し職工総数に対する率も三三・一%に殖える。

併し紡織工業の占める此の比重は歴史的に見ると漸次低下した。

即ち紡織工業職工数が全工業の職工数に対する率は一九〇九年が六〇・八%、一九一九年が五五・二%、一九三一年が五四・一%、而して一九三八年には三〇・四%に下つたのである(第十二表Ⓑ)。

然らば右の紡織工業の比重の低下は何に依て補はれたか。それは主として金属工業、機械器具工業及化学工業に依てであつた。即ち之れを職工数に依つて見るに一九〇九年の金属工業の比重は二・三％、機械器具工業のそれは五・八％、化学工業のそれは五・四％であつたが、それが一九一九年には夫々《それぞれ》四・九％、一二・三％、七・一％に上つた。此の間の比重の増加は金属工業一一三％、機械器具工業一一二％、化学工業三一％である。此等三つの工業が此の期間に既に如何に活潑の進展を始めたかがわかる（第十二表Ⓑ）。

併し右の三工業の進展は一九一九年から一九三一年に至る十二年間の不景気時代に於てはにぶつた。のみならず機械器具工業は職工数を十八万七千人から十五万八千人に減じ全工業にもつ比重も一二・三％から九・五％に落ちた。

併し此の不景気は前にものべた如く一九三一年を以て終つた。而して前記三工業の進展も亦再び開始された。職工数に現はれた比重は一九三八年に於て金属工業一一・七％、機械器具工業二六・八％、化学工業一〇％に増加した。併し之れを一九一九年に比較すると、三工業の比重の増加は十九年間に金属工業一三九％、機械器具工業一一八％、化学工業四一％であつて一九〇九年から一九一九年に至る十年間のそれに比し決して多くない。

斯くて一九三八年に於ても金属工業、機械器具工業及び化学工業が工業全体に占める割合は四八・五％で此等の全部を非消費材工業とするも、残り五一・五％は消費材工業に属する。況《いわん》や化学工業中には前にも記した通り人造絹糸工業（昭和十三年職工数八万七五五六〇）が含まれてをりその他石鹼及化粧料製造業（同九二三八）パルプ及製紙業（同四万二五九七）等が化学工業中に加へられてゐる。従て此等を除くと更に一層非消費材工業の比重は下り消費材工業のそれは上るのである（第十二表(B)）。

之れを要するに日本は其の生存の必要上、明治以来工業化が行はれた。而して其の工業化は後進工業国の特徴として紡織其の他の消費材工業に於て主として進展した。一九三一年以来稍《や》や急速に生産材工業の発達を示した如く見えるが、併し之れは一九一九年より一九三一年に至る間の工業化の遅滞に由《よ》るものであつた。即ちその遅滞が一九三一年以来の景気回復に依り急速に取り返へされたのに過ぎない。後進工業国のたどる経過として当然のことであつたと考へられる。

四　貿易の増進

工業化せる日本は、同時に外国貿易を増進した。その状況は第十三表（掲載省略）に示す通りである。即ち輸出は一八九九年に二億二千二百万円余であつたが、一九〇九年には約二倍の四億五千八百万円余に上り、更に一九一九年には二十三億七千四百万円余に躍進した。十年間の五倍以上である。併し一九三一年には、第一次世界戦後の不景気に依り、一九一九年の殆ど半分に近い十四億七千九百万円余に減少した。日本の経済界が如何に困難を感じたかが察せられる。但し此の間に於ても台湾及び朝鮮に対する輸出は僅《わず》かながら増加した。其他の外国への輸出減少が茲《ここ》に多少カヴアーされたのである。

一九三一年まで減少した日本の輸出は、同年末金本位を再び停止し（一九一七年日本は金本位を停止したが、それを一九三〇年一月いつたん解除した）、円の対外価値を低下すると共に再び増加に転じた。而して一九三七年には四十一億八千八百万円に、一九三九年には五十一億六千三百万円に膨脹した。

次ぎに輸入も亦一九三七年などは、輸出と略《ほ》ぼ同様の変化を示した。併し一九三七年から一九三九年に至る期間は輸出が前記の如く続いて増加したのに反して、輸入は少しく減少した。台湾及び朝鮮よりの輸入は引続いて増加したが、其他の外国よりの輸入が著しく減少したのである。

以上は貿易の価額に依つて日本の貿易の状態を見たのであるが、併し貿易の価額には物価の変動が作用してゐる。故に此の物価の変動を除く為め、第十三表の貿易価額を物価指数にて除して、貿易の趨勢《すうせい》を示すに第十四表（掲載省略）の通りである。之れに依るに日本の輸出入は一九三七年以降の減少を除く外、さして大きな変動は無く、順調に而《し》かも聊《いささ》か急速に増進したことが推定される。

さて然らば此の貿易は如何なる商品に依つて斯く増進したか。之れを一九一九年以降の輸出貿易に就て示したものが第十五表（掲載省略）である。之れに依るに全期間を通じて紡織工業品である第八及第九の両類（紡糸、縫糸、撚糸、縄並に其材料。薄絹並に其製品）が断然首位を占めてゐる。即ち此の両類の合計金額は一九一九年十二億九千一百万円、一九三七年十五億九千八百万円、一九三九年十五億三百万円で、総輸出額中に占める割合は夫々《それぞれ》六一・五%、五〇・三%、四二%である。併し、紡績品輸出の比重は、以上の数字によつて明かな如く漸次《ぜんじ》低下した。又、一九三九年の紡織品輸出は金額そのものも一九三七年に比し減少した。此等の事実は、日本の紡績品の輸出が既に増進の歩度を渋滞してゐたことを示すものである。

次ぎに、日本の輸出貿易の特徴は前に日本の工業に就て観察したのと同様に消費材の輸出の甚だ多いことである。之を第十五表に依て見ると、第一（動植物「生きたまゝ」）、第二（穀、粉、種子）、第三（飲食料品及煙草）、第四（皮、毛、角、骨及其細工品）、第八（諸糸、綱及其材料）、第九（薄織物及其加工品）、第十（衣類及其附属品）、第十一（紙及紙製品）、第十三（陶器、硝子《ガラス》製品）、第十七（雑製品）の十種類は、いづれも消費材に属するものと言ふべく其の合計は（再輸出品を合せて）一九一九年十七億七千三百万円、一九三七年二十四億九千九百万円、一九三九年二十六億二百万円を算し、其等が輸出総額に対する割合は夫々八四・五%、七八・七%、七二・八%、に上る。併し此に於ても比重は漸次低下してゐる。而して之を補ふものとして、其の他の種類、就中《なかんずく》第十四類の「鉱及金属」、第十五類の「金属製品」、第十六類の「時計、学術器、鉄砲、船、車、及機械類」が登場した。併し其等の金額は三類を合計して一九一九年一億三千九百万円、一九三七年四億五千一百万円、一九三九年六億五千七百万円に止つた。

其の増加率としては著しかつた。但《ただ》し此の間の此等の諸品の価格の騰貴《とうき》を考へると、数量に於て斯く著しき増加があつたとは言へない。

五　日本商品に対する外国の圧迫

日本の輸出貿易の増進は、殊に一九三一年以後に於て世界に問題を起した。当時世界は一体に甚しき不景気でいづれの国も輸出の減少に苦しんだ。然るに日本は一九三一年十二月既に記した如く金本位を再停止した結果国内の物価を回復して産業活動を刺戟《しげき》し得たと共に円の対外価値（為替相場）を低下して日本商品の輸出を有利にした。之れが先に述べた如く一九三一年以後一九三七年迄日本の輸出が増加した理由である。而して日本は之れに依て亦輸入を増加した。日本に取つて生存上之れは是非《ぜひ》共《とも》必要の政策であつた。なんとなれば一九三一年に於いて其極に達したる不景気は単に工業を打撃して失業者を多数に発生したのみならず、また農村を非常の窮境に陥れてゐたからである。一九三二年五月の犬養首相の暗殺に続く数多くの事件は此の日本国内情勢の危機に多大の関係があつた。若《も》し一九三一年の金本位再停止がなく経済界の景気の回復が計られなかつたら日本は早く既に一九三二年当時に於て非常の混乱に陥つたかもわからない。

併し斯くして日本商品の輸出が増加した時期は前に述べた如く世界の大不景気の其最中で（真カ）あり、英帝国はオツタワ協定を作つて（一九三二年七月）所謂《いわゆる》英帝国ブロック主義を採用するに至つた折である。期待された一九三三年六月の世界通貨経済会議も失敗した。日本商品の進出は世界の各処に於て強烈な障碍《しょうがい》に出会つた。今その主なる事項を列記すれば次の通りである。

イ、英領印度の日印通商条約破棄

一九三三年四月、英領印度は日印通商条約の一方的廃棄を通告して来た。又引続き綿織物に対し差別的禁止関税を設定した。日本は之に対し印棉《めん》不買の決意を以て対抗したが同年九月、日印会商が開始され日本の対印綿布《めんぷ》輸出数量と印棉輸入数量とのリンク制に依り協定成立し一九三四年七月新日印通商条約が成立した。

ロ、日英綿業会議の決裂

英国政府の申入により一九三四年二月より三月にかけロンドンに於て日英民間綿業会議が開かれたが英国側は英の協定地域を英帝国内のみならず外国市場にまで及ぼすことを主張したる為め遂に決裂した。而して英国政府は同年五月、日本綿布に対して不利益な輸入のクオータ制を英帝国全土に布《し》かしめた。

ハ、カナダの禁止的ダンピング税

一九三五年カナダは日本商品に対し禁止的ダンピング税を賦課《ふか》した。日本は之れに対し同年七月通商擁護《ようご》法を発動して報復的関税をカナダ商品に課し、カナダも亦同年八月更に関税附加税増徴の態度に出た。併《しか》し同年末、日加間に妥協成立し一九三六年一月以降日本は通商擁護法の適用を廃止し、カナダはダンピング税その他の軽減乃至《ないし》課税範囲の縮小を行つた。

ニ、濠洲の関税引上及輸入許可制

一九三六年五月、日本商品を目標とする関税引上及輸入許可制を実施し之に対し同年六月日本は通商擁護法を発動した。濠洲も亦許可制の拡大を行ひたるも同年末妥協成立し日本は通商擁護法の適用を廃止し輸入羊毛数量の保障綿布、人絹布輸出数量の制限を行ふこととなつた。羊毛代用の目的を以て日本のステープル・ファイバー工業は刺戟された。

ホ、蘭印の輸入及輸入営業者制度

蘭印は一九三三年九月、日本を目標として非常時輸入制限令を実施すると共に輸入営業者資格制度令を実施した上、一九三四年、日本・蘭印間の貿易問題を全面的に協議する為《ため》日蘭会商を提議して来た。日本は之に応じ同年六月よりバタヴイアに於て会談が行はれた。然るに蘭印は会商中輸入制限の範囲を拡大し日本も亦之に対抗する為輸出品売止め手段をとり会商は難航を続けた。一九三六年海運協定の成立を見、本会商も亦進捗《しんちょく》し一九三七年三月に至り日本商社の輸入権の確保（総額の二五％）ジヤバ糖輸入の保証、輸入制限の緩和、日本商品に対する割当基準を一九三三年に置くこと等の妥協成り、同年四月協約が締結された。

ヘ、米国の通商政策

米国は既に一九三〇年に世界史上特筆に値するホーレー・スムート関税といふ高率関税

を設定した。その為日本の対米輸出品中二十余種が平均従価約二三％の増徴を蒙《こうむ》つた。一九三二年には不況対策並に金本位離脱国の競争対策として関税法の伸縮条項又はダンピング防止法を適用して輸入品防遏《ぼうあつ》に努めた。一九三三年には米国は金本位を停止したが日本輸出雑品に対し輸入阻止手段が策せられた。又同年の産業復興法農業調整法には輸入制限関税引上政策を包含し、又一九三四年六月には五〇％の限度内に於て税率を変更し得る関税独裁権を大統領に付与し、日本は非常なる脅威を感じた。一九三五年日本綿布の対米輸出の増勢は米国綿業者を刺戟し、その反対を惹起《じやつき》し、ために日本は同年十二月紳士協定にて輸出自制を実行した。併し米国業者は之に満足せずＡ・Ａ・Ａの適用により数量の制限実施を要求して已《や》まず、米国政府は一九三六年六月、平均四二％の関税引上げを行つた。

一九三七年、綿業使節団来朝し綿業協定を求め日本は之に応じ同年六月対米輸出綿布の数量制限を実施した。併し日本としては米国よりの輸入品が必須原料又は材料たる関係上報復的又は防衛的方策は採り得なかつた。

ト、中南米の通商政策

印度その他英属領より追立てられ、蘭印より閉め出しを食つた日本の輸出貿易は、中南米市場に進出を開始し、ここで他国と深刻な市場戦を展開した。米国は中南米市場確保の為め之等諸国と互恵通商協定を締結し、我方も此等諸国との間に求償貿易制の確立に努力した。又中南米諸国自体に於ても通商政策を強化した。

以上の如き日本商品に対する外国の政策が日本の貿易を実質的に妨げたことは当然である。既に前に見た如く一九三七年以降の日本の輸出入は明白に減少した。而して其の減少状況を更に地域別に示すと第十六表（掲載省略）の通りである。之れに依ると一九三九年の輸出は一九三七年に比しアジアに於て増加を見た外、他の総ての地域に対して減じた。又輸入ではアジアに対する部分も減じたが併し其の減少は一億千四百万円に止つた。各地域に対する輸入合計の減少は八億六千六百万円であつたからアジア以外の地域への輸入減少は七億五千二百万円に達したのである。

更に右アジアへの輸出増加の内容を見るにそれは全く満洲関東州及び中華民国への増加に原因したのであつて、他の地方に対してはイラン及イラクにほんの僅かの増加を示した外総て減少した。即ち一九三七年に比しての一九三九年のアジアに対する輸出金額の地方別は第十七表（掲載省略）の通りであるが、之れに依ると、満洲関東州及び中華民国以外のアジア諸地に対する一九三九年の輸出は、一九三七年に比し二億八千一百万円を減少した。一九三七年の此等諸地に対する輸出総額八億五千四百万円の三二・九％である。又第十六表に依るとアジア以外の諸大陸に対する一九三九年の輸出は、一九三七年に比し二億七千三百万円を減じてゐるから、結局するに満洲、関東州及中華民国以外の世界の諸地に対する日本の輸出は、一九三七年に比し一九三九年には五億五千四百万円を減少した。これを比率に示せば、是等諸地に対する一九三七年の輸出総額二十三億八千四百万円の二三・二％を失つたことになる。如何に大なる打撃を日本の経済界に与へたかゞわかる。

言ふまでもなく以上の状況は日本の長く堪《た》へ得る所ではなかつた。

満洲関東州及び中華民国に如何に輸出を増加しても直ちに之れに対して、日本が必要とする原料材料乃至食糧を輸入し得る見込みはない。従つて間もなく此等三地に対する輸出も之れを減少する外なかつた事が必然であつた。日本は啻《ただ》に日支事変の遂行に堪へ得なかつたばかりでなく、国民の平和的生活をも不可能に陥れた。

右の如き窮境に立つた日本が経済的及び政治的に大なる動揺を感じ、又反撥するに至つたことは已《や》むを得ない。それは最近トルーマン大統領がいみじくも其の演説に於て述べた通りである（附属書類）。日本商品殊に其の紡織品が世界の市場から締め出されると云ふ不安は、日本の産業を従来の消費材工業から他の部面に向はしめる傾向を強めた。又輸出が困難になる結果は必然輸入をも困難にするので、こゝに自給自足主義の思想を強め、延《ひ》いて日満乃至日満支経済ブロックの主張を生じ、遂には大東亜共栄圏建設の思想を抱かしめるに至つた。

併《しか》し大東亜共栄圏の建設は、云ふまでもなく只だ一つの考へにすぎず（最後まで日本の誰れにもそれについて纏《まとま》つた考案はなかつた）、満支の開発と雖《いえど》も一朝一夕《いっちょういっせき》に出来ることではない。日本はその事業に相当の力は尽したがその結果は満支への投資と輸出超過となつて現れた。前にも述べた如く此等の地域から日本の必要とする物資の輸入を即座に大量に増加することは期待し得なかつた。事態は三国同盟の締結後急速に悪化し、一九四一年、米国が日本の資産を凍結するに至つて日本は最早《もはや》策の施す余地なき窮境に陥つた。それは日本の最重要産業の一たる生糸《きいと》の市場を失ふことであり、又同じく日本の最重要産業の一たる綿業の原料を失ふことである。況《いわん》や米国の対日資産凍結断行は直ちに英国及蘭印の呼応する所となり続いてカナダ・濠洲・ニユージーランド・マライ・ビルマ・インド・南阿聯邦等が何《いず》れも日本の資産凍結を行ひ、且《か》つ日本との通商条約を破棄するに至つた。日本はここに殆んど完全に経済封鎖を蒙つたのである。日本の産業と国民生活とは其の根底から脅かされた。之れが当時の実況であつた。併し日本の産業界は尚《なお》日米関係の好転を信じて居た。

昭和二十二年（一九四七年）七月二十九日

於　山梨県南都留郡旭ケ岡

供述者　石橋湛山

右は当立会人の面前にて宣誓し且つ署名捺印したることを証明します

同日於同所

立会人　右田政夫

〔附属文書〕

BAYLOR に於けるトルーマン大統領の対外経済政策に就ての演説

全国民の政策

此れは一政庁、一政党の政策ではない。且つさうあつてはならない。それは合衆国全国民の政策である。アメリカに住む吾々は、も一つの戦争を防がんとする決意に於て全く一致してゐる。然しながら吾々の中には此の政策遂行に当つて何をなさねばならぬかを充分認識してゐない人もある。吾々は吾々の政治的関係に於ける他国との協力を限定しうると信ずる。つまり経済問題が含まるゝ限りに於て協力する要なしと信じてゐるかの如き人も今尚なしとしない。

かかる態度が時として、合衆国の対外政策に対しては一致せる支持があるべきではあるが、合衆国の対外経済政策に対しては一致せる支持は必要ならずとする主張ともなつたのである。かゝる言は単に何ものをも意味しない。

吾々の政治上且経済上の対外政策は離るべからざるものである。

吾々は一面に於ては喜んで協力するが他面では喜んで協力しないと云ふことは出来ない。

余は両党の指導者連がこの事実を認めたことを知つて欣快《きんかい》である。

合衆国の国民各々は相互の政治的相異を決定する手段として攻撃するといふ事を放棄した。今や軍隊を動かす代りに彼等は卓を囲み、じつくりとそれについて話し合ふ様に一致した。如何なる論争に於ても、各党はそれぞれの立場を主張する。総ての利害が考慮され公正なる結論に到達するのである。此れこそ国際秩序に従ふやり方である。文明社会に於けるやり方である。これは経済的紛争の解決にも等しき論理を以て適用されるのである。経済上の衝突は少くとも初期段階に於ては目覚しいものではない。

しかしそれは常に重大である。

或国は他の諸国家を考慮せずに、又相談もかけずに或は如何なる影響を与へるかも考へずに同国の生産者に有利なる行動をとるだらう。

輸入に対する関税を引上げ、embargo や――割当制――を課することによつて或国は他国商品の買入を制限するだらう。

そしてそれが実施される時、他国の生産者は自己の市場の門戸が突然に目の前でピシヤリと閉られたと知る。

ダンピングの明白な効果

又一国はその輸出を補助し、その商品をコスト以下で海外に売り出すであらう。もしこれが実行されたならば、他国の生産者はダンピング売された商品でその市場がいつぱいになつてしまふのを知るだらう。

いづれの場合にしても生産者は若しかゝる事が我々に対してなされたら怒るやうに、怒るだらう。利潤はなくなり労働者は失職する。

生産者は警告もなく理由もなく虐待されたと感ずる。彼は自国政府に処理を求める。彼の政府は報復する。そして関税引上、通商禁止割当制、補助金制のやりとりが始まる。之が経済戦争である。

かゝる戦争においては何人も勝利を得るものはない。

確かに何人も経済戦争に最後の勝利を得るものはない。

一九三〇年代の経済戦争の一つ一つの争ひが行はれるについて、不可避の悲惨な結果がますます明らかになつた。

ホーレー・スムートの関税政策から世界はオツタワと帝国地域内特恵制度に赴き、オツタワからナチ・ドイツによつて採られた入念細微な制限制に赴いた。

世界中の諸国家は正常な貿易を抑制し、他の近隣諸国に対して差別待遇をした。

此等の国民の間の利得者は誰々か？　銀行の破産によつてその貯金を失つた預金者ではない。農地を失つた農民でもない。職を求めて途《みち》にさまよふ幾百万の人々でもない。

私は経済的衝突が不景気の唯一の原因だつたといふのではない。

併《しか》しそれが重要な原因であつたと断言する。

今や我々は一九二〇年当時と同様に歴史の転換期に到達した、国民経済は戦争によつて引裂かれた。

将来は至る所に於て不安定である。経済政策は変動状態にある。この疑惑と躊躇の空気に包まれた中にあつて決定的要因は米国が世界に与へる指導の型であらう。

我々は経済界の巨人である。我々が好むと否とに拘《かかわ》らず経済関係の将来の雛形《ひながた》は我々にかゝつてゐる。

世界は我々の出かたを期待し且注意して見つめてゐる。

選択権は我々にある。我々は諸国家を経済的平和へ導くことも出来るし又経済戦争へ追込む事も出来るのである。

（ニユーヨーク・タイムズ、一九四七年三月七日金曜日）

第三部　弁護側最終弁論及び付録

一七　ローガン弁護人　最終弁論・自衛戦論
「日本は挑発挑戦され自衛に起った」

○法廷での朗読　昭和二十三年三月十日、第三九〇回公判。

「解説」に記した通り弁護側最終弁論一般段階十五篇の中には本書に採録したいものが多かったのだが（高柳弁論を反駁《はんばく》立証段階での冒頭陳述第二稿と看做してその部門に収録した以外は）紙数の制約上已むを得ず、本篇一篇の採録にとどめた。

全篇に通し番号を付した項目別の構成となっているが、途中第三九から第四〇項に移るところ、同じく第六六項から第六七項、第八三項から第八四項、第一〇三項から第一〇四項への移行部分で叙述文体の変化が生じている。これは本篇が三人の弁護人の合作であり、ローガン弁護人の担当部分は当然英語原文からの邦訳なのであるから、その執筆分担が替った故に生じたことであろう。

内容的には、標題の示す通り、今次戦争を挑発した責任者は日本に非ずして連合国の側にあり、との趣旨のものであるが、その論証の方法はローガン弁護人が弁護側反証の冒頭陳述で採った態度と当然ながら共通している。従ってやはり石橋湛山供述書と併せ読むことがこの場合にも有効であろう。敢えて称揚して言えば、この一篇の「自衛戦争論」こそが通俗の「東京裁判史観」に対する最も効率的且つ強力な反措定をなしている。必読の一文である。

〔起草者〕
右田政夫
広田洋二
ウイリアム・ローガン

一、日本が真珠湾を攻撃し、太平洋に於ける公然の戦争行為の開始を告げた時より十三年前、アメリカに於きましては著名なる政治家の一団が、今は有名なケロッグ・ブリアン平和条約に対しアメリカが之を批准《ひじゅん》することの是非を議する為にワシントンの国会議事堂に集つて居つたのであります。そしてこの一団中には同文書共同草案者の一人たる時の国務長官フランク・B・ケロッグその人が交つて居りました。

二、その時に行はれました審議は議事録に収められ居るのでありますが、その審議の進行中、ケロッグ長官は「国家が攻撃されるのではなくつて——経済封鎖を受けるとしたら

――?」といふ質問を受けました。ケロッグ長官は「戦争しないで封鎖などといふことはありません」と答へました。その時一上院議員が「さういふ事は戦争行為です」と云ひますと、ケロッグ長官は「断然戦争行為です」と云つて之に同意しました。

三、同じ会議中、ケロッグ長官は上院議員一同に対して次の如く述べました。「先に御説明申上げました通り、私は今日、或る国家にとつて回避することの出来ない問題である、〈自衛〉若《も》くは〈侵略者〉といふ語について之を論じ定義する事は、地上の何人と云へども恐らく出来ないであらうと思ふのであります。そこで私は次の結論に達したのでありま す。即《すなわち》唯一の安全な方法は、どの国家も、自国が受けた攻撃は不当なりや否や、自国が自衛の権利を有するや否やを自国の主権に於て自ら判断する事であつて、たゞこれに就いては、その国家は世界の輿論に答へなければならないといふ事であります」(a)。

(a)第七十回国会外交委員会審議、一九二八年十二月七日金曜日

四、右は之を以てアメリカの政治家達又は政治指導者達に対する兎角《とかく》の批判の材料によるとして引用したのではなく、唯一国家の経済安定に干渉することは恐るべく且《か》つ劇烈な行動なのであるといふ考へ方は、少くともアメリカ合衆国には確固として存在する思想なのであるといふ事を示さんが為であります。

五、パリ条約の草案者自身がかゝる経済干渉を以て断然戦争行為であると見做《みな》して居りました事実を、本法廷に対して指摘いたします為に、我々はこの偉大にして博識なるアメリカ

人が、一国家がその実際に遭遇してゐる状勢に立脚しての自国の自衛権の有無を判断するのは、国家としての当然の権利であるといふことを、極めて率直に容認した事実を簡単且つ明瞭に示す為に、そのケロッグ長官自身の言葉を茲《ここ》に引用いたしたのであります。

六、次に申述べます意見は本法廷が戦争の開始せられました一九四一年十二月八日以前の暗黒期に於て、太平洋域に存在しました状勢の真相を把握せらるゝための御便宜に供せんとして、提言いたすものであります。我々は次の諸問題を提出致し度《た》いと思ふのであります。即、日本は予《あらかじ》め樹《た》てた計画の帰結として、即ち日本がそれまで恰《あたか》も小児的信仰を以て、自国の経済維持の源泉として依存して来た諸強国に対し、之を打破し且つ支配することを、その唯一の目的とする野望的計画の実現化として、欧米列強に対する侵略戦争を教唆《きようさ》し遂行したのでありましたらうか。それとも日本は日本存立を脅威する諸外国の侵害に対して、国際上承認せられた自衛権――即、如何なる筋に於ても、之を彼等の主権に属する処として異議を差挿《さしはさ》むことのないものでありますが――之の行使を試みたものでありましたらうか。

七、戦争の道具は多種多様であります。人間が進化すれば科学は進歩し、各国は自国維持の必要上相互に依存し合ふ程度が増大してくるのでありまして、さうなりますと戦争の仕方も、火薬を爆発せしめそれによつて敵を殺す方法ではなく、それとは異り、しかも相手国の抵抗力を減じ自国の意志に服従せしめんとする、同様に恐るべき性質の手段を取るやうになります。今日我々は第三次の世界大戦といふ病気を未然に防止する為には、経済療法が必要であるといふ叫《さけび》を世界の至るところに於て聞くのであります。一国からその国民の生存に必要な物資を剝奪《はくだつ》することは、確かに、爆薬や武力を用ひ強硬手段に訴へて人命を奪ふのと変るところの無い戦争方法であります。と申しますのは、それは緩慢《かんまん》な行動を以て相手国の抵抗力を減じ結局は在来の敵対行為として用ひられた方法と同様確実に之を敗北せしめることになるからであります。そしてこの方法は、緩慢なる餓《が》死《し》といふ手段で徐《おもむ》ろに全国民の士気と福祉を減耗する事を目的とするものでありますから、物理的な力によつて人命を爆破し去る方法よりも、一層劇烈な性質のものであるといふ事さへ出来るのであります。

八、検事側は連合国は日本に対して専《もつぱ》ら軍用品供給の削減を目的とする経済封鎖を行つたと申立てて居りますが、証拠はこの経済封鎖が、日本民間の総《あら》ゆる種類の物品や貿易、更に追て明かにいたします如く、食物にまで影響した事実を物語つて居ります。

九、之は一国家を圧倒的優勢の船舶を以て包囲しその貿易の自由を奪ふ従来の封鎖の方法以上のものでありました。即《すなわち》それは経済的に有力、且《か》つ非常に優越せる諸強国が、その存立並《ならび》に経済を世界貿易に依存する一箇の島国に対して採つた行動であつたのでありました。

十、アメリカが採つた行動は、起訴状に於て告訴せられてをります如く、日本の対中国侵略を抑制する手段であるとして正当化しようとする検事側の理論に対しまして、日本側は欧米諸国が東洋に於ける実状を理解することを拒んだのであるといふ声明を以て、断乎之《だんこ》に答へて居ります。一国の主張するところが正しかつたか否かを論じますことは重要でなく且《かつ》不必要であります。証拠としての実際の価値は次の事実にのみ存するのであります。即ち、日本と欧米諸国との間に正当な論争点が存立したといふ事——即国家主義的な考へ方からでありませうとも、さうでない考へ方からでありませうとも、何《いず》れにいたしましても日本が脅迫威圧せられて居つたといふ結論に到達せしめうる問題——が実際に存立した事を示すことに証拠の価値は存するのであります。もしこの敗戦国政府の指導者達が、日本は脅威せられて居るといふ概念を抱きました事に対し、その当時、正当な根拠があつたのでありますならば、一国家が危殆《きたい》に置かれた場合は、自衛の為の決定権を有するといふ諸国家一致せる国際的発言に従つて、侵略といふ要素は消散するのであります。この点を念頭に置きまして、我々は一歩進んで聯合国の対日経済活動を指摘致し法廷の御参考に資し度《た》いと存じます。而して我々は独り彼等のこの経済活動に関して事実を明らかにしますばかりでなく、更に進んで同じく聯合国の対日提携軍事活動について明かに致すでありませう。

十一、日本はかゝる事実を喜ばなかつたとはいへ、聯合国が行ひました経済封鎖は日本に対する戦争行為に外ならないものであると断定する権利を有《も》つてゐたのであります。がそれにも拘らず日本はその特有の忍耐力を以て、円満にこの争を解決しようと試みたのでありました。然《しか》るに経済封鎖は強化せられ、軍事的包囲の脅威と相俟《あいま》つて、遂に日本をして自国の存立の擁護《ようご》の為には、最後的手段として戦争に訴へざるを得ないと考へしむるに至つたのでありました。日本がこの聯合国の経済封鎖を以て直《ただ》ちに宣戦布告に等しきものなりと解釈する事なく、平和的解決を交渉に依て忍耐強く追求いたしました事は、永遠に日本の名誉とするに足る処であります。更に我々が見逃し得ざる事は、この期間中聯合国は軍事的活動をしてゐなかつたのではなく、その反対に、中立国の合法的行動としては殆《ほとん》ど承認致し難い方向に向つて彼等《かれら》の計画を進めて居《お》つた事であります。日本は之等《これら》の行動を明瞭に敵性行為であると認めて之に対する反対行動を起したのであります。日本は長年の間東洋の諸問題に干与《かんよ》し来つて居つたのでありまして、西半球に於ける出来事、特にアメリカの事柄に干渉してゐたのではなかつたといふことは、永久に忘れてならないものであります。地球の向側の世界に対し強《し》ひて干渉を行つたのは欧米諸国であつたのであります。

十二、検事側は侵略戦争の何たるかを論じたる冒頭陳述に於きまして、侵略といふ語を左の如く定義して居ります。即ち「最初に挑発せられずして行へる攻撃乃至《ないし》戦闘行為、最初の加害行為、若《も》しくは戦争乃至紛議を惹起《じやつき》せしめる最初の行為、襲撃、又侵略戦争の場合の如き攻撃乃至侵略の実施」。

十三、「紛争の解決に当《あた》り、調停を為すこと又は調停を受けること、若くは其他の平和的手段を受諾することを拒否し、武力の行使若くは戦争行為に訴へようとする国家」といふ定義であります。

十四、本法廷に既に提出せられました中立の事実によりまして、太平洋戦争は日本による侵略戦争ではなかつた事が検事側自体の下した定義に於て既に示されてゐる、といふことが明確に立証されてをります。其れは不当の挑発に基因した、国家存立のための自衛戦争であつたのであります。

日本経済は戦争を目的として計画し発展したるものに非ず

十五、この裁判の結論に到達する前に、日本が数世紀に亙《わた》つて平和を愛好する国家であつたことを考へて戴《いただ》き度《た》いのであります。日本国民はその固有の文明、永き年月に亙る高度の文化、太古より伝《つたわ》つたその道徳と伝統を尊んで満足して居りました。その為、その港を鎖《とざ》し、自《みずか》ら外界と絶縁し、その島内の資源によつて甘んじて約《つつ》ましやかな生活を楽しんで来たのであります。然《しか》るに西洋諸国が戦争と武力征服の永き歴史を内容とする彼等の所謂《いわゆる》文明がこの国の門戸を開き、その海港に交易を求め来り、海外との接触を誘ふに至つて、始めて日本は波瀾《はらん》の中に乗出《のりだ》したのであります。帝国主義と武力による植民地開拓は正に酣《たけなわ》でありました。日本が強《し》ひられてひと度《たび》その長き隠遁《いんとん》の生活から一歩表に出づるや、忽《たちま》ち世界の紛争と陰謀と戦争の真直中に飛込んでしまつたのは、何の不思議もありませんでした。日本はこの新生面に興味を持ち始めました。その人口は急激に増加しその国内資源を以てしては国民を賄《まかな》ふことは出来なくなりました。法廷が熟知せらる、如くこの国は耕地は極めて狭小であり、しかもその勾配《こうばい》のある土地にあつては耕作は非常に困難なのであります。やがて利用し得る耕地のみでは国民を支へることが出来ないと考へられ、殊《こと》にその人口が毎年百万人も増加して行く為一層それが痛感されて参りました。法廷証第八六五号（GG―24）の検察側の解釈は、小畑〔忠良〕証人の証言（a）によつて否定されました。人口政策の主目的は保健に関するものであつて、昭和十六年迄《まで》は明確ではなかつたのであります。

（a）記録二九、一五一―二九、一五二

十六、日本政府は耕地の拡張並《ならび》に作物の輪作によつて食料増産を図り、一応は成功致しました。更に朝鮮、台湾に於ける農業開発に努め、これも亦成功を収めました。ついで移民が奨励されましたが、これは欧米諸国の与へた種々の障碍《しょうがい》によつて失敗に了《おわ》りました。経済的窮乏に直面し乍《なが》ら政府が唯《ただ》手を拱《こまね》いて空《むな》しく坐してゐるならば、その罪を責めなければなりません。

十七、書証によれば日本として採るべき策はたゞ国内の工業化と外国貿易発展のみであつたのであります。日本は西洋諸国に倣《なら》つて産業発展の方法を窮《きわ》め、之に倣つて機械類を造り或は進んで之に若干の改良を加へることを知りました。又、電力を開発し蒸気船建造の道を学び或は運輸機構を整へました。資源の少い島国でありましたから、精製品を輸出する為のみならず、国内に於ける生産及消費に供する為に、多くの地域から原料を輸入して民間経済を援助することが必要となつて来ました。精製品の輸出は必要な輸入品に対する支払ひの為と外国為替を獲得する上から是非必要でありました。実に日本の産業発展の能力は一にかゝつて外国からの諸原料に依存したのであつて、このことはまた外国為替情況によつて支配されました。而して外国為替情況は大正十四年から昭和十五年までは常に不況を続けて居りました。

日本は其資源が其多産の人口を支へるには不充分であつたので、この人口問題の処理には、真剣《かく》に正面からぶつからねばなりませんでした。

十八、斯の如き日本の経済情況でありましたから、日本の国内並に対外的商工業は全然之を自由競争の流れに放置しておくわけには行かなかつたのであります。日本に於ては政府の商工業に対する統制は、日本にのみ限られたことではありませんでした。二十世紀に於ては実際世界各国は挙《こぞ》つて計画経済並に政府の商工統制の方向に進みつゝあつたのでありました。アメリカの国家復興法所謂N・R・Aはその好適例であります。日本には実に多数に上る小商工業が存在してゐたので、政府の統制の必要が特に感じられたのであります。日本がその国内国外の経済的困難を乗切り、その商工業を発展させる為には、ある程度ある範囲の統制はどうしても必要なのでありました。且又、書証の示す所によれば、日本が統制方針を採用することを、最も強く且最も多くの機会に促進したのは、外国市場の情勢と外国為替の差額でありました。日本の経済は主として貿易に依存してゐましたので、外国の政策によつて致命的な影響を受けるので、日本としてはその商工業を調整して行かねばならなかつたのであります。

十九、弁護側に於ては、検察側は日本が一応尤《もつと》もな程度を超えてその経済を戦争目的に向つて動かして居《お》つたのだと云《い》ふことを、立証出来なかつたと考へます。之に反して、有力な証拠によつて日本経済の発達は正常なものであつた、たゞ日華事変の急に応ずる為及び民間を援助する為に、控目《ひかえめ》の転換を行つたことがあるに過ぎぬと云ふことが判《わか》つたのであります。今茲《ここ》に検討しようとする証拠も亦、日本が経済封鎖と武力包囲によつて止《や》むなくかゝる方法をとつたことを確証して居ります。

二〇、政府の産業統制は已《すで》に、昭和三年、即ち検察側のいふ所謂《いわゆる》共同謀議の始められる以前に行はれました。検察側は広田被告の昭和十一年八月七日の発表を、戦争準備の為に政府が経済発展を策したものとしてゐるやうであります（a）。

が然《しか》しこの検察側の根拠とする書証は、特に、東亜に関して日本の地位は、外交政策と国防とによつて全《まつた》きを保ち得るものであると述べて居ります。検察側はこの「国防」と云ふ言葉は、この文書に於ては戦争を意味するものだと解釈して居ります。この解釈が若し正しいものとすれば、世界孰《いず》れの国々も同様に平和を装つてゐたと云ふ点で同罪でありませう。（多くの国は国防の目的を以て予算を計上して且《かつ》政策を樹《た》てゝ居りました。）この書証中検察側が読み上げなかつた項がありますが、これによると東亜の平和を確保し全世界の幸福に貢献する為の政策が採用されて、且日本は内に向つて建設を行はねばならなかつたと云ふことが、極めて明瞭であります。而して、この当時日本は已に国際連盟を離脱して居り、当時の世界状勢は、日本が自《みずか》らの幸福の為に積極的政策を採る必要があつたことに留意しなければなりません。世界平和に貢献せんとする政策が採られたことを非難することは、断じて出来ないのであります。

（a）FL書証二一二六、記録二、七二七—二、七二八

二一、検察側は、この書証を以て戦争に対する経済的工作の共同謀議の第一歩なりとして居る様であります。が然し、若しこれを真実なりとするならば、日本がこれ以前已に、商工業統制に関して法規を設けて居つたことに対する説明がありません。且又これを真実とするならば、検察側の謂ふ所の戦争目的を以てなされたと云ふ理論は、検察側が、軍が広田内閣を崩壊せしめたと主張して居りますが故に、成立《なりた》たないのであります。元来、内閣の更迭《こうてつ》は、その根本方針に関する意見の相違があつた場合に起るのが普通であります。検察側は次田〔大三郎〕証人が、広田内閣の更迭の責は軍に在り、陸相が辞任するに至つて、広田はその内閣を維持することが出来なくなつたと言ふ証言を認めて居ります（a）。且又、内務省の報告に「軍当局は、日本国民の要望する日本の東亜の安定勢力としての存在と、伸長を計らんとする政策に合致せざる行政改革方針を有する者とは相提携《ていけい》し難い。こ

の日本の伸長政策を放棄せんか、日本はその島内に逼塞せしめられ、その使命遂行は不可能になつてしまふのであると述べた」（b）とあるのを採り上げて居ります。この検察側が陸相辞任に関して検討した結論は、軍が広田の政策と相容《い》れなかつたことを動かし難いものにして居ります。広田内閣が瓦解するや広田の政策も亦解消しました。

然《しか》るに検察側は、経済的共同謀議が継続されたことを論じて、昭和十二年二月二十日林内閣はその閣僚の顔触《かおぶ》れこそ異れ、広田内閣の政策は依然之を引継いだと主張してゐますが、かかる結論の根拠なきことは、検察側がその結論を支持すべき何等の証拠を引証して居らぬことで明かであります。検察側は単に法廷証第二一八号を引用するのみでありますが、これは別の北支に対する行政政策に関するものであつて、広田の政策とは関係がありませぬ。何等《なんら》拠《よ》るべき証拠が無い為に、林内閣或はその後の諸内閣が広田の政策と一致したとは言へないのであります。この諸内閣はその根本方針の相違から更迭《こうてつ》しました。斯くの如く検察側の根本の主張たる、広田内閣以後採用された種々の政策は昭和十一年の広田政策より出たものであると言ふことは、之を支持する証拠がありません。

（a）FF一

（b）E二五

二二、検察側は昭和十一年八月七日を以て、検察側のいふ所謂戦争を目的とする経済工作の共同謀議発端の日として居りますから、昭和十一年以前に日本政府が行つた次に述べる公表及法案は、検察側がその中に言及したものがありますが、何《いず》れも戦争を目的として行はれたものだとは主張出来ませぬ。而して又この公表及法案は、いづれも戦争を目的としたものではないことが判ります。これ等《ら》を、日本経済の背景と根本的趨勢《すうせい》を示す為に、茲《ここ》に検討しようとするのであります。

二三、昭和五年一月三十一日、浜口《はまぐち》国務大臣は、議会で産業の振興と貿易の発展へ国家の努力を傾倒《か》すべきであると述べ、これがため前年十一月金解禁が行はれたのであります（a）。彼の日本経済についての大要だけでは、戦争を準備することが政府の政策であつたといふ如何《いか》なる徴候をも探究し得ないのであります。日本が不景気と失業とに苦しんだのは、即ちこの頃でありました。

昭和五年四月二十七日俵〔孫一・商工〕大臣がかゝる事態に対する救済策を行ひました（b）。彼は輸入を制限し、輸出を振興するの必要を説き、且又、此困難を克服し、民間経済を救ふ為に一層の増産を力説したのでありました。

彼は世界の他の部分に於ける新市場の開発を要望し、更に商品の輸出を激励しました。彼は無益な競争といふ弱点を指摘し、平等と産業の発展に賛成論をとなへました。彼の演説は国の立法部を前に演説をやる何処の国の政治家からも等しく期待し得る典型的なるものでありました。翌月造船組合案が採用されました。それは、造船産業の厚生と造船界の合理化を取扱つてをりました（c）。

（a）速記録二四、九五〇―二四、九五八
（b）書証二七七一―B、速記録二四、九五九―二四、九六三
（c）速記録二四、九六六

二四、翌年、昭和六年二月二十八日重要産業管理法案が衆議院に提出されました。本案は、前記産業の安定を目的として考案されたもので、其目的は如何なる戦争思想とも相容《い》れぬものであります（a）。

（a）書証二七七二―A、速記録二四、九六八

二五、昭和六年以後は、地方に集中してゐた経済不況は其極《そのきよく》に達し、社会的、政治的不安は若槻《わかつき》、犬養《いぬかい》、斎藤、岡田内閣中悪化の一途を辿《たど》つて行きました（a）。日本の国内経済を助け、この不況を克服するため、資本遊離防止案が昭和七年六月四日の議会に提出されました（b）。本案は、日本資本の海外流出を防止するためのものでありました。円価下落予想の結果、それは、決して戦争準備又は開始とは関係のないものでありました。日本の対外為替レートは漸次《ぜんじ》下落を示してをりました。為替の投機的取引が起りつゝありましたので、かゝる事態をおさへるため、外国為替管理案が昭和八年二月十六日の議会に提出されました（c）。証拠の示す所によれば当時、世界の大抵《たいてい》の国は為替管理を実施してゐたのであります。されば、日本が対外為替を全面的に管理を行つたことは、不当であつたでせうか。

（a）上原―速記録二五、二〇二
（b）書証二七七三―A、速記録二四、九七〇―二四、九七一
（c）書証二七七四―A、速記録二四、九七二―二四、九七四

二六、日本の製鉄工業は輸入品により重大な影響をうけ、刻々増大する需要に応《こた》へるため、安価で鋼を供給することは難しいことでした。従つて、製鉄会社創立案が、昭和八年二月二十八日国会に提出されました（a）。当時、政府から特別資金を仰げば、産業の合理化は計画出来、安価生産は振興し、かくして産業は安定するとの感がありました。こゝに於て又計画的侵略思想乃至《ないし》陳述は全くなかつたのであります。

（a）書証二七七四―B、速記録二四、九七六

二七、四ケ月後昭和八年六月ロンドン国際経済会議は失敗に終りました。若《も》し、成功であつたならば、世界の経済的紛糾とこれにともなふ戦争は回避されたかも知れません。ロンドン会議失敗の結果、高橋〔是清・大蔵〕大臣が、昭和九年一月二十四日議会に対する演説中に国際的協力によつて不況を克服することは不可能となつたこと及自衛策を強化し、且《か》つ国内に於ける国家経済の自給自足主義を実施する事は、総《すべ》ての列強の国策となつて来てゐることを認めてをるのであります。多分《たぶん》彼は昭和七年のオツタワ会議のやうな政策を考へて居たのでせう（a）。

（a）書証二七七六、速記録二四、九九六

二八、昭和十一年三月十日、高橋〔是清〕氏は再び明らかにロンドン経済会議の失敗に言及し、貿易調整及通商保護案を議会に提出の際、世界通商に於ては国際的協力への誠意は更になく且つ又列国の間には、利己的政策をとる傾向が著しいと言った（a）。他の国々は日本よりの輸入を制限するが如き方法により日本の輸出貿易に対して防壁を漸次築いて居たと意味ありげに指摘しました。之を打破する為に、貿易を調整し国際的収支の均衡《きんこう》をはかる制度を設定することが日本政府の意図であると述べました。即ち、輸入税を調整し輸出入を禁止し統制することにより、日本の通商を防禦《ぼうぎょ》することである。彼は又当時の大局より観ても、日本が一時的手配をする事は不可避であると指摘しました。

（a）書証二七七七―B、速記録二五、〇〇〇―二五、〇〇二

二九、昭和十一年五月十一日に自動車工業管理案が議会に提出されました。その理由は、其当時も説明した通り、此工業が確固たる基盤上になく、内外の情勢は、一般国民の為自動車生産案の提出を必要として居りました。其時、日本の自動車工業は未だ揺籃《ようらん》期にあり、日本の有する自動車は外国から供給を受けて居り、日本に集結されたものでありました（a）。自動車工業に関しては検察側は、計画から引用することに満足して居るが、此等の計画に従ひたつた一台の自動車、一台の戦車、一台の機関車、一台の貨車の生産について又日本が此等の其様な生産設備を有して居たことについてさへ何ら証拠を引用し得ないのであります（b）。

（a）書証二七七八―A、速記録二五、〇〇二―二五、〇〇四

（b）F一九二〇

三〇、検察側引用の数字と偶然にも、リーバート氏が発表しなかつた世界制覇《せいは》の為の日本航空機産業拡張の数字は、極《ご》く控へ目に言つても馬鹿々々しく低いものであります（a）。それには、明白な統計によれば、昭和十年より昭和十六年まで陸軍機は三四九機より三、七八七機に、海軍機は四〇八機より二、〇八〇機に増加、計軍用機は五八四より一一、六五四機となつてをります（b）。少くとも一年二五万機の陸海軍機を生産する計画、而して我々の知つて居る如く其計画は完成し殆んど其二倍にも達した昭和十五年一月の米国の計画（c）を指摘するのみで十分ではないでせうか。

（a）速記録八、三八〇―八、三八一

（b）F二二

（c）速記録二五、四七〇

三一、昭和十一年迄《まで》の日本の財政状態を調べると昭和六年度支出は三億三千八百万がた減少して居る事が判明致します。此政策は、不況に処するため日用品価格を下げ日本の対外貿易の均衡をはかるためにとつたものであります。昭和六年九月英国が金本位制を離れたとき、日本は、もはやデフレ政策を続行することは出来ないことが明らかとなりました。同年十二月に日本は金本位制度を停止致しました。昭和七年以後は日本は財政支出の増加

により通貨再膨張策に入り、物と労働力の需要を促進しました。この為、商品価格は上昇し、商況は好転しました。日本品の輸出は容易となり、政府の支出は昭和七年会計年度以降増加の一途を辿りました。昭和八年より昭和十一年迄殆《ほとん》ど増加はなく、昭和九年と昭和十年には多少減少を見ました。大正九年より昭和三年迄の八年間の四億五千五百万といふ財政増加は、昭和三年より昭和十一年に至る八ケ年の四億六千七百万と殆ど匹敵《ひってき》するものでありました（a）。

（a）速記録二五、四二一―二五、四二八

三二、昭和十二年一月二十一日に議会で桜内〔幸雄〕氏は日本財政策、増税計画、通貨膨張、高物価につき説明しました。昭和六年以降物価は三十二パーセント方上昇し、一方賃金は十五パーセントしか増加してゐない。且つ又物価がます〳〵上昇すれば日本国民の生活は脅威を感ずるに至らうと彼は指摘した。彼は露独の先例を歎きました（a）。同日、馬場〔鍈一・大蔵〕国務相は政府は投機的輸入増加に鑑《かんが》み外国為替法に基く法令を改訂して居り、暫定《ざんてい》緊急処置を採つたことを指摘して居ります（b）。

（a）書証二七七九、速記録二五、〇〇五―二五、〇〇七

（b）書証二七八〇―A、速記録二五、〇〇八―二五、〇〇九

三三、昭和十二年二月十五日結城〔豊太郎〕氏が外国貿易の発展を論じた際国家的経済利己主義が禍《わざわい》であることが認められました。彼は為替レートに関しては周到な政策の必要と、

国際経済は経済的国家主義の理念により頓挫《とんざ》して居ると指摘して居ります（a）。それは、国際関係の事態を緩和し、世界平和に貢献し、ひいては国際経済の停頓《ていとん》を打ち破ると主張致しました。それより一週間後、彼は輸出貿易管理税法に関する法案を提出し、其の際各国は関税引上、輸入制限の如き処置をとり、而《し》かもそれは、特に日本の輸出に対してとられて居る、と述べました。其結果、新輸入補償制を設けて、輸出補償制を拡大することが絶対に必要と信じました（b）。

（a）書証二七八〇―B、速記録二五、〇〇九―二五、〇一一

（b）書証二七八〇―C、速記録二五、〇一一―二五、〇一二

三四、日本民間経済を好転せんが為、日本が島国である関係上、前記処置にならんで船舶業に関する計画を用ひる必要がありました。米国国務省報告によれば、大正九年中、日本の造船工業は長期の不況に入り、その時建造船は昭和二年に四万二千噸《トン》まで下落を示しました。昭和四年政府は年賦《ねんぷ》払の借款《しゃっかん》の形式で造船援助計画を立てましたが、其後に続いた世界経済不況の為、此金融処置はほとんど利用されなかつたのであります（a）。更に同報告によれば、昭和七年、政府は第一次廃艦、建艦計画を提示しました。第一次計画は約四十万総噸にのぼる九十四隻《せき》の船舶の廃棄及約二十万総噸にあたる三十一隻の船舶建造といふことに終りました（a）。費用は約五千五百万であり、其の中政府の補助は、わづか一千百万でありました。第二次、三次計画は更に小規模のもので其綜合結果は十万総噸の廃

船、唯十七隻約十万総噸《トン》の建造といふことでありました。右三計画は、五十万総噸の廃船、三十万総噸の四十八隻の新造船の建造といふことに帰着しました（b）。我々が提出する、政府に対する之等三つの改善案の費用は僅か四百万ドルにしか上らず、其額は侵略戦を行ふ為に船舶計画を発達せしむるとの非難を受けて居る如何なる国にとつてもバケツの中の一滴の水にすぎないほどのものであります。

（a）書証二七六八、速記録二四、九一〇

（b）書証二七六八、速記録二四、九一一、二四、九一二

三五、更に同報告の示すところによると、旅客定期船及旅客兼貨物船建造に関し、昭和十二年四月、追加計画が施行されました。支那事変勃発《ぼつぱつ》以前は、造船の傾向は遠洋向の豪華船の建造でありましたが、支那事変以後は、日本の政策は遠洋向の大型船舶から沿岸通商用の小型及中型船腹へと変更されたのでありました（a）。これは、日本の造船工業が日華事変や太平洋戦争の準備の為に企図されたものでないことを明瞭に示すものと申述べます。島国として日本が侵略戦争を計画して居たとすれば、適当な遠洋向船舶施設を第一に思ひ付いて居《い》たことでありませう。且又、量の点では、もし、日本が世界を征服せんとして居たとすると、米英及聯合国の綜合した強力な商船隊と比較するとき、日本が建造し、又建造しつゝあつた極少の船舶数を挙げる必要は殆《ほと》んどないやうであります。日本にして戦争の準備をしてゐたとすれば、どれだけの船を廃船にしたでありませうか。更に右報告には、

建造された船の過半数は、極《ご》く噸《トン》数の少いものであり、其多くは木造船であつたとあります（b）。

（a）書証二七六八、速記録二四、九一二、二四、九一五

（b）書証二七六八、速記録二四、九一五、二四、九二九

三六、検事側では日本の海洋船舶建造活動につき証拠を提出しましたが、其証拠が、一島国としての日本には商船の発達がなかつたから侵略の準備をしてゐたのではないことを示す以上、非常に重要な点を立証し得なかつたことが恐らく分つたのであります。検事側は立場を変へ、弁護側が証拠を提出してゐる際、船舶の管理が戦争の為めのものであつたといふのは、検事側の主張でないと述べ、以《もつ》て造船に関する新事実の提出の先廻りをはかりました（a）。然《しか》るに、検事側は又しても態度を変へてをります。それは、検事側は最終論告で本問題を取上げてゐるからであります（b）。それは、リーバートの証言に依存して居るものであります。リーバートは造船に関して彼の証言中に述べて居る情報を獲得した文書についてはなにも言つてをりません。弁護側は、リーバートが証言の資料としてゐる一切の文書を獲得しようとしましたが駄目でありました（c）。然し乍《なが》ら、彼の造船についての証言が基いてゐる文書は、発見出来たのであります。それは、前に要約して居る米国国務省報告であります（d）。其文書を調べると、それは彼の証言の用語があるときは、右報告と事実似通つてをり、両文書の関連が同一であるので、リーバートはこの報告より

情報を得たことがはつきりと分ります。米国国務省報告を調べると、リーバートの要約の仕方がいかにも不適当なことが分ります。同報告によれば、リーバートが船舶工業の一局面だけを裁判所に提出してゐることを示してをります。彼は、日本政府が廃棄した船舶の数及総噸数を法廷へ出すことは出来ませんでした。彼は、彼の直接の証言を新造船数を述べることのみに局限しました。彼の証言は、新造船が全く政府の補助金で建造されたかの印象を与へるやうに注意深く表現されてありました（e）。ところが、実際のところは、政府としては、その計画に対し全費用の約五分の一程度しか補助はしてをりません。右の事実から考へて見ても、船舶建造に関して、弁護側はリーバートの証言を反駁《はんばく》してをらぬ、といふ検事側の主張は了解に苦しむものであります（f）。

弁護側がリーバートの使用したと認むる米国国務省報告を提出したとき、検事側が進退窮《きわま》つてしまつたことを認めてゐるのは、全く当然のことであります（g）。

（a）速記録二四、九六五

（b）F一六

（c）速記録八、三〇五、二四、八一三、二八、八一九、二八、八二〇、二、八八三

（d）書証二七六八

（e）速記録八、三一八—八、三二二

（f）F一六

（g）速記録二四、九〇三

三七、検事側は又昭和十三年の四十万二千噸《トン》から昭和十五年の六十万五千噸への造船の上昇率は戦争が目的であつたことを弁護側が否定して居ると述べてゐます（a）。検事側はかゝる上昇を裏づける証拠は何も提出して居りません。検事側は此の数字は昭和十四年採用された案より取つたらしく又其数量が実際に建造されたものと推定して居ります。此案につきリーバートは言及しました。若し計画中の六十万五千噸の増加が完遂《かんすい》したとしても、それは太平洋を超えた国々を支配せんと企てる国にとつては馬鹿々々しいまでに僅少《きんしょう》のものであつたでありませう。弁護側は昭和九年より昭和十五年までに進水の船舶総噸数を提出しました（b）。昭和十四年に通過した造船法によれば侵略戦などは全く計画のなかつたことが分ります（c）。昭和十六年に於てすらも残念乍《なが》ら長期戦をやるだけの船舶は不足して居たのであります。昭和十六年一月作成の書類によつても之れを立証してをります（d）。

（a）F一六

（b）速記録二四、九一九

（c）速記録二四、九一九、二四、九三二

（d）速記録二四、八九〇、二四、八九五

三八、更に米国国務省報告によれば昭和十二年七月七日、支那事変勃発後数ケ月間は、日本経済は全面的に表面、平時の基礎の上にあつたことは事実である。即ち戦略上の必要から緊急の必要品を要することとなつた時に初めて戦時統制政策が講ぜられたといふことであります（a）。又同報告は戦前でも日本は戦時経済は発達せしめ得ず又同時に其政策に応じて製品の取引も出来なかつたことは明かであると指摘してをります。

（a）書証二七九七、速記録二二五、〇九三

三九、検事側は日本が経済的に戦争準備をして居たといふ主張の裏付けとして法廷証八四一、及八四二、に大いに依存して居ります。法廷証八四一の方は昭和十二年六月二十三日附の陸軍省戦時物資生産五ケ年計画の概略であります。弁護側としては之に干与させる必要もないのであります。その理由は日華事変突発二週間後岡田〔菊三郎〕氏の証言にもある通り自然消滅となつたからであります（a）。

（a）速記録一八、二七八

四〇、検察側証拠八四二号は三項目に分たれてゐる。即ち、

一、一九三七年〔昭和十二年〕五月二十九日附陸軍省に依り立案された重要産業五ケ年計画の概要

二、重要産業五ケ年計画の須要事項遂行に関する政策の要点（一九三七年〔昭和十二年〕六月十日附陸軍試案）

三、生産力拡大計画の概要（一九三九年〔昭和十四年〕一月附企画院立案）

第一項目及第二項目が内閣に依り承認された証拠はなく且《かつ》検察側は是等《これら》の項目が斯《かく》の如《ごと》き規定として採用されたことを主張してゐない。若《も》し検察側証拠八四二号の第一項目及第二項目が検察側証拠八四一号に包含されてゐるなら（検察側は是を第三計画と呼ぶ）それ等項目の凡てが支那事変勃発《ぼつぱつ》に際し「自然消滅」したことの明白な証拠である。明白な証拠で且検察側の認める処は検察側証拠八四二号の第三項目が一九三九年（昭和十四年）一月迄《まで》は内閣に依つて採用されてゐなかつたことである（a）。それ故此の計画が実施されざりしこと及三七年（昭和十二年）の支那事変準備の目的を以て計画されたものでないことは全く明瞭である。此の事変の勃発は一九三八年（昭和十三年）に間に合せの計画を立てることを余儀《よぎ》なくされた。併《しか》しそれは検察側証拠八四二号に掲げられた案とは何等の関《かん》聯《れん》はない（b）。検察側は此等の計画が若し防禦《ぼうぎよ》的であつたとするなら、「日本は何《いず》れの国民に対し防禦的準備をなす必要を感じてゐたのであるか」と返問し、次いで検察側はロシアを惧《おそ》れて此の計画が促進されたのであると云ふ岡田の証言を認容して、是に対する答としてゐる（c）。日本の重要産業の多くは外国からの資材の輸入に依存する処が多大であつたから、日本の経済は甚だ不安定であつて、此の重要産業が独立出来ないためにそこに大なる不安があつたと岡田は指摘した。加之《しかのみならず》その当時世界は幾つかの経済ブロックに分れてゐた。そして日本はその当時近代国家として存立してゆく上に、且又その国民の福祉に備へるために、有ゆる産業を発達せしむることが必要であると信じた（d）。ソ聯の産業発達が極めて驚くべきものであつたことを岡田は詳細に説明してゐる。ロシアは第一次及第二次五ケ年計画の完成した後に、第三次五ケ年計画の開始を既に準備してゐたと日本は信じてゐた（e）。検察側は本計画案の採用された理由が岡田に依《よ》つて証言された理由以外に在ることに就《つ》いて、何等の証拠をも示すことをしなかつた。一九三七年に立案された第一計画案と第二計画案が一九四一年の戦争を始める目的で準備されたのである、と云ふことは、其の期間に起つた幾多の重大な世界的出来事で而《しか》もその多くは日本が絶対に何等の支配力を持つてゐなかつたその出来事に思ひ及ぶ時、日本の方から云へば千里眼的の見透しを必要としたであらう。それのみならず一九三九年に採用された四ケ年計画が、一九三七年に採用された五ケ年計画と同年に——若し後者が受入れられたなら——完成したであらうとする検察側の計算は了解し難い（f）。

（a）F九
（b）速記録一八、三一八
（c）F七
（d）速記録一八、二七六
（e）速記録一八、二七四
（f）F九

四一、吾等は、一九三七年以前に通過した経済に関する凡《すべ》ての法律は、侵略戦争にも、又は嘗《かつ》て採用されたことのないことが承認されてゐる一九三七年の第一計画にも第二計画にも、何等の関係なかりしと云ふ明瞭な結論を凡ての証拠が示してゐることを申立てる。尚又一九三七年以後に通過した諸法律は、第一計画にも第二計画にも何等関係を有せず、且《かつ》一九三九年迄に通つた諸法律は一九三九年迄採用されてゐなかつた第三計画に何等の関係を有せざりしことは確実である。若し又それ等が何等かの関係ありしとしても、検察側の論議は筋が通つてゐない。検察側は凡ての計画が侵略戦争の為めであつたと仮定してゐる(a)。その仮定の下に検察側は斯《か》く云つてゐる。即ち、一九三七年以前の日本の凡ての行動、一九三七年と一九三九年の期間に於ける日本の侵略的行為、及一九三九年以後に於ける侵略戦争の計画及実行等に鑑《かんが》み、唯一の結論は、此等《これら》計画が侵略戦争のためであつたと(b)。斯くの如き推理は非論理的であると吾々は考へる。検察側は先《ま》づ一の結論を仮定し、之を支持するために他の種々の結論を仮定し、之等の仮定の凡てに事実を挙証する責めを負はせてゐる。而かもその挙証の責めを確証することに失敗してゐる。

(a) F五、F六

(b) F六

四二、一九三七年七月二十九日の鉄及鋼材工業法案は、是等の工業が外国に依存してゐるが為に提案されたのである。此の法案が提出された当時吉野〔信次〕氏は鉄及鋼材製品の海外各市場への一層の発展をも含む自足が必要であつたので、此の法案が提出されたのであると述べてゐる（a）。

（a）書証二七八一―A、速記録二一五、〇一三、二一五、〇一五

四三、一九三七年の後半期に議会に提出された各法案は、本来自足の目的で企図されたのであつた。そして是等法案の多数は、諸外国が日本品の輸入を防止する手段を執《と》るやうになつたが為に採用されたのであつた。制定された是等の法律の或るものは、支那事変終結後一年以内に廃止さるべきものであつた。是等の法案の内には、一九三七年八月二日の外国貿易調整法案（a）、一九三七年八月五日の金産出法案（b）、一九三七年九月十日臨時船舶統制法案（c）、一九三七年九月の臨時資金調整法案（d）、一九三七年九月十日の輸出入貿易臨時処理法案（e）、一九三七年十二月一日効力発生の米《こめ》の緊急取引に対する法律（f）、が含まれてゐた。植村《うえむら》〔甲午郎〕は支那事変勃発後世間では棉花輸入の見透しに就《つ》き不安を感じてゐたと証言してゐる。政府としては、綜合計画設定の必要を感じてゐた。そして一九三七年に企画院が設立されたに拘《かかわ》らず、物資動員計画は頗《すこぶ》る粗雑であつて、確定した形態を整へたのは一九三八年になつてからであつた（g）。

（a）書証二七八三、速記録二一五、〇二七―二一五、〇三三

（b）書証二七八四、速記録二一五、〇三四、二一五、〇三八

（c）書証二七八六、速記録二一五、〇四一、二一五、〇四四、書証二七九〇、速記録二一五、〇五三

（d）書証二七八八、速記録二一五、〇九一、二一五、一〇〇

（e）書証二七九一、速記録二五、〇五四
（f）書証二七八七、速記録二五、〇四四、二五、〇四五
（g）書証二八〇二、速記録二五、一九七、二五、二一三

四四、検察側は戦争産業の拡大なる題目の下に、リーバート（LIEBERT）の証言を援用して、第一に日本発送電会社の成立を挙げてゐる（a）。リーバートは彼の結論として此の会社は軍の要求に応ずる為に、日本の発電力の増進とその発達を計ることがその目的の一つであつたと云つてゐるが、その根拠を示してゐない。リーバートの意見と結論は無視されるであらうと屢々《しばしば》法廷は云つてゐる。上記の理由に関し弁護側は此の結論に就いて大和田〔悌二〕（OWATA）を調べることを許されなかつた（b）。尚且《なおかつ》検察側はその最終論告でリーバートの意見を援用《えんよう》してゐる。

（a）F一〇
（b）速記録一八、二五五、一八、二五六

四五、電力国家管理法案の採用理由は一九三八年一月二十六日の議会で説明されてゐる。永井は電気が照明及火熱用として国民生活に不可欠なるのみならず、凡《すべ》ての産業の動力の一部としての役目を果して居り、且戦争に対し並に平和の為に備へらるべきものであることを指摘してゐる（a）。

（a）書証二七九二―A、速記録二五、〇五五、二五、〇五八

四六、此等の目的は大和田に依《よ》つて充分に説明されてゐた。日本に於ける水力の発達は断片的な方法で行はれてゐた。それ故水力の浪費を防ぐために大規模の開発が必要であつた。電力の発生は東部に於ては豊富で西部に於ては僅少《きんしよう》である。東部と西部の発電所を水力線で繋《つな》ぐことは石炭の節約となり且つ火力に依る発電を排除することが出来る。加之《しかのみならず》発電事業は大都市の周囲に集中される傾向あるが故に、何等かの方法を案出して電力を農業地区に送ることが必要であつた。又電力を安価に大規模工業に送ることが可能となるであらう。尚又電力の国家管理法案は一九三九年一月第三計画（a）承認以前に採用されたこと、又どう視《み》ても前記計画の遂行《すいこう》を考慮したものでないことは指摘するまでもないことと思はれる。リーバートの引照した計数の発表された日附がないのと（b）、彼の提供した種々の図式に何等の日附がないこと（c）から見て、此等の計数や図式がリーバート指導の下に描かれたものであることは明らかである。そして基礎戦争工業及戦争援助工業なる分類は、彼の個人的の分類である。よしやそれ等が商工省の計数及び図式であつたとしても、それが発表され又は準備された日附が何処にも掲げられて居らぬ。斯《かく》の如くリーバートの所謂《いわゆる》基礎的戦争工業若しくは戦争援助工業なる彼自身の分類を根拠として彼及検察側は増大された電力が戦争基礎工業及戦争援助工業に消費されたこと、そして民間会社、公益事業及一般民需の消費量には何等の変化もなかりしといふ結論を引き出す様法廷に要求してゐる。何が基礎的戦争工業及戦争援助工業を形成するかに就《つい》て何等の証拠もない点からして、リーバートの証言及結論は無価値であることを申立てます。言葉をかへて云へば、吾等は彼の計数（d）も又図式（e）（掲載省略）も、原本の書類ではなく、彼の指図で調べられたものであることを申立てます。

（a）書証八四二
（b）速記録八、二八一 Liebert's Off p.6
（c）書証八四三
（d）速記録八、二八一 Liebert's Off p.6

四七、検察側は又支那に関して新聞通信員ゴエッテ（Goette）の経済意見に頼つてゐる（a）。彼は随時適切な反対を受け乍《なが》らも経済事項に就いて彼の意見と結論を述べることを許されてゐた（b）。全然公平な立場からすれば、意見の開陳《かいちん》に就き弁護側証人に課せられた拘束に鑑《かんが》み、ゴエッテの凡《すべ》ての意見と結論は、当然無視さるべきである。

（a）E八七
（b）速記録三、八六六

四八、工作機械工業及精密軸承《じくうけ》工業（Precision Bearing Ind.）を論ずるに当り、検察側は単に一九三九年一月の第三計画を援用し、リーバートの疑はしい図式と計数に根拠を置き（a）、日本が工作機械の莫大《ばくだい》な量を輸入したと結論してゐる。一九三七年乃至一九四〇年の間に軍が約二千二百五十万弗《ドル》に上る工作機械を購入したといふリーバートの断言には根拠がない（b）。彼の図式に就いての面白いことは、彼は生産、輸入及輸出を示す計数を引照してゐるに拘《かかわ》らず、彼の図式には輸出に就いて描写がないことである。此処に又、商工省及工作機械協会の計数にも日附がない。之は多分リーバートが供給した出処の判らぬ数字に依《よ》つて作成されたものであらう。是と同様の理由で、精密軸承工業に関しても図式と計数は無視さるべきである（c）。日本に於ける工作機械部門の発達の理由は、一九三八年三月十日に議会に提出された法案が好《よ》く之を説明してゐる（d）。曰《いわ》く、本工業は極《ご》く最近の発達に係り、製造能力と技術の点に於て諸種の困難が有つた。それ故工作機械製造の能力は外国品に於ける製造能力よりも劣つてゐた。そして過去に於て日本は工作機械を輸入に俟《ま》つてゐた。それ故此の工業の管理は合理的な基盤の上に置かれねばならぬと考へられるに至つた。而して既に一九三八年以後に於ては、日本は工作機械の一大輸出国となつた。

（a）F一九

（b）速記録八、三五六

（c）速記録八、三五七

（d）書証二七九三、速記録二五、〇六三―二五、〇六五

四九、一九三八年（昭和十三年）三月十七日近衛公は国家総動員法の提出に就《つい》て演説した（a）。それが一九三八年五月に終《つい》に法律と成つたが、之は支那事変が始つてから十ケ月後

のことであつた。一九三八年二月二十四日斎藤〔隆夫〕氏は国家総動員法採用の必要に就いて議会で演説した(b)。彼は支那事変《しなじへん》は吾人《ごじん》の「想像以上に重大な規模となるに至り」日本の不拡大方針や現地解決主義は実現不可能に陥つたことを指摘した。彼は事変の将来を予言は出来ぬが、併《しか》し前途は頗《すこぶ》る遼遠《りようえん》であると考へてゐた。彼は又此の事変は凡《あら》ゆる紛擾《ふんじよう》の源泉を成すことを立証するもので、日本の将来には幾多の大困難が附纒《つきまと》つてゐる。故に人員、天然資源及物資に対し、或る程度の統制を加へ、国防の強化を計らねばならぬことを強調してゐる。近衛《このえ》公も亦此の法案は軍需品の補充及戦争遂行に必要なる、凡《すべ》ての国家的活動を円滑ならしめる為に必要なることを説いてゐる。

此の法案の眼目とする所は、政府をして時局の現実的要求に即応して緊急手段を取り得る様にせしむるにある。彼はその当時一九一八年の軍需工業動員法が存在してゐたことを指摘してゐる。併《しか》しながら此の法律はその範囲が充分でなかつた上に、支那事変が発生したので、その欠陥を補ふ為に此の法案が提出されたのである。彼は又「此の法案の内容はその大綱に於て軍需工業動員法と支那事変に関する諸種の臨時法規に盛られた諸事項を基礎としたものである」と述べてゐた(c)。該《がい》法案には評議員会の設置に関する特別の規定が含まれてゐる。此の規定に関し、合衆国国務省は評議員会を設けんとする該法案の規定は、此の法案の軍事的権能を無効にしてゐると報告して斯《か》く云つてゐる。即ち「併乍《しかしなが》ら此の法典の適用の下に採らるべき手段を審査する為、五十名の評議員(大部分貴衆両院より撰《えら》ばれる）から成る国家動員評議員会の設置を決定したことは、工業の国営化に対する闘争に於ける軍の武器としての此の法の効果を無効にする傾きがある」と（d）。合衆国の報告には尚又日本の一有力刊行物から次の記事を引照してゐる。即ち「一九四〇～一九四一年に於てですら日本の経済は大体に於て個人企業に依つて融資され経営されてゐた。そして此の個人企業は比較的軽微な政府の干渉の下に、自己の純益と配当を処理してゐたのである。各種の工業の上に励行された広範な国家的計画の意味に於ける統制は、尚未成期にあつた」云々（e）。植村に依つて証言された通り、事実上日本は国家動員に対する準備に於ては、他の国々に比し遅れてゐた。彼は国家総動員法の立案に際しては第一次世界戦争当時の大英国統一国防法、及之に随伴する伊太利《イタリア》及チエコスロヴアキアの国家総動員法、及一九三五年米国国会に提出され、当時上院で審議中なりし合衆国国家総動員法第五五三九号等を参照したと述べてゐる（f）。

（a）書証二七九四、速記録二五、〇六九、二五、〇七一
（b）書証二七九二―C、速記録二五、〇六一、二五、〇六三
（c）速記録二五、〇六八、二五、〇七一
（d）書証二七六八、速記録二五、〇九九
（e）書証二七六八、速記録二五、一〇〇
（f）書証二八〇二、速記録二五、二一〇、二五、二一五

五〇、検察側の反対訊問を受けざりし植村証人に依り説明された通り第三計画が一九三九年一月に採用された理由は、日本の各種工業の好《よ》く均衡の取れた発達を企図したからであつた。併《しか》し支那事変の為に、可能生産力拡大に対する原料資材の配給が期待した通りには実行されなかつた（a）。

（a）速記録二五、二〇九

五一、検察側は日本に於ける重工業の設置に就て論評した。合衆国国務省報告に説明されてゐる通り、その理由は、若《も》し支那や他の国民が工業化されるならば、第一に軽工業が設立される可能性があつた。その為に日本の輸出は軽減される。そして日本に於ける重工業への再組織こそは、日本が工業国として存続し得る唯一の手段として実行されねばならぬことであつた（a）。アルミニユームやマグネシユームの如き軽金属製造工業に対する法案は、一九三九年三月十七日に提出された。その理由は国防、国内需要、平和時に於ける輸出及需給の均衡並に価格の公正を保つにあつた。

（a）速記録二五、〇九二、二五、一〇〇

五二、軽金属と非鉄とに関する生産を論ずるに当り、検察側は計画に基く生産増加の陳述《ちんじゆつ》と計画に基く生産増加が実現されなかつたとの主張を以て満足してゐる。此の事を無視して検察側はリーバートの証言は重要でないと考へて居る様である。証人が原料に関する彼の事実と数字とを日本政府、統制団体、米国政府の貿易統計及印刷物、其の他の根拠等より獲得せることを、リーバートが反対訊問《じんもん》の際認めたことから見て、我々は以上の見解に同意する。リーバートが選んだ数字は必要に適するやうに始めから考慮されたるものなることと、彼が専門家でないのであるから、彼の結論は信頼性がないと言ふことを主張せざるを得ない（a）。

（a）書証《記録》八七七四、八七七五

五三、鉄及鋼鉄の生産が戦争目的の為に準備されたものであるとの主張を支持する為、検察側は事実によりて証明されないリーバートの結論にその根拠を置いてゐる（a）。リーバートは「非常に多量のスクラップ（屑鉄）が輸入された」と言ふやうな、事実によつて証明されてゐない陳述をしてゐる。リーバートは鋼、特殊鋼、鋼の地金、銑鉄、鉄鉱石等に対する一九三八年乃至《ないし》一九四二年間の数字を示した（b）。けれども是等《これら》の数字は机上計画の生産増加であつて、実際の増加ではない（c）。彼は商工省が支払つたと想像される補助金について述べた（d）が、彼の数字に対し確実なる根拠を証明する証拠がないのである。リーバートの証言は鉄鉱石の生産と輸入（e）、銑鉄の生産と輸入（f）、鋼鉄屑の生産と輸入、一九二六年乃至一九四一年間の鋼鉄の生産と輸入（g）を示す表を証拠として提出するにある。しかし是等の数字の確実性乃至其根拠の確実性に付、リーバートは明《あきらか》にしてゐない。是れは此の法廷の規定に従つて我々は之を無視することを主張する。もしかりにそれを無視しないとしても、公平に観察すれば、当該増加は正常なものであつて、過当のものでないと言ふことは明らかである。例へば検察側法廷証八四五号に載せてある鋼鉄の生産及輸入に対する彼の数字が、リーバートの提供したる情報に基きてSCAPの経済及科学課の製図者及使用人が作成したることを彼自身認めた（h）。彼は尚ほ進んで、彼が種々なる団体と会議したり米国及日本の材料とその数字を比較したことを認めた。然しながら提供された法廷証八四五号の図表中には、記号及根拠即ち商工省と記載があつて日附がない。斯くの如く、図解中の数字は全部商工省から獲たるものではなく、いろいろの方面からの数字の集《あつま》りに過ぎないのであつて、絶対に、証明力がない。

（a）記録八、三三三三、八、三三三六
（b）記録八、三三一七
（c）記録八、三三一六
（d）記録八、三三二三、八、三三二四
（e）記録八、三三三一
（f）記録八、三三三二
（g）記録八、三三三三
（h）記録八、六六六五

五四、証人吉野〔信次〕は一八六〇年乃至一九三〇年の間の生産の背景に就き証言を為した（a）。

足立〔泰雄〕の証言が当該計画に言及しなかつたが故に価値がないとの検察側の主張は、余りにも素朴に過ぎる。彼の証言は種々なる政府機関より得た事実、数字、日附ある図表を基礎としたものである。事実彼の口述書には十二の図表が添附されてゐる。検察側が此証人に対し反対訊問《じんもん》することを拒絶したのは是等事実及数字を認めたによると思はれる。足立の証言と彼の口述書に添附せる図表とを研究すれば、検察側の主張即ち、日本の鋼及鉄の生産が侵略戦争の準備であると云ふ判断の誤謬《ごびゆう》である事は証明できる。図表一（図表掲載省略、以下同様）は鉄の延棒《のべぼう》、鉄板の市価を示す。図表二は各国の毎年一人当りの鋼生産と一九三一年の日本の鋼の消費は米国の約七分の一に相当することを示す。図表三は、銑鉄の生産に於て一九三〇年より一九四〇年迄の間、日本は濠洲、独逸《ドイツ》、米国、露国に劣り、英国のみが日本より尠《すくな》く生産せることを示す。図表四は日本の輸入関税改訂の結果を示す。図表五は銑鉄生産の増加は正常の増加であつて侵略戦とは何等の関係はないことを示す。足立の証言の如く此生産の一部分は日支事変《にっしじへん》入の為めに軍が必要としたのである。図表六は一九三八年後の鋼完成品の生産低下を示す。図表七は一九三六年乃至一九三八年度の鉄鉱石輸入の激減と其後一九四一年までの増加及同年に再び低下せることを示す。一九三八年乃至一九四一年の間に於ける増加は日支事変の為めであつて、過大でないものと認められる。図表八は完成鋼鉄の輸入と一九三七年を除き、一九三二年乃至一九四二年の間に減少せる鋼鉄の原料品の輸入、及右の鋼鉄原料品の輸入が一九三九年に僅《わず》か増加したる事を示す。図表九は一九三二年乃至一九三六年の間に完成鋼の輸出が急激に増加し一九三八年迄は減少し、完成鋼の輸出が一九三九年以後再び増加し再び減少せる事を示す。図表十は機械輸出即ち形をかへた鋼鉄資材の輸出が著《いちじる》しく増加し一九三二年より一九三九年迄の間此増加が継続せることを示す。是れは侵略戦に対する準備であると言ふことを反証するものである。図表十一は完成鋼の消費が日本に於ける一般民間人の生活の向上に伴うて漸次《ぜんじ》増加し一九三八年から一九四〇年に至る間に低下の傾向にあることを示す。図表十二は軍用及民間用の完成鋼の計画消費につき示す。此図表にある材料は一九四五年鉄鋼統制組合の米国爆撃調査の際に提出されたが、元来は政府に於て作成せるものである。完成鋼の消費の関する限り侵略戦に対する何等の計画がなかつたと云ふこと、即ち、此図表により民間の消費が遥《はるか》に軍用消費に超過する計画であつたことを示す。

（a）記録一八、二二一、一八、二二三

五五、鋼及鉄に関し政府の対策が如何《いか》に必要であつたかといふことは足立が充分説明した。日本は鋼及鉄の外国からの輸入に対し脅威を感じてゐた。第一次世界大戦中の二百に上る製鉄業者中既に百五十は破産した（a）。

一九三二年から一九四〇年まで、日本に於ける生産増加の運動は第一次大戦以後、各国が為したることと同一であつた。彼は此主張を支持する為めに、数字を示した（b）。原料品の輸入に対する見返り品として、日本は鋼及機械の輸出額を増加せねばならなかつた。

一九三四年に商工省が作成した計画は、純粋に経済の立場からであつた（c）。そして此の問題の解決に努力した結果、陸海軍の要求額は一八九六年より一九三〇年迄の間の陸海軍の要求額を基礎として其総額の一割以下に止まつてゐた。そして此の計画は一九三〇年に終る筈《はず》であつた。鋼鉄資材の生産は日支事変が始まつた一年後一九三八年に於て頂点に達し、其後、日支事変にも拘《かか》らず低下した。一九三二年から一九四二年までの消費は一九三九年に頂点に達し、其後は低下した。輸入は一九三九年頂点に達した（d）。商工省の全計画は民間経済の為のものであつて足立は戦争遂行に関する計画は知らなかつた。この大生産が計画されたのは人口増加の対策として日本が農業国より工業国に転換しつゝあつた必要から来たものであつて、同時に国民の経済生活の向上へ貢献するものであつた。

（a）記録二四、九八二、二四、九八三
（b）記録二四、九八四
（c）記録二四、九八六
（d）記録二四、九八九

五六、鋼鉄資材の生産は日支事変の拡大により低下した（a）。一九四〇年、屑鉄輸入の禁止により生産は著しい影響を蒙《こうむ》つた。日本に於ける鉄鉱石の産出は大《おお》いに減少した。銑鉄の消費は一九三五年より一九四一年までに大に増進した。屑鉄の消費は一九三九年まで漸進《ぜんしん》的に増加し、そして、其年に低下を始めた。日支事変が始まつて、陸海軍の要求は増大した。これは戦争中の国としては自然のことであつた。そして、国民に対する供給は一九四一年には一九二一年の供給程度位にまで減少せられた（b）。検察側が足立に対し反対訊《じん》問《もん》を行はなかつたところを見ると全部足立の証言を認めたものと思はれる。

（a）記録二四、九九一

（b）記録二四、九九四

五七、亦《また》検察側は証人荷見《はすみ》〔安〕に対し、反対訊問を行はなかつた。証人は政府が永い間、充分の食糧を獲得せん為努力を払つたこと、そして如何に食糧の不足特に、米の不足が日本及朝鮮の引続く旱魃《かんばつ》により一九三九年に著しかつたかを証言した。証人は又米の値段を政府が決定することにより、一九三九年と一九四〇年とに於て食糧事情を緩和せんと努力したが、朝鮮に於ける米の消費の増加が日本内地の食糧を極度に欠乏せしめた事を証言した（a）。

（a）記録二五、〇五〇、二五、〇五二

五八、一九四〇年三月十一日、石炭供給法律案が衆議院へ提出された（a）。石炭の供給不足に因り、日本国民生活は全般に亙《わた》り脅威を受け、動力工場其他の産業に対し充分なる石炭を供給出来なかつたと法案提出の理由として説明されて居る。法案の目標は石炭産出の増加と新炭鉱の開発とであつた。日本に於て産出される石炭は高級品ではなかつた。

（a）法廷証二七九六―A、記録二五、〇七六―二六、〇七八

五九、検察側は石炭の統制及石炭産出増加は必然的に軍需工業を支持する為であつたとの結論を為して、満足して居る。工場に於て必要なる骸炭は日本は之を輸入に俟《ま》たなければならないと言ふ検察側の認めた事実を全く無視してゐる。検察側は日本の正常なる経済が、此等の対策を要しないと云ふことに対し何等証拠を提出せず、石炭工業に関する法律案は日本の自衛の見地より合理的でないと結論してゐる。

六〇、一九四〇年三月十五日まで、人造化学工業に関する法律案は議会へ提出されなかつた(a)。法案提出の当時、是等の事業が近来発達を見たものであり、且《かつ》日本は自然の資源に欠乏してゐると述べられてあつた。且支那事変勃発後此等の生産品の生産増加の要求は必然的であるとも指摘された。検察側の日本化学工業に対する論点は二つの仮定に基いてゐる。即ち、(一)化学工業は爆発物及戦争資材の製造に対し、重要なる地位を占める。(二)一九四一年直前、化学工業は甚大なる発展をなした。

化学工業が爆発物及戦争資材の製造に対し、或る程度重要であることは我々も認めるけれども、化学工業が戦争準備の目的の為に発展したことに関しては何等の証拠が提出されてゐない。又化学産業の大部分が戦争準備の為、発達したことに対しても充分な証拠がないのである。化学工業が正常なる一般民間経済に於て、極めて、重要な地位を占めてゐることは公知の事実である。我々は法廷が日本の化学工業と其発達に関しリーバートの数字結論及意見を無視されむことを要望する。彼が経済学者でないことは誰しもが認めるところである。彼は反対訊問の際、彼が数百の文書を調査したこと、そして、彼が不正確なりと考へたものは之を採用せず、自分が希望することを表示する文書を採択したと陳述してゐる（b）。

一九四六年十月二十二日、彼が証人台に立つた際、化学工業に関する彼の数字の根拠につき弁護側から質問をしたが、検察側のごまかしにより、弁護側はその目的を達しなかつた（c）。換言するとリーバートは日本が侵略戦争を準備せることを示さんとし、この目的のため特に適した数字ばかりを選択し、他のものを無視して法廷に提出したることは明瞭である。検察側の経済に関する主たる証人の斯くの如き主張は、彼の証言を認むべきものでないと判つきりと語つてゐる。斯くの如き事情の下に於て最終弁論の際、彼の数字を無視せられたいとの要求に対し、法廷は之を容認する意向を表示せられた。仮に、化学工業に関するリーバートの数字が真実であるとしても、其数字はこの新に発達せる工業の正常な発達を示してゐるに外ならないのである。

（a）法廷証二七九六—B、速記録二五、〇七八—二五、〇八二

（b）記録八、七七七

（c）記録八、三〇五

六一、財政方面より観ると、日本が侵略戦を準備したと結論することは不可能である。日本財政策の第一次転換期は満洲事変以後であつて、此転換に対しては緊急対策を樹立する要

があつた（ａ）。

満洲に対する軍事行動は公債によりて賄《まかな》はれなければならなかつた。第二次の財政転換期は二・二六事件と共に始まつた。第三次の転換期は日支事変の開始後に始まり、増税と公債に拠《よ》つた。第四次転換期は一九三八年一月に始まつた。財政方面より観察すれば、此等の財政策のいづれもが侵略戦を計画し、又は準備したことを示すものでないことは誠に明らかである。

（ａ）法廷証二七六九号、速記録二四、九三五―二四、九三九

六二、一九三六年三月四日、議会へ提出せられたる石油統制法律案の目的に就きて、松本〔烝治〕氏は当時の精油工業の状態に対し、必要であつたと説明した（ａ）。松本氏は日本はベンジンと重油との供給の半ば以上を外国に依存せねばならないが故に、石油の輸入及生産の統制が必要であると述べた。彼の演説の如何なる部分にも該法律案の目的が上述以外にあつたといふことは述べられてゐない。証人吉野は該法律が六ケ月間の石油の供給を確保せんために作られたものであつて、軍事の為めではない、反対に国内産業の消費の為めであつたと述べてゐる。この法案は露国、和蘭《オランダ》、米国、英国等の石油会社間に競争を生ぜしめたのである。右法律案は仏国の立法を例に取つた。六ケ月間の供給延長に要する費用は政府の負担であつた。もし、右法律案が軍事上の目的であつたならば、右予算は陸海軍の予算に組入れられたらう（ｂ）。

（a）法廷証二七七七―A、速記録二四、九九八―二五、〇〇〇
（b）記録一八、二二五―一八、二二七

六三、一九三七年七月二十九日、人造石油工業法律案及帝国燃料開発会社法律案が議会へ提出された。右法律案中に、日本は石油資源に於て、甚だ乏しきこと、及び日本は現に多額の費用を費消し、且石油の需要が増加したことに付て述べてある。又是等法律案の目的は自給自足にあると述べてある（a）。

日支事変が始まるまで、日本に於て、石油の貯蔵が全然なかつたと岡田は証言した。日支事変が始まつてから、アメリカ原油と最小限度の飛行機用ガソリンを陸軍用として、輸入した。これこそ、我陸軍の初めての貯油であつた。当時、日本は総体として、著しくガソリンに不足し、民間のガソリンを陸軍用へまはしても辛うじて一年間に対する陸軍航空を賄《まかな》ふに足るに過ぎなかつた。

（a）法廷証二七八一―A、記録二五、〇一三

六四、検察側は石油工業の計画的増加に言及して居るが、右の増加が、一九三九年までは採用されなかつたことは認めて居る。

一九三四年と一九三五年との間に一九三九年の計画を実行する為め、法律案が通過したといふ検察側の主張は、当然維持することは困難である。検察側は一九三八年三月（a）官民用石油消費規制の為め、配給制度が実施されたる事実に就き言及してゐる。日支事変

で、戦争が進行中である以上、此消費規制は不思議ではない。各国に於ては事実上、戦争に入る前に於てさへ配給を行つた。

（a）F一三

六五、検察側に於て反対訊問を為さなかつた岡崎〔文勲〕氏の証言によりて「日本に於ては、陸海軍用のみに対し、ガソリンを必要とした」といふ如き印象は打消された（a）。

彼は一九三一年に、陸海軍に於て、三六、〇〇〇キロリツトルのデイゼル油を消費し、民間消費は一、二四〇、〇〇〇キロリツトルであつたこと、そして、此の比率はその時より太平洋戦が始まるまで続いたことを証言した。一九四一年に於ける民間消費は一、〇六六、一五〇キロリツトルであつた。此民間消費の減少は輸入禁止の為、一九四〇年に一、三四六、〇〇〇キロリツトルから一九四一年に、四六五、〇〇〇キロリツトルに輸入が減少したことが与つて力がある。燃料油に就きては、一九三一年以後、海軍の消費は増加したことを岡崎氏は指摘して居る。是は船舶の石炭を燃料とする汽缶《きかん》が漸次《ぜんじ》燃料油用の汽缶に転換したる為めである。

（a）法廷証二七八二、記録二五、〇二〇

六六、リーバートは自由に、多くの産業に関し、意見乃至結論を述べたが、直接訊問《じんもん》に際し、ともかく、著大なる貯蔵油が日本にあつたと陳述した（a）ことは興味が深い。しかし彼は右石油が戦争用であるとは証言しなかつた。彼は日本の民間が非常にガソリンを要求したことを良く承知してゐた。弁護側多数証人等は日本は一年半以上持ちこたへる石油の貯蔵がなかつたと証言して居るに対し、検察側に於ては、日本は世界の制覇《せいは》を志して居たと主張してゐることは興味がある。世界の制覇を志す国の石油の貯蔵としては確に多くない油の貯蔵である。吉野は石油の貯蔵を奨励するため、政府が補助金を支出して奨励してゐたのは実に一九〇〇年からであると証言した（b）。

（a）記録八、二八七

（b）記録二八、二二四

六七、検察側は、日本の戦争を目的とせる経済動員と云ふ標題を掲げて大袈裟な結論をし、議会を通過した法律議案は総《すべ》て侵略目的遂行の為に作られたものであると云つて居ります（a）。

検察側はこの国家管理が始まつたのは昭和十二年より数年であつたことを漸《ようや》く認めましたが、この昭和十二年より以前の国家管理が戦争を目的としたものかどうかを結論してゐない理由を説明して居りません。その理由は曖昧《あいまい》であります。検察側は昭和十一年八月七日の広田の声明を勝手にとりあげ之に事実的根拠も理由もなく、この声明以後のあらゆる法令は広田の政策の衣鉢をつぐものであるとして居ります。検察側は政府の法令を調査の上、これを記録にない陳述と結びつけて居ります。唯ある場合リーバートの所説並に結論に日本の諸法令が侵略を進める為に作られたと云つてゐるのを引用してゐます。即ちリーバートの証言を検討して「唯今検討致しました証言中の事実で弁護側が否認したものはありません。弁護側証人はいづれも全然之に触れず、或は黙認するか或は率直に之を認めて居りました（b）」と述べて居ります。これは唯今検討致しました弁護側の証拠から観まするに実に驚くべき陳述であります。且又弁護側より提出の経済関係の証拠で検察側の異議が遂に通らなかつたものが実に多数あるのを見ますならば、日本の経済発展に関する検察側の主張は非常に不確実な、根柢の無いものであつて弁護側の証拠が提出されぬやうにするのに大童《おおわらわ》であつたと云ふ動かし難《がた》い推論が出来ると思ひます。私共は弁護文書第一七六二号石橋湛山の証言を特に心に留めて居ります。尤《もつと》もこればかりにと云ふのではありませんが、石橋氏は日本でも最も著名の経済専門家であります。而して同氏の供述書は図表も附いてゐる調《ととの》つた書証であります。検察側の証言が否認されなかつたなどと検察側が言ふのは当を得ぬことで、検察側は日本の経済が戦争の目的で動かされてゐたことを立証しては居らぬと認められるのであります。日本は太平洋戦争の為に経済計画を樹てたのだと云ふ説を立証せんとして、検察側は佐藤〔賢了〕が行つたと伝へられる戦時の激励演説をしきりと振り廻して居ります。が然《しか》し、かかる演説は精々宣伝だけのものであつて、新聞に伝へられた数字は検察側に於て確証を得たものではありませぬ。明かにこの演説は国内消費に対して行はれたものであります。

（a）F—二一、F—三二

（b）F—二九

六八、検察側の全く専門家でもない、法廷もさう認めてゐない唯一人の経済関係の証人（FNリーバート）が反対訊問に於て、遂《つい》に、その示した数字は、昭和十六年十二月七日の戦争を目的として原料を貯蔵したことを示さない（a）が、唯《ただ》石油だけは貯蔵して居つたと云ふことを認め、しかもこの石油すら、他の目的で貯蔵したものであつたと、この証人は述べて居りますのを、本法廷で取上げられては困ると云つてゐるのは、重要な点であります。

（a）記録八、七八四

対日経済封鎖

六九、本法廷は「貿易〔の停止〕が或国の存立自体について致命的なものでない限り、他国が其国と貿易しないことを理由として、その他の国を攻撃することは正当となし得ないことは明白な所である」といふ法を述べて居られます（a）。此の宣言はケロッグ国務長官の経済封鎖は戦争行為であるとの言明より更に一歩進んだものでありますが、茲《ここ》に審査さるべき証拠は法廷の法の言明の範囲内に入つて来るものであり、通商停止が日本の存立自体を脅かしたかどうかといふ証明に関してゐるのであります。

（a）証拠《記録》二〇、九一四

七〇、茲に審査される証拠は事実西欧列強の各種国家主義的経済的方策に関連するものでありますが、此等の方策は日本及び日本商品に影響を与へ日本をして日本の貿易及び通商に対するその影響を克服するために種々の対内的方策を採るを要せしめたものであります。我々は茲に日本を経済的に窒息せしめるために着手せられた大胆な挑戦的な行動と見做《みな》すべき、積極的行為を示す証拠を提出したいと思ひます。日本の周囲に張り廻らされた経済封鎖は、日本が戦ふを余儀《よぎ》なくせしむるが如き破壊的効果を有したのであります。

七一、ハル国務長官に依れば「事実上の対日通商停止は一九三八年に始まつた」（a）のであります。

一九三八年七月一日、航空機及び航空機部分品の製造業者、及び輸出業者に対する米国国務省の回章の結果として、日本の商社はアメリカ製の航空機及航空機部分品を輸入する事は、事実上不可能となつたのであります。此のことは堀内日本大使からハル国務長官への書簡の中に指摘されました。彼は此の行為は一九一一年二月十一日附日米通商航海条約第三条第五項の規定に違反したものであると抗議したのであります（b）。

一九三九年七月二十六日此の条約は通告後六ケ月の期限で廃棄されたのであります。ハル国務長官に依れば「……其の条約中の最恵国約款の作用は、日本の通商に対する報復手段の採用に障礙《しょうがい》を及ぼすからである」といふ理由からでありました（c）。

（a）法廷証二八四〇、記録二五、四〇九
（b）法廷証二七九九、記録二五、一五四、二五、一五九

（c）法廷証二八四〇、記録二五、四〇八

七二、堀内〔謙介〕大使は又米国国務省に対し各種の製造業者及び輸出業者に回章を廻し、彼等に輸出許可の要求を思ひ止まらせようとする米国の行為、及び引続く輸出禁止の生産品目録を拡張する行為に関し厳重に抗議しました。一九三九年十二月二十日、米国国務省はグルー米大使に対し米国は一九三九年七月米国に依り廃棄せられた一九一一年の通商条約に代るべき新条約のための商議の開始を欲せざる旨通告したのであります（a）。岡田〔菊三郎〕が証言した如く此の条約が一九四〇年一月に失効するに及んで一層悪化せる経済的圧迫が日本に対し加はり来つたのであります（b）。

（a）法廷証二七九九、記録二五、一五四四、二五、一五九

（b）記録二四、八五七

七三、我々は法廷に対し通商禁止商品及びその禁止効力発生の日附を全部こゝに一々申し上げて法廷を煩《わずらわ》さうとするものではありません。然《しか》し乍《なが》ら此の事柄を含んだ別紙附録「A」に法廷の御注意を喚起《かんき》致したいのであります。此の附録を一通りざつと御覧になれば日本の一般人の日常生活に絶対に必要な多量の生産品の多くが含まれてゐることが明らかになるのであります。その中の或物は勿論《もちろん》軍需品に変更することができたでありませう。日本は戦争目的に使用せられ得るものを輸入することができなかつたために、この期間に戦争準備をなしたとするリーバート及検察側の主張を調和させることは困難であります。米国

は多くの場合斯様《かよう》な物品の日本に対する唯一の輸出国でありました。

七四、一九四〇年六月二十八日、合衆国国務長官は極東情勢を英国大使及濠洲公使と討議しました。ハル長官はグルー大使に対し、彼即ちハル長官は「合衆国は一年間日本に対し経済的圧迫を加へて来た。又合衆国艦隊は太平洋に駐泊せしめられた。更に日本の情勢を安固にするために、〈実際的軍事的戦争行為の大なる危険の一歩手前迄〉の凡《あら》ゆる可能と思はるゝことがなされた」と言明した旨を通報したのであります。

彼は更に「この方策は将来に対する合衆国の意向の最良の証拠である」と付け加へて居ります（a）。附録Aに示されてゐる如く、声明書はつぎ〳〵に通商禁止の厳格度を増大し乍《なが》ら一九四〇年七月二日、一九四〇年七月二十六日、一九四〇年九月十二日、一九四〇年九月二十五日、一九四〇年九月三十日、一九四〇年十月十五日、一九四〇年十二月十日、一九四〇年十二月二十日、及び一九四一年一月十日に発せられて居ります。

（a）法廷証二八〇〇―A、記録二五、一六八、二五、一六九

七五、日本が右の如き経済圧迫に非常に苦んだ結果、蘭《オランダ》領印度との間に殊《こと》に油に関しての交渉を開始すべく再び新たな熱意を以て努力したのはこの時期の間でありました。証人石沢〔豊〕は、交渉は小林〔一三〕がバタヴイアに到着した一九四〇年六月十二日に開始されたと証言しました。その当時、日米通商条約は廃棄せられ合衆国の日本に対する経済圧迫は強化されたのです。証人は更に十月中旬迄に日本は約百万噸《トン》の油に関する蘭領印度の

提案に応じたと述べました。其の後右の交渉は日本が独逸《ドイツ》と同盟を結ぶに至つて不利となりましたが交渉は尚続けられました。石油問題は別として、一般的提議が一九四一年一月十六日ヴアンムーク博士に提出されました。証人は検察文書第二七四八号―A―2法廷証第一三一一号は単に草案であり日本の要求を構成するものではない事を証言致しました。之は反対訊問《じんもん》の際彼の証言に依り尚一層強調されたのであります。一九四一年一月十六日提出の覚書は法廷証第一三〇九号―A中にある覚書であります。一九四一年五月二日より提案は論議され、日本は妥協を承認しました。一九四一年一月六日和蘭《オランダ》政府の回答は多くの相違点があり交渉は不成功に終りました。一九四一年六月十七日、日本側代表は再考慮を迫りましたが和蘭側代表は再考の余地なしと回答しました。日蘭両国の合同コムミユニケが発せられました（a）。この間一九四一年二月四日、一九四一年二月二十五日、及び一九四一年四月十四日、通商停止布告に依り、合衆国は更に経済圧迫を加へたのであります。

（a）法廷証二八二一、速記録二五、二六九、二五、二九七

七六、一九四一年五月二十八日日本大使は合衆国国務長官に対して「日本は制限的経済の圧迫を感じて居り、貿易の再開を喜んで迎へるであらう」（a）と申入れたにも拘《かかわ》らず、同日国務省は通商停止（b）は更に比島にも拡張されると宣言したのであります。

（a）法廷証二八一九、速記録二五、二六一、二五、二六二

（b）法廷証二八二〇、速記録二五、二六二、二五、二六三

七七、ターナー海軍少将よりスターク海軍大将宛の覚書《おぼえがき》中に、一九四一年六月二十日の野村〔吉三郎〕大使との会談が記録されて居ります。野村大使は、合衆国及びフイリツピンの日本に対する輸出制限並に船舶噸《トン》数の減少により、日本の経済地位が悪く、更に段々悪化してゐることを指摘し、又日本が原料を獲得せねばならないことをも指摘しました。

七八、他の国籍の船舶はパナマ海峡（ママ）通過を許されてゐるに拘らず、日本の汽船三隻が同海峡（ママ）に於て停止を命ぜられたので一九四一年七月十八日合衆国国務長官代理に対し援助が求められました（a）。

（a）法廷証第二八二五（三）、速記録二五、三〇八（三）

七九、一九四一年七月二十一日ルーズヴエルト大統領及び日本大使の間の会談に於て大統領は、合衆国は合衆国より日本へ油の輸出を続けて許可してゐると述べました。若しこれが実行されて居らなかつたとすれば日本政府はそれを蘭領印度進駐《しんちゅう》の口実とした筈《はず》である。合衆国は太平洋の平和を保持する為にこの政策を遵守《じゅんしゅ》して居ると述べ、更に大統領は若し日本が武力で蘭領印度の石油資源を強奪しようとするならば、蘭印はそれに抵抗するであらう。又英国は之を援助し、その為戦争が起るであらうと述べました。更に合衆国の大英帝国援助政策の見地から、「非常に重大な事態が即刻起るであらう」と述べました。明らかにルーズヴエルト大統領は、石油だけでも日本の〝存立〟に〝致命的〟である事を了解

してゐたのであります。

八〇、一九四一年七月二十五日シャーマン・マイルズ准将は、参謀総長に覚書を送りましたが、その写しは陸軍長官及び陸軍省の他の者にも送られました。この覚書は日本政府が動員の目的を以ての国民資金の統制及び最大生産を目指し、且《かつ》防衛を支持する為の資本の分配の統制を決定し、之を発表した事及び〝新政策〟は「日本の悲惨な経済状態を改善するには明《あきらか》に手遅れである」事を指摘して居ります。このことは一九四一年五月二十七日の機密経済報告書の内に載せてあるのですが、その写しは前記覚書に添付されてゐるのであります。この覚書「日本に対する制裁」中に述べられた内容が通商停止決定に関する通報の受領前に記載された旨の鉛筆書きの記入を含んでゐる事は注意すべき事柄であります（a）。

（a）法廷証二八二四、速記録二五、三〇五、二五、三〇七

八一、一九四一年七月二十五日合衆国海軍作戦部長はキンメル海軍大将其の他に対し「日本に対する経済的制裁」の見出しで、合衆国は七月二十六日経済制裁を科する事、日本の財産及び資産は凍結される事、日本が即時武力を使用して反抗することは予期はしないが、可能性ある不測の事件に対する適当なる予防手段を取つて置くべきであることを勧告した覚書を送りました。彼は更にこの行動は、合衆国陸軍が比島軍に積極的に行動させるやうにすることにより始まるであらうと述べたのであります。

八二、日本に対し経済封鎖を科する目的は、一九四一年七月二十五日ラヂオによる公報がホ

ワイトハウスより発せられ明らかにされました。その中でルーズヴエルト大統領は、合衆国は過去二年間南太平洋よりゴム錫《すず》等を獲得せねばならなかつた事及び肉、小麦及び玉蜀黍《とうもろこし》を英国と濠洲の為に獲得する援助をせねばならず、しかも南太平洋より戦争が勃発《ぼつぱつ》する事を防ぐ事は合衆国の立場より重要な事である旨述べて居ります。又彼は大英帝国にとつて南太平洋の平和を保つ事が重要な事であるので、合衆国は濠洲よりニユージーランドに至り更に近東に至る合衆国の軍隊及糧食等の供給線を確保する事を望んでゐると指摘しました。日本に答へて彼は、「仮令日本が南方へ帝国拡張の侵略目的を持つてゐたところで、日本は北方には日本に入用なだけの石油を持つてゐない」と述べ、又合衆国の為、又大英帝国の防衛の為将又《はたまた》大洋の自由の為に戦争が南太平洋に起るのを防ぐ希望を以て二年間の期限附で日本に石油を送らせる方法を指摘しました（a）。

（a）法廷証二八二七、記録二五、三二六、二五、三二七

八三、日本を太平洋戦争に突入させたと決定を下すについて当法廷が信頼し得る最も重大な声明は、恐らく唯今述べたルーズヴエルト大統領の言明であります。ルーズヴエルト大統領が前述の声明の作成に当り、健全な経済状態が世界の平和確立に必要であることを十分に認識してゐたことは否定出来ない動かすべからざる結論であります。此は新しい意見ではないけれども、日本との貿易封鎖方針が齎《もたら》した恐しい結果は不健全な経済状態が戦争の主要な基礎原因の一であるといふ見解の正当性を示して居ります。戦争を防止しようとし

てゐる不幸な国々に経済援助を与へる戦後政策は、斯様《かよう》な政策の賢明なことを示して居ります。若し一国に経済的援助をなす事が戦争を防止し得るとするならば、一国を経済的に窒息せしめる念入りな計画は戦争の正当な理由であります。本法廷は十七年間に亙《わた》る世界紛争の原因と結果とを吟味《ぎんみ》する先例なき機会を持つたのであります。此の法廷の判決の光は、世界を戦争の暗黒より平和の光明へと導き出すでありませう。その重要さに於ては、被告の運命を決定する法の深遠なる判定よりも遥《はる》かに勝るものがありませう。恐らく前述のルーズヴエルト大統領の声明は、国家的境界を越えての経済的機会均等の世界的承認への道を開くものでありませう。

八四、一九四一年七月二十五日、日本大使豊田〔貞次郎〕が米大使グルーに手交した文書に於て、彼は一九四一年七月二十一日に於ける仏印の共同擁護に関する日本政府及びヴイシー政府間の親善協約を指摘した。豊田はまた、もし米国が油の全面的禁輸を実行せんとするならば、蔣介石政府への援助と、日本に対する包囲陣とに対し抗争の波が立ち上るだらうと述べた。彼はまた蘭領印度及び日本間の交渉の不満足な結果及び日本包囲陣の強化とにより日本国民の感情の悪化せることを述べた（a）。

（a）書証二八三〇、速記録二五、二二三

八五、ル大統領の、日本への油供給の連続は戦争を回避したといふ事実の認識にも拘らず、一九四一年七月二十五日に日本の資産を凍結する行政命令はワシントンに於て発せられた。

それに対する理由としては日米間の財政的便宜と貿易とを国家の防衛と米国の利益を害する目的に利用されることを防ぐといふことであつた。「元帥蔣介石の特別な要求と中国政府を援助する目的で、大統領は同時に凍結統制を米国に於ける中国資産にも及ぼした」と指摘された。また中国資産に関し許可制度の実施は、中国政府の外国貿易及び為替状態を強化する目的で行はれ、またこの行政命令に中国をも包含せしめたことは、中国援助の米国政策の連続であつたことが述べられた（a）。

（a） 書証二八二九、速記録二五、三三二

八六、大英帝国及び和蘭は米国と時を移さず協力した。たとへ彼等は一九一一年に溯る日本との商業及び航海条約を締結して居つたとはいへ、一九四一年七月二十六日及び一九四一年七月二十八日に夫々これ等の条約を全部破棄した。彼等は条約はそれに定められた時期が終れば効力を失ふと述べたが日本との商取引の禁止と、財政的取引の統制とにより不法手段が直ちに講ぜられ、かくして日本の商業に対し経済的凍結を実施した（a）。

（a） 速記録三六、九七〇、三六、九七二

八七、一九四一年七月二十六日の凍結令の大なる影響は米国政府により認められたこの命令は日本の利益にかゝはる凡ての財政及び輸出入貿易を政府統制の下に置いた。そしてこの結果は、やがて米国及び日本間の貿易を事実上中絶せしむるのであつた（a）。

（a） 書証二八三一、速記録二五、三二六

八八、スターク海軍大将は一九四一年の夏、日本が経済制裁を科せられた後には、日本は他の場所に行き油を求めるだらう、そして、もし彼が日本人ならば、さうすると述べたことを認めた。彼は国務省にかう話した（a）。

スターク海軍大将はまた、これは日本人は油其他の物資を得るため、マレー又は蘭領《オランダ》印度に早晩行く外なからうと思つたことと一致すると述べた。

彼は、国務省は、制裁は結局戦争を齎《もた》らすだらうといふ彼の考と一致したと信じた。『平和と戦争』（一九四八年米国国務省編）の中に記録されたやうに、事実、凡《すべ》ての実際的権威筋〔の考〕は、いかなる強国に対しても実質的経済制裁又は禁輸を科することは、それが優勢な武力の誇示により裏付けられなければ戦争の重大な危険を包蔵するものなることで一致した。

大統領及び陸海軍並びに国務省の首領者達は凡てこの間、外交及び軍事的情勢のあらゆる部面に関し絶えず協議してゐた（b）。

（a）書証二八三三A、速記録二五、三三六

（b）書証二八三三A、速記録二五、三四〇

八九、一九四一年七月二十二日附、スターク海軍大将よりサムナー・ウエルズ閣下へ送つた書簡には、大統領が前以てスターク大将に日本への数々の物品の禁輸に対する彼の意見を徴《ちよう》したことが示してある。そして彼は大統領に油に関しサムナー・ウエルズ及びハル氏に

彼が述べたことと同様の考へを大統領に述べたことを大統領に話してゐる。彼は又戦争計画課をして迅速に研究を行はしめ、それが七月二十一日に終了したことを通告した。その報告の写しを彼は大統領に送つた。そして大統領はこれに対し満足の意を表しその写しを、いま一部ハル氏に送るやうスターク大将に要求した（a）。一九四一年七月十九日附のこの研究報告は、その目的を日米間の貿易に対する全面的又は部分的禁輸の実施により生ずる影響の決定に置いた。それは一九四〇年に日本への輸出が一九三九年よりも五百万ドル、一九三八年より千三百万ドル減少したが、一九四〇年の最初の十ケ月間に物価の騰貴《とうき》と、欧洲よりの購入不能の結果として米製品に対する日本の需要が増加したため、輸出の価格は増加したことを示してゐる。一九四〇年の最後の二ケ月間には一部輸出許可統制の適用の結果激減を見た（b）。一九四〇年十一月及十二月には機械器具、鉄、合金、精鋼に於て減退が見られ、屑鉄輸出は全く問題にならない程少なかつた。一九四一年の最初の五ケ月間に米国より日本への輸出は一九四〇年、同期より四千四百万ドル少なかつた。貿易は一九四一年一月に於ける千百万ドルより同年五月に於ける六百万ドルに減少した。

一九四〇年には六千七百万ドルに上つた鉄及び鋼鉄製品又は金属細工、機械類は禁輸の直接の結果として一九四一年には全く姿を没してしまつた（c）。日本の購入した米国原棉は一九三九年に於ける四千二百万ドルより一九四〇年に於ける二千九百万ドルに下つた。これは日本に於ける織物の持合せ量や、米国棉の印度及南アメリカのそれに比し高価なると、他の物品に対する船腹要求のためであつた。
（a）書証三八三三—A、速記録二五、三四一
（b）書証二八三三—A、速記録二五、三四二、二五、三四三
（c）書証二八三三—A、速記録二五、三四四

九〇、自動車を含む他の物品の減退は、日本の購買力の減少と日本の之等製品の輸入制限のためであつた。日本より米国への輸入は実際一九三九、一九四〇の両年に於ては同様であり、一九四一年の最初の四ケ月に、輸入は米国輸出に於ける三千七百万ドルの減退に比し、一九四〇年の同時期に対し僅《わず》か八百万ドルを減少したに過ぎない（a）。
（a）書証二八三三—A、速記録二五、三四五

九一、報告はなほ次の如く述べてゐる——「米国の石油供給を停止することは直《ただ》ちに蘭領印度の侵入へと導くであらう。多分さうであらうがこれは必ずしも、確実な即時の結果ではない。……なほ日本は約十八ケ月間戦争継続に堪《た》へる油の貯蓄がある。米国による油の輸出制限は英国及び和蘭《オランダ》による同様の制限を必要とする……なほもし日本がその時英蘭に対し軍事行動を採るならば、日本は又フイリツピンに対する軍事行動を採り、結局われわれを太平洋戦争に直ちに捲込《まきこ》むことになるであらうことは確かであると思はれる」。

九二、報告は日本との貿易はこの際禁止されぬやうとの勧告をもつて終りになつてゐる。
R・K・ターナー「（速記ニアラズ）私は概略同意する。これが貴殿の要するやうな実状

の説明であるか」（a）。

（a）書証二八三三―A、速記録二五、三四六、二五、三五〇

九三、コーデル・ハルは真珠湾攻撃調査の合同国会委員の前で次の事を証言した。即ち一九三九年七月二十六日に米国が日本政府に、一九一一年の通商条約廃止の希望を知らせた時、この条約は米国に適当な保護を与へなかつたと同時に、条約の最恵国条項の適用は、日本商業に対する報復的手段採用の障碍《しようがい》となつたといふことが感ぜられたと。

尚一九四〇年一月二十六日に於けるこの条約の終了は、米国が日本との貿易に制限を加へる法的障碍を取り除いたこと、一九三八年七月二日に米国により制裁的禁輸が始められ、一九四〇年七月二十日の条令の後に科せられた制限は、又日本の行動に対する米国の防止と反抗の表現として実施された。ハル氏は尚米国が日本との会談に入る決定は、米国が自衛のための再軍備必要の線に沿うてゐたと述べた。ハル氏はなほ一九四一年七月二十六日の凍結令は、中国及び日本の利益にかゝはる凡《すべ》ての財政的取引、及び輸出入貿易取引を政府の統制下に置くことを指摘した。その結果は日米間貿易の実際的中止を来すのであつた（a）。

（a）書証二八四〇、速記録二五、四〇八

九四、凍結令の日本民間人の生活に与へた甚《はなは》だしい衝撃は証拠により充分に証明された。多種の貿易産業、日用品など、その存在そのものが原料輸入と軍需品生産に関係なき製品の輸

出とに依存したのであつたが、これ等は直ちに影響を蒙つた。これ等のあるものは次の通りである――

セメント、アルミニユーム、鉄、銅、石炭、米、陶器、玩具、ガラス及びガラス製品、薄荷脳《はつかのう》、茶、大豆、燐《りん》鉱石、油脂及油引物品、鞣革及鞣革製品、ポタシユーム塩、小麦及び小麦粉、亜鉛、砂糖、材木、織物機械、硫黄及硫酸、羊毛及羊毛製品、海産物、ソーダ、灰分、苛性ソーダ、化学窒素、人造絹糸及人造繊維、自転車、電気装置、絹織物、綿布、ゴム及びゴム製品、人造絹布及原棉（a）。

証拠はなほ凍結令が米、飼料、家畜、砂糖、肥料、塩其他の如き（b）基本的日用品に影響したことを示してゐる。多くの民間人が日常生活上依存した綿布、羊毛、絹及人造絹の如き物資に関係ある日本の織物業が実際休止の状態に置かれた（c）。

（a）書証三七一四、速記録三六、九六八、弁護証五〇〇A―一―五〇〇A―三七

（b）書証三七一〇―A、速記録三六、九六六

（c）書証三七一二―A、速記録三六、九六八

九五、日本船舶が地球上の諸地点に運搬してゐた種々の商品は、凍結令の結果全く輸送されなくなつた（a）。日本の輸出入の蒙つた影響の程度は品名別、国名別、政治団体別に如実に裁判所に提示された（b）。

われわれはこゝで序に一九三六年に総噸《トン》数約五百万噸に上る殆んど二千艘《そう》の外国船が、

大連に入港した（c）ことが認められる時は、検察側のいふ満洲国との外国貿易は、同国建設後実際休止したといふ主張は根拠がないことを述べて置く。

（a）書証三七一一—A、速記録三六、九六七

（b）書証二七六六—A、書証二七六六—B

（c）書証三七一三—A、速記録三六、九六八

九六、早くも一九四一年七月二日、米国務省は次の結論に到達した——「米国に於ける日本資産の凍結は近き将来に予期され得る」（a）。これは凍結は仏印への進駐に対する報復であつたといふ検察側の主張を否定する。たとへそれが報復であつたとしても、事実を吟味《ぎんみ》すればかゝる報復は正当でなかつたことを疑なく証明する。

（a）書証二八八〇、速記録二五、七三九

九七、一九四一年八月十四日、米国海軍作戦部は太平洋の司令官達に極秘の通牒を送つて、その中に日本の貿易及び船舶業の縮小は米英蘭干渉の直接の結果であり、又一部パナマ運河通行の拒否や輸出制限の決定や、石炭積込港湾施設使用の拒否及資産凍結によると説明してゐた（a）。

（a）書証二八五四、〔五〕速記録二五、五七六

九八、証拠は、凍結令を含み米国の採つた前進的手段の結果として、日本の憤怒は益々高まり、近衛は和解運動に主導的役目を採り、野村大使は総理大臣近衛よりの書簡を手交して

大統領にこれを知らせた。油はソ聯へ送られ蔣介石にはマグルーダー大将を首班とする軍事委員を送る決定がなされたと声明されたのはこの頃であつた（a）。情勢は緊迫して磯田〔三郎〕少将は代将シャーマン・マイルズに次の如く指摘した——「日本は窮地に追ひつめられた。日本をこゝまで押し込めることが出来る。これからはたとへ米国との戦争は日本の最も望まない処であつても、日本の国民的名誉と保全を救ふためには米国と戦はねばならぬであらう」。マイルズ代将はまた米国参謀長に送つた覚書で「磯田少将の訪問は日本大使及国務省間に今進行中の会談と明かに並行してゐる」と述べた（b）。

（a）書証二八三五、速記録二五、三六〇、二五、三六三

（b）書証二八五六、速記録二五、五八五、二五、五八七

九九、検察側は一九四一年九月の米国関税委員の報告は、米国は日本よりの輸入杜絶により少しも影響を蒙らないことを示したことを認めた（a）。一九四一年十月九日に米国船舶が再武装し、積載貨物を何処の交戦国港湾にも運搬することを許可するやう、中立条令の修正を国会に請求した。これは一九四一年十一月十七日に可決された（b）。

（a）速記録二五、〇八三—二五、〇八五

（b）書証二八三九、速記録二五、三九五

一〇〇、経済封鎖にかゝはらず、戦争回避のために日本に於て合成油の産出の可能性に関し調査が行はれた。鋼鉄圧縮管や石炭、コバルトの欠乏のため、実際的見地からこれは不可

能であることが解つた（a）。

東条内閣成立後一九四一年十月に調査が続けられた。油製造業の拡張により戦争が回避され得ることが考へられた。そして、東条陸相がその不可能なことを聞いた時、彼は一九四一年十月二十九日になほ基本的研究を行ふことを命じた。

その後企画院さへもかゝる計画は不可能なりとの結論に達した。その観測と結論とは一九四一年十一月五日に御前会議に回附された（b）。

（a）速記録二四、八七〇

（b）速記録二四、八六一、二四、八六三

一〇一、戦争が勃発《ぼつぱつ》した場合の船腹についても、また調査が行はれた。噸《トン》数の損失、石炭及び鉄獲得の不能、手持物資の消耗のため、日本の反撥力は疑問であると感ぜられた（a）。陸海軍及民間の持合《もちあわ》せた油の総量は、日本がもし戦争に駆《か》り込まれた場合、強国に対し、空中に於てまる一ケ年、海上作戦に於て一ケ年間持続し得るのみなることが示された。船舶業に関する観測と結論とは、いかなる延長戦の遂行にも船腹が悲しむべき程に欠乏してゐることを示した。

（a）速記録二四、八七〇

一〇二、日本人が米政府の誠実さの程度を疑ふに至らしめたことが、一九四一年十一月十日附のグルー大使からの覚書に述べられてゐる。彼は次の如く述べた。――「日本の大臣は日本がその存在のため原料を必要とすることを訴へた。そして米政府がこの事実を認めなければ会談の成立は六ケ敷《むつかしい》だらう」と。彼は、六ケ月以上日本政府は、米国の見地に歩み寄るやう当て込んだ提議をなしたが、米政府は少しも譲歩しなかつたと指摘した（a）。

（a）書証二八三八、速記録二一五、二三九四

一〇三、前述のことは日本の存在そのものに肝要な日本の貿易が封鎖されたから、ケロッグ長官及びこの法廷が宣言した事実及び法律上からして、日本が攻撃に出たのは正しかつたことを充分に証拠立てる。この結論を支持する証拠は、日本側よりのみ出てゐるのでなく、封鎖の当初に西洋諸国の正当な代表者達によつてなされた声明からも引出されてゐることは、注意すべきことである。既述の経済的証拠に加ふるに、われわれは今また日本の戦争決意に主要な役目を演じた軍事的包囲の脅威に関する事実を指摘する。

対日軍事行動

一〇四、前述の如き、日本に対する経済的圧迫の政策を以て西欧列強は相提携《ていけい》して、軍事力を以《もつ》てその政策を強行する為一層強硬な而《しか》も峻烈《しゆんれつ》な措置《そち》をとるに至りました。中国に対し軍隊と戦争資材とを提供し、その結果として中国の土地に日本人の血潮を流す事になり、而もそこに対日侵略はなかつたと検察側は果して正当に主張し得られませうか。日本が日本を取り巻いて固く張りめぐらされてゐた軍事上の包囲陣に対して反撥すべき正当な理由

を持つて居つたかどうかを証拠を調べて検討して見ませう。事実は日本が自己防禦《ぼうぎょ》の為に攻撃を加へるべき正当な挑発権を持つて居つたといふ事を充分に証明するのであります。

一〇五、昭和八年（一九三三年）には早くも、合衆国は三十二隻の海軍艦艇の建造と装備の為に資金を配分致しました（a）。そしてその翌年、ワシントン海軍条約及びロンドン海軍条約に定められたる限界迄艦船を建造する為ヴインソン海軍案が公認されました（b）。昭和十年（一九三五年）四月、合衆国陸軍省予算配当令に於いては陸軍に於ける十六万五千名迄に及ぶ徴募《ちょうぼ》兵の増員を公認しました（c）。

（a）法廷証二八四二、記録二五、四三五
（b）法廷証二八四二、記録二五、四三五
（c）法廷証二八四二、記録二五、四三五

一〇六、日本が法令に依《よ》つて経済的難関を切り抜けようと努力して居りました時、R・E・インガーソル海軍提督は昭和十二年（一九三七年）十二月ロンドンへ赴《おもむ》きました。彼は渡英の第一の目的は統帥関係に関する事項並びに通信、連絡、信号、暗号及び其の他に就いて英海軍省と調査、会談する事でありました。此等の会談は合衆国及び英国が、太平洋に於て日本と戦争を起すかも知れぬといふ仮定の上に基づいて居つたのであります。

彼は真珠湾調査委員会の前で、彼の渡英の目的は、万一戦争が起つた場合には各国は如何にして他国と協力すべきであるかといふ事に関して試案を作る事であつた事を進んで容認致しました。此等の会議の報告は其の後の協定A―B―C―1が、昭和十五年（一九四〇年）或は昭和十六年（一九四一年）に有効になる迄効力がありました（a）。

スターク海軍大将は同委員会に対する彼の証言書の中に、此の訪英を確認して居りました（b）。

（a）法廷証二八四四―A、記録二五、四四八、二五、四四九

（b）法廷証二八四九―A、記録二五、五三二

一〇七、昭和十三年（一九三八年）一月二十八日、合衆国国会に対し、合衆国国防は強化さるべきであり、一洋一沿岸に限定さるべきではないと勧告されました。そして莫大《ばくだい》なる増強が陸海軍の軍備に要請されました。この海軍の増強は例へば英国の如き或る他国と、海軍が協同作戦を行ふといふ事を目的とした協定に基づいて居るものであるかといふ疑問が国会で発せられました。尤もこれは昭和十三年（一九三八年）二月十日一国会議員宛の書翰に於いてハル国務長官が否定致しましたが、此の陸海軍再軍備の提案は国会に依りて事実上採用されたのでありました（a）。

（a）法廷証二八四二、記録二五、四四二

一〇八、昭和十四年（一九三九年）合衆国は米大陸以外の地にも戦争準備を拡張せんとして着手しました。そして戦略要地の所在地が要塞化《ようさい》された事は、疑ひなく日本を目的としたものでありました。『平和と戦争』は昭和十四年（一九三九年）一月十二日国会宛特別教書

にルーズヴエルト大統領は、軍備特に合衆国大陸、アラスカ、ハワイ、ポルトリコ及び運河地帯の防空を強化する為、陸海軍航空機用に振り向ける為、更に五億弗《ドル》以上の予算の割当を要求した事を明らかにして居ります。彼は又更に多くの航空機パイロットの訓練と、軍需物資の大量生産の為手段が講ぜられる様《よう》勧告致しました。

此等の勧告は事実法律に制定されました（a）。

（a）法廷証二八四五、記録二二五、四五一

一〇九、昭和十三年（一九三八年）十月二十一日附大統領宛書翰に於て、ハル国務長官は全面的戦争が始まつた場合に使用さるべき原料の十分な供給を獲得する必要のある事を指摘致しました。国務長官のこの勧告が昭和十四年（一九三九年）六月七日法律に制定せられました時、この様な供給を役に立たせる為に手段が講ぜられ始めました。そして一億弗《ドル》が産業及び陸海軍の需要に応じて戦略上の資材の貯蔵物を獲得する為に割当られました。昭和十四年（一九三九年）六月二十三日付で、合衆国英国間にとり結ばれた協定の結果として、十万噸《トン》のゴムが綿と引換へに合衆国へ齎《もた》らされました（a）。

（a）法廷証二八四五、記録二二五、四五二

一一〇、合衆国大統領が更に十八億弗の予算の割当を要求しましたのは、昭和十五年（一九四〇年）一月の事でありました。昭和十五年（一九四〇年）五月アメリカ艦隊はハワイへ進航し、そこに碇泊《ていはく》して日本に脅威を感ぜしめました（a）。同月更に多くの予算割当が

国会で要請されました。昭和十五年（一九四〇年）五月十六日、国会への演説に於てルーズヴエルト大統領は、アメリカが「その生産能力を少くとも年五万機を産出する位にまで高めんこと」を希望する旨述べました。彼は陸海軍の軍備に十億弗の予算割当を要請しました。昭和十五年（一九四〇年）五月三十一日百万弗以上に上る予算の追加請求が、国防軍及び必要なる予備員を兵役に召集すべき権限と共に要請されました。国会は右の金額を昭和十五年（一九四〇年）七月十日の大統領の再軍備計画用に、更に五十億弗の費用と共に充当致しました。国防軍及び予備員の現役召集に就いての彼の要請は、又昭和十五年（一九四〇年）八月二十七日国会に依つて採決されました。此《こ》の様《よう》な兵員はフイリツピン諸島を含む合衆国領土、及び領有地に於いて使用さるべきであると規定した事は注目に値する事であります（b）。

昭和十六年（一九四一年）一月合衆国予算案は百十億弗の追加割当を要求しました。かくして昭和十五年（一九四〇年）五月以来軍事目的の為に要求せられた費用は二百八十億弗に上りました（c）。

（a）法廷証二八〇〇—A、記録二五、一六八、二五、一六九
（b）法廷証二八四六、記録二五、四六九
（c）法廷証二八四七、記録二五、四九三

一一一、合衆国借款《しやつかん》法案が昭和十六年（一九四一年）三月十一日法律に制定され、該法案の

目的達成の為に七十億弗の経費が充当されました。その明言せられました目的とは、中国を含む或る諸国に対し、無制限にして緊急なる全面的援助を与へるといふ政策を制定する事でありました（a）。

（a）法廷証二八四八、記録二五、四九五、二五、四九九

一一二、スターク海軍大将は真珠湾攻撃調査書に於いて、昭和十五年（一九四〇年）彼が英国政府に対し、海軍協力の可能性に就き討議する為海軍専門家を合衆国へ派遣する様請求した事を証言致しました。その会議は昭和十六年（一九四一年）早々開かれ、同年三月に終了致しました。彼は自分自身の責任に於いて同会議に要請し、そして大統領に自分がそれを為しましたと報告しました。此の英国からの委員は平服を着て合衆国へ到着致しました（a）。

（a）法廷証二八四九―A、記録二五、五三二―二五、五三四

一一三、日本を目的として行はれました次の手段は、昭和十六年（一九四一年）四月シンガポールに於いて開催されました極秘の米、蘭、英会談でありました。此等の会談の報告は次の如く述べて居ります。

「日本占領地及び日本本国に対する航空作戦を立てる事が重要であります。経済的に封鎖し、海軍に依る圧迫を加へ、又航空機に依る爆撃を加へれば、日本はその結果崩壊するでありませう」。

それは又潜水艦及び空軍の作戦にとつて、ルソン島が攻撃基地として価値ある事に言及致しました。そして中国に同様の部隊を設けると共に、ルソン島に爆撃部隊を維持する様あらゆる努力が払はれるべきであると勧告しました。又それは「陸軍及び空軍の雇傭《こよう》計画」といふ題名の下に、「中国ゲリラ部隊は聯合国に依り武器を供給され、装備され、指示を受けて活躍して居つた事」を指摘して居ります。この様な作戦を立てる為、手段は英国政府によつて已《すで》に講ぜられてありました。合衆国政府は同様のゲリラ部隊を組織する事を勧告されて居ります。

その報告は尚次の様に述べて居ります――

「日本及び占領地域に於ける破壊工作の組織。此の様な種類の工作は已に英国政府に依つて組織されつゝあります。合衆国も又此の様な工作を企てるべきであり、英国と協力して該工作を密接に組織立てるべきことが勧告されて居ります」（a）。

（a）法廷証二八五一号―A、記録二五、五四七、二五、五四八、二五、五五〇

一一四、昭和十六年（一九四一年）五月二十七日ルーズヴエルト大統領は無制限の国家緊急状態が存在すると主張し、彼は亦、合衆国の計画はこれに対して大砲や戦車や飛行機や艦船を造るべき時間的猶予《ゆうよ》を与へたと述べました。当時彼は亦「アメリカ諸国に於ける我々は、我々アメリカ人の権益が攻撃されるか或は我々の安全保障が脅《おびや》かされる様な事態が生ずるかどうか、又起るとするならば何時何処でなど、云ふ問題に関しては、我々自身で決

定して行くだらう」といふ重大発表を行ひました。これは根拠のない中立ではありませんでした。若《も》し合衆国が何時自国の安全保障が脅かされるにいたつたかといふことを、合衆国自身で決定すべき権限を持つべきであると主張するならば、同様の法則は日本に関しても適応されるべきであると提案されます。

一一五、中国に対する航空機計画に関する覚書が、昭和十六年（一九四一年）五月九日ラウクリン・カリーからルーズヴエルト大統領の許へ送られました。その中で彼はその年のそれ以降に対する試案を案出したと大統領に報告し、又中国に中国空軍を建設する事の重要性、並びに此の様な計画が中国人に及ぼす心理的重要性を指摘致しました。此の覚書には二百四十四機の追撃機、百二十二機の爆撃機、三百四十機の練習機、二十二機の輸送機等の供給を含む試案が附加されて居りました。その計画は昭和十六年（一九四一年）五月より十二月に至る期間並びに昭和十七年（一九四二年）の前期六ケ月間の増産量を規定致しました。大統領は昭和十六年（一九四一年）五月十五日附で此のノートに回答し、宜しく此の計画を押し進め、交渉すべきではあるが、自分は当時その提案に賛成するといふ意味は仄《ほの》めかし度《た》くないと述べました。その案は全軍事問題と関連づけてのみ案出される事が出来、又バーンズ将軍及びアーノルド将軍の参与を求めるべきであると彼は暗示しました（a）。

（a）法廷証二八五〇―A、記録二五、五三六

一一六、昭和十六年（一九四一年）六月五日野村大使は合衆国国務省官吏に、日本がABCD包囲陣から受ける脅威に関して関心を持つてゐる事を申述べました。報告によればアメリカ人飛行機搭乗員の重慶《じゆうけい》派遣等、種々なる方面に於いてアメリカが蔣介石《しようかいせき》を援助しつゝあるといふ事を野村大使は申述べました。アメリカの供給物資は馬来《マラヤ》及び蘭《オランダ》領東印度へ送られつゝあつた事、又彼の様な海軍軍人にとつては、儀礼的といふよりも寧《むし》ろ一層大きな重要性を帯びたものであると思へる様なアメリカ艦隊のオーストラリヤ訪問があつた事、そして更に極東ロシヤに対するアメリカの援助の見通し、及びシベリヤに於けるアメリカ空軍基地の獲得などの事に関する観察を申述べました（a）。

（a）記録二五、七三三

一一七、又昭和十六年（一九四一年）七月二十日野村大使がターナー提督《ていとく》に依《よ》つて記録されました会談に於いて、合衆国が中国に対して与へつゝあつた援助について不平を訴へ、若し中国に対し産業上、軍事上の支持を与へないで放置しおくならば重慶政府は現在の事変を継続してゆく事が不可能となり、さうなれば日本は中国の大部分の地から撤兵《てつぺい》する事が出来る様になるだらうと指摘した事実から推《お》して、日本は軍事的包囲陣の事を知つて居り、且《か》つこれを恐れて居《お》つたといふ事が判明するのであります。彼は又合衆国がビルマ道路を改善し、重慶へ送られるべき飛行機及び搭乗員を補給しつゝあつた軍及びこれらの搭乗員が合衆国軍隊から供給されて居つた事等を指摘しました。彼は又英国が重慶政権を支持する方針に益々《ますます》献身しつゝあつた事も述べました。且つ又彼は、日本が南方から若し攻撃を受けた場合、日本の安全保障の為に、及び尚一層重慶の活動を抑制する為に、仏《フランス》領印度《インド》支那《シナ》の占領が必要になつたので、日本は二、三日中にこれを実施する積《つも》りであるといふことを明らかにしました。彼は又日本軍が仏領印度支那を占領しつゝあるといふ事が知られたならば、合衆国は直《ただ》ちに日本に対して経済、軍事両方面に亙《わた》つて更に進んだ行動をとる様になるだらうといふ懸念を申述べました（a）。

（a）法廷証二八二五、記録二五、二〇八、二五、二〇九

一一八、此の期間を通して、合衆国は益々中国に対するあらゆる援助を拡張するといふ方針に随ひました。援助の形式中には合計約二億弗《ドル》に上る貸付及びクレヂットが含まれて居りました。そしてその後借款《しやつかん》と軍需物資とが中国の対日抵抗に使用される為送られたのでありました（a）。

（a）法廷証二八四〇、記録二五、四〇八

一一九、八月六日の日本の提案は仏領印度支那からの軍隊の撤退に関する事以外に、合衆国は「西南太平洋海域に於ける同国の軍事的手段を中止し、又和蘭《オランダ》及び英国の政府へも同様の行動をとる様勧告する」事を約束すべきであるといふ事にも及んで居りました（a）。この事は更に日本が、太平洋に於ける軍事行動の事を知つて居り、その攻撃を受ける懸念《けねん》を持つて居た事を論証するものであります。

（a）法廷証二八四〇、記録二五、四一一、二五、四一二

一二〇、昭和十六年（一九四一年）八月ルーズヴェルト大統領とチヤーチル首相とが海上で会談した際討論された題目の一つに、交戦国への借款法に規定されたる如き軍需品供給の問題がありました（a）。昭和十六年（一九四一年）四月十九日シンガポールに於いて開催された会議の結果が改正され、A―D―B―2案が案出されたのも、昭和十六年（一九四一年）八月の此の月の事でありました（b）。

（a）法廷証二八五四、記録二五、五七六

（b）法廷証二八五三―A、記録二五、五六五

一二一、昭和十六年（一九四一年）十一月、合衆国及び英国の代表達の間に開かれて居つた会談はフイリツプス提督のマニラ到着を契機として進捗《しんちよく》せしめられました（a）。十一月二十三日大部隊の合衆国陸軍の移動が、大型定期船を含む二十二隻の艦船を使用し、サンフランシスコを出港して、ホノルルに集結する事になつて居りました（b）。昭和十六年（一九四一年）十一月二十六日合衆国陸軍省よりハワイに於けるシヨート将軍に宛てた秘密通牒《つうちよう》には、合衆国飛行機搭乗員に対しカロリン群島中のトラツク島及びマーシヤル群島のヤルート島を撮影すべきこと、又それと共に直《ただ》ちに実地偵察をも為すべきことを訓令する様、要求致しました事が明らかにされて居ります。オーストラリヤ委任島にあるポート・モレスビーが使用される筈《はず》になつて居りました。此の秘密撮影任務の目的は、海軍艦艇、

飛行場、航空機、鉄砲、兵舎、仮小舎等に関して情報を得る事でありました。それらの飛行機は鉄砲弾薬を充分に装備する事になつて居りました。乗員は若し攻撃を受けた場合には自己防禦の手段をとる様訓令を受けて居りました（c）。

（a）法廷証二八五三—A、記録二五、五六五、二五、五六六

（b）法廷証二八五七、記録二五、六〇五

（c）法廷証二八五八、記録二五、六〇八

一二二、十一月二十七日海軍作戦部長スターク大将及び陸軍参謀総長マーシャル大将は大統領に覚書を用意し、相当数の陸海軍増援部隊がフイリツピンへ至急派遣されたこと、又「総兵力二万一千名に上る地上軍が昭和十六年（一九四一年）十二月八日迄に合衆国を出港する予定である」ことを報告致しました（a）。経済封鎖が効を奏した事、及び日本は遂には戦争に捲き込まれつゝあるといふ事を明瞭に知りながら、合衆国陸軍省より十一月二十七日に通牒《つうちょう》が発せられました。それは「日本政府が元に戻つて交渉を継続する事を申込むならばといふ、誠に儚ない可能性があるのみで、日本との交渉はすべての実際的目的にとつては終止符を打たれた様に思はれる。今後の日本の行動は予測出来ません。併《しか》し何時でも敵性行動をとるだらうといふ事は考へられます。若し戦争が（翻訳者註—原文不備）不可避的なものであるならば、合衆国は日本が最初の明瞭な行動をとる事を希望します」（b）といふことを述べたものでありました。殆《ほと》んど同一のメッセージがハワイへ発せら

れ、マーシャル将軍からフイリツピンに於けるマツカーサー将軍の許《もと》へ電報が送られました。又同様のメッセージが海軍からも発令されました（c）。

（a）法廷証二八五九、記録二五、六一三

（b）法廷証二八六〇、記録二五、六二〇

（c）法廷証二八六一、記録二五、六二一、法廷証二八六二、記録二五、六二二

一二三、昭和十六年（一九四一年）十一月二十六日のハル・ノートが最後通牒として企図されたものであつたといふ事は昭和十六年（一九四一年）十一月二十七日のジエロー将軍の覚書から推して充分に理解されます。同将軍は正しく昭和十六年（一九四一年）十一月二十七日陸軍長官、海軍長官及びスターク海軍大将と共に会議に出席したとその覚書には述べられてあります。陸海軍長官達は参謀総長及びスターク海軍大将が大統領へ提出する為準備する様指示したところの提案メモに就《つ》いて知らされて居りました。「陸軍長官は確実にそのメモが大統領をして日本が会談を再開する様要求せしめる為の、大統領への勧告の様に解釈されない様要請しました。彼はその点につき再保証を受けました（a）。」上述の事柄に鑑みまして、吾人は昭和十六年（一九四一年）十二月七日のルーズヴエルト大統領の最後通牒が単に記録的形式を整へる為に発せられたものではなかつたか、又それは何事かを為し遂げようとする希望のごときは持つて居なかつたのではないかといふ様に訝るのであります。

（a）法廷証二八六三、記録二五、六二四

一二四、日本政府の訓令に基づいて、野村駐華府《ワシントン》日本大使は昭和十六年（一九四一年）十二月三日他の多くの事柄と共に、「合衆国、英国、及び他の諸国は最近益々日本に対する軍事的準備を強化し、我々に対して挑発的な態度を採るにいたりました。例へば先月（十一月）二十日アメリカの一飛行機は台湾南端のガランビー〔鵞鑾鼻〕上空を偵察飛行を為しました。これはかやうなアメリカ及び英国の行動の孤立的一例ではなく、聯関《れんかん》性のある行動の一例であります。我々は現下の微妙な情勢に鑑《かんが》みまして、米英が二度と此の様な行為を繰り返さない様希望するものであります」（a）〔と報告しました〕。

（a）法廷証二九五一、記録二六、〇五九―二六、〇六一（編註―証二九五一は昭和一六、一二、三東郷外相発野村大使宛電報で、この文章はその電報中の一部、従って、これは弁護側が証拠引用に際し典拠を誤認したものと思われる。）

一二五、検察側は、日本官吏へあらゆる種類の情報を報告して居りました所の、日本に傭《やと》はれて居《お》つた精巧なスパイ組織を示さうと努めました。若《も》し此の法廷がさういふふうに観察致すならば、当然日本人は茲に於て前に述べられた種々の軍事的手段につき報告されて居つたといふ事になります。これらのものゝ多く、例へば国会への公の通牒及び法律の制定等の如きものが日本人にはよく分つて居つたといふ事は疑義をはさむ余地がありません。各々《おのおの》の被告達の証言は彼等が知識を持つて居たこと、又此の様な智識に基づいて彼等の其の後の行動をとつたといふことを明らかにして居ります。聯合国の行動の或るものを明らかにして居ります日本の新聞報道は、証拠として受理されませんでした。特に第一九〇〇篇は。

一二六、上述に鑑みまして、日本は懸念の理由を持たなかつたとか、日本は仏領印度支那の南部進駐《しんちゅう》や昭和十六年（一九四一年）十二月八日の合衆国及英国攻撃に於いて正当なる立場を持たなかつたと果して云ひ得るでせうか？

一二七、南部仏印に進駐前日本政府は、其の頃までに欧洲諸国に依てなされた積極行動に就て充分承知してをり、且つ其れに対応する行動を採つたのであります。日本が知つてをりましたことは、合衆国海軍が昭和十五年五月以来日本の脅威として布哇《ハワイ》に碇泊《ていはく》してゐたこと（a）、軍備拡張の目的で合衆国は各種の経費を計上しました、其の結果合衆国の海軍は一層強大となりましたこと（b）、ハル国務長官が之より先き昭和十五年七月英国に対しビルマ経由の援蔣中止に対する抗議をしましたこと（c）、ヤーネル提督が又昭和十五年七月八日既に対日強硬政策を提言してをりましたこと（d）、昭和十五年八月にはアラスカに第十三海軍区が創設され（e）、昭和十五年九月には太平洋に於ける合衆国領土に対し、八百万弗に上る海軍建設予算の細目に関する発表があり（f）、次いで昭和十五年九月には両洋艦隊建設並に空軍増強に関する合衆国政府の声明があり（g）、昭和十五年十月にはノックス海軍長官がアメリカは三国同盟の挑戦に応ずる用意ありと宣言し（h）、昭和十五年十月東亜在住の婦人子供に対する引揚勧告が発せられ（i）、昭和十五年十一月には蔣政権に対し一億弗借款成立の発表あり（j）、同月マニラ及びシンガポールを連絡する汎米《はんべい》空路の設立あり（k）、英国に於てはイーデン外相が下院に於て対日非協力を宣言し（l）、又ルーズヴエルト大統領が昭和十五年十二月二十九日アメリカは三国同盟と戦ふ民主主義の造兵廠《ぞうへいしょう》たらんと放送し（m）、又モーゲンソウ大臣が昭和十五年十二月三十日蔣介石及びギリシヤに対する借款《しゃっかん》拡大の用意ありと演説し（n）、昭和十五年十月及び昭和十六年四月にはシンガポール及びマニラに於て米、英、蘭陸海軍代表に依る各種協議あり（o）、昭和十六年二月には蔣政府が二百台のアメリカ飛行機の購入契約を完了せりとのノックス大臣の発表あり（p）、昭和十六年二月には濠洲、東南亜細亜、泰、シンガポール及び蘭《オランダ》領印度に対し合衆国より海軍顧問及び軍事視察員の派遣あり（q）、昭和十六年三月及び五月には支那ゲリラ軍に対する英国の指導（r）、昭和十六年三月には合衆国艦隊のニユージーランド及び濠洲訪問（s）、昭和十六年三月には対支援助並にビルマに対する共同防衛案を含む英支軍事協定の調印（t）、昭和十六年四月にはマニラに於ける米、英、蘭代表会議（u）、昭和十六年早々米、英、濠、新、蘭に依る太平洋地域又は其の附近に於ける根拠地の武装（v）、昭和十六年五月旅団長クラゲット将軍が蔣介石軍隊援助の為めに重慶に到着し（w）、昭和十六年五月にはシンガポールに於て英支会談が開催され（x）かくしてマニラ及びシンガポールを枢軸とする対日包囲戦線の強化が着手されつゝあつたこと等であります。然し此の証拠は今まで論駁《ろんばく》されたこともなく、又何れの証人に対しても反対訊問《じんもん》は試みられなかつたのであります。

(a) 記録三六、二四七
(b) 記録三六、二七四
(c) 記録三六、二四五
(d) 記録三六、二四七
(e) 記録三六、二四六
(f) 記録三六、二四六
(g) 記録三六、二四七
(h) 記録三六、二四七
(i) 記録三六、二四八
(j) 記録三六、二四八
(k) 記録三六、二四六
(l) 記録三六、二四八
(m) 記録三六、二四五
(n) 記録三六、二四五
(o) 法廷証三五六七　記録三四、六八二

(p) 記録三六、二四五
(q) 法廷証三五六六　記録三四、六七七
(r) 法廷証三五六七　記録三四、六八二
(s) 法廷証三五六六　記録三四、六七七
(t) 法廷証三五六七　記録三四、六八二
(u) 法廷証三五六六　記録三四、六七七
(v) 法廷証三五六六　記録三四、六七七
(w) 記録三六、二四五
(x) 法廷証三五六七　記録三四、六八二

一二八、昭和十六年七月二十一日、日仏間に相互防衛に関する諒解《りようかい》成立し、正式に文書の交換が行はれました。其の翌日此の協定に基いて日本は南部仏印に進駐したのであります。昭和十六年七月二十九日、日仏間に仏印共同防衛に関する議定書の正式調印をみました(a)。所が其の間に於て、日本の南部仏印進駐はアメリカの国防及び利益を害《そこな》ふものであるとの名目のもとに、アメリカは昭和十六年七月二十六日、対日一般経済断交を強行するに至りました。

併《しか》しながら斯《かか》る名目は正当であると言へませうか。

(a) 法廷証六五一、記録三六、二五一、三六、二五二

一二九、之より先昭和十五年八月三十日、日仏間に諒解が成立し、日本はフランスの東亜に於ける権益特に仏印の領土保全及び其の全領域に亙るフランスの主権の尊重を保障したのであります（a）。而して昭和十五年九月二十二日に至り協定が成立しました。此の時は合衆国も英国も本協定が合衆国の国防又は利益を害するといふ理由のもとには何等の行動もとらなかつたのであります。之は対日軍事包囲陣が未《いま》だ斯る態度に出づる程強化されてゐなかつたのだと想像しても無理でないと思ひます。

（a）法廷証六二〇、記録三六、二〇〇

一三〇、昭和十六年七月二十九日の日仏議定書及び日本軍の南部仏印進駐が、何《ど》うして合衆国又は英国の国防や利益を脅威することになるのであるか、吾々は之を理解するに苦しまざるを得ないのであります。日本の国策は昭和十五年九月二十二日に締結された前記の協定に明白に示されてありました。同年即ち昭和十五年六月十二日、日本が泰国と締結した二国間の友好関係の保持及び領土保全の相互的尊重に関する条約の前文に於ても、同じく東亜の平和と安定とは、両国共通の関心事であると確信するが故に、本条約を締結するに至つたのであると宣言されてゐるのであります。日本が泰、仏印間の国境防備紛争を仲裁せむと申出たのは、日本の国運に最も重大な影響を及〔ぼ〕すところの仏印及び泰国の平和と安寧《あんねい》とに関する事件に他ならなかつたからであります。昭和十七年の友好条約は、此の仲裁が成功した結果として締結されたものであります（a）。

（a）法廷証六四七、記録三六、六二五

一三一、斯る深刻な国際的問題を惹起《じやつき》した昭和十六年（一九四一年）七月二十九日の議定書の内容は如何なるものでありませうか。其の原文（a）を精査してみましても西欧諸国が以て脅威と感ずる理由を発見することが出来ないのであります。議定書は特に次の如く述べてをります。

（一）両国政府は仏印の共同防衛の為めに軍事的協力を為すことを約束す。

（二）斯る協力の為めに採らるべき手段は特別協定に依て決定すべきものとす。

（三）上記の協定は協定事項の動機を構成する事態の存続する限りに於てのみ有効なるものとす。

（a）法廷証六五一、記録七、一〇四―七、一〇五

一三二、本議定書を注意深く吟味し之に就て熟慮を巡らしてみるならば、吾々は単に自衛の為めといふ消極的目的を以て締結せられたる本議定書が、如何にして米英への脅威を構成するに至るのか、その理由を発見するに苦しまざるを得ないのであります。斯様《かよう》な次第でありますから、米英両国にして仏印の安全を脅威するの意図が無ければ、前記解釈の通り此の議定書は両国にとつて全く無害であつたのであります。それは要するに、日本にとつて自衛の手段に過ぎなかつたのであります。両国はこの自衛手段こそ米英に対する脅威であると称して、原因と結果とを転倒して考へてをるのであります。

一三三、対仏印工作当時、海軍軍令部第一部長は、蔣《しょう》政権に対する米英の援助が及ぼしつゝある影響のため斯《かか》る手段が不可避となつたのであると述べました。援蔣は目に見えて活潑となつて来ました。米、英、支、蘭は、所謂《いわゆる》A、B、C、D、包囲陣を形成する為めに協力一致の行動をとりつゝありました（a）。太平洋に於ける国防の重責を担へる日本海軍は、昭和十六年七月に於ける米英蘭の対日戦闘準備を知悉《ちしつ》してゐました。而して日本はぢりぢりと包囲されつゝあるといふのが、海軍の信念でありました（b）。

（a）記録二六、九一一、二六、九一二

（b）記録二六、七一二

一三四、上記の如く考へれば、米英が日本の仏印南部進駐を重視したのは、日本に対する資産凍結及び経済関係の断絶を行ふための単なる口実に過ぎなかつたといふ結論に自《おのずか》ら達するのであります。米英は全く平地に波瀾《はらん》を捲き起したものであると云ひ得るのであります。日本の仏印進駐の是非及び資産凍結の問題は暫《しばら》く措《お》くとしても、日本が自国が脅威を受けつゝあつたこと、そして自衛の為めに昭和十六年七月の議定書締結が必要であると正直に信じたことは、前述の事情が充分に之を実証してゐると述べ得るのであります。前述の事柄が確証する西欧諸国の諸行動の為めに、昭和十六年七月二十六日以後事態は益々《ますます》日本にとつて忍び難きものとなりました。

一三五、御前《ごぜん》会議の開かれた昭和十六年十一月五日及びそれに先立つ渾沌《こんとん》たる国際状勢を説明して、被告の一人は簡潔に然《し》かも的確に日本の苦境を次の如く描出してをります。「聯合国は、吾々が之を世界に認めさせるのが困難なほど効果的に、日本に対する経済封《ふう》鎖《さ》を実行しました。吾々は驚愕《きょうがく》を以て合衆国の増大する軍備を眺め、之が独逸《ドイツ》一国のみを相手とする戦争の為めの軍備であるとは推論することが出来なかつたのであります。

アメリカの太平洋艦隊は、ずつと前から西海岸基地から布哇《ハワイ》に移動し、日本に対する脅威となつてゐたのであります。合衆国の対日政策は、妥協なき諸要求の貫徹を強行せむとする決意を示すなど、厳格にして非同情的でありました。又アメリカの対支軍事経済援助は、日本民衆の気持に最も深刻な苦痛を与へたものでありました。聯合諸国は、はつきりと日本に敵意を示せる軍事会議を度々開催しました。当時日本の感じた気持は、一種身動きならぬ張りつめた陥穽《かんせい》にをちい《(ママ)》つた様な気持でありました」(a)。

(a) 法廷証三五六五、記録二一四、六五八、二一四、六五九—嶋田

一三六、日本が挑発されて、又事実自衛の為め昭和十六年十二月七日に行動を起したのだといふ主張を重要視するに当つては、被告等の斯《か》かる主張が後から考へた思案に依《よ》るものではないと云ふことが留意されねばなりません。是《これ》までに述べて来た事柄は、要するに昭和十三年(一九三八年)に始《はじま》つた日本に対する経済封鎖並に軍事的包囲に対して、日本の責任ある代表者により、其《そ》の都度《つど》記録された抗議に関して書かれた数多くの文書の内容に帰着するのであります。枚挙《まいきょ》し得ない程の頁数に亙《わた》る証言が多くの証人に依て数多くの閣議や

連絡会議や重臣会議や枢密院会議並に軍事会議に就て為されてをります。而して此等は総て経済封鎖や軍事的脅威の及ぼしつつある結果、日本が事態を緩和すべき何等かの手段を採るに非ざれば将来も継続して生ずべき結果を中心として行はれたものであります。

しかも其の手段を日本は辛抱《しんぼう》強く外交交渉に依て試みたのでありますが失敗に終つたのであります。輸入禁止は最初日本を憤激せしめたが、漸次《ぜんじ》苛烈《かれつ》さ頻発《ひんぱつ》及び範囲を増大するに従て苦慮の状態に陥らしめ、遂に日本は己の頸に架けられた此の締道具を外交交渉に依ては最早断ち切れる希望が断たれたと覚《さと》り、自尊心を持つ他の如何なる国民も採るに相異なかつた行動に出でざるを得なかつた様に仕向けられたのであります。其の発生の都度記録せられ、充分に立証されてゐる此等の事実は、昭和十六年十二月八日に渙発された詔勅に要約され、日本が自衛の為めに採つた行動なることが示されてゐるのであります。

一三七、日本は正当であつたか、又此等の被告又は当時責任的指導者であつた被告が、日本の国家的存立が経済封鎖や軍事的包囲の為めに危殆《きたい》に陥つたと衷心《ちゆうしん》から正直に信じたか、アメリカの責任ある指導者達は当時之を承知し且つ信じてゐた筈《はず》であります（a）。若《も》し之に対し反対の結論をなすならば、それは全然事実を無視するものであります。

武力の誇示を伴つた経済封鎖が、此れ程大規模に用意周到な計画的な統一的な正確さを以て遂行され、その目的、即ち日本をして最初の一撃を行はしめんとする明白な期待と希望とを挑発する目的が首尾よく貫徹されたことは、歴史上未だ他に其の例を見ないのであります。日本を刺激して攻撃に出でしめようとする、その公言せられた目的が完成されたのでありますから、此の日本の攻撃が自衛手段でないと記録することは実に歴史に一汚点を残すものであります。

（a）法廷証二八三二―A、記録二五、三三六、二五、三四〇、二五、三四六、二五、三五〇、法廷証二八五六、記録二五、三六〇、二五、三六三

一三八、英国内閣閣僚オリヴァー・リトルトン氏及び合衆国前大統領ハーバート・フーヴァー氏の熟慮された言説――直接報道された言説は恐らく最も適切に全般的状勢を説明してをります。即ち両氏は夫々「アメリカが強ひられて日本と戦つたと云ふならば之は歴史上の笑草《わらいぐさ》であらう」「若し吾々が日本人を挑発しなかつたならば決して日本人から攻撃を受ける様なことはなかつたであらう」と言つて居るのであります。

一三九、A、B、C、D諸国は完全なる軍事的及び経済的包囲を二つとも作つて居りましたので、我々は最初の打撃は真珠湾で打たれたのではないと思ひました。そして其れは久しい以前に経済戦争が発足した時に打たれたと思ふのであります。

経済戦争は頑強に不断に圧縮されました。更に又それ以上効果的に且《か》つ蹂躙《じゆうりん》的になりましたので、それは日本の存在さへも脅威致しまして、若《も》しそれが続けられたなら日本を滅亡させたかも知れませんでした。

これらの人々は是を知り、それを信じ、それを信ずる理由を有し、そして彼等のために

行動したのであります。これらの人々は日本人であります。彼等は米国人でも又は大英聯邦国民の人々でもありません。或は又和蘭《オランダ》人でも、露西亜《ロシア》人でも仏蘭西《フランス》人でもないのであります。

彼等は日本国を愛しました。そして彼等の決定は祖国にとつて生きるか死ぬかの決定でありました。彼等は祖国を愛しました。そして決定をしなければならぬ地位にありました。我々はこの裁判をされる方に、一寸彼等の立場になつて考へて下さいとお願ひします。その立場に立つたら愛国者として貴方達は他の決議をすることが出来るでせうか。その決定をすべき地位にあり、然も公正な信念及びその信念を裏付ける十分な理由があつてなされた決定が善いか悪いか、又それは犯罪者の信念であつて愛国者の信念ではない等と称されませうか。若しその決定が犯罪的意図からではなく、決定された方法が祖国を護持して行くに絶対必要であるといふ強い信念と愛国心の動機からなされたならば、我々はそれが犯罪であると法廷で裁きを行ふべきでないと申立てます。

一八　米国上院軍事外交合同委員会に於けるマッカーサー証言

昭和二十六年（一九五一年）五月三日、アメリカ合衆国議会上院の軍事外交合同委員会で行われた、米国の極東政策をめぐってのマッカーサー証言のことは今では日本でも世人の広く知るところであろう。それは彼がその証言の一節に於いて、日本が戦争に突入したのは自《みずか》らの安全保障のためであり、つまりは大東亜戦争は自存自衛のための戦いであったという趣旨を陳述しているということが早くから知られていたからである。停戦五十周年という節目の時期が近づくにつれて、日本の国内では今更ながらに半世紀前の過去のことになった昭和の動乱の歴史的意義が再検証の俎上《そじよう》に上り、その意味を問い直す論議が一際活潑化した。そうした風潮の中で、これも思えば遠い過去のものとなっていた、上院でのこのマッカーサー証言の有する意味も新たに想い起され、問い返されるという遭遇になったのであるが、この期《ご》に及んで、人々は問題のマッカーサー証言のその部分が、原語ではいったいどの様な表現であったのか、又如何《いか》なる文脈に於いて発言されたものであるのかを、これに論及する全《すべ》ての人が正確に把握しているわけではない、ということに気付いた。

本書の原本である資料集の収録するその部分の原文は、この問題をめぐって議論を展開するであろう現代史研究者達のために、伝訳の日本語表現が含む不明確さから生ずるであろう不毛の論争を省く目的で、東京裁判とは直接の関係があるわけではないのにも拘《かかわ》らず敢《あ》えて附録として掲げることにしたものである。

朝鮮戦争の収拾方法に関して連合軍最高司令官D・マッカーサーとトルーマンの大統領府との間に尖鋭な意見の対立が生じ、結果としてマッカーサーはその重職から解任され、直ちに本国に召還されたことは周知の歴史的事件である。これは民主主義国家に於ける文民統制の有《も》つ問題を極めて鮮明に浮び上らせたものとして当時世界の耳目を聳動《しょうどう》せしめた事件であった。帰国したマッカーサーが議会に於ける演説の中で、全面戦争をも辞せぬとする自分の積極的な戦略は統合参謀本部も同意済のものだったのだ、と発言したことにより、事態は高度の政治問題に発展し、議会上院は軍事外交合同委員会を開催して、当事者達の証言を求め、真相の究明にのり出すことになった。

この報道は広く内外の反響を呼び、つい一箇月前まで事実上最高の政治権力者としてのマッカーサー元帥《げんすい》に慴伏《しょうふく》していた日本人も、彼の証言内容、及びより多くはその後の彼の米国内に於ける政治的生命の帰趨《きすう》に深い関心を向けずにはいられなかった。そこで例えば朝日新聞も、昭和二十六年五月三日の紙面では第一面冒頭を埋めて、五月一日付ワシントン発の中村特派員の報道を掲載している。

〈大論争展開されん／マ元帥、きょう証言〉

との見出しの下に以下の如き記事が続く。

〈米議会は三日から極東政策の徹底的糾明《きゆうめい》にのり出す。上院の外交、軍事合同委員会は三日から開かれ、まずマ元帥の証言を求め、ついでマーシャル国防長官、ブラッドレー統合参謀本部議長はじめ陸・空・海三軍の参謀長その他を証人に呼び出すはずであるが、この合同委員会での質疑応答は極東政策に関する画期的大論争となろう（後略）〉

新聞報道はこのあと五月四日から八日に至るまで、連日第一面を使って米上院軍事外交合同委員会の証言内容を報じている。

朝日新聞はマッカーサー証言第三日（五月五日、マ証言の最終日）の内容を〈マ元帥証言日本に及ぶ〉との見出しの下に五月七日付第一面でやはり大きく扱っているが、その内容は、第一に警察予備隊はアメリカの師団編制に倣《なら》って組織されたものであって、これを優秀な地上部隊に転化することは然《しか》るべき軍事兵器を供給しさえすれば容易であること、第二に占領期間中に制定された諸法規は占領終了後には日本古来の文明に適合する様に修正されてゆくであろうこと、而して憲法中の戦争放棄の条文についてはマ元帥自身が当時の幣原《しではら》首相に助言を与えたのは事実であること、又日本人の対米感情については、日本人は全《すべ》ての東洋人と同様に勝者には追従し敗者を極端に侮蔑《ぶべつ》する傾向を有しているが、それにしても米国人の自信のある態度に尊敬を抱く様になっており、米国式生活様式を吸収し、内には大きな社会革命を遂行しつつあり、戦略的・財政的にはもちろん、意識の上でも完全に西欧陣営の一員に組み込まれていること、等を証言している。又、極東に於けるソ連軍の兵力について、日本に侵寇《しんこう》し、北海道を占領することくらいはできるだろうが本州を占領しこれを維持するだけの力はない、との観測を述べてもいる。

ところで、後に有名になった「日本の自衛戦争」証言は、この第三日の発言中にあるのではなく、第一日の極東戦略全般にわたる質疑応答の一項として生じてきたものである。そして注目すべきことに、五月四日から五日にかけての紙面でマッカーサー証言初日分の内容を詳しく報じている朝日新聞はこのことには全くふれていない。

〈元帥《げんすい》が主張した政策〉は該記事によれば以下の如き説明になる。

〈米海空軍の総力を挙げて中共に対する封鎖、爆撃を実施し、中共がソ連その他の地域から戦争資材の供給を得られないようにする。米国の政策に対して国連や北大西洋条約諸国の支持が得られぬ場合には、米国独力で、または国府の援助を得てこれを実施する〉

この説明を受けて、以下に掲載する上院議員ヒッケンルーパー氏の質問とこれに対するマ元帥の応答が来るのである。しかし同紙は後に有名になるこの答弁には一言もふれていない。(尤《もつと》もこれは現行の朝日新聞「縮刷版」について検してのことである。当時の新聞が全てまだ検閲体制下にあったことを考慮し、かつこの「縮刷版」に同紙特有の縮刷に際しての紙面改竄《かいざん》がなされてはいないことを前提としている。)

さてここに掲げる資料原文は米国上院の議会速記録から採録している。

その原題は、

HEARINGS before the COMMITTEE ON ARMED SERVICES and the COMMITTEE ON FOREIGN RELATIONS/UNITED STATES SENATE/Eighty-second Congress First session to conduct an inquiry into the military situation in the Far East and the facts surrounding the relief of general of the Army Douglas MacArthur from his assignments in that area/Part I/May 3, 4, 5, 7, 8, 9, 10, 11, 12, and 14, 1951/Printed for the use of the Committee on Armed Services and the Committee on Foreign Relations/United States Government Printing Office/Washington : 1951

というものであり、そのうちのMilitary situation in the Far Eastと題された分冊にこれが収められている。ヒッケンルーパー氏の「第五の質問とそれに対するマッカーサーの答弁」の節にはStrategy against Japan in World War IIという中見出しがついている。

この本文を一九五一年五月三日付のニューヨーク・タイムズに掲載された速記録全文と校合してみると、異同は殆《ほとん》ど無いと言ってよいが、この中見出しは新聞記事の方には無く、代りにマッカーサー答弁の第三節目の上に、Nothing in Japan Except Silkworkという小見出しがつけられている。ところで、このSilkworkは議会事務局刊行の速記録本文《テクスト》では、Silkwormとなっている。わづか一字ながら両本文の間に異同が生じているわけである。

本書に添えた邦訳文では新聞版の方をよしと見て「絹産業」としてあるが、議会版の方を採るとすればただ「蚕《かいこ》」である。

なお数点書き添えておくと、マッカーサーが昭和二十五年十月十五日にトルーマン大統領とウェーキ島で会談した際に、「東京裁判は誤りだった」という趣旨の告白をしたという報道も現在では広く知られていることである。このウェーキ会談の内容も、それまでは秘密とされていたものが、この上院の軍事外交合同委員会での公聴会開催を機会に該委員会が公表にふみ切ったものである。この件についても朝日新聞の五月四日の記事によれば、次に引く如き間接的な表現が見出されるだけである。即ち〈戦犯裁判には／警告の効なし／マ元帥確信〉との見出しの下に、〈ワシントン二日発UPI共同〉として、

〈米上院軍事外交合同委員会が二日公表したウェーキ会談の秘密文書の中で注目をひく点は、マ元帥がつぎの諸点を信じているということである。

一、マ元帥はハリマン大統領特別顧問から北鮮の戦犯をどうするかとの質問を受けたのに対し、「戦犯には手をつけるな、手をつけてもうまくいかない」と答え、またマ元帥は東京裁判とニュールンベルグ裁判には警告的な効果はないだろうと述べた。（後略）〉

以上の如く、上院委員会でのマッカーサー証言、上院の公表したウェーキ会談の内容の双方について、その中の日本に関する注目すべき言及は、当時の日本の新聞が甚だ不十分にしか報じていないことがわかる。しかしこの二つの言及は、英字新聞の原文を読んだで

あろう一部日本の知識人の口から、新聞の報道した範囲（当時なお「検閲」をうけていた可能性は考慮すべきであろうが）を越えて次第に世間に広まっていったものの如くである。

朝日新聞紙上に報じられた限りでのマッカーサー証言の中で、我々にとって最も重要で意味深い言葉はむしろ次の一節かもしれない。それは証言第一日たる五月三日に上院軍事外交合同委員会ラッセル委員長の質問に答えた部分の結びに出てくる所感であって、新聞記事のままに引用すれば、〈一、太平洋において米国が過去百年間に犯した最大の政治的過ちは共産主義者を中国において強大にさせたことだと私は考える〉というものである。

これをニューヨーク・タイムズ所掲の原文に遡って引いておけば以下の通りであり、本書編者の試訳を附しておく。

On May 3, 1951, in the hearing before the Committee on Armed Services and the Committee on Foreign Relations of the Senate of the United States, General of the Army Douglas MacArthur also said, "It is own personal opinion that the greatest political mistakes we made in a hundred years in the Pacific, was in allowing the Communists to grow in power in China." (the *New York Times* dated on May 4, 1951)〈私の個人的見解でありますが、我々が過去百年間に太平洋で犯した最大の政治的過誤は、共産主義者達がシナに於いて強大な勢力に成長するのを黙認してしまった点にあります〉

これは謂はばこの時点でのマッカーサーの信条告白であり且《か》つ懺悔《ざんげ》であった。天皇をも日本政府をも凌《しの》ぐ、日本国内の最高権力者として東京に駐在すること五年八箇月、彼は自分の部下である総司令部民政局中の左翼分子が育成したものともいえる日本の共産主義者達の勢力の急激な伸張を目にした。東京裁判に於いて被告側弁護団が力説した、一九二〇年代、三〇年代に日本に迫っていた赤化謀略の脅威と日本の懸命なる防共努力の事蹟も耳に入った。そして一九五〇年六月二十五日、満を持して南になだれこんだ北朝鮮軍の急進撃と、その背後に控えた中共軍の大兵力の存在に直面した。朝鮮動乱への対応に関して大統領府と意見を異にしたことが結局彼の政治的生命にとっての文字通りの命取りとなったわけだが、そこで彼が到達した深刻な認識が、自分自身を含めての「アメリカ誤てり」の感懐であった。彼はそこで自分自身は共産主義の危険性と犯罪性について真に覚醒したのだ、と自覚する。だが本国合衆国政府の中枢部は未だ眼を醒ましていない、と思う。その焦立たしさが、この〈過去百年間に犯した最大の政治的過誤〉といういささか過激な表現となって噴出したものである。ある意味ではこの告白も亦、紛れもなく「東京裁判は誤りだった」という認識の、もう一つ別の表現だったと見てよい。

米国上院軍事外交合同委員会に於ける
マッカーサー証言

STRATEGY AGAINST JAPAN IN WORLD WAR II

Senator HICKENLOOPER. Question No. 5: Isn't your proposal for sea and air blockade of Red China the same strategy by which Americans achieved victory over the Japanese in the Pacific?

General MACARTHUR. Yes, sir. In the Pacific we bypassed them. We closed in. You must understand that Japan had an enormous population of nearly 80 million people, crowded into 4 islands. It was about half a farm population. The other half was engaged in industry.

Potentially the labor pool in Japan, both in quantity and quality, is as good as anything that I have ever known. Some place down the line they have discovered what you might call the dignity of labor, that men are happier when they are working and constructing than when they are idling.

This enormous capacity for work meant that they had to have something to work on. They built the factories, they had the labor, but they didn't have the basic materials.

There is practically nothing indigenous to Japan except the silkworm. They lack cotton, they lack wool, they lack petroleum products, they lack tin, they lack rubber, they lack a great many other things, all of which was in the Asiatic basin.

They feared that if those supplies were cut off, there would be 10 to 12 million people unoccupied in Japan. Their purpose, therefore, in going to war was largely dictated by security.

邦訳文

問　では五番目の質問です。中共（原語は赤化支那）に対し海と空とから封鎖してしまえという貴官の提案は、アメリカが太平洋において日本に対する勝利を収めた際のそれと同じ戦略なのではありませんか。

答　その通りです。太平洋において我々は彼らを迂回《うかい》しました。我々は包囲したのです。日本は八千万に近い厖大《ぼうだい》な人口を抱え、それが四つの島の中にひしめいているのだということを理解していただかなくてはなりません。その半分近くが農業人口で、あとの半分が工業生産に従事していました。

潜在的に、日本の擁する労働力は量的にも質的にも、私がこれまでに接したいづれにも劣らぬ優秀なものです。歴史上のどの時点においてか、日本の労働者は、人間は怠けている時よりも、働き、生産している時の方がより幸福なのだということ、つまり労働の尊厳と呼んでもよいようなものを発見していたのです。

これほど巨大な労働能力を持っているということは、彼らには何か働くための材料が必要だということを意味します。彼らは工場を建設し、労働力を有していました。しかし彼らは手を加へるべき原料を得ることができませんでした。

日本は絹産業以外には、固有の産物はほとんど何も無いのです。彼らは綿が無い、羊毛が無い、石油の産出が無い、錫《すず》が無い、ゴムが無い。その他実に多くの原料が欠如している。そしてそれら一切のものがアジアの海域には存在していたのです。

もしこれらの原料の供給を断ち切られたら、一千万から一千二百万の失業者が発生するであろうことを彼らは恐れていました。したがって彼らが戦争に飛び込んでいった動機は、大部分が安全保障の必要に迫られてのことだったのです。

あとがき——ちくま学芸文庫版刊行に寄せて

小堀桂一郎

本書は平成七年八月に第一刷を出した講談社学術文庫『東京裁判 日本の弁明——「却下未提出弁護側資料」抜粋』の再度の文庫化である。初版刊行当初はこの様な硬い史料集成の一書が果して一般の読書人社会に受け容れられるであらうか、との多分の危惧を覚えながら、敢へて刊行にふみ切つたものであつたが、予想に反してかなりの反響を得ることが出来、諸論文への引用・言及の例は少からず眼についた。さうして平成十八年に第十五刷まで出たのだが、その辺で増刷は停止し、やがて絶版の判断が下されて、以後新刊書としては入手困難の状態が続いてゐた。平成二十三年の現時点でなほ辛抱強く続けられてゐる「東京裁判史観」打破のための思想戦の武器としてなほ使へるのではないかと考へてゐる編者から見て、これは少々残念な事態であつたが、此度筑摩書房の「ちくま学芸文庫」編集部の平野洋子さんが、本書の絶版を惜しまれ、同文庫の一冊としての復活を企画・提案して下さつたのは洵《まこと》に有難い次第だつた。

再文庫化の条件の一として、原本に於ける史料部分の本文は学術的資料としての性格を尊重して完全に原本通りとするが、編者による長文の「解説」と各史料に付した解題の部分は所謂《いはゆる》現代仮名遣に表記を変更して印刷するといふお申し出があつた。原版はあの形で世に出、それとして既に十分の使命を果し終へたとも見られるのであるから、現代表記を取り入れることで本書への近づき易さが生じるといふことならばそれも亦宜し、といふことで編者はその御提案に応ずるのに吝《やぶさ》かではなかつた。ただかうして新しい「あとがき」は編者の本来平生の仮名遣を適用して綴ることをお認め頂ければよろしいと考へた。漢字の字体については、これも近来徐々に正字体を復活させて印刷する事例がよく目につく様になつたが、戦後の官製に成る俗字は別として、所謂略字と呼ばれる字体の中にも、それ相応の歴史的来歴を有するものが少からず、一概に排斥すべきものではないので、編者は正字体一本に専ら固執する考へは必ずしも無い。講談社版でも字体は原史料通りではなく、その点で姑《しばら》くの妥協も又宜しといふ意見である。

原書の初版及びその親本と呼ぶべき全八巻の『東京裁判却下未提出辯護側資料』の完成・出版が平成七年の大東亜戦争停戦五十周年記念年の事であつたから、それから早くも十六年の歳月が経過してゐる。その間にこの資料集の編纂委員として名を連ねた八人の同憂の士の中《うち》丁度半数の四人の方が既に鬼籍に入つてしまはれた。

いづれの方にも夫々《それぞれ》に種々様々の思ひ出が附纏《つきまと》つてをり、追憶は簡単には書き尽せないのだが、この機会にやはり名を挙げておくことを省けないのは、資料集全体の編纂主幹を務められた故渡邉明さんである。編纂主幹などと呼ぶと、何か、監督者顔でデスクに坐つて編集員達を指揮して、といつた姿勢を想像される向きもあるかもしれないが、私共の事業はとてもそんな生易しいものではなかつた。主幹の渡邉さんの主要な仕事は先づ第一に手許に集めた大量の複写資料の、多くは不鮮明な文字の解読であり、本文校訂だつた。わづか数行の、時には唯《ただ》一文字の存疑について、原史料の中でそれが有すべき正しい形をつきとめるために足繁く国会図書館に通ひ、周辺の文献を参考にして難読の文字を判読したり誤記の訂正形を推定したりした。当時まだ御存命であつた支那事変従軍の現地の生証人を歴訪し、難読部分の背景の事実を語つて頂いて読み方を判定する、といふ様な苦心も度重ねられた。それらの苦心惨憺に別段報酬といふものはなかつた。唯、歴史の正しい姿を語り伝へるに足る「正確」な文献を後世に遺すことができさへすれば、それが私共の努力に対して与へられる最高の報酬である、といふのが編纂主幹の打ち立てた資料編纂事業の倫理であり、参加者一同は心からそれに納得して夫々の持分での役割を黙つて果してゐた。

そんな記憶も今や既往の彼方に遠退いたが、かうしてあの八巻本の資料集の抜粋版であるこの文庫本が、二度に亙つて、日本に侵略戦争の責罪ありといふ歴史解釈の邪神と闘ふ武器としてのお役目を果すといふめぐり合せに接するとき、親本の校訂にかけた正確さへの悲願が無駄ではなかつたとの感慨は自づからに湧いてくる。

編者の筆に成る解説・史料解題・付録としてのマッカーサーの米国上院での証言の紹介文

は幸ひにして誤植訂正以外、講談社版の本文に何らかの変更を加へる必要を認めなかつたが、但、平成七年以来の十六年の間に新たに得られた文献上の新情報に関しては、文脈の攪乱を来さない程度での加筆補入を試みた。例へばパウエルの『在支二十五年』の邦訳の出現などはその好例だが、それは本書の講談社版で該書の存在に言及したことが、邦訳刊行への一の刺激となつた由であり、本書の編者としてそれは嬉しい反響の一である。又米国上院公聴会でのラッセル委員長の質問に対するマッカーサーの「アメリカ誤てり」の反省の原文は、講談社版でも是非入れておきたかつたのが、わづかの不手際で収録洩れとなつてゐたものであり、今回その欠を補ふことができたのは、ささやかながら喜ばしい補訂の一項であつた。

終りに、本書の「復活」を企画して下さつたちくま学芸文庫編集部御一統の御高志に対して深甚の感謝の念を表明させて頂く。

本書は、一九九五年八月十日、講談社より刊行された。

戦国の城を歩く　千田嘉博

室町時代の館から戦国の山城へ、そして信長の安土城へ。城跡を歩いて、その形の変化を読み、新しい中世の歴史像に迫る。（小島道裕）

性愛の日本中世　田中貴子

稚児を愛した僧侶、「愛法」を求めて稲荷山にもうでる貴族の姫君。中世の性愛信仰・説話を介して、日本のエロスの歴史を覗く。（川村邦光）

琉球の時代　高良倉吉

いまだ多くの謎に包まれた古琉球王国。成立の秘密や、壮大な交易ルートにより花開いた独特の文化を探り、悲劇と栄光の歴史ドラマに迫る。（与那原恵）

博徒の幕末維新　高橋敏

黒船来航の動乱期、アウトローたちが歴史の表舞台に躍り出てくる。虚実を腑分けし、稗史を歴史の中に位置付けなおした記念碑的労作。（鹿島茂）

朝鮮銀行　多田井喜生

植民地政策のもと設立された朝鮮銀行。その銀行券等の発行により、日本は内地経済破綻を防ぎつつ軍費調達ができた。隠れた実態を描く。（板谷敏彦）

近代日本とアジア　坂野潤治

近代日本外交は、脱亜論とアジア主義の対立構図により描かれてきた。そうした理解が虚像であることを精緻な史料読解で暴いた記念碑的論考。（苅部直）

増補 モスクが語るイスラム史　羽田正

モスクの変容——そこには宗教、政治、経済、美術、人々の生活をはじめ、イスラム世界の全歴史が刻み込まれている。その軌跡を色鮮やかに描き出す。

日本大空襲　原田良次

帝都防衛を担った兵士がひそかに綴った日記。各地の空爆被害、斃れゆく戦友への思い、そして国への疑念……空襲の実像を示す第一級資料。（吉田裕）

陸軍将校の教育社会史（上）　広田照幸

戦時体制を支えた精神構造は、「滅私奉公」ではなく「活私奉公」だった。第19回サントリー学芸賞を受賞した歴史社会学の金字塔、待望の文庫化！

陸軍将校の教育社会史（下）　広田照幸

陸軍将校とは、いったいいかなる人びとだったのか。前提とされていた「内面化」の図式を覆し、「教育社会史」という研究領域を切り拓いた傑作。

餓死《うえじに》した英霊たち　藤原彰

第二次大戦で死没した日本兵の大半は飢餓や栄養失調によるものだった。彼らのあまりに悲惨な最期を詳述し、その責任を問う告発の書。（一ノ瀬俊也）

城と隠物の戦国誌　藤木久志

村に戦争がくる！　そのとき村人たちはどのような対策をとっていたか。命と財産を守るため知恵を結集した戦国時代のサバイバル術に迫る。（千田嘉博）

裏社会の日本史　フィリップ・ポンス　安永愛訳

中世における賤民から現代社会の経済的弱者まで、また江戸の博徒や義賊から近代以降のやくざまで――フランス知識人が描いた貧困と犯罪の裏日本史。

古代の朱　松田壽男

古代の赤色顔料、丹砂。地名から産地を探ると同時に古代史が浮き彫りにされる。標題論考に、「即身佛の秘密」、自叙伝「学問と私」を併録。

横井小楠　松浦玲

欧米近代の外圧に対して、儒学的理想である仁政を基に、内外の政治的状況を考察し、政策を立案し遂行しようとした幕末最大の思想家を描いた名著。

古代の鉄と神々　真弓常忠

弥生時代の稲作にはすでに鉄が使われていた！　原型を遺さないその鉄文化の痕跡を神話・祭祀に求め、古代史の謎を解き明かす。（上垣外憲一）

増補 海洋国家日本の戦後史　宮城大蔵

戦後アジアの巨大な変貌の背後には、開発と経済成長という日本の「非政治」的な戦略があった。海域アジアの戦後史に果たした日本の軌跡をたどる。

日本の外交　添谷芳秀

憲法九条と日米安保条約に根差した戦後外交。それがもたらした国家像の決定的な分裂をどう乗り越えるか。戦後史を読みなおし、その実像と展望を示す。

ちくま学芸文庫

東京《とうきょう》裁判《さいばん》 幻《まぼろし》の弁護《べんご》側《がわ》資料《しりょう》
却下《きゃっか》された日本《にほん》の弁明《べんめい》

二〇一一年八月十日　第一刷発行
二〇二二年二月十五日　第二刷発行

編　者　小堀桂一郎（こぼり・けいいちろう）
発行者　喜入冬子
発行所　株式会社　筑摩書房
東京都台東区蔵前二―五―三　〒一一一―八七五五
電話番号　〇三―五六八七―二六〇一（代表）
装幀者　安野光雅
印刷所　株式会社精興社
製本所　株式会社積信堂

ISBN978-4-480-09397-4 C0121